O TRIBUNAL DE CONTAS E O DIREITO FUNDAMENTAL À SEGURANÇA CIBERNÉTICA

PRESSUPOSTO DA GOVERNANÇA NAS CIDADES DIGITAIS BRASILEIRAS – EM BUSCA DA PROTEÇÃO DA PESSOA HUMANA NUMA SOCIEDADE DA INFORMAÇÃO

MOISES MACIEL

Prefácio
Thami Covatti Piaia

Apresentação
José Sebastião de Oliveira

O TRIBUNAL DE CONTAS E O DIREITO FUNDAMENTAL À SEGURANÇA CIBERNÉTICA

PRESSUPOSTO DA GOVERNANÇA NAS CIDADES DIGITAIS BRASILEIRAS – EM BUSCA DA PROTEÇÃO DA PESSOA HUMANA NUMA SOCIEDADE DA INFORMAÇÃO

Belo Horizonte

FÓRUM
CONHECIMENTO JURÍDICO

2023

© 2023 Editora Fórum Ltda.

É proibida a reprodução total ou parcial desta obra, por qualquer meio eletrônico, inclusive por processos xerográficos, sem autorização expressa do Editor.

Conselho Editorial

Adilson Abreu Dallari
Alécia Paolucci Nogueira Bicalho
Alexandre Coutinho Pagliarini
André Ramos Tavares
Carlos Ayres Britto
Carlos Mário da Silva Velloso
Cármen Lúcia Antunes Rocha
Cesar Augusto Guimarães Pereira
Clovis Beznos
Cristiana Fortini
Dinorá Adelaide Musetti Grotti
Diogo de Figueiredo Moreira Neto (*in memoriam*)
Egon Bockmann Moreira
Emerson Gabardo
Fabrício Motta
Fernando Rossi
Flávio Henrique Unes Pereira

Floriano de Azevedo Marques Neto
Gustavo Justino de Oliveira
Inês Virgínia Prado Soares
Jorge Ulisses Jacoby Fernandes
Juarez Freitas
Luciano Ferraz
Lúcio Delfino
Marcia Carla Pereira Ribeiro
Márcio Cammarosano
Marcos Ehrhardt Jr.
Maria Sylvia Zanella Di Pietro
Ney José de Freitas
Oswaldo Othon de Pontes Saraiva Filho
Paulo Modesto
Romeu Felipe Bacellar Filho
Sérgio Guerra
Walber de Moura Agra

FÓRUM
CONHECIMENTO JURÍDICO

Luís Cláudio Rodrigues Ferreira
Presidente e Editor

Coordenação editorial: Leonardo Eustáquio Siqueira Araújo
Aline Sobreira de Oliveira

Rua Paulo Ribeiro Bastos, 211 – Jardim Atlântico – CEP 31710-430
Belo Horizonte – Minas Gerais – Tel.: (31) 99412.0131
www.editoraforum.com.br – editoraforum@editoraforum.br

Técnica. Empenho. Zelo. Esses foram alguns dos cuidados aplicados na edição desta obra. No entanto, podem ocorrer erros de impressão, digitação ou mesmo restar alguma dúvida conceitual. Caso se constate algo assim, solicitamos a gentileza de nos comunicar através do *e-mail* editorial@editoraforum.com.br para que possamos esclarecer, no que couber. A sua contribuição é muito importante para mantermos a excelência editorial. A Editora Fórum agradece a sua contribuição.

Dados Internacionais de Catalogação na Publicação (CIP) de acordo com ISBD

M152t	Maciel, Moises
	O Tribunal de Contas e o direito fundamental à segurança cibernética: pressuposto da governança nas cidades digitais brasileiras – em busca da proteção da pessoa humana numa sociedade da informação / Moises Maciel. - Belo Horizonte: Fórum, 2023. 429p.; 14,5cm x 21,5cm. ISBN: 978-65-5518-492-1
	1. Direito. 2. Direitos Fundamentais. 3. Governança. 4. Proteção de Dados. 5. Segurança Cibernética. 6. Tribunais de Contas. I. Título.
2022-3487	CDD 341.27 CDU 342.7

Elaborado por Vagner Rodolfo da Silva - CRB-8/9410

Informação bibliográfica deste livro, conforme a NBR 6023:2018 da Associação Brasileira de Normas Técnicas (ABNT):

MACIEL, Moises. *O Tribunal de Contas e o direito fundamental à segurança cibernética*: pressuposto da governança nas cidades digitais brasileiras – em busca da proteção da pessoa humana numa sociedade da informação. Belo Horizonte: Fórum, 2023. 429p. ISBN 978-65-5518-492-1.

À mulher da minha vida, Márcia Maciel, pelo apoio incondicional em todos os momentos, principalmente nos de incerteza, muito comuns para quem tenta trilhar novos caminhos. Sem você, nenhuma conquista valeria a pena.

Aos meus pais, Manoel Maciel e Hermecelina Maciel (*in memoriam*), que dignamente me apresentaram a importância da família e o caminho da dignidade e persistência na busca pelo conhecimento.

AGRADECIMENTOS

A tese doutoral (que originou este trabalho) é o resultado de muitos diálogos, indagações e tempestades de ideias. Selecionar informações, colher opiniões, indagar amigos, colegas, conhecidos e desconhecidos, utilizar adequadamente os auxílios recebidos para a elaboração dos trabalhos é o grande desafio.

Trata-se de um coletivo de fatos, experiências e ideias de todos esses atores que colaboraram decisivamente para a concretização desta obra fornecendo valiosos dados, documentos, referências bibliográficas, incentivos e críticas construtivas.

Durante todo o período de elaboração e confecção deste, tive a sorte de contar com a presença sempre dedicada e atenciosa do meu orientador, o professor Dr. Lauro Ishikawa, que me acompanha desde os idos do mestrado e se manteve firme e constante, mesmo durante os piores dias da pandemia da Covid-19.

Nesse ínterim, durante o doutoramento, mesmo privado do convívio presencial, em São Paulo, sob as profícuas orientações do Doutor Lauro, nasceu a obra jurídica (também publicada por esta Editora) "Os tribunais de contas e a nova lei de proteção de dados", prefaciada por este querido amigo, professor e orientador.

Devo também consignar minha gratidão aos colegas de doutorado Alisson Carvalho de Alencar, Luiz Roberto Gomes e Jossiani Honório, pelos incontáveis dias e horas que passamos, juntos, a estudar e a discutir teses, seja durante os semestres letivos de conclusão dos créditos (na FADISP), ou nas viagens acadêmicas para as Universidades europeias de Salamanca e Siena.

Ao amigo e professor Doutor Ricardo Castilho, agradeço – dentre tantas e tantas coisas – pelas lições de humildade acadêmica transmitidas durante as aulas e demais eventos acadêmicos dos quais participamos em São Paulo. Da mesma forma, às funcionárias da FADISP, sou grato pela atenção e pelos cuidados dispensados durante todos esses semestres do curso.

Destaco que, em Cuiabá, no âmbito do Tribunal de Contas do Estado de Mato Grosso, durante toda essa jornada, obtive total apoio das mesas diretoras, dos colegas e dos colaboradores do gabinete, sendo justo agradecer-lhes (nomeando apenas alguns deles, pois seria impossível listá-los todos) na pessoa tão generosa do Conselheiro Presidente José Carlos Novelli, do Conselheiro Guilherme Antônio Maluf, do Conselheiro Domingos Neto, do Conselheiro Antônio Joaquim, do Conselheiro Substituto Isaias Lopes da Cunha, do Chefe de Gabinete Mariuso Ferreira e da analista Daniela Samaniego.

Evidenciou ainda o relevante apoio dos estimados amigos José Roberto Amador, Chefe de Gabinete da Presidência do TCE/MT, e Enéias Viegas, Secretário Executivo de Gestão de Pessoas do TCE/MT, aos quais declaro o meu muito obrigado e o mais profundo apreço.

Aos meus amores, Márcia, Davi e Manuelle, minha querida família, aos quais sou um definitivo devedor pelas (infinitas!) horas subtraídas do nosso agradável convívio.

Acima de tudo, eternamente, agradeço ao nosso Deus e Pai do nosso Senhor e Salvador Jesus Cristo Deus, por toda vida, luz e saúde derramadas sobre nossas vidas.

Não devemos pedir aos nossos clientes que façam um equilíbrio entre privacidade e segurança. Precisamos oferecer-lhes o melhor de ambos. Em última análise, proteger os dados de outra pessoa é proteger a todos nós.

Tim D. Cook
CEO da Apple

LISTA DE ABREVIATURAS E SIGLAS

ABBI	Associação Brasileira dos Bancos Internacionais
ABIN	Agência Brasileira de Inteligência
ABNT	Associação Brasileira de Normas Técnicas
ABNT CEE	Comissão de Estudo Especial da Associação Brasileira de Normas Técnicas
ADIN	Ação Direta de Inconstitucionalidade
ADPF	Ação de Descumprimento de Preceito Fundamental
AEPD	Autoridade Europeia de Proteção de Dados
AGU	Advocacia Geral da União
ANATEL	Agência Nacional de Telecomunicações
ANAC	Agência Nacional de Aviação Civil
ANCINE	Agência Nacional do Cinema
ANDUS	Apoio à Agenda Nacional de Desenvolvimento Urbano Sustentável no Brasil
ANPD	Autoridade Nacional de Proteção de Dados
BASILEIA	*Basel Committee on Banking Supervision*
BCBS 239	*Basel Committee on Banking Supervision's standard number 239*
BID	Banco Interamericano de Desenvolvimento
BNDES	Banco Nacional de Desenvolvimento Econômico e Social
CAE	Comissão de Assuntos Econômicos
CBC	Cadastro Base do Cidadão
CBDCs	*Central Bank Digital Currencies*
CC	Código Civil
CCAR	*Comprehensive Capital Analysis and Review*
CCGD	Comitê Central de Governança de Dados
CCTCI	Comissão de Ciência e Tecnologia, Comunicação e Informática
CCI	Centro Comum de Investigação
CCPA	*California Consumer Privacy Act*
CDC	Código de Defesa do Consumidor
CE	Ceará
CEDES	Centro de Estudos e Debates Estratégicos da Câmara dos Deputados
CEDIS	Centro de Investigação e Desenvolvimento sobre Direito e Sociedade de Lisboa
CEF	*Connecting Europe Facility*

CEO	*Chief Executive Officer*
CEPD	Comitê Europeu de Proteção de Dados
CER/SEBRAE	Centro Sebrae de Referência em Educação Empreendedora
CFAA	*Computer Fraud and Abuse Act*
CF/88	Constituição Federal de 1988
CGEE	Centro de Gestão e Estudos Estratégicos
CGU	Controladoria Geral da União
CIA	*Central Intelligence Agency*
CID	Confidencialidade, Integridade e Disponibilidade
CISO	*Chief Information Security Officer*
CIT	Comissão Intergestores Tripartite
CNCS	Corte Nacional de Cibersegurança
CNJ	Conselho Nacional de Justiça
CNMP	Conselho Nacional do Ministério Público
CNN	*Cable News Network*
CNPJ	Cadastro Nacional de Pessoas Jurídicas
COBIT	*Control Objectives for Information and related Technology*
COPCEX	Comissão de Auditoria de Operações de Crédito Externos
COSO	*The Comitee of Sponsoring Organizations*
COVID-19	*Coronavirus Disease 2019*
CPF	Cadastro de Pessoa Física
CRFB	Constituição da República Federativa do Brasil
CR/88	Constituição da República de 1988
CSIRT	*Computer Security Incident Response Team*
CSJN	*Corte de Justicia de la Nación*
CSO	*Bureau of Conflict and Stabilization Operations*
CTIR Gov2	Centro de Tratamento e Resposta a Incidentes Cibernéticos de Governo
DARPA	*Defense Advanced Research Projetcs Agency*
DDoS	*Distributed Denial of Service*
DESI	*Indice Digital Economy and Society*
DF	Distrito Federal
Diretiva NIS	Diretiva de Segurança de Rede e Informação
DNA	*Desoxyribonucleic acid*
DNS	*Domain Name System*
DOU	Diário Oficial da União
DPA	*Data Protection Autorities*
DPO	*Data Protection Officer*
DUDH	Declaração Universal dos Direitos Humanos
EADA	*Escuela de Alta Dirección y Administración*

ECAlab	Equipe Laboratorial Interdisciplinar de Inovação
ECGI	*European Corporate Governance Institute*
ECPA	Lei de Privacidade de Comunicações Eletrônicas
ECSO	*European Cybersecurity Organisation*
EDPB	Conselho Europeu de Proteção de Dados
EFS	Entidades de Fiscalização Superiores
ELA	Esclerose Lateral Amiotrófica
ENISA	*The European Union Agency for Cybersecurity*
ENSC	Estratégia Nacional de Segurança do Ciberespaço
ENPC	Entidade Nacional de Ciber Proteção
ESET	*European Cybersecurity Index*
ETIR	Equipes de Tratamento e Resposta aos Incidentes Cibernéticos
EUA	Estados Unidos da América
FEBRABAN	Federação Brasileira de Bancos
FEBRATEL	Federação Brasileira de Telecomunicações
FGTS	Fundo de Garantia por Tempo de Serviço
FMI	Fundo Monetário Internacional
FSB	Serviço Federal de Segurança da Federação Russa
FTC	*Federal Trade Commission*
GCI	Índice Global de Cibersegurança
GHCQ	Government Communications Headquarters
GMB	General Motors do Brasil
GIZ	*Deutsche Gesellschaft für Internationale Zusammenarbeit*
GRIS	Custos de Gerenciamento de Riscos
GSI/PR	Gabinete de Segurança Institucional/Presidência da República
GTA RP	*Grand Thef Auto – RolePlay*
GTI	Grupo de Trabalho Interdepartamental
HIPAA	*Health Insurance Portability and Accountability*
IA	Inteligência Artificial
IAA	*Institute of Internal Auditors*
IBGC	Instituto Brasileiro de Governança Corporativa
IBGE	Instituto Brasileiro de Geografia e Estatística
IBM	*International Business Machines*
IDC	*International Data Corporation*
IDEC	Instituto Brasileiro de Defesa do Consumidor
IDN	Instituto da Defesa Nacional
IESE	Instituto de Estudos Superiores da Empresa
INCOSAI	Entidades Fiscalizadoras Superiores
INSS	Instituto Nacional do Seguro Social

INTOSAI	Organização Internacional das Instituições Superiores de Auditoria
IoT	*Internet of things*
IP	Endereço do Protocolo de Internet
ISACA	*Information Systems Auditand Control Association*
ISO	*International Organization for Standardization*
ISO/IEC	*International Organization of Standardizationwith International Electrotechnical Commission*
ISO TC	*TechnicalCommitteewithintheInternationalOrganizationfor Standardization*
ISSAI	Normas Internacionais das Entidades Fiscalizadoras Superiores
IVA	Imposto sobre valor acrescentado
LabCHIS	Laboratório Cidades Humanas, Inteligentes e Sustentáveis
LAI	Lei de Acesso à Informação
LC	Lei Complementar
LDB	Lei de Diretrizes e Bases da Educação Nacional
LED	*Light-emitting diode*
LGPD	Lei Geral de Proteção de Dados Pessoais
LIL	Lei de Informática e Liberdades
LNCC	Laboratório Nacional de Computação Científica
LOL	*League of Legends*
LPC	Lei de Proteção Cibernética
LPD	*La Ley de Protección de Datos de Austria*
LRD	Lei para República Digital
LRF	Lei de Responsabilidade Fiscal
MCTIC	Ministério da Ciência, Tecnologia, Inovação e Comunicação
MC	Ministério das Comunicações
ME	Ministério da Economia
MEC	Ministério da Educação
MFA	Autenticação multifator
MFA	Autenticação multifator
MIT	Instituto de Tecnologia de Massachusetts
MITM	*Man-In-The-Middle*
MF	Ministério da Fazenda
MP	Ministério do Planejamento
MP	Medida Provisória
NBR	Norma Brasileira
NFT	*Non fungible Token*
NSA	*National Security Agency*

OAB	Ordem dos Advogados do Brasil
OCDE	Organização para a Cooperação e Desenvolvimento Econômico
ODS	Objetivos do Desenvolvimento Sustentável
OEA	Organização dos Estados Americanos
OLACEF	Organização Latino-Americana e do Caribe de Entidades Fiscalizadoras Superiores
ONG	Organização Não Governamental
ONU	Organização das Nações Unidas
OTAN	Organização do Tratado do Atlântico Norte
PC	*Personal Computer*
PE	Parlamento Europeu
PEC	Proposta de Emenda Constitucional
PF	Polícia Federal
PhD	*Doctor of Philosophy*
PIB	Produto Interno Bruto
PL	Projeto de Lei
PLC	Projeto de Lei Complementar
PLS	Projeto de Lei do Senado
PNCI	Política Nacional das Cidades Inteligentes
PNSI	Política Nacional de Segurança da Informação
PPC	Partido Comunista da China
PR	Paraná
PROCON	Programa de Proteção e Defesa do Consumidor
PSCD	Política Comum de Segurança e Defesa
PwC	*PrincewaterhouseCoopers*
RBEPD	*Reglamento Básico Europeo de Protección de Datos*
RBCIH	Rede Brasileira de Cidades Inteligentes e Humanas
RDBCI	Revista Digital de Biblioteconomia e Ciência da Informação
Rede Gov.Br	Rede Nacional de Governo Digital
RE	Recurso Extraordinário
RFB	Receita Federal do Brasil
RGPD	Regulamento Geral de Proteção de Dados
RJ	Rio de Janeiro
SAIs	Entidades de Fiscalização Superiores
SC	Santa Catarina
SEPROG	Secretaria de Fiscalização e Avaliação de Programas de Governo
SERPRO	Serviço Federal de Processamento de Dados
SFN	Sistema Financeiro Nacional
SGPR	Secretaria Geral da Presidência da República

SID	Secretaria de Inclusão Digital
SIGINT	Acrônimo de *Signals Intelligence*
SMDRU	Secretaria Nacional de Mobilidade e Desenvolvimento Regional e Urbano
SMS	*Short Message Service*
SOL	Sistema Online de Licitação
SP	São Paulo
SPB	Sistema de Pagamentos Brasileiro
SQL	*Structured Query Language*
STF	Supremo Tribunal Federal
STJ	Superior Tribunal de Justiça
SUS	Sistema Único de Saúde
TCE	Tribunal de Contas do Estado
TCU	Tribunal de Contas da União
TIC	Tecnologia de Informação e Comunicação
TJ	Tribunal de Justiça
TRF	Tribunal Regional Federal
UE	União Europeia
UERJ	Universidade do Estado do Rio de Janeiro
UFPR	Universidade Federal do Paraná
UFRGS	Universidade Federal do Rio Grande do Sul
UIT	União Internacional das Comunicações
UK	*United Kington*
UnB	Universidade de Brasília
UNESCO	Organização das Nações Unidas para a Educação, a Ciência e a Cultura
UNESP	Universidade Estadual Paulista
UNIFOA	Centro Universitário de Volta Redonda
USP	Universidade de São Paulo
VPN	*Virtual Private Network*
WEF	Fórum Econômico Mundial

SUMÁRIO

PREFÁCIO
Thami Covatti Piaia 21

APRESENTAÇÃO
Prof. Dr. José Sebastião de Oliveira 23

INTRODUÇÃO 25

CAPÍTULO 1
A SOCIEDADE DA INFORMAÇÃO E OS REFLEXOS DELA
DECORRENTES 29

1.1   O que é e quando teve início a sociedade da informação?
       Breve escorço histórico 30
1.1.1   Algumas distinções essenciais 38
1.2   Características e críticas à sociedade da informação 47
1.3   Desafios e importância da sociedade da informação 50
1.3.1   Outros desafios a serem considerados 53
1.3.1.1 As criptomoedas 53
1.3.1.2 A cibersegurança 60
1.3.1.3 O metaverso 62
1.3.1.4 Os neurodireitos 74

CAPÍTULO 2
OS DIREITOS FUNDAMENTAIS – SUA EVOLUÇÃO E
DEFINIÇÃO 83

2.1   Histórico evolutivo dos Direitos Fundamentais – gerações ou
       dimensões? 84
2.2   Os Direitos Fundamentais na Constituição de 1988 e suas
       características básicas 96
2.3   Definindo Direitos Fundamentais 99
2.4   Direitos Fundamentais ou Direitos Humanos? 101
2.5   Os Direitos Fundamentais e sua proteção no Brasil – uma análise
       jurisprudencial em comparação com a proteção dos Direitos
       Humanos 105

2.5.1 A proteção dos Direitos Fundamentais no mundo 112
2.5.2 Princípios da confiança e da segurança como direitos fundamentais e humanos 120
2.5.3 A Teoria da Mutação Constitucional 125

CAPÍTULO 3
AS CIDADES DIGITAIS E A PROTEÇÃO DOS DIREITOS FUNDAMENTAIS 131

3.1 O que são as *smart cities*? *Smart cities*, cidades inteligentes ou cidades digitais? A transformação digital das cidades 132
3.1.1 Terminologia 132
3.1.2 Origem 135
3.1.3 Conceito: cidades digitais, sustentáveis e inteligentes 139
3.1.3.1 Confrontando conceitos 148
3.2 Cidades digitais e cidades sustentáveis: sinônimos? 149
3.3 Como funciona uma cidade digital e qual o seu impacto na vida social? 156
3.4 Como estão as cidades digitais no Brasil? Uma análise comparativa com relação às cidades digitais mundiais 160
3.4.1 As cidades digitais no Brasil 163
3.4.2 As cidades digitais no mundo 172

CAPÍTULO 4
A SEGURANÇA CIBERNÉTICA – UM DIREITO FUNDAMENTAL E UM DEVER DE TODOS 179

4.1 O que se compreende por segurança cibernética? Breves definições 182
4.2 A segurança cibernética e a proteção de dados 193
4.2.1 A transformação da natureza jurídica da ANPD como garantia do direito fundamental à proteção de dados pessoais 197
4.3 A segurança cibernética e a educação digital – o problema da desinformação e do analfabetismo digital 205
4.4 A segurança cibernética e a tecnologia quântica 213
4.5 A segurança cibernética e o *compliance* 223
4.6 A segurança cibernética como Direito Fundamental 227
4.6.1 A colisão entre Direitos Fundamentais: direitos da personalidade x direito à segurança cibernética x direito à proteção de dados 228
4.6.2 Segurança cibernética – a quem compete legislar? 244

CAPÍTULO 5
UMA BREVE ANÁLISE DO PANORAMA DAS PRINCIPAIS POLÍTICAS PÚBLICAS DE SEGURANÇA CIBERNÉTICA DO DIREITO COMPARADO 251

5.1   A importância da segurança cibernética na atualidade e a responsabilidade por coordená-la – normas e boas práticas de segurança cibernética no Brasil e no mundo 252
5.1.1   A segurança cibernética na União Europeia 263
5.1.1.1   A tecnologia 5G na União Europeia diante da problemática da segurança cibernética 272
5.1.1.2   A tecnologia 5G no Brasil diante da problemática da segurança cibernética 280
5.1.2   A segurança cibernética na China 286
5.1.3   A segurança cibernética na Rússia 290
5.1.4   A segurança cibernética em Portugal 292
5.1.5   A segurança cibernética nos Estados Unidos da América 295
5.1.6   A segurança cibernética no Reino Unido 301
5.1.7   A segurança cibernética na Estônia 303
5.1.8   A segurança cibernética no Brasil 305

CAPÍTULO 6
A GOVERNANÇA CIBERNÉTICA E A IMPORTÂNCIA DA ATUAÇÃO DOS TRIBUNAIS DE CONTAS PARA A EFICIÊNCIA DA CIBERSEGURANÇA 315

6.1   O direito universal da pessoa digital 318
6.2   A segurança cibernética como política pública – desafios para sua efetividade 335
6.3   A governança da segurança cibernética, os Direitos Humanos e a necessidade de uma rede global de *cyber* educação e *cyber* segurança 348
6.4   A atuação dos Tribunais de Contas do Brasil na implementação da política nacional de segurança pública cibernética 357
6.4.1   Os Tribunais de Contas – natureza e funções 357
6.4.2   A Política Nacional de Segurança Cibernética do Chile 364
6.4.3   A Política Nacional de Segurança Cibernética do Brasil 367
6.4.4   A atuação dos Tribunais de Contas no Brasil e as auditorias coordenadas ou cooperativas 374
6.4.5   A avaliação das políticas públicas pelas Instituições Superiores de Controle da União Europeia 381

6.4.6 A relação entre a atuação das EFS e dos Tribunais de Contas, a Agenda 2030 e a segurança cibernética 384
6.5 Inovações legislativas e operacionais necessárias 389

CONSIDERAÇÕES FINAIS 391

REFERÊNCIAS...399

PREFÁCIO

A revolução da tecnologia da informação e da comunicação, iniciada ainda na primeira metade do século XX, penetrou fortemente em todas as esferas da atividade humana, atingindo as sociedades em suas economias em suas culturas, em suas políticas de segurança, em suas mídias comunicativas, em suas formas de mobilidade e, por consequência, em seus ordenamentos jurídicos. Assim, quando na edição de 2018 de seu encontro anual o Fórum Econômico Mundial apresentou ao mundo os cinco grandes *poderes* da atualidade, não deixou de chamar atenção o fato de que na lista figurassem duas grandes empresas de tecnologia do Vale do Silício – *Google* e *Facebook* – além dos países Estados Unidos e China e do próprio Fórum Econômico Mundial.

Assim, a partir da divulgação do referido *ranking*, o poder das grandes empresas de tecnologia estava institucionalizado no cenário internacional, fazendo com que os países passassem a direcionar uma atenção mais criteriosa à atuação das *big techs*. Estava lançado o desafio para os próximos anos: transformar a internet, uma tecnologia de liberdade, em um novo espaço de representação de direitos e deveres.

Para tanto, pesquisadores do mundo todo analisam e questionam não somente o poder das grandes empresas de tecnologia, mas como a atuação dessas corporações está digitalizando os direitos fundamentais no mundo e no Brasil, utilizando o direito na sua condição de estrutura regulatória normativa, institucional, procedimental e organizacional, marcado pelo que se costumou designar de um processo de digitalização, também identificado por transformação digital.

Nesse intuito, as pesquisas pontuarão novas formas de abuso de poder geradas pela ubiquidade da computação, fenômeno contemporâneo pelo qual se percebe um verdadeiro processamento onipresente de dados, afetando diretamente todos os direitos fundamentais previstos na constituição brasileira, ou seja: inviolabilidade do direito à vida, liberdade, igualdade, segurança e propriedade.

> Nesse cenário complexo e incerto, surge a brilhante e corajosa pesquisa de doutorado do estimado amigo Moises Maciel, apresentando para o público uma tese da qual tive a honra de participar, como avaliadora na banca, e que agora estou tendo o privilégio de prefaciar – "O Tribunal de Contas e o direito fundamental à segurança cibernética: pressuposto

da governança nas cidades digitais brasileiras na busca pela proteção da pessoa humana nessa sociedade da informação" –, ressaltando-se que a preocupação com a pessoa humana e a preservação e atualização dos direitos fundamentais deve ser constante, atuando o direito como um instrumento de limitação de poderes entre governos, empresas de tecnologia e sociedade, para que o desequilíbrio de forças entre as partes envolvidas nos processos de transformação digital não seja acentuado, ao contrário, seja atenuado, para se chegar ao equilíbrio, indicando-se que o Direito será o grande responsável pela digitalização responsiva dos direitos fundamentais, afinal, a sociedade não pode abdicar de direitos arduamente conquistados por anos de lutas e emancipações para uma tecnologia recente como a internet, surgida no século XX, inicialmente como uma proposta militar de segurança e descentralização governamental, posteriormente sendo difundida como uma tecnologia comercial de informação e comunicação.

Ao final desse prefácio, portanto, parabenizo a Faculdade Autônoma de Direito – FADISP pela qualidade acadêmica como instituição de ensino, pesquisa e extensão, ao professor orientador da tese, Doutor Lauro Ishikawa, pela sabedoria e sensibilidade durante a orientação da pesquisa de doutorado e, por último, mas não menos importante, ao contrário, o mais importante, Moises Maciel, um brilhante e audaz pesquisador de direito e tecnologia no Brasil. A dedicação do Moises Maciel pela qualificação profissional enche de orgulho a comunidade acadêmica brasileira, fazendo com que a esperança de um país mais desenvolvido e mais justo seja renovada.

Que a sua tese colha todos os bons frutos que plantaste e que receba todas as honrarias merecidas.

Santo Ângelo, 12 de outubro de 2022.

Thami Covatti Piaia

Doutora em Direito pela Universidade Federal do Rio Grande do Sul – UFRGS (2013). *Visiting Scholar* na Universidade de Illinois – Campus de Urbana-Champaign – EUA (2012). Estágio pós-doutoral na Universidade de Passo Fundo (2014/2015). Professora na Graduação e no Programa de Pós-Graduação *Stricto Sensu* – Mestrado e Doutorado em Direito da Universidade Regional Integrada do Alto Uruguai e das Missões – URI, Campus de Santo Ângelo/RS. Pesquisadora na FADISP. Coordenadora do grupo de estudos e pesquisas em direito e tecnologia da URI – Santo Ângelo/RS (CEDETEC). Coordenadora do projeto de pesquisa "A rede e o ser: a proteção da cidadania do ser na rede".
E-mail: thamicovatti@san.uri.br

APRESENTAÇÃO

Com imensa satisfação recebi o convite honroso para a apresentação desta importante obra, da lavra do eminente jurista e professor Doutor Moisés Maciel, pessoa com quem desfruto de uma longa amizade, que de forma brilhante concluiu seu curso de doutoramento e que apresenta diversas obras públicas na área do direito, especialmente no campo das normas que regem os Tribunais de Contas em nosso País.

O livro ora apresentado é resultado de profunda pesquisa em abalizada doutrina, tendo por conteúdo e objeto principal analisar a segurança cibernética como pressuposto da governança nas cidades digitais brasileiras, onde ficou muito bem demonstrado que o Brasil está longe ainda de garantir segurança e proteção aos dados dos seus municípios. Resta ao leitor, por intermédio de sua apurada análise crítica, iniciar novos caminhos que as ideias avançadas, apresentadas pelo prof. Dr. Moisés Maciel, sugerem e demonstram sempre na perspectiva da ampliação e do revigoramento dos pensamentos inovadores em matéria de Segurança Cibernética como Pressuposto da Governança nas Cidades Digitais Brasileiras, neste início de século XXI. No fundo, uma busca incessante da extraordinária realidade da vida das ideias, que não se esgotam em apenas uma única obra, mas que podem proporcionar novos caminhos, novos rumos, novos pensamentos, para se adentrar no infinito campo do conhecimento da ciência do direito, na perspectiva da temática tratada na obra ora apresentada.

Encerrando a apresentação, uma última palavra à Editora e aos leitores. Inicialmente, meus parabéns à Editora Fórum, por tornar possível a publicação da presente obra. A todos os leitores, os meus cumprimentos com a recomendação e sugestão para leitura, isso porque, para o autor, os leitores são os destinatários mais importantes da presente obra, já que serão eles quem poderão lê-la, avaliá-la, extrair as lições e os aprendizados fazendo as devidas reflexões tão necessárias, enfim, tecendo as críticas construtivas, importantes para a evolução do conteúdo da própria obra ao longo dos tempos.

Ao autor, prof. Dr. Moisés Maciel, os meus parabéns pela sua dedicação à causa da evolução do conhecimento científico no campo do direito a partir desta contribuição ímpar – e votos de sucesso. A todos que tiverem acesso à obra, meus respeitáveis cumprimentos.

Maringá/São Paulo, 16 de outubro de 2022, manhã de domingo ensolarado, já no início de outono.

Prof. Dr. José Sebastião de Oliveira

Pós-Doutor em Direito pela Universidade Pública de Lisboa (FDUL). Doutor em Direito pela Pontifícia Universidade Católica de São Paulo (PUC-SP). Mestre em Direito pela Universidade Estadual de Londrina (UEL). Professor Associado do Conpedi. Advogado em Maringá.
E-mail: drjso1945@gmail.com

INTRODUÇÃO

O mundo evidencia os efeitos da 4ª revolução industrial, a denominada Revolução Digital, que é marcada por uma intensa evolução tecnológica além de uma forte mudança da forma de lidar com o tempo e com o espaço, que, acrescidos do fenômeno da globalização (que interligou o mundo), possibilitam uma vasta troca de informações a todo instante e proveniente de diversos locais.

Destarte, o maior problema disso não é a falta de informação (apesar de esse fato ainda ser um problema em alguns locais), mas o excesso dela, que muitas vezes dificulta a averiguação correta da sua fonte e confirmação de sua veracidade, proporcionando a propagação de desinformação e gerando desconfianças. Aquilo que anteriormente era consolidado como "verdade", agora é colocado em dúvida, e como todos têm acesso aos diversos tipos de informações (com qualidade ou sem), naturalmente todos podem, querendo, comentar, difundir e propagar teorias – as mais diversas.

Essa é a chamada "sociedade da informação"! Não necessariamente das informações corretas e confiáveis, mas, simplesmente, "da informação", e o que pode exemplificar bem esse momento atual é a força e a evolução das famosas *fakenews*.

Nesta sociedade que busca cada vez mais acesso a dados pessoais, ciente de que eles constituem a base de toda informação, que, por sua vez, configura fonte de poder (permitindo, inclusive, distorções e manipulações em proveito próprio), o impacto nos direitos da pessoa humana se mostra claro e evidente.

Os avanços tecnológicos trouxeram muitas facilidades, mas a rapidez com que tudo aconteceu não permitiu que as pessoas assimilassem todo o desenvolvimento, de modo a compreender a profundidade dos seus efeitos e consequências. Essa ausência de conhecimento, por sua vez, facilita a manipulação e dificulta, ainda mais, o exercício dos direitos da pessoa – o uma pessoa cada vez mais digital e imersa nessa grande teia, que vem interligando todo o mundo através da internet e das novas tecnologias.

Na era da sociedade da informação é impossível ficar alheio a ela. Onde quer que a pessoa esteja, faça o que estiver fazendo, as tecnologias de comunicação e de informação estão e estarão presentes: de relógios inteligentes (*smartwatchs*) que monitoram os batimentos cardíacos, conectados, diretamente, com o médico particular, a planos de televisão, por assinatura, que indicam programações personalizadas com base na coleta e análise de dados decorrentes de escolhas de filmes e séries feitas pelo usuário.

Por intermédio de um aparelho celular há possibilidade de se realizar pesquisas, mandar mensagens instantâneas, acessar resultados de exames médicos, fazer compras, saques e pagamentos bancários, assistir a vídeos, ouvir música, monitorar as residências – enfim, não se pode negar que a evolução tecnológica trouxe grandes facilidades. Mas a que preço? Como ficam os direitos desta "nova pessoa", que vem ganhando espaço com os avanços tecnológicos: a pessoa digital?

Para assegurar a eficácia e a eficiência desses direitos é preciso, primeiramente, compreender que quanto mais dados são oferecidos (ou disponibilizados), menos liberdade há no que se refere às escolhas (a liberdade de escolha é turbada por uma "facilidade" que a tecnologia, muitas vezes, oferece). É preciso compreender que, quanto mais dados são oferecidos, menor se torna a privacidade e a segurança pessoal, pois essa disponibilização coloca as pessoas à mercê de inescrupulosos digitais, para a prática de uma série de crimes que vêm se tornando cada vez mais sofisticados.

O avanço tecnológico colocou empresas, organizações, instituições e até mesmo o Poder Público brasileiro, e seu governo digital, em uma verdadeira guerra por dados pessoais, de tal sorte que nada funciona sem eles nos dias atuais. É a era da economia de dados pessoais.

Nesta disputa, e diante da dinamicidade e da velocidade com que a tecnologia avança, pouco se pensou nas brechas que estavam sendo abertas, nas vulnerabilidades possíveis e na indispensabilidade de maior segurança para este novo mundo, hiperconectado e globalmente interligado, e no anseio pelas facilidades oferecidas. Nem todos se atentam para o tamanho e os riscos de toda essa exposição. Extrema e perigosa exposição.

Este novo mundo que se descortina não possui barreiras e tampouco regras, e sua configuração auxilia, poderosamente, o anonimato, dificultando a descoberta da autoria e, consequentemente, a aplicação adequada, e até mesmo tempestiva, de sanções.

Neste contexto é preciso enfrentar o grande desafio que se apresenta, sob um aspecto universal: a segurança oferecida no mundo digital não é suficiente para preservar os direitos das pessoas e resguardar os relacionamentos pessoais e profissionais por ela estabelecidos. Considerando a segurança como um direito fundamental, que deve ser assegurado pelo Estado, e considerando, ainda, que sua oferta ineficiente no mundo cibernético globalizado pode ensejar danos com potencial destrutivo amplo, urge desenvolver e aplicar uma política de segurança cibernética que estabeleça um processo de governança com critérios práticos e objetivos, inclusive de monitoramento, fiscalização e conscientização, em prol da concepção e do desenvolvimento de uma cibersegurança de fato resiliente e capaz de assegurar os direitos fundamentais das pessoas.

Com esse objetivo de demonstrar a importância e a necessidade premente de uma governança da segurança cibernética para garantir os direitos fundamentais da pessoa, foram analisadas as boas práticas em matéria de cibersegurança e demais políticas estabelecidas em todo o mundo, bem como realizadas pesquisas nas melhores obras atuais pertinentes ao assunto.

Como resultado dessa pesquisa, este estudo foi dividido, estrategicamente, em seis capítulos, iniciando por uma contextualização onde a sociedade atual, conhecida como "sociedade da informação", é apresentada e diferenciada de outras terminologias similares, tais como "sociedade do conhecimento" e "sociedade de riscos", a fim de compreender sua evolução e os seus impactos em direitos considerados fundamentais, como os direitos à privacidade, à intimidade e à liberdade, por exemplo.

Dando sequência ao raciocínio, foram traçadas considerações acerca dos direitos fundamentais, sua evolução e necessária proteção, para resguardar a pessoa humana e seus relacionamentos sociais. Contexto em que foram abordados os princípios da confiança e da segurança, como direitos fundamentais, além da teoria da mutação constitucional, reconhecidamente essencial para a manutenção da força normativa da Constituição e do Estado Democrático de Direito, em meio a toda revolução tecnológica experimentada pelo mundo e as transformações sociais dela decorrentes.

No capítulo seguinte, a análise se concentrou em uma das consequências dessa evolução tecnológica: a transformação digital das cidades e o surgimento das cidades inteligentes, inclusive como forma de torná-las cada vez mais sustentáveis, contribuindo para um meio ambiente mais saudável e, consequentemente, digno. Objetivo esse que, para ser alcançado, precisa contar com uma segurança forte – agora, também, neste mundo cibernético.

Não foi outro o motivo pelo qual esse foi o assunto analisado no quarto capítulo, onde a segurança cibernética é abordada como um direito fundamental, razão pela qual foram confrontadas algumas temáticas a ela interligadas, tais como a proteção de dados e a imprescindível necessidade de uma autoridade fiscalizadora independente, bem como a problemática do analfabetismo digital, que também precisa ser enfrentada, ao lado da desinformação, que, por sua vez, requer forte trabalho de conscientização social.

Ainda nesse contexto, não haveria como olvidar as discussões acerca da tecnologia quântica e das perspectivas, dela decorrentes, no que se refere ao uso seguro e confiável das tecnologias à nossa disposição.

Já próximo de traçar as considerações finais, foi realizada uma breve análise do direito comparado no tocante às principais políticas públicas de segurança cibernética já existentes e, também, às promessas que envolvem a tecnologia 5G, para, então, averiguar a importância de uma rede global de governança e, ainda, da atuação dos Tribunais de Contas e demais entidades fiscalizadoras, em todo mundo, para a real eficiência e eficácia da segurança cibernética como pressuposto essencial para assegurar os direitos fundamentais da pessoa digital.

CAPÍTULO 1

A SOCIEDADE DA INFORMAÇÃO E OS REFLEXOS DELA DECORRENTES

A sociedade se encontra em meio às consequências da chamada 4ª Revolução Industrial, que tem proporcionado uma tecnologia que avança a passos largos, rompendo com as barreiras geográficas e temporais e modificando toda a forma de o ser humano se relacionar e interagir em seu meio.

Esses avanços trouxeram, ainda, uma reconhecida hiperconexão, já que o homem se volta progressivamente para a tecnologia, proporcionando um vínculo de dependência perigosamente crescente, incentivado pelas empresas, na busca de dados que possam lhe assegurar informações mais assertivas sobre seus clientes e, dessa forma, conquistar maior competitividade no mercado.

Evidencia-se a chamada "Economia de dados", em que o valor dos dados pessoais alçou contornos inimagináveis nesta busca pela informação que eles geram, posto que, nesta sociedade mundialmente interconectada, a informação vale mais do que ouro, e quanto mais informação se detém, maior é o poder, inclusive para definir e delimitar os riscos a que se está disposto a correr.

Esses são alguns dos motivos pelos quais os estudiosos da área começaram a propagar a ideia de uma "Sociedade da informação".

Mas o que seria isso? Como começou? Quais as críticas para os defensores dessa ideia, e quais os principais desafios a serem enfrentados?

A proposta deste primeiro capítulo consiste em analisar essa trajetória da sociedade da informação desde sua origem até os dias atuais, a fim de melhor compreendê-la, identificando suas características basilares e considerando as críticas sociais apresentadas, para, com isso, não apenas traçar as distinções necessárias, como também voltar o olhar para outros desafios que, neste contexto, vêm despontando, tais como o surgimento e a evolução das criptomoedas no mercado econômico mundial, a criação de uma realidade virtual imersiva e interativa, considerada a maior aposta da história – o Metaverso –, sem olvidar dos neurodireitos e a proposta de decodificação das informações neurais para, com essa análise, direcionar a atenção no sentido daquele que, talvez, seja o maior de todos os desafios emergentes: a questão da segurança nesse novo espaço de interação global, a cibersegurança ou segurança cibernética.

Neste mundo onde a informação configura potente estratégia de negócios e, portanto, passível de manipulações, considerando a velocidade e o alcance dessas informações no contexto atual de hiperconexão global, é imprescindível encontrar um nível de segurança que possibilite não só que toda essa troca de informações se dê adequadamente, como, ainda, se torne passível de ser aplicada, transformando a vida das pessoas, gerando conhecimento para que, em último estágio, possa permitir tomada de decisões mais assertivas, que beneficiarão toda a população.

1.1 O que é e quando teve início a sociedade da informação? Breve escorço histórico

A história mundial é marcada por períodos que se pode chamar de "normalidade" ou de estabilidade, com momentos revolucionários, em que teorias são refutadas e posicionamentos questionados por diversas alterações na forma de ver o mundo ou, até mesmo, a si próprio, decorrentes de mudanças socioculturais naturais que exigem, de certa forma, uma ruptura com o antigo a fim de permitir novos posicionamentos e novas posturas.

Marilena Chauí se expressa, no tocante a essa dicotomia histórica entre o reconhecimento da normalidade e a busca por uma ruptura que conduz a uma série de teorias científicas, "como resultado de diferentes maneiras de conhecer e construir os objetos científicos, de elaborar os métodos e inventar tecnologias".[1]

Independentemente da expressão a ser utilizada, o que importa, no momento, é o seu significado no sentido de reconhecer uma mudança

---

[1] CHAUI, Marilena. *Convite à filosofia*. 11. ed. São Paulo: Ática. 1999, p. 257.

existente e que se perpetuará no tempo, enquanto não conseguir esclarecer os questionamentos humanos.

A sociedade pós-industrial restou consolidada pelo investimento em tecnologia de ponta, pela especialização da cultura, pela geração de serviços e produção e transmissão da informação e pelos esforços em todos os campos e áreas (científicos, tecnológicos e políticos) com o objetivo de informatizar a sociedade, tendo em vista que, como explica Wilmar Barbosa, o mundo descobriu que a fonte de todas as fontes se chama "informação", e que a ciência, tal como se dá em toda modalidade de conhecimento, constitui nada mais, nada menos, do que uma forma de organizar, armazenar e distribuir informações.[2]

No mesmo sentido, Lyotard afirma que: "(...) o antigo princípio segundo o qual a aquisição do saber é indissolúvel da formação do espírito, e mesmo da pessoa, cai e cairá cada vez mais em desuso", de modo que o conhecimento assumirá forma de valor, ou seja, o saber será produzido para ser vendido,[3] como já temos visto nos dias atuais.

Para falar a respeito da sociedade da informação insta compreender, primeiro, o que está incluso no conceito de "informação". O que significa "informação"?

É possível perceber que não se pode falar de um consenso acerca do significado da palavra informação devido à sua amplitude: "nunca, nem sobre a informação, sobre o homem ou no que se refere ao conhecimento, existiram noções ou definições universais e consensualmente aceites".[4]

Robert Kurz[5] se manifesta no mesmo sentido ao ensinar que a palavra "informação" possui um sentido amplo, que compreende, por exemplo, o som de uma buzina, a mensagem da estação do metrô, a campainha de um despertador, as oscilações da bolsa, a previsão do tempo, enfim, tudo isso gera informação.

Notório, portanto, reconhecer a valorização do conhecimento e da informação no período pós-industrial,[6] mormente em se tratando

---

[2] BARBOSA, Wilmar do Valle. Tempos pós-modernos. *In:* LYOTARD, J-F. *O pós-moderno.* Rio de Janeiro: J. Olympio, 1986. p. 8.
[3] LYOTARD, Jean-François. *O pós-moderno.* Rio de Janeiro: J. Olympio, 1986, p. 4-5.
[4] ILHARCO, Fernando. *Filosofia da informação:* uma introdução à informação como fundação da acção, da comunicação e da decisão. Lisboa: Universidade Católica, 2003, p. 43.
[5] KURZ, Robert. A ignorância na sociedade do conhecimento. *Folha de São Paulo,* São Paulo, 13 jan. 2002. Caderno Mais. Disponível em: http://www.ofaj.com.br/textos_conteudo.php?cod=26 Acesso em: 25 nov. 2021, p. 14-15.
[6] Por sociedade ou "era pós-industrial" se compreende a que a economia se baseia na produção de serviços, ao invés da manufatura ou indústria. Na sociedade pós-industrial, a

da formação da estrutura do poder, em que se percebe uma importante transferência do fazer para o saber.

A depender, portanto, do contexto em que se encontra o sentido da palavra "informação", pode conter significados diversos.

De acordo com Le Coadic, informação "é um significado transmitido a um ser consciente por meio de uma mensagem inscrita em um suporte espacial-temporal: impresso, sinal elétrico, onda sonora etc.".[7]

Para Almeida Júnior, "(...) a informação é efêmera e se concretiza apenas no momento em que se dá a relação do usuário com o suporte que torna possível a existência dela, informação". Isso porque, conforme ensina o autor, não há informação "*a priori*", que ele chama especificamente de "proto-informação", referindo-se ao momento em que a informação ainda não se concretizou.[8]

Só se fala, portanto, em informação a partir do momento em que o indivíduo lhe infere um significado passível de mudar e formar um pensamento crítico. Mesmo porque, etimologicamente, informação provém do latim, *informare*, que significa "dar forma", "modelar".[9]

É possível afirmar que a informação consiste em uma estruturação ou uma organização de diversos dados que, isoladamente, não possuem qualquer significado, mas que, uma vez tratados, analisados e devidamente organizados mediante uma análise crítica daquele que os trata, origina a informação.

Não se pode confundir, contudo, informação com conhecimento, tendo em vista que o conhecimento é a informação devidamente processada e assimilada, transformada em experiência por quem o detém. A aprendizagem, por exemplo, é a exposição a toda essa gama de novas informações que, uma vez processadas, modificam a forma de pensar e agir, transformando o comportamento e as relações no meio. O conhecimento gera o aprendizado. No conhecimento a informação é contextualizada, possibilitando tomada de decisões.

---

maior parte da riqueza provém dos setores terciário (serviços) e quaternário (pesquisa e desenvolvimento). Por outro lado, as atividades do setor primário (atividades extrativas) e secundário (transformação de matérias-primas em bens de consumo) tornam-se menos relevantes para a economia.

[7] LE COADIC, Yves-François. *A ciência da informação*. Brasília: Briquet de Lemos/Livros, 1996, p. 5.

[8] ALMEIDA JÚNIOR, Oswaldo Francisco de. Mediação da informação e múltiplas linguagens. *Tendências da Pesquisa Brasileira em Ciência da Informação*, Brasília, v. 2, n. 1, p. 89-103, jan./dez. 2009. Disponível em: http://inseer.ibict.br/ancib/index.php/tpbci/article/view/17/39. Acesso em: 20 nov. 2021, p. 10.

[9] DICIONÁRIO ETIMOLÓGICO. *Informação*. Disponível em: https://www.dicionarioetimologico.com.br/informacao/. Acesso em: 18 nov. 2021.

São coisas distintas, definitivamente não se tratam de termos intercambiáveis, mas interdependentes.

De todo modo, o pós-industrialismo restou marcado pela valorização do conhecimento e da informação na estrutura de poder com o deslocamento do "fazer", como força produtiva, para o "saber", em uma mudança da produção de bens de consumo para a produção de informação, que originou um novo paradigma tecnológico cuja base encontra-se fundamentada na informação.

Essencial considerar, contudo, o fato de que não é a centralidade da informação que caracteriza a revolução tecnológica dos dias atuais, mas, sim, a aplicabilidade das informações e do conhecimento por ela proporcionados, para fins de gerar novos dispositivos que disponibilizem, por sua vez, mais informação e comunicação, no que Castells[10] chama de um "ciclo de realimentação" entre as novidades tecnológicas e o uso delas.

Para Manuel Castells, a revolução tecnológica deu origem ao que ele denominou *"informacionalismo"*, que, na sua concepção, tornou-se a base de uma nova sociedade. Uma sociedade construída e consolidada em redes, onde a tecnologia da informação constitui ferramenta indispensável tanto na manipulação das informações quanto na construção do conhecimento, considerando que a geração, o processamento e a transmissão de informação tornaram-se a principal fonte de produtividade e poder.[11]

A expressão "sociedade da informação", portanto, não é algo novo, não se trata de um termo que surgiu agora.

O economista Fritz Machlup publicou, em 1962, uma obra intitulada *"The production and distribution of knowledge"*, onde se refere, de maneira até de certa forma precursora, à sociedade da informação. Todavia o responsável por cunhar essa expressão foi Peter Drucker, em 1966, quando abordou a questão de uma sociedade pós-industrial na obra *"The age of discontinuity"*; após ele, surgiram muitos outros, como Castells e Postman, por exemplo.

No que concerne à origem dessa sociedade, alguns doutrinadores apontam como sendo uma das consequências da guerra do Vietnã, que demonstrou que toda a força das armas nucleares americanas não era

---

[10] CASTELLS, Manuel. *A sociedade em rede*. Tradução Roneide Venâncio Majer; Atualização: Jussara Simões (A era da informação: economia, sociedade e cultura). v. 1. 6. ed. São Paulo: Paz e Terra, 2013, p. 69.
[11] CASTELLS, 2013, p. 50.

suficiente para vencer todas as batalhas e que o controle da informação era mais importante do que toda espécie de armamento, e muito mais apto a garantir a tão buscada superioridade.

Esse reconhecimento funcionou como uma espécie de mola propulsora, levando os países à busca do domínio pela informação, de maneira que aquele que a subjugasse teria, via de consequência, a gerência do mundo.[12]

Tudo isso foi favorecido, ainda, pelo movimento de privatização das telecomunicações em grande parcela dos países, que culminou em um sistema de rede aberta de telecomunicações, globalizado e cada vez mais forte, possibilitando a troca de informações sem quaisquer obstáculos, impactando todos os setores sociais, tais como a economia, educação, política e outros.

A sociedade da informação é a sociedade que reconhece que quanto mais informação uma pessoa possui, maiores são as benesses por ela adquiridas e maiores, consequentemente, são os seus poderes perante a sociedade na qual se encontra inserida.

Esta expressão "sociedade da informação" tornou-se mais evidente no final do século XX, em substituição à chamada "sociedade pós-industrial", e consoante a concepção de Manuel Castells, essa sociedade informacional está vinculada de forma direta à reestruturação e expansão do capitalismo (por volta de 1980), constituindo um novo paradigma, posto que todo o mundo encontra-se cada vez mais voltado para a transformação tecnológica.[13]

De forma cada vez mais veloz, a sociedade da informação foi se tornando uma realidade factível, transformando o ambiente social como um todo, rompendo com as barreiras temporais e geográficas.

Luiz Rodrigues comenta que a humanidade obteve uma evolução tecnológica de transmissão de dados sem quaisquer precedentes históricos, de maneira a possibilitar, hoje, fácil e rapidamente, o compartilhamento de informações em toda parte do mundo, permitindo-nos reconhecer que a estrutura da sociedade da informação terá um importante e central papel na criação de riquezas bem como na qualidade de vida de todos.[14]

---

[12] ASCENSÃO, José de Oliveira. *Direito da internet e sociedade da informação*. Rio de Janeiro: Forense, 2002, p. 22.
[13] CASTELS, 2013, p. 69.
[14] RODRIGUES, Luís Silveira. Os consumidores e a sociedade da informação. *In:* ASCENSÃO, José de Oliveira. (org.). *Direito da sociedade da informação*. v. III. Coimbra: Coimbra, 2002, p. 295-312, p. 302.

Nesta senda, Ortiz conceitua a sociedade da informação como sendo a sociedade em que o conhecimento científico é objeto para fortalecimento da expansão econômica, tendo a informação como elemento de transformação econômico-social e que se encontra inserida em um sistema capitalista que, por sua vez, baseia-se na propagação do saber e tem o conhecimento como o principal produto de valorização do capital.[15]

Assim é que a informação alcança uma espécie de *status* de bem mais valioso, elemento estratégico de extrema relevância para o mercado em todo o cenário mundial.

De acordo com o livro verde do Ministério da Ciência e Tecnologia, três fenômenos, inter-relacionados, contribuíram para essa transformação social: a possibilidade de processar as informações unicamente pelo meio digital (convergência da base tecnológica); a evolução das indústrias (que possibilitou uma popularização dos computadores através da redução dos preços) e o crescimento da rede mundial de computadores (a internet) por meio de sua disseminação em todo o mundo.[16]

No mesmo passo, Levy aduz que a informação e o conhecimento passaram a representar, nessa nova sociedade, "fontes de produção de riquezas, sendo consideradas na atualidade 'bens econômicos primordiais'".[17]

Mas como definir "sociedade da informação"? Para Lisboa e Coutinho, trata-se de uma sociedade "inserida num processo de mudança constante, fruto dos avanços na ciência e na tecnologia",[18] cuja marca mais pujante é, justamente, o conhecimento e a informação como bases centrais de desenvolvimento.

---

[15] ORTIZ, Rocío Rueda. Cibercultura: metáforas, practicas sociales y colectivos em red. *Nómadas*, nº 28, abril, Bogotá: Universidade Central, 2008, p. 8-20. Disponível em: http://nomadas.ucentral.edu.co/index.php/inicio/21-ciberculturas-metaforas-practicas-sociales-y-colectivos- en-red-nomadas-28/255-cibercultura-metaforas-practicas-sociales-y-colectivos-en-red. Acesso em: 15 nov. 2021.

[16] BRASIL. Ministério da Ciência e Tecnologia. Academia Brasileira de Ciências. In: *Ciência, tecnologia e inovação:* desafio para a sociedade brasileira – Livro verde. SILVA, Cylon Gonçalves da; MELO, Lúcia Carvalho Pinto de. (coords). Brasília: Ministério da Ciência e Tecnologia/Academia Brasileira de Ciências, 2001.

[17] LÉVY, Pierre. *O que é o virtual.* Tradução Paulo Neves. São Paulo: Editora 34, 1996, p. 35-36.

[18] COUTINHO, Clara; LISBÔA, Eliana. Sociedade da informação, do conhecimento e da aprendizagem: desafios para educação no século XXI. *Revista de Educação*, v. XVIII, n. 1, p. 5-22, 2011, p. 5.

Nesta nova sociedade, a informação é recebida em tempo real, e os produtos passam a ter uma visão transnacional, de modo que o universal, o globalizado, sobrepõe-se ao individual e singularizado de tal maneira, que Castells chega a afirmar que estar desconectado, na sociedade da informação, significa não existir para a economia global.[19]

Celso Antonio Pacheco Fiorillo explica que a expressão "sociedade da informação" modelava um conjunto de aspectos relacionados a comunicação/conhecimento. Segundo ele, "(...) fora iniciado um novo processo civilizatório de caráter difuso, marcado dentre outros fenômenos, pelo advento da rede mundial de computadores, a *internet*, que mais do que uma rede de computadores, é agora uma rede de pessoas, a maior que já existiu na humanidade".[20]

Apesar das diversas contribuições acerca do tema, porém, é notório o reconhecimento de que quem elevou a discussão sobre a sociedade da informação e seus impactos no mundo social e econômico foi Manuel Castells.

Resumindo as proposições apresentadas pode-se, assim, compreender por sociedade da informação aquela cuja principal atividade econômica consiste, justamente, na informação, ou seja, trata-se de um fenômeno que, por sua proporção global, tem imenso potencial de transformar as atividades sociais e econômicas, promovendo a integração e reduzindo as distâncias entre as pessoas.[21]

Neste mesmo sentido, ensina Carlos Bruno Ferreira da Silva, que podemos caracterizar o modo de desenvolvimento atual como baseado na informação. Um informacionalismo que provoca adaptações consideráveis, substituindo o industrialismo do século XVIII através da centralidade na busca por procedimentos que favoreçam a crescente evolução tecnológica de processamento e transmissão da informação e da comunicação, como técnicas que, claramente, compõem o eixo central do poder em todo o mundo.[22]

---

[19] CASTELLS, Manuel. Fluxos, redes e identidades: Uma teoria crítica da sociedade informal. In: *Novas perspectivas críticas em educação*. Porto Alegre: Artes Médicas. 1996, p. 22-25. p. 23.

[20] FIORILLO, Celso Antônio Pacheco. *Princípios constitucionais do direito da sociedade da informação*: a tutela jurídica do meio ambiente digital. São Paulo: Saraiva, 2015, p. 15-16.

[21] TAKAHASHI, Tadao (org.). *Sociedade da informação no Brasil* – Livro Verde. Brasília: Ministério da Ciência e Tecnologia, 2000, p. 5.

[22] SILVA, Carlos Bruno Ferreira da. *Proteção de dados e cooperação transnacional*: teoria e prática na Alemanha, Espanha e Brasil. Belo Horizonte: Arraes Editores, 2014, p. 11-12.

Pode-se inferir, de todo o já exposto, que a sociedade de informação consiste, nas palavras de Unger, em um "sistema social, que tem na informação e no conhecimento os recursos que movem não somente a economia do planeta, mas o cotidiano dos seres humanos".[23]

Em 1980 o relatório final de um grande fórum da UNESCO fixou os posicionamentos que se encontravam, no momento, em xeque, e um dos principais focos de divergência se dava com relação ao significado da abordagem da informação. Se a informação deveria ser abordada como mercadoria, como propriedade privada, como bem social, ou como produto cultural da sociedade. E em notas editadas pela própria UNESCO encontra-se: "informação é um produto social e não comercial (...) Informação é, ao mesmo tempo, uma necessidade social e um elemento essencial no pleno exercício dos direitos humanos".[24]

Na década de 1990, a UNESCO passou a adotar, inclusive, o discurso de "novos tempos", tomando por base o desenvolvimento de estruturas sociais de informação:

> (...) "multimeios" e a "auto-estrada informacional" irão conduzir a espécie humana rumo à "Idade da Informação", à sociedade global baseada no conhecimento. (...) A combinação dos vários avanços tecnológicos está contribuindo para o que é anunciado como uma explosão informacional direcionando a uma profunda transformação social similar ao início da era industrial. (...) Mercados para novas informações e serviços interativos estão sendo ativamente explorados; provedores e distribuidores de informação estão buscando expandir suas atividades por sobre suas fronteiras tradicionais. (...) Em resumo, novas aplicações de tecnologias de informação e comunicação podem ser instrumental para basear um desenvolvimento verdadeiramente centrado no homem. (...) O principal foco da ação da UNESCO neste campo é o Major Programme IV: "Comunicação e Informação". A principal inovação neste programa, que reflete a aceleração da convergência tecnológica entre comunicação, informação e informática, é a extensão do princípio do "livre fluxo" a todos os tipos de informação (...) (*sic*).[25]

---

[23] UNGER, Roberto José Gervásio; FREIRE, Isa Maria Fabiana Araújo. Regimes de informação na sociedade da informação: uma contribuição para a gestão da informação. *RDBCI: Revista Digital de Biblioteconomia e Ciência da Informação*, Campinas, SP, v. 6. n. 1. p. 87-114, 2008. Disponível em: https://periodicos.sbu.unicamp.br/ojs/index.php/rdbci/article/view/2014. Acesso em: 10 nov. 2021.

[24] UNESCO. *Communication and society*: a documentary history of a new world information and communication order seen an evolving and continuous process, 1975 – 1986. Paris, UNESCO, 1987.

[25] YUSHKIAVITSHUS, Henrikas. *The new applications of information and communications technologies*: impact of multimedia and information highways on UNESCOs field of competence. INFOLAC, Caracas, v. 9, n. 1, p. 2-6, 1996, p. 3.

Em igual sentido, reconhecendo o importante papel das novas tecnologias para a propagação da informação e os impactos transformadores de tudo isso, um texto apresentado pela ONU para justificar a realização da primeira Cúpula Mundial, que ocorreu em 2003, em Genebra, expressa a rapidez com que essa sociedade globalizada da informação vem se desenvolvendo. Toda essa convergência tem determinado novos produtos e modificado, consideravelmente, a forma pela qual os relacionamentos têm sido estabelecidos.[26]

Kofi Annan, Secretário Geral da ONU, em discurso proferido na abertura da 2ª Cúpula mundial, no ano de 2005, em Túnis, definiu o termo sociedade da informação como sendo aquela em que as "capacidades humanas são expandidas e reconhecidas, dando às pessoas o acesso às ferramentas e tecnologias que elas precisam, com o ensino e treinamento para uso eficiente deste novo conhecimento".[27]

De toda forma, seja sociedade pós-industrial, seja sociedade tecnológica, sociedade em rede ou sociedade da informação, a nomenclatura é o que menos importa nesse sentido. O que importa é a compreensão de seus efeitos. Os efeitos de uma nova sociedade, que surgiu em virtude da convergência do desenvolvimento tecnológico e da globalização e que possui, como seu principal ativo, a informação.

1.1.1 Algumas distinções essenciais

Além da expressão "sociedade da informação", muito se fala sobre outras expressões similares e que geram dúvidas e confusões. Há quem prefira usar "sociedade do conhecimento", e os sociólogos falam muito a respeito de se estar vivenciando a "sociedade de riscos". São expressões sinônimas? Quais as diferenças entre elas?

A finalidade deste tópico é trazer à luz essas distinções a fim de compreendê-las, para que, desse modo, seja possível fazer melhor uso delas.

a) Sociedade da informação ou Sociedade do conhecimento?

Como já explanado, no despertar do século atual o mundo ingressou em um período de interconexão com a propagação do fenômeno

---

[26] ANNAN, Kofi. Discurso proferido na abertura da 2ª Cúpula Mundial sobre a sociedade da informação. *Nosso São Paulo.* 2005. Disponível em: https://www.nossosaopaulo.com.br/Reg_SP/Barra_Escolha/ONU_SociedadeDaInformacao.htm. Acesso em: 15 nov. 2021
[27] *Ibid.*

da globalização e a popularização da rede mundial de computadores – que facilitou e incentivou o compartilhamento de informações, estabelecendo um novo paradigma tecnológico que acabou por influenciar todos os setores sociais – movimentada pelo que Castells chamou de sociedade em rede de relações.[28]

Hoje, porém, reconhece-se que essa nova dimensão social vem adquirindo uma espécie de ressignificação, e a chamada sociedade da informação tem perdido espaço para a ideia de que se vive, na realidade, uma sociedade do conhecimento.

Para compreender melhor as distinções entre ambas insta analisar, primeiramente, as diferenças conceituais entre dados, informação e conhecimento em decorrência da constante confusão feita sobre esses termos, que muitas vezes são utilizados, até mesmo de maneira intercambiável, como se sinônimos fossem.

a.1) Dados

Dados são, basicamente, a matéria-prima para a informação e podem ser definidos como um "conjunto de fatos distintivos e objetivos, relativos a eventos".[29]

Segundo ensinamentos de Heide Miranda da Silva, é a informação não tratada e que, por isso, não apresenta, ainda, qualquer relevância. "Os dados representam um ou mais significados de um sistema que isoladamente não podem transmitir uma mensagem ou representar algum conhecimento".[30]

Consistem em símbolos soltos que, em um comparativo um tanto quanto rudimentar, mas de fácil compreensão, pode-se dizer que são como uma letra solta do alfabeto. Sozinho, o dado não transmite qualquer mensagem e não induz a qualquer significado; contudo, uma vez quantificado (ou ao menos quantificável), adquire relevância justamente por fundamentar, instrumentalizar, a informação.

a.2) Informação

A informação, por sua vez, seria justamente a análise crítica desses dados devidamente organizados e estruturados, de modo a

---

[28] CASTELLS, 2013, p. 21.
[29] DAVENPORT, Thomas Hayes; PRUSAK, Laurence. *Conhecimento empresarial:* como as organizações gerenciam o seu capital intelectual. 6. ed. Rio de Janeiro: Campus, 1998, p. 2.
[30] SILVA, Heide Miranda da. *Sociedade da Informação.* Disponível em: http://www.profcordella.com.br/unisanta/textos/tgs21_dados_info_conhec.htm. Acesso em: 21 nov. 2021.

conferir-lhes um sentido. Conforme ensina Le Coadic, a informação nada mais é do que um registro, em suporte físico ou intangível, disponível para a assimilação crítica para a produção de conhecimento.[31]

Ainda no sentido de conceituar "informação", a Lei nº 12.527 de 2011 (Lei de Acesso à Informação) assim expressa: "Art. 4º – Para os efeitos desta lei, considera-se: I) informação: dados, processados ou não, que podem ser utilizados para produção e transmissão de conhecimento, contidos em qualquer meio, suporte ou formato.[32]

Danilo Doneda oferece, contudo, uma explicação mais clara acerca da distinção existente entre os termos "dado" e "informação":

> (...) o "dado" apresenta conotação um pouco mais primitiva e fragmentada, como observamos, por exemplo em um autor que o entende como uma informação em estado potencial, antes de ser transmitida; o dado estaria associado a uma espécie de "pré informação", anterior à interpretação e ao processo de elaboração. A "informação", por sua vez, alude a algo além da representação contida no dado, chegando ao limiar da cognição, e mesmo nos efeitos que esta pode apresentar para o seu receptor. Sem aludir ao significado ou conteúdo em si, na informação já se pressupõe uma fase inicial de depuração de seu conteúdo – daí que a informação carrega em si também um sentido instrumental, no sentido de uma redução de um estado de incerteza.[33]

a.3) Conhecimento

Seguindo essa linha de raciocínio, o conhecimento consiste na assimilação da informação em forma de aprendizado. Trata-se da informação processada e transvertida em experiência, de modo a, por meio da aprendizagem, modificar o comportamento e a maneira pela qual as pessoas se relacionam e o meio em que estão inseridas.

Para tanto, cita-se Davenport e Prusak, segundo os quais o conhecimento consiste em "(...) uma mistura fluida de experiência condensada, valores, informação contextual e *insight* experimentado, a qual proporciona uma estrutura para a avaliação e incorporação de novas experiências e informações. Ele tem origem e é aplicado na mente dos conhecedores".[34]

---

[31] LE COADIC, 1996, p. 6.
[32] BRASIL. *Lei nº 12.527 de 2011*. Lei de Acesso à Informação (LAI). Disponível em: http://www.planalto.gov.br/ccivil_03/_ato2011-2014/2011/lei/l12527.htm. Acesso em: 30 nov. 2021.
[33] DONEDA, Danilo. *Da privacidade à proteção de dados pessoais*. Rio de Janeiro: Renovar, 2006, p. 25.
[34] DAVENPORT, 1998, p. 6.

Na mesma toada, Silva, Peres e Bascariolli, segundo os quais a informação é gerada quando se atribui um significado aos dados; e através de igual raciocínio, sempre que esses significados são apreendidos por alguém, de maneira a se tornar conscientemente familiar, permitindo tomadas de decisões mais eficientes, surge o conhecimento.[35]

Isso posto, infere-se que se a informação é dado trabalhado, então o conhecimento pode ser definido como a informação trabalhada. No mesmo ponto de vista, Setzer explica que:

> Dado (...) É uma sequência de símbolos quantificados ou quantificáveis. (...) Como são símbolos quantificáveis, dados podem ser armazenados em um computador e processados por ele. (...) em nossa definição, um dado é necessariamente uma entidade matemática e, desta forma, puramente sintática. (...) Um dado é puramente objetivo – não depende do seu usuário. Informação é uma abstração informal, que representa algo significativo para alguém através de textos, imagens, sons ou animação. (...) Esta não é uma definição – isto é uma caracterização, porque "algo", "significativo" e "alguém" não estão bem definidos; assumimos aqui um entendimento intuitivo desses termos. (...) Não é possível processar informação diretamente em um computador. Para isso é necessário reduzi-la a dados. (...)
> Uma distinção entre dado e informação é que o primeiro é puramente sintático e o segundo contém necessariamente semântica. (...) A informação é objetiva-subjetiva no sentido que é descrita de uma forma objetiva, mas seu significado é subjetivo, dependente do usuário.
> Conhecimento é uma abstração interior, pessoal, de alguma coisa que foi experimentada por alguém. (...) não pode ser descrito inteiramente – de outro modo seria apenas dado ou informação (...) não depende apenas de uma interpretação pessoal, (...) requer uma vivência do objeto do conhecimento. (...) não pode ser inserido em um computador por meio de uma representação, pois senão foi reduzido a uma informação. (...) Associamos informação à semântica. Conhecimento está associado com pragmática. (...) O conhecimento é puramente subjetivo – cada um tem a experiência de algo de uma forma diferente.[36]

Tomando por base essa distinção, muitos afirmam que, atualmente, não se está em uma sociedade da informação, mas em uma sociedade do conhecimento.

---

[35] SILVA, Leandro Augusto da; PERES, Srajane Marques; BOSCARIOLI, Clodis. *Introdução à mineração de dados com aplicações em R*. São Paulo: Ed. Gen LTC, 2016, p. 11.
[36] SETZER, Valdemar. W. Dado, informação, conhecimento e competência. *DataGramaZero*, v. 0, n. 0, 1999. Disponível em: http://hdl.handle.net/20.500.11959/brapci/7327. Acesso em: 07 jun. 2022.

A sociedade da informação pode ser considerada como uma etapa para a sociedade do conhecimento, que, por sua vez, agrega às informações todas as possibilidades de tecnologias da comunicação. Dessa forma, a capacidade para identificar, produzir, processar, transformar, divulgar e fazer uso das informações coletadas consiste no principal elemento da sociedade do conhecimento.

Nesta nova sociedade, o conhecimento aparece como um processo inovador cuja informação seria seu maior e principal insumo. Por isso se afirmar que "enquanto a sociedade da informação se baseia nos avanços tecnológicos, o conceito de sociedades dos conhecimentos compreende dimensões sociais, éticas e políticas mais abrangentes".[37]

Na concepção de Hargreaves, a sociedade do conhecimento representa uma ressignificação ou uma outra dimensão, deste novo tempo, que insere a educação na era da insegurança, posto que "a sociedade do conhecimento é uma sociedade da aprendizagem".[38]

Há quem traga, ainda, outras nomenclaturas, como Sérgio Fabela,[39] que entende que se vive na *sociedade da aprendizagem* ou da *cultura aprendente*, em que uma pluralidade de atores contribui para a construção do conhecimento de maneira contínua e partilhada, que vai além do sentido individualista de domínio.

Ao considerar, porém, que a aprendizagem é uma espécie de produto do conhecimento, pode-se entender que a sociedade da aprendizagem (sugerida por Fabela) se encaixa, perfeitamente, no conceito de sociedade do conhecimento, não havendo necessidade de outra expressão.

De toda sorte, trata-se de expressões que, apesar do sentido diferente, demonstram os impactos gerados pela tecnologia da informação na sociedade, de maneira que se percebe que entre a sociedade da informação e a sociedade do conhecimento, o que há em comum são as relações existentes entre o homem, a informação, o conhecimento e a tecnologia. Cada um desses termos reflete a forma de compreender e explicar o mundo atual.

---

[37] OLIVEIRA, Klycia Fontenele. *Da sociedade da informação à sociedade do conhecimento:* reflexões sobre os processos comunicativos. Disponível em: https://www.faculdadescearenses.edu.br/revista2/edicoes/vol3-1-2012/artigo6.pdf. Acesso em: 10 nov. 2021.

[38] HARGREAVES, Andy. *O ensino na sociedade do conhecimento:* a educação na era da insegurança. Coleção Currículo, Políticas e Práticas. Porto, Portugal: Porto Editora, 2003, p. 37.

[39] FABELA, Sérgio. A vida toda para aprender. *Portal dos psicólogos*, 2005. Disponível em: http://www.psicologia.com.pt/artigos/textos/A0321.pdf. Acesso em: 19 jul. 2015.

Ainda assim, e por esse mesmo motivo, Duarte[40] chama a atenção para o fato de que falar em uma sociedade do conhecimento seja, talvez, uma utopia, e apresenta o que ele considera cinco ilusões acerca dessa espécie de sociedade.

Em primeiro lugar, ele cita o fato de o conhecimento estar disponível e acessível de forma democrática, com o apoio dos meios de comunicação.

Além disso, em segundo lugar, refere-se à capacidade das pessoas de mobilizar o conhecimento para resolver questões práticas do dia a dia, dando muito pouca importância para a aquisição de conhecimentos teóricos.

Em terceiro lugar, cita a ideia de que o conhecimento é uma construção subjetiva que surge de processos semióticos e tentativas de significações que são convencionados por contratos culturais e não supõem, propriamente, uma apropriação da realidade pelo pensamento.

Em quarto lugar, ele se refere à concepção existente de que todos os conhecimentos possuem o mesmo valor, sem quaisquer distinções entre eles e, por fim, menciona a crença de que pela influência sobre a consciência dos indivíduos é possível transformar a realidade superando inclusive os problemas por ela apresentados, posto que tais problemas existem a partir da mentalidade de algumas pessoas.

Tais ilusões embasam a argumentação do autor[41] no sentido de não existir uma sociedade do conhecimento, já que este não passaria de mero discurso.

Nesse sentido, e partindo desse pressuposto, é que muitos defendem a ideia de que se vive, mesmo, é em uma sociedade da informação onde as informações circulam velozmente, e por todos os lados, através da tecnologia que possibilita um acesso livre e facilitado a elas.

Na realidade, o que se tem em grande abundância, em razão dos avanços tecnológicos, considerando os conceitos supramencionados é, de fato, informação. Muita informação. Não necessariamente conhecimento.

---

[40] DUARTE, Newton. *Sociedade do conhecimento ou sociedade das ilusões:* quatro ensaios críticos-dialéticos em filosofia da educação. (Coleção polêmicas do nosso tempo, 86). Campinas: Autores Associados, 2008, p. 14.

[41] DUARTE, 2008, p. 14

b) Sociedade da informação ou Sociedade de riscos?

Etimologicamente "risco" se refere a uma probabilidade de perigo, todavia o conceito de risco, propriamente falando, teve origem recentemente, com o nascimento da sociedade industrial, e percorreu pelas transformações em decorrência do tempo, dando origem ao que se chama de "sociedade de risco".[42]

Heline Ferreira ensina que a sociedade de risco é proveniente de um processo de modernização que culminou na priorização do desenvolvimento e do crescimento econômico. E explica que risco nada mais é do que uma dimensão humana justificada pela escolha de uma alternativa em meio a tantas outras. Um termo que foi usado com vistas a descrever a forma pela qual a sociedade moderna se organiza atualmente.[43]

Ulrich Beck, um dos primeiros estudiosos a usar a expressão "sociedade de riscos", entende que os riscos constituem um produto histórico, fruto do reflexo das ações e omissões humanas, que não respeita fronteiras nacionais e, tampouco, segmentação de classes. No seu entendimento, a preocupação com os riscos não reside em algum perigo externo, mas na própria figura humana e sua capacidade de destruição da vida por meio da criação de novos riscos.[44] Ele propõe, por meio de suas considerações a respeito da sociedade de riscos, a categorizar os conflitos mundiais existentes, a fim de identificar uma forma de lidar com os mesmos, tomando por base não só as incertezas sociais, como as certezas contraditórias e as indeterminações, bem como os diversos valores acerca da sociedade que todos almejam.

Na concepção de Beck, os riscos civilizatórios constituem o que ele denomina de "barril de necessidades sem fundo", por serem intermináveis e autoproduzíveis, razão pela qual ele entende que a sociedade de risco é uma "sociedade catastrófica" onde o estado de exceção ameaça converter-se em normalidade.[45]

A sociedade imersa neste grande volume de informações transmitidas a uma velocidade e amplitude gigantescas é, portanto, dentro desse contexto, uma sociedade de riscos.

---

[42] FERREIRA, Heline Sivini. A biossegurança dos organismos transgênicos no direito ambiental brasileiro: uma análise fundamentada na teoria da sociedade de risco. *In:* CANOTILHO, José Joaquim Gomes, LEITE, José Rubens Morato (orgs.). *Direito constitucional ambiental brasileiro.* Organizadores. 6. ed. rev. São Paulo: Saraiva, 2015, p. 291.

[43] *Ibid.* p. 291.

[44] BECK, Ulrich. *La sociedade del riesgo global.* Madrid: Editora Siglo Veintiuno, 2002, p. 21.

[45] BECK, Ulrich. *Sociedade de risco:* rumo a uma outra modernidade. 2. ed. Tradução de Sebastião Nascimento. São Paulo: Ed. 34, 2011, p. 27.

O mencionado autor chama a atenção, também, para o fato de que essa sociedade pós- industrial ou pós-moderna vivencia uma situação de incertezas:

> Por trás da pluralidade de interesses, está iminente e cresce a concretude do risco, que já não respeita qualquer diferença ou fronteira social e nacional. Por trás dos muros da indiferença, grassa o perigo. Isto obviamente não significa que, em decorrência dos crescentes riscos civilizacionais, brote a harmonia. É justamente *ao* lidar com os riscos que se origina uma multiplicidade de novos conflitos e diferenciações. Estes não se atêm mais ao esquema da sociedade de classes. Eles surgem, sobretudo da ambivalência dos riscos na sociedade de mercado desenvolvida: os riscos não são nesse caso apenas riscos, são também *oportunidades de mercado*. É precisamente com o avanço da sociedade de risco que se desenvolvem como decorrência as oposições entre aqueles que são *afetados* pelos riscos e aqueles que *lucram* com eles. Da mesma forma, aumenta a importância social e política do *conhecimento*, e consequentemente do acesso aos meios de forjar o conhecimento (ciência e pesquisa) e disseminá-los (meios de comunicação em massa). A sociedade do risco é, nesse sentido, também a sociedade *da ciência, da mídia e da informação*. Nela escancaram-se assim novas oposições entre aqueles que *produzem* definições de risco e aqueles que a *consomem*.[46]

Nos ensinamentos desse autor, "enquanto na sociedade industrial a 'lógica' da produção de riqueza domina a 'lógica' da produção de riscos, na sociedade de risco essa relação se inverte". Isso porque, conforme preceitua, "o acúmulo de poder do 'progresso' tecnológico-econômico é cada vez mais ofuscado pela produção de riscos".[47]

Pelo exposto, portanto, infere-se que a ligação entre a sociedade de riscos e a sociedade da informação consiste, justamente, no fato de que aquela é uma consequência desta.

Apesar de, como o próprio Ulrich Beck preleciona, os riscos sempre terem existido, eles vêm alcançando graus e extensões distintas com o passar do tempo e as mudanças socioculturais. De modo que, se inicialmente estavam restritos a riscos individuais, atualmente, na sociedade da informação, atingem proporções maiores, que afetam toda a coletividade, extrapolando, inclusive, as fronteiras geográficas e temporais.

---

[46] BECK, 2011, p. 55.
[47] BECK, 2011, p. 15.

Boaventura de Sousa Santos ensina acerca da sociedade de riscos que se está vivendo em uma época em que se percebe "um desassossego no ar. Temos a sensação de estar na orla do tempo, entre um presente quase a terminar e um futuro que ainda não nasceu".[48]

Nesses termos, ninguém melhor para conceituar a sociedade de riscos do que o próprio Ulrich Beck, segundo o qual a sociedade de riscos consiste em uma sociedade de incertezas, incertezas fabricadas, reforçadas pelas inovações tecnológicas e pelas rápidas respostas sociais a elas.[49]

Na concepção do sociólogo Zygmunt Bauman, o fenômeno da globalização é o responsável pela onda de desconfiança instaurada bem como pela "desordem" que pode ser vislumbrada na sociedade pós-moderna: "o significado mais profundo transmitido pela ideia de globalização é o do caráter indeterminado, indisciplinado e de autopropulsão dos assuntos mundiais".[50]

Além disso, Bauman chama a atenção para o fato de que a globalização alterou os conceitos de limites geográficos, posto que, em decorrência dessa interconexão mundial, o espaço físico é superado, rapidamente, pelos meios de comunicação bem como pela velocidade mediante a qual a informação é propagada, sem falar no crescimento e na evolução de uma intensa interação social.[51]

Antony Giddens chama a atenção, ainda, para a ampliação das possibilidades de relacionamentos sociais decorrentes das mudanças das concepções de espaço e tempo que restaram ampliadas com a evolução técnico-científica. Nesse sentido, o autor explica que essa ampliação gera uma dificuldade de estabelecer relações de confiança, de modo que surge a necessidade de instalar jogos para ganhar essa confiança do "desconhecido", definido por Giddens como "pessoas com quem interagimos a maior parte do tempo sem que as conheçamos".[52]

Além disso, na concepção desse sociólogo, a intimidade ganha o que ele chama de conteúdo científico próprio, dotado de estatísticas geradas por estudos cuja finalidade reside, justamente, em direcionar

---

[48] SANTOS, Boaventura de Sousa. *A crítica da razão indolente:* contra o desperdício da experiência para um novo senso comum. A ciência, o direito e a política na transição paradigmática. v. 1. 5. ed. São Paulo: Editora Cortez, 2005, p. 41.
[49] BECK, 2011, p. 23.
[50] BAUMAN, Zygmunt. *Globalização*: as consequências humanas. Tradução de Marcus Penchel. Rio de Janeiro: Jorge Zahar Ed., 1999, p. 67.
[51] Ibid., p. 67.
[52] GIDDENS, Antony. *As consequências da modernidade*. São Paulo: Ed. da UNESP, 1990, p. 84-102.

fatos da vida privada, razão pela qual Giddens afirma que as práticas sociais passaram a ser reflexivas, uma vez que as práticas tradicionais foram abandonadas e, segundo ele, essa prática de refletir, de maneira indiscriminada, as consequências decorrentes dessa nova modernidade, gera riscos mais intensos.[53]

Exemplificando, se na modernidade o conhecimento leigo se subordinava ao conhecimento técnico de um especialista, hoje, com a modernização reflexiva, diante da imensa carga de informações recebida, acaba, muitas vezes, voltando-se, inclusive, para conhecimentos adversos às informações científicas.[54]

Um ponto considerável neste tópico, que busca apresentar as distinções entre a sociedade da informação e a sociedade de riscos, consiste em uma ponderação do próprio Ulrich Beck, segundo o qual não resta claro se, com a sociedade da informação e a modernidade reflexiva, o risco se intensificou ou se foi a percepção acerca dele.[55]

De todo modo, considerando os apontamentos apresentados por esses grandes filósofos é possível ponderar que a sociedade da informação, com a quebra das barreiras geográficas e temporais, que permitiu a troca de informações por todo o mundo, a qualquer tempo e possibilitou o acesso livre, democrático e desimpedido a toda espécie de informação, trouxe consigo, ainda, uma carga elevada de riscos, proporcionando o surgimento de uma sociedade que também pode ser classificada como uma sociedade imersa em riscos decorrentes da liberdade com que toda espécie de informação se propaga.

1.2 Características e críticas à sociedade da informação

Conforme já mencionado, vivencia-se uma nova estruturação da sociedade, que vem sendo considerada como novo paradigma técnico-econômico. Essa "nova" sociedade, decorrente da evolução tecnológica, do pós-industrialismo (e que já desponta desde o final da década de 1970, mas vem ganhando cada vez mais força neste contexto de um mundo hiperconectado e cada vez mais interligado, em que a inteligência artificial e o aprendizado das máquinas já é realidade e vem gerando fortes impactos nos relacionamentos), possui alguns traços característicos que possibilitam sua identificação.

---

[53] *Ibid.*, p. 84-102.
[54] GIDDENS, 1990, p. 84-102.
[55] BECK, 2011, p. 17.

Dentre as características apresentadas pela sociedade da informação, portanto, pode-se citar, como principais, o forte e cada vez mais crescente uso das tecnologias que facilitam a promoção dessa informação, assim como da comunicação nos meios sociais, tendo por consequência a maior facilidade de aquisição e produção do conhecimento.

Nesse sentido, a sociedade da informação não se encontra restrita às formas de aquisição ou distribuição de informação meramente falando. Seu alcance tem sido ainda maior, conforme se percebe a evolução e os avanços tecnológicos possibilitando que influenciem e, inclusive, interfiram em todo o contexto social, político e econômico, ditando novos padrões de comportamento em nível global, tendo em vista que a sociedade da informação se encontra fortemente vinculada ao surgimento e evolução da internet, que favoreceu o processo de globalização.

Uma das maiores vantagens da internet reside, justamente, no favorecimento da transmissão de informações, possibilitando que essas sejam assimiladas pelos indivíduos e, muitas vezes, transformadas em conhecimento.

Manuel Castells ensina, ainda, sobre a sociedade da informação:
a) Possui a informação como sua matéria-prima em uma espécie de relação simbiótica em que uma complementa a outra de tal maneira, e com tamanha importância, que o autor sugere que o desenvolvimento tecnológico permitiu que o ser humano passasse a agir sobre a informação de forma direta, e não mais como um meio de acesso à própria tecnologia. A informação deixou de ser meio e passou a ser fim – um fim facilmente alcançado em virtude da evolução tecnológica.
b) As novas tecnologias e os efeitos que dela decorrem afetam e influenciam direta e amplamente todas as atividades humanas – individuais e coletivas.
c) A lógica das redes tem predominância clara.
d) Trata-se de uma sociedade naturalmente flexível, com poder para reconfigurar e reorganizar as informações.
e) É perceptível a convergência de tecnologias, que possibilita a interligação de áreas e diversas partes de todo o processo de desenvolvimento tecnológico, permitindo que todos possam contribuir, ativamente, na produção e construção do conhecimento.[56]

---
[56] CASTELLS, 2013, p. 27.

O ponto central aqui, de acordo com o autor, é que trajetórias de desenvolvimento tecnológico, em diversas áreas do saber, tornam-se interligadas, transformando-se em categorias segundo as quais todos os processos são pensados.

Desse modo, o que caracteriza a revolução tecnológica – e a sociedade da informação dela decorrente – não é, propriamente falando, o conhecimento e a informação, mas a aplicação que é realizada com os mesmos, já que a evolução tecnológica possibilitou essa quebra das fronteiras temporais e geográficas que poderiam dificultar, limitar ou servir de obstáculos à transmissão das informações. Em decorrência disso, o que se vislumbra no mundo atual é essa rápida e constante difusão de informações, totalmente globalizada, alcançando limites até então inimagináveis e em tempo "real".

Lado outro, todo esse bombardeio de informações tem acarretado diversas revoluções sociais pelo mundo afora, e diante da velocidade com que as notícias são compartilhadas hodiernamente, elas mudam e se atualizam constantemente, exigindo uma atenção e um cuidado maior na lida com essas informações, mais um motivo pelo qual muitos afirmam que se vivencia, também, uma sociedade de riscos em um verdadeiro jogo de poder.

No que concerne às críticas apresentadas, essas residem no fato de que, apesar de toda informação propagada e das possibilidades de que tais informações venham a se transformar em conhecimento com uma velocidade cada vez maior, mediante o auxílio da tecnologia e da internet, a desigualdade ainda é uma realidade.

Diante desse contexto, pode-se falar, inclusive, em uma nova casta social: a dos desconectados ou excluídos digitais – uma realidade tão chocante quanto verdadeira. Em um mundo em que quase tudo (matrículas em cursos, abertura de contas em bancos, pagamentos, compras etc.) pode ser resolvido em um piscar de olhos, mediante um simples toque, não obstante existem milhares de pessoas sem acesso à internet. Sem falar das que, apesar de terem acesso, ainda não possuem conhecimento básico (que lhes permita fazer o uso correto e adequado da mesma), o que lhes deixam expostas a milhares de perigos ciber-néticos, que crescem na mesma proporção dos avanços da tecnologia.

O mundo mudou, as informações chegam mais facilmente, o tempo e o espaço geográfico não consistem mais em barreiras limitantes, e podemos ter contato com pessoas em todo lugar, a qualquer tempo.

A evolução tão esperada chegou! Chegou? Será?

Apesar dos avanços da tecnologia, apesar da internet cada vez mais rápida, algumas situações permanecem, e as desigualdades sociais persistem, gerando exclusões sociais, agora digitais, em um mundo globalizado, em que o alcance das informações é ampliado e proporciona, pelas mesmas razões, danos cada vez maiores.

A evolução tecnológica que rompeu com barreiras geográficas e temporais ainda não foi capaz de romper com as barreiras da desigualdade.

1.3 Desafios e importância da sociedade da informação

Todo esse incremento tecnológico nos tem permitido vislumbrar diversas projeções que, em um passado recente, não passavam de elucubrações, mas que, atualmente, impactam e revolucionam os relacionamentos humanos e sociais.

Em uma visão democrática, a sociedade da informação propicia uma maior difusão informativa (apesar das desigualdades ainda existentes) e fomenta um conhecimento diversificado para muitos, que, por sua vez, consiste em um importante elemento para o desenvolvimento social, mormente ao considerar, por exemplo, a opinião de estudiosos como Amartya Sen,[57] segundo o qual o desenvolvimento consiste em um processo em que cada indivíduo alastra, propaga a sua capacidade de viver em condições de usufruir das coisas que valoriza, ou seja, decorre da liberdade individual.

Vicenzo Ferrari, nesse sentido, ensina que o significado de "informação" não se limita, puramente, ao ato de informar, mas configura parte essencial de todo um processo de assimilação e produção de conhecimento e aprendizado, que impacta a construção da própria personalidade de cada pessoa. Nesse sentido, o autor assevera que "a falta de informação bloqueia o desenvolvimento da personalidade, tornando-a asfixiada" e, ainda, que a informação unilateral, ou seja, que provém de uma única fonte, ainda que sofisticada e rica (no sentido quantitativo), limita a oportunidade de escolha e a capacidade crítica de quem a recebe, razão pela qual ele conclui essa ideia afirmando que a relação entre a democracia e a informação consiste em uma relação biunívoca e de coessencialidade, já que uma não existe sem a outra.[58]

---

[57] SEN, Amartya. *Desenvolvimento como liberdade*. São Paulo: Companhia das Letras, 2000, p. 55.
[58] FERRARI, Vincenzo. Democracia e informação no final do século XX. *In:* GUIMARÃES, César; JUNIOR, Chico (org.). *Informação e democracia*. Rio de Janeiro: Ed. UERJ, 2000, p. 165-166.

A Organização Mundial das Nações Unidas (ONU) sediou dois grandes eventos, em 2003 e 2005, em Genebra e Túnis (respectivamente), denominados "Cúpula Mundial sobre a Sociedade da Informação", cujo objetivo principal consistia na diminuição da exclusão digital global por meio da ampliação do acesso à rede mundial de computadores (internet).

Em 2003 foi adotada uma Declaração de Princípios na busca por uma sociedade de informação realmente acessível a todos, por meio do conhecimento compartilhado. Algumas questões mais polêmicas, contudo, restaram sem solução, tais como a Governança da Internet, razão pela qual se deu a criação de um grupo de trabalho com a intenção de progredir com a ideia.

Em 2005 a segunda fase da Cúpula Mundial culminou com a criação do Fórum de Governança da Internet, que conta com a participação de governos e representantes de empresas e da sociedade civil, com o escopo de articular políticas em áreas como as da segurança no ciberespaço em políticas que buscam maior inclusão digital e outras mais. A criação do fórum buscou uma espécie de internacionalização da governança da internet com maior cooperação global.

Entre os desafios a serem superados por essa nova espécie de sociedade tem-se também o problema do acesso às redes cibernéticas, que ainda é dotado de grande desigualdade.

Se por um lado o maior acesso à informação possibilitado pela evolução tecnológica tem o poder de incrementar essa nova sociedade, lado outro poderá proporcionar um aumento das desigualdades já existentes.[59]

Além disso, é preciso também identificar que espécies de perdas podem surgir com os avanços tecnológicos – e como isso impactará o meio social (desemprego, perda da privacidade etc.).

Alguns pesquisadores identificam, a esse respeito, outros desafios, tais como a substituição dos relacionamentos sociais reais em decorrência do meio virtual cada vez mais amplo (cita como exemplo a transformação do *Facebook* em Metaverso e todas as possíveis consequências que essa mudança pode acarretar), o crescimento da automação dos trabalhos, que gera uma preocupação no tocante à substituição de mão de obra, sem falar dos impactos, possíveis, com relação à promoção de maior desigualdade social.

---

[59] TAKAHASHI, 2000. p. 5.

Para a UNESCO, a sociedade do conhecimento é fundamentada em quatro bases ou pilares, que são a liberdade de expressão e informação, o acesso universal à informação e ao conhecimento, o ensino de qualidade para todos e o respeito à diversidade cultural e linguística. À vista disso, publicou um relatório em 2005, denominado "Rumo às Sociedades do Conhecimento", cujo escopo consiste em mudar o foco do debate global a respeito das sociedades da informação para o que ela entende tratar-se de um conceito mais amplo: a sociedade do conhecimento.

Nesse sentido, o ponto de vista da UNESCO reside na crença de que são as pessoas, e não as tecnologias, que transformam a sociedade, e que é preciso, para tanto, desenvolver as habilidades necessárias a fim de transformar as informações em conhecimento, o que, por sua vez, demandaria políticas públicas focadas em superar as exclusões digitais e fomentar uma educação de maior qualidade: "É essencial entender não apenas o que precisa ser feito para promover as sociedades do conhecimento, mas também como os interesses dos atores estão mudando".[60] Ainda nesse segmento:

> A expansão das redes digitais abre oportunidades fantásticas para facilitar a educação e a aprendizagem em todos os níveis. Mas esse potencial só pode se materializar se requisitos básicos forem cumpridos: acima de tudo, conteúdo de alta qualidade e instrutores bem treinados. A educação de qualidade para todos, em todos os níveis, precisa ser um dos principais objetivos das sociedades do conhecimento para a paz e desenvolvimento sustentável. Isso só pode ser obtido com investimento suficiente em treinamento de educadores, seja para facilitar a aprendizagem formal ou informal. Uma questão igualmente importante relacionada a políticas é a diversidade cultural e linguística, essencial para estimular a participação nas sociedades do conhecimento. Quando a diversidade não recebe a devida atenção, as pessoas podem ter acesso às redes e à informação digital, mas também a educação e oportunidades de aprendizagem que não são significativas em suas rotinas.[61]

Deste modo, é possível constatar que não é o acesso às tecnologias, por si só, que gera transformações sociais, mas o acesso de qualidade, o acesso adequado.

---

[60] MANSELL, Robin; TREMBLAY, Gaëtan. *UNESCO – Organização das Nações Unidas para a Educação, a Ciência e a Cultura*. Cúpula Mundial da Sociedade da Informação – Transformando objetivos em ação. Renovando a visão das sociedades do conhecimento para a paz e o desenvolvimento sustentável. São Paulo: Comitê Gestor da Internet, 2015, p. 10.
[61] MANSELL; TREMBLAY, 2015, p. 10.

Agudo Guevara esclarece que a sociedade da informação tem demonstrado como a reestruturação do capitalismo e a difusão das novas tecnologias da informação, sob a liderança do Estado, têm interagido com as forças sociais locais e, como consequência, proporcionado uma transformação social. Todavia, o ritmo e os níveis desse novo paradigma não têm sido demonstrados de maneira igualitária, sendo perceptível a distinção entre países com maior e menor acesso à informação.[62]

Nesses termos, o autor alerta para o fato de que essa desigualdade tem dado ensejo a um novo paradigma, posto que em uma grande parcela de países em desenvolvimento diversos setores da população (que abrangem tanto a área urbana quanto rural, e tanto adultos quanto jovens e crianças, bem como desempregados, sem teto e marginalizados sociais) engrossam as estatísticas referentes à falta de acesso e conhecimento digital, sendo esse um dos grandes desafios éticos para a constituição da sociedade da informação.

Um desafio que demanda maior conscientização, uma vez que está fora do alcance da própria tecnologia e que talvez possa ser, se não superado, ao menos mitigado, com a evolução real da sociedade da informação para a sociedade do conhecimento, o que demanda principalmente maiores investimentos no setor da educação, por exemplo, a fim de promover uma aprendizagem mais eficiente e, portanto, eficaz.

1.3.1 Outros desafios a serem considerados

Além das questões apresentadas acima, outros desafios emergem em decorrência de toda a evolução técnico-científica vivenciada por esta sociedade da informação, e que consiste em um dos fatores que autoriza a afirmar que se vive no período da "Economia dos dados".

Dentre os inúmeros desafios ainda existentes, optou-se por focar em dois deles, considerando a proposta deste estudo: as criptomoedas e a questão da cibersegurança.

1.3.1.1 As criptomoedas

As alterações nos relacionamentos, decorrentes da evolução técnico-científica, não se deram somente no campo social. As interações

---

[62] GUEVARA, Álvaro Agudo. Etica em la sociedad de la informacion: reflexiones dese America Latina. *In: Seminário Infoetica*. Rio de Janeiro, 2000, p. 4

econômicas também sofreram fortes mudanças, entre essas, o surgimento de novas moedas: as chamadas moedas digitais.

Por moedas digitais se compreende as que, apesar de similares às moedas físicas, possuem a peculiaridade de serem totalmente digitais (o que lhes proporciona um trânsito mais fácil) e de não serem emitidas pelo governo (o que lhes assegura a possibilidade de efetuar pagamentos e demais transações econômicas sem maiores encargos).

A *criptomoeda* é, dessa forma, uma espécie de moeda digital que adquire criptografia com a finalidade de proteger as transações, ou seja, trata-se de uma moeda já projetada para efetuar pagamentos de maneira anônima, razão pela qual é considerada mais segura. O prefixo *"cripto"* é, justamente, decorrente do indicativo do processo de criptografia pelo qual essas moedas se sujeitam.

A maioria das criptomoedas baseia-se em tecnologia de cadeias em bloco, que se encontram em redes descentralizadas. Entre elas, a mais famosa é, sem dúvidas, o Bitcoin, que foi criado por Satoshi Nakamoto, cuja identidade ainda hoje é um verdadeiro mistério e tem gerado diversas especulações internet afora.

O primeiro registro que se tem de Nakamoto ocorreu quando ele registrou o domínio "bitcoin.org", em 18 de agosto de 2008, para em seguida encaminhar um e-mail a uma lista de pessoas com o link do *White paper do Bitcoin,* um artigo publicado em 31 de outubro de 2008 em que ele apresentava a funcionalidade do que denominou *"BitCoin".*

O engenheiro de computação Wei Daí é um dos fortes candidatos nesta busca por encontrar a verdadeira identidade de Satoshi Nakamoto. Isso porque esse cientista da computação chinês foi o primeiro a descrever as criptomoedas, em um estudo publicado em 1998, onde sugeriu o uso de criptografia para controlar as transações econômicas por meio de uma nova espécie de dinheiro (que dispensaria a necessidade de uma autoridade central como intermediadora) que ele chamou de "Sistema de dinheiro eletrônico distribuído e anônimo", o *b-money.*[63]

O *b-money* é considerado a primeira moeda digital, que, apesar de nunca ter sido de fato implementada, com toda certeza serviu de inspiração para a criação do *Bitcoin,* sendo mencionado por Sakamoto em seu *White paper.*

---

[63] W. Dai. *"B-money".* 1998. Disponível em: http://www.weidai.com/bmoney.txt. Acesso em: 22 dez. 2021.

Na concepção do Banco Central europeu, o *Bitcoin*, por exemplo, é considerado um "ativo especulativo", ou seja, algo que se pode apostar para fins de obter lucro, mas que, em contrapartida, acarreta um grande risco de perdas.[64]

Outras espécies de criptomoedas são a *Ethereum* (ETH), lançada em 2015 e que talvez consista na segunda moeda digital mais valiosa do mundo, e a XRP, que não se baseia em *blockchain*, mas em uma espécie de livro-razão de código aberto e foi criada com o intento de oferecer uma alternativa mais rápida e menos dispendiosa.

Apesar das facilidades trazidas pelas criptomoedas e da dificuldade, por exemplo, de falsificações (que trazem segurança), alguns desafios ainda precisam ser enfrentados, e um deles se dá pela vulnerabilidade de sua infraestrutura bem como pela volatilidade das taxas de câmbio.

Ademais, por ter como uma de suas características a anonimização, a criptomoeda acaba favorecendo transações ilícitas como lavagem de dinheiro e evasão de impostos, por exemplo.

Não se pode esquecer, ainda, que por ter a fixação do seu preço com base em demanda e oferta, a elevada flutuação das taxas de câmbio lhe proporciona uma grande escassez. O custo de sua produção está relacionado diretamente com o seu preço de mercado, o que também gera algumas dificuldades.

Importa ainda ressaltar que, apesar da criptografia, não se pode falar que criptomoedas estão livres de ataques *hackers*, e diversos deles já tiveram como alvo justamente essas moedas digitais – com perdas consideráveis de milhões de dólares.

Em 2011 se deu um dos maiores ataques *hackers* na história do *bitcoin*. Em 25 de junho um grupo de *hackers* denominado "Lulzsec" provocou um vazamento de dados de milhões de senhas e dados confidenciais de dezenas de empresas. Em meio aos clamores decorrentes dessa situação, dois outros ataques *hackers* foram organizados por outros grupos, tendo *Bitcoins* como alvo. O primeiro, em 19 de junho, foi direcionado a uma *Exchange* de *Bitcoin*, e o segundo se deu dias depois.[65]

---

[64] UNIÃO EUROPEIA. O que é a Bitcoin? *Banco Central Europeu*. Disponível em: https://www.ecb.europa.eu/ecb/educational/explainers/tell-me/html/what-is-bitcoin.pt.html. Acesso em: 20 dez. 2021.

[65] UOL NOTÍCIAS. *Grupo hacker Lulzsec anuncia fim das atividades, após 50 dias de ataques*. Notícia divulgada em 25 jun. 2011. Disponível em: https://tecnologia.uol.com.br/ultimas-noticias/redacao/2011/06/25/grupo-hacker-lulzsec-anuncia-encerramento-das-atividades-apos-50-dias-de- ataques.jhtm. Acesso em: 08 jul. 2022.

A corretora Mt. Gox estava no auge de suas atividades e em franca expansão, sendo considerada a maior corretora de *Bitcoins* do mundo, quando apenas um ano após iniciar suas atividades sofreu seu primeiro ataque *hacker*, que lhe trouxe prejuízos reputacionais tão fortes, a ponto de a empresa ser considerada como sinônimo de fracasso, bem como ter sido a fonte que originou o verbo *"Goxxed"*, que descreve o ato de ser *hackeado*.

No início de 2018 o valor dos ativos criptográficos encontrou seu ápice. O mercado administra, atualmente, mais de duas mil moedas digitais, e diversas novas espécies surgiram desde então: EOS, Tron, Cardano etc.

A finalidade das criptomoedas é exatamente a mesma do dinheiro físico: meio de troca (a fim de favorecer os negócios comerciais), reserva de valor (para preservação do poder de compra no futuro) e unidade de conta, quando os produtos são precificados e cujo cálculo se dá em razão da criptomoeda.

As argumentações do criador do *Bitcoin* para justificar sua criação se deram no sentido de que o maior problema da moeda convencional consistia, por um lado, na confiança necessária para fazê-la funcionar e, por outro, na farta história de quebras dessa confiança.

Importa, ainda, salientar que alguns meses antes do lançamento do *Bitcoin*, o Lehman Brothers, que chegou a ser o quarto maior banco de investimentos dos Estados Unidos, tinha solicitado a decretação de falência em um dos mais paradigmáticos episódios da crise financeira que assolou os Estados Unidos nesta época.

As vantagens das criptomoedas frente às moedas físicas são fáceis de ser compreendidas: taxas consideravelmente baixas ou até mesmo isentas; maior liberdade de pagamento (é possível realizar qualquer atividade de forma instantânea, de qualquer lugar do mundo); maior transparência, já que as informações sobre oferta de unidades ficam disponíveis na *blockchain* para quem tiver interesse; além da mitigação das possibilidades de controle ou manipulação por terceiros em decorrência da criptografia, de modo que o núcleo do *bitcoin* é considerado, assim, neutro, transparente e flexível.

Lado outro, suas desvantagens residem no, ainda, pequeno grau de aceitação social (poucas pessoas conhecem e poucos locais aceitam), sua volatilidade que, na concepção de alguns, tende a sofrer uma redução com o amadurecimento do mercado, e a própria questão da segurança – que, por um lado, consiste em um dado positivo, e por outro, a possibilidade de perda por descuidos ou por "apagamento" dos dados é maior se comparada à moeda física. E apesar de protegida por criptografia, essa proteção não é absoluta diante dos ataques *hackers*, que vêm crescendo e se tornando cada vez mais evoluídos com o passar dos tempos.

Um exemplo recente que se pode citar com relação aos ataques *hackers* é o que tem sido considerado, atualmente, como um dos maiores roubos de criptomoedas do mundo. A Poly Network[66] fez o anúncio do roubo pelo Twitter; o valor dos *tokens* envolvidos no roubo foi de pouco mais de U$600 milhões. Desses, algo em torno de U$260 milhões em moedas digitais diferentes foram devolvidos para a plataforma, e foi afirmado que os *hackers* responsáveis pelo roubo o fizeram por diversão, com a finalidade de "expor a vulnerabilidade", e que não teriam interesse no dinheiro.

Dificuldade de lavar uma quantia tão elevada de dinheiro digital roubado (diante da transparência do *blockchain* e do amplo uso de análises de *blockchain* por instituições financeiras), contudo, tem sido considerada a razão para a devolução do dinheiro.

Outro grande desafio no que se refere às criptomoedas se dá com relação à sua natureza jurídica, já que não podem ser consideradas moedas no sentido econômico propriamente dito e, se assim forem, tal especificação acarretará obrigações tributárias de natureza internacional. Essa questão tem gerado um verdadeiro dilema mundial para as tentativas de atribuição de um tratamento fiscal para elas, podendo ensejar verdadeiras anomalias em matéria de tributação.

No Brasil, a Receita Federal considerava que as moedas virtuais não poderiam ser consideradas moedas e que deveriam ser declaradas pelo valor de aquisição na ficha de bens e direitos como "outros bens", sendo, desse modo, equiparadas a um ativo financeiro.[67]

No ano de 2021, apesar de ainda não as considerar como moedas, no sentido econômico da palavra, a Receita Federal brasileira estabeleceu novas regras para fins de declaração anual de imposto de renda para pessoas físicas que fazem uso das criptomoedas, atribuindo

---

[66] CNN. *Hackers atacam plataforma e roubam mais de U$600 milhões em criptomoedas*. Reportagem publicada em ago. 2021. Disponível em: https://www.cnnbrasil.com.br/business/hackers-atacam-plataforma- e-roubam-mais-de-us-600-milhoes-em-criptomoedas/. Acesso em: 20 dez. 2021.

[67] BRASIL. Receita Federal. *Imposto sobre a Renda da Pessoa Física – IRPF*. Perguntas e Respostas. Pergunta nº 447. Disponível em: https://www.gov.br/receitafederal/pt-br/acesso-a-informacao/perguntas- frequentes/declaracoes/dirpf/pr-irpf-2017.pdf. Acesso em: 22 dez. 2021, p. 183

códigos específicos para elas dentro da ficha de Bens e Direitos. A ideia é facilitar o controle fiscal no tocante a essas espécies de transações.

Por esse motivo, as corretoras de criptoativos (*Exchange*) com domicílio no Brasil, para efeitos tributários, também possuem a obrigação de prestar informações anualmente.[68]

Nesses aspectos pode-se considerar que a Receita Federal brasileira não considera as criptomoedas como "moeda" propriamente falando. Isso porque ainda não há regulamentação do Banco Central brasileiro a respeito. Contudo, em 24 de maio de 2021 foram divulgadas algumas diretrizes gerais sobre o tema, por meio das quais é possível encontrar algumas informações.[69]

---

[68] BRASIL. *Declarar operações com criptoativos*. Disponível em: https://www.gov.br/pt-br/servicos/declarar-operacoes-com-criptoativos. Acesso em: 22 dez. 2021.

[69] No intuito de promover inovação nos meios de pagamentos, requerida pela acelerada transformação digital em andamento na economia global, a discussão sobre a emissão de moedas digitais pelos bancos centrais (em inglês, *Central Bank Digital Currencies* – CBDCs) ganhou proeminência ao longo dos últimos anos. O Banco Central do Brasil (BCB) – de modo a compor esforços com ações da Agenda BC# – tem promovido discussões internas e com seus pares internacionais visando ao eventual desenvolvimento de uma CBDC que venha a: - acompanhar o dinamismo da evolução tecnológica da economia brasileira; - aumentar a eficiência do sistema de pagamentos de varejo; - contribuir para o surgimento de novos modelos de negócio e de outras inovações baseadas nos avanços tecnológicos; - favorecer a participação do Brasil nos cenários econômicos regional e global, aumentando a eficiência nas transações transfronteiriças. Nesse ambiente de inovação, cabe ressaltar que quaisquer evoluções que ocorram serão condizentes com a atuação do BCB em sua missão de garantir a estabilidade do poder de compra da moeda, zelar por um sistema financeiro sólido, eficiente e competitivo, e fomentar o bem-estar econômico da sociedade. O BCB, em avaliação preliminar e consideradas as discussões mantidas no Grupo de Trabalho Interdepartamental (GTI) criado pela Portaria nº 108.092, de 20 de agosto de 2020, destaca as diretrizes para o potencial desenvolvimento de uma moeda digital brasileira: - ênfase na possibilidade de desenvolvimento de modelos inovadores a partir de evoluções tecnológicas, como contratos inteligentes (*smart contracts*), internet das coisas (IoT) e dinheiro programável; - previsão de uso em pagamentos de varejo; - capacidade para realizar operações *online* e eventualmente operações *offline*; - emissão pelo BCB, como uma extensão da moeda física, com a distribuição ao público intermediada por custodiantes do Sistema Financeiro Nacional (SFN) e do Sistema de Pagamentos Brasileiro (SPB); - ausência de remuneração; - garantia da segurança jurídica em suas operações; -aderência a todos os princípios e regras de privacidade e segurança determinados, em especial, pela Lei Complementar nº 105, de 2001 (sigilo bancário), e pela Lei Geral de Proteção de Dados Pessoais; - desenho tecnológico que permita integral atendimento às recomendações internacionais e normas legais sobre prevenção à lavagem de dinheiro, ao financiamento do terrorismo e ao financiamento da proliferação de armas de destruição em massa, inclusive em cumprimento a ordens judiciais para rastrear operações ilícitas; - adoção de solução que permita interoperabilidade e integração visando à realização de pagamentos transfronteiriços; e - adoção de padrões de resiliência e segurança cibernética equivalentes aos aplicáveis a infraestruturas críticas do mercado financeiro. O BCB entende ser importante aprofundar a discussão do assunto, incluindo o diálogo com o setor privado. Antes que se defina pela apresentação de um cronograma de implantação, o diálogo com a sociedade permitirá uma análise mais detalhada não apenas de casos de usos que possam se

O Tribunal de Justiça da União Europeia, por sua vez, ao analisar um caso sueco referente ao pagamento do IVA (Imposto sobre o Valor Acrescentado) adotou o posicionamento de tratar as criptomoedas como espécie alternativa de pagamento,[70] isentas do IVA.

Na busca pela definição de sua natureza jurídica, Vanessa Sofia L. Rodrigues, em sua dissertação de mestrado defendida em 2019, perante a Universidade de Coimbra, afirma que as criptomoedas consistem em uma espécie de moeda privada que se caracteriza por ser totalmente digital e, portanto, desmaterializada e descentralizada, podendo ser concebida em um ambiente de alto grau de anonimato, que pode variar do pseudoanonimato ao anonimato total –[71] características que, para alguns, conferem a esta nova moeda grandes vantagens se comparada às moedas tradicionais.

Mais à frente, a autora ainda chama a atenção, no tocante à questão fiscal das criptomoedas, ressaltando que não devemos permitir o funcionamento de uma economia paralela, que se encontre à margem da lei, auferindo os benefícios de um Estado Social sem, contudo, contribuir para sua manutenção.[72]

A quebra das fronteiras decorrente da globalização, do surgimento e da evolução da internet, bem como a falta de normas que regulem as atividades exercidas neste novo mundo virtual globalizado dificultam, como é possível vislumbrar, o exercício e a proteção das transações realizadas por meio das criptomoedas bem como sua fiscalização no intento de coibir práticas abusivas. Sua proposta é boa, mas ainda há muito a caminhar em prol de uma segurança cibernética mais eficiente.

---

beneficiar da emissão de uma CBDC, como também das tecnologias mais adequadas para sua implementação. Por fim, é importante ressaltar que as diretrizes aqui apresentadas tratam do entendimento atual do BCB em relação ao tema, a fim de direcionar a discussão no âmbito nacional. Dados o estágio e a dinâmica das discussões e dos desenvolvimentos sobre o tema em nível mundial, o BCB poderá reavaliar seu posicionamento à medida em que as discussões evoluam (BANCO CENTRAL DO BRASIL. *Diretrizes gerais de uma moeda digital para o Brasil*. Disponível em: https://www.bcb.gov.br/detalhenoticia/17398/nota. Acesso em: 22 dez. 2021).

[70] UNIÃO EUROPEIA. *Acordão do Tribunal de Justiça da União Europeia*. 22 out. 2015 – Processo C- 264/14 – Skatteverket vs. David Hedqvist. Disponível em: https://eur-lex.europa.eu/legal- content/PT/ALL/?uri=CELEX%3A62014CJ0264. Acesso em: 23 dez. 2021.

[71] RODRIGUES, Vanessa Sofia Lopes. *A tecnologia blockchain*: criptomoedas e *tokens* de investimento – desafios jurídico-fiscais. Dissertação (Mestrado em Direito). Faculdade de Direito da Universidade de Coimbra. Coimbra, 2019. Disponível em: https://eg.uc.pt/bitstream/10316/90274/1/Disserta%c3%a7%c3%a3o%20de%20Mestrado%20-%20Vanessa%20 Rodrigues.pdf. Acesso em: 22 dez. 2021, p. 126.

[72] RODRIGUES, 2019, p. 128.

Em busca de uma segurança maior nesse sentido, o Banco Central Europeu lançou, em julho de 2021, uma versão digital do euro, que tem a finalidade de atender a essa crescente demanda por ferramentas e instrumentos digitais de pagamento e, em contrapartida, enfrentar, na tentativa de buscar mitigar esse verdadeiro *"boom"* das criptomoedas.

Com o euro digital, o Banco Central busca evitar deixar os pagamentos digitais para o setor privado, principalmente em locais em que o dinheiro físico já está desaparecendo, como tem acontecido, por exemplo, na Suécia.

Os estudos a respeito, porém, só iniciaram, e ainda há muito caminho a ser percorrido, e muitos outros desafios com certeza surgirão diante do avanço veloz e desenfreado das tecnologias científicas.

1.3.1.2 A cibersegurança

Um dos maiores desafios decorrentes desta nova sociedade em que se vive, na qual os dados são o maior ativo institucional, consiste, sem dúvidas, nos cada vez mais constantes ciberataques.

A preocupação e os investimentos em segurança cibernética têm aumentado consideravelmente, no entanto, ainda não demonstram ser suficientes para impedir, ou mesmo reduzir, esse problema.

Para compreender melhor essa situação, cumpre, em primeiro lugar, traçar as definições e os limites conceituais necessários. Por ciberataque se compreende um conjunto de ações direcionadas contra sistemas de informação com o intuito de prejudicar pessoas ou instituições. Esses ataques podem mirar os equipamentos e sistemas com os quais a empresa opera na rede, de maneira a impossibilitar seus serviços ou, então, podem atingir as bases de armazenamento onde estão guardadas todas as informações institucionais, a fim de apagar esses dados, furtá-los ou até mesmo sequestrá-los mediante ameaça de só devolver após o pagamento de resgate.

Um dos grandes desafios dos ciberataques reside em sua diversidade. Vários são os tipos de ciberataques, e essas variantes não param por aí e se estendem às finalidades, forma de execução, vítimas e etc. Eles podem estar relacionados a violações de confidencialidade e dados pessoais, a falsidade informática, a sabotagens de sistemas, a acessos ilegítimos, enfim, uma infinidade de situações cujo escopo maior consiste na busca pelo poder decorrente do acesso às informações.

Conforme levantamento apresentado pela empresa de segurança *Kaspersky*, os ciberataques mais comuns são o *phishing* (envio de mensagens fraudulentas por e-mails ou SMS, contendo *links* que possibilitam acesso a informações do sistema como *login*, dados de cartão de crédito, senhas etc.), o *malware* (um *software* malicioso que inclui vírus e programas do tipo *worms* e se aproveita de vulnerabilidades para acessar o sistema, bloquear o acesso do usuário até que ele pague um resgate [*ransomware* – sequestro de dados] ou obter informações furtivamente [*spyware*]);[73]

A chamada injeção de SQL é outra espécie de ciberataque. SQL significa linguagem de consulta estruturada e consiste em inserir um código malicioso em um servidor que faz uso dessa linguagem, a fim de obrigá-lo a revelar informações protegidas. Esse ataque pode se dar por meio do envio de códigos maliciosos ou, então, por meio de uma janela de pesquisa oriunda de um *site* vulnerável.

O DDoS ou "ataque de negação de serviço" é uma espécie de ciberataque que enseja a lotação dos sistemas, servidores e até redes com tráfego no intuito de acabar com os recursos e a largura de banda. O resultado dessa espécie de ciberataque é a incapacidade para completar as solicitações legítimas.

Como dito anteriormente, os ciberataques são mais comuns, posto que existe uma infinidade de outras modalidades como o *man-in-the-middle* (MITM) e o *zero-day* ou *tunnelling* do DNS (encapsulamento do DNS), por exemplo. Para combater tais ataques é necessário investir em uma forte e robusta cibersegurança.

Por cibersegurança se compreende, portanto, "a garantia de fiscalização e policiamento do ciberespaço de forma a garantir uma eficaz reação à prática criminosa do mesmo".[74] Difere da ciberdefesa ou defesa cibernética por ter, esta última, o fim de garantir a soberania estatal no ciberespaço, ou seja, o foco de atuação da cibersegurança envolve aspectos e atitudes de prevenção e repressão. Já a ciberdefesa compreende ações operacionais de combates ofensivos.

Nas palavras de Ana Marta Leite, a cibersegurança está relacionada à ação das forças policiais e dos serviços informáticos, enquanto a ciberdefesa decorre exclusivamente das forças armadas, tendo esta

---

[73] KASPERSKY. *Panorama de ameaças da Kaspersky:* ciberataques crescem 23% no Brasil em 2021. 01 de set. de 2021. Disponível em: https://www.kaspersky.com.br/about/press-releases/2021_panorana-de- ameacas-da-kaspersky-ciberataques-crescem-23-no-brasil-em-2021. Acesso em: 08 jul. 2022.
[74] NUNES, Paulo Viegas. A definição de uma estratégia nacional de cibersegurança. *Revista nação e defesa – cibersegurança. IDN (Instituto da Defesa Nacional)*, n. 133. p. 113-127, 2012, p. 116.

última como função a garantia da soberania do Estado no ciberespaço global, de modo a possibilitar a antecipação a possíveis ataques cibernéticos.[75]

Desse modo, a área da ciberdefesa está restrita a questões de segurança e defesa nacional voltadas para a proteção da soberania estatal no espaço cibernético.

No sítio eletrônico do parlamento europeu é possível encontrar as seguintes distinções acerca dos temas supra expostos:

> Ataques cibernéticos são tentativas de abusar da informação, roubando, destruindo ou expondo-a, e visam interromper ou destruir sistemas e redes de computadores. A cibersegurança inclui a segurança da informação e da comunicação, a tecnologia operacional e as plataformas de TI necessárias para garantir a segurança dos sistemas digitais. A defesa cibernética diz respeito à cibersegurança e às análises das ameaças, bem como às estratégias de proteção contra as ameaças que visam cidadãos, instituições e governos.[76]

Ainda para conceituar a segurança cibernética utiliza-se das palavras de Mandarino, segundo o qual "segurança cibernética é entendida como a arte de assegurar a existência e a continuidade da Sociedade da Informação de uma Nação, garantindo e protegendo, no Espaço Cibernético, seus ativos de informação e suas infraestruturas críticas".[77]

Trata-se, portanto, de uma área específica da segurança da informação restrita às informações no espaço cibernético. No último capítulo desta tese abordar-se-á de forma mais detalhada a questão da cibersegurança.

1.3.1.3 O metaverso

Considerado, hoje, como "a maior aposta da história", o metaverso consiste em uma nova marca para a *holding* que administra

---

[75] LEITE, Ana Marta Xavier Ferreira. A problemática da cibersegurança e os seus desafios. *Revista Direito, Segurança e Democracia da Faculdade de Direito da Universidade Nova de Lisboa*. Centro de Investigação e Desenvolvimento sobre Direito e Sociedade (CEDIS), n. 49. p. 1-22. set./2016, p. 7.

[76] UNIÃO EUROPEIA. *Parlamento Europeu* – Atualidades. Por que razão a cibersegurança é importante para a União Europeia? Publicado em 12 out. 2021. Disponível em: https://www.europarl.europa.eu/news/pt/headlines/society/20211008STO14521/por-que-razao-a-ciberseguranca-e-importante-para-a-ue. Acesso em: 23 dez. 2021.

[77] MANDARINO, Raphael. *Um estudo sobre a segurança e a defesa do espaço cibernético brasileiro*. 2009. Monografia (Especialização em Ciência da Computação). Universidade de Brasília (UnB). Departamento de Ciência da Computação – DCE:Brasília. Jun. 2009, p. 29.

o *Facebook* e se trata de uma plataforma que mistura o mundo físico à realidade aumentada e virtual.

A proposta do metaverso consiste em criar uma realidade virtual imersiva e interativa. Uma espécie de extensão virtual da vida real.

Em outras palavras, o metaverso irá possibilitar que o indivíduo esteja, de fato, presente na internet por meio de um "avatar" ou *"meta me"*, que irá interagir verdadeiramente com o universo virtual, podendo negociar, trabalhar, estabelecer relacionamentos pessoais etc., consolidando a transformação gerada pela tecnologia nas interações sociais. O intuito é possibilitar que as pessoas deixem de ser meras observadoras da internet, passando a integrá-la efetivamente, ou seja, passando a fazer parte do mundo virtual.

No metaverso será possível interagir com outros seres humanos, mas também com os chamados *"bots"*. Todavia, esse projeto ainda se encontra em implementação. O que se tem, atualmente, é o que alguns denominam de "metaverso de forma autônoma", uma vez que ainda inexiste uma reunião de todos os componentes necessários para a criação desse universo compartilhado de experiências virtuais.

A proposta consiste em reunir todos os representantes das mídias sociais, como *Facebook, Instagram, Twitter,* por exemplo, com as grandes aplicações de comunicação e de *games,* como *Minecraft, Fortnite, Valorant, League of Legends* e *Discord*, em uma única plataforma que permitirá toda espécie de atuação, negociação e socialização através da criação de um ambiente digital onde a imaginação dará o norte dos relacionamentos "possíveis".

A palavra "metaverso", contudo, ainda não possui uma definição unívoca. Há quem considere uma experiência que tenta replicar a realidade por meio de dispositivos digitais, não necessariamente de imersão, como também há quem entenda se tratar de "um espaço social virtual compartilhado com capacidade 3D, ou um mundo físico viabilizado virtualmente".[78]

De todo modo, insta reconhecer que a característica mais relevante do metaverso resta configurada na experiência imersiva inovadora, que decorre da interação entre os usuários, neste mundo virtual colaborativo e instantâneo, que amplia as possibilidades de relacionamentos pessoais e profissionais além de oportunizar novas e diversas experiências entre os usuários.

---

[78] METAVERSE ROADMAP. *Glossary.* Disponível em: https://metaverseroadmap.org/inputs4.html#glossary. Acesso em: 06 jun. 2022.

A origem da palavra resulta da junção do prefixo grego "meta", que significa além, com o substantivo "universo", de modo que, no sentido literal, o neologismo "metaverso" compreende a ideia de "além do universo".

Edward Castronova ensina que o metaverso possui três características basicamente essenciais, que são: a interatividade (relacionamento entre duas ou mais pessoas neste universo paralelo), a incorporeidade (capacidade de superar barreiras físicas e agir através de um avatar) e a persistência (o metaverso é um ponto de encontro que consolida diversas tecnologias).[79]

Apesar de estar causando grandes debates, a ideia do metaverso não é recente e, tampouco, original. Diversos outros projetos, no passado, tentaram estabelecê-lo, e o jogo *Second life*, que se tornou famoso em 2003, lançado pela empresa americana *Linden Lab*, é um dos exemplos mais notórios. O jogo se dá em um ambiente virtual 3D, por meio do qual os usuários simulam a vida real podendo criar diversos avatares e, através deles, interagir com outros usuários.

No *Second life* não havia qualquer limite ou restrição para a criatividade dos jogadores. Com uma economia virtual própria e a capacidade de possibilitar relacionamentos, inclusive amorosos, entre os jogadores, ele gerou, por um lado, uma aderência social vertiginosa e, lado outro, como não poderia deixar de ser, críticas acirradas em decorrência da imensa gama de relacionamentos extraconjugais virtuais entre outras coisas mais.

Além disso, o jogo movimentou bilhões de dólares em diversas microtransações financeiras como negociação de bens, serviços e avatares no mundo real, razão pela qual o governo norte-americano reagiu determinando a necessidade de regulamentação das atividades da empresa *Linden Lab*, o que culminou com a perda, paulatina, da popularidade do jogo.

Uma das críticas apontadas ao *Second Life* consistiu no reconhecimento de que apesar de atrair o interesse de milhares de pessoas, o jogo não conseguiu criar uma economia digital que possibilitasse maiores lucros para os jogadores.

Apesar de se poder atribuir ao jogo *Second Life* a qualidade de exemplo notório de metaverso, o mesmo não pode ser afirmado com relação à sua exclusividade. Diversos outros jogos similares surgiram

---

[79] CASTRONOVA, Edward. *Synthetic Worlds*. Chicago: The University of Chicago Press, 2005, p. 5.

e vêm surgindo desde então. *Fortnite, League of Legends (LOL), Valorant* e *Minecraft* fazem uso do mesmo conceito do metaverso, onde os jogadores criam personagens que participam de missões interagindo uns com os outros em um ambiente virtual.

A proposta do metaverso, contudo, vai muito além dos jogos mencionados e busca alcançar todos os demais aspectos da vida real, como o trabalho, o lazer, os estudos entre outros, em uma verdadeira criação de um mundo paralelo ao mundo real.

Em uma carta divulgada para o público, Marck Zuckerberg (CEO do *Facebook*) explicou:

> No metaverso, você será capaz de fazer quase tudo que você possa imaginar – reunir-se com amigos e família, trabalhar, aprender, brincar, fazer compras, criar – bem como ter experiências completamente novas que realmente não se encaixam em como pensamos sobre computadores ou telefones hoje.[80]

Neste novo ambiente espera-se que o mundo esteja conectado a todo o momento e completamente integrado em um verdadeiro ecossistema virtual.

Pelo exposto é possível atinar que, por óbvio, o metaverso não causará impacto apenas nas futuras formas de interações sociais e trabalhistas. A economia global já vem sentindo sua influência.

Como, porém, essa ideia surgiu? Qual a sua origem?

Muitos atribuem o nome "Metaverso" ao romance de ficção científica *Snow Crash*, publicado por Neal Stephenson em 1992, que foi fortemente influenciado pelo livro *Neuromancer*, de William Gibson (que marcou as narrativas de ficção científica oito anos antes e inseriu o termo "ciberespaço" na linguagem).

A obra publicada por Stephenson, contudo, vai além do contexto que a influenciou e nos remete a uma descrição minuciosa de um ambiente *online* que é sentido por seus usuários como se fosse real e que ele denominou "Metaverso":

> Hiro passa muito tempo no Metaverso... [A Rua] é a Broadway, a *Champs Élysées* do Metaverso. É um *boulevard* brilhantemente aceso (...) Como qualquer outro lugar na Realidade, a Rua está sujeita a otimizações.

---

[80] ZUCKERBERG, Marck. Carta do fundador 2021. *CNN Brasil*. Disponível em: https://www.cnnbrasil.com.br/tecnologia/cinco-pontos-de-carta-de-mark-zuckerberg-para-entender-a-meta-novo-facebook/. Acesso em: 26 dez. 2021.

> Desenvolvedores podem construir suas próprias ruazinhas que desemboquem na principal. Eles podem construir prédios, parques, placas e tudo o mais que não existe na Realidade, assim como veículos com show de luzes e comunidades especiais onde as regras do espaço-tempo tridimensional são ignoradas. Coloque uma placa ou um prédio na Rua e cem milhões de pessoas, as mais ricas, mais importantes e melhor conectadas na terra, irão ver a isso todos os dias de suas vidas. [A Rua] não existe verdadeiramente. Mas neste momento, milhões de pessoas estão caminhando para cima e para baixo lá.[81]

A partir desta publicação a construção do "Metaverso" passou a ser uma meta para muitos os que trabalham com a implementação de ambientes de realidade virtual. E essa não é uma exclusividade do *Facebook*. A *Microsoft*, por exemplo, colocou no mercado, no início de 2021, o *Mesh*, que consiste em uma plataforma que possibilita a realização de reuniões por meio de hologramas, além de criar avatares 3D para o *Teams* (sua ferramenta de comunicação).

Até mesmo o Banco do Brasil lançou recentemente, em 13 de dezembro de 2021, uma experiência que acontece na cidade virtual do Complexo, do servidor de GTA RP (*Grand Thef Auto – RolePlay*), por meio da qual o jogador pode abrir uma conta e, inclusive, receber benefícios para seu personagem, sendo possível até mesmo trabalhar como abastecedor de caixa eletrônico ou motorista de carro forte. Consoante declaração de Tadeu Figueiró, gerente executivo do Banco do Brasil:

> Esse ambiente virtual que interage com elementos do mundo real, amplia nossa plataforma de *eSports* ao tratar de dinheiro, de investimento e de simulação de situações presenciais dentro da realidade virtual. É mais um passo para a construção do futuro de uma instituição bicentenária e ávida pelas inovações que proporcionam experiências colaborativas e imersivas.[82]

Atualmente acredita-se que o metaverso possibilitará a convergência das realidades virtual e física, sendo responsável, dessa forma, por movimentar cifras elevadíssimas, que podem chegar, inclusive, a dez vezes o valor de toda a economia global. Isso porque uma estimativa da *Price Water House Coopers* (Reino Unido) revelou que o mercado de

---

[81] STEPHENSON, Neal. *Snow crash*. EUA: Ed. Bantam Books, 1992, p. 22-23.
[82] INFOMONEY. *Banco do Brasil entra para o metaverso e lança experiência em servidor do GTA*. Disponível em: https://www.infomoney.com.br/mercados/banco-do-brasil-entra-para-o-metaverso-e-lanca- experiencia-em-servidor-do-gta/. Acesso em: 27 dez. 2021.

realidade virtual e de realidade aumentada tende a gerar um impulso de 1,4 trilhões de euros para a economia global até 2030.[83]

A análise supramencionada sugere que pouco mais de US$200 bilhões venham a ser acrescidos ao PIB do setor de varejo mediante a criação de novas formas de entretenimento de mídia e, inclusive, de compras, que ganharão um reforço com a criação de provadores virtuais ou de aplicativos que possibilitem testar os móveis no ambiente residencial antes mesmo de adquiri-los.

De acordo com o relatório mencionado, atualmente cerca de menos de um milhão de empregos são afetados pela realidade virtual e pela realidade aumentada, que, contudo, sofrerão um aumento para 23 milhões até 2030 – com um impacto maior nas grandes economias como China, EUA, Reino Unido e Alemanha.

De olho neste filão, *Samsung Asset Management* lançou recentemente um fundo de metaverso que consiste em uma aplicação financeira coletiva concentrada basicamente em oito temas, que são: a computação em nuvem, a realidade virtual, os jogos e os pagamentos online, as ferramentas de *design* 3D, os negócios de plataforma, a mobilidade e a indústria de bens de luxo.

A gestora de ativos digitais *Grayscale* publicou um relatório, no dia 25 de novembro de 2021, em que prevê que a receita gerada por meio de jogos do metaverso pode chegar a US$400 bilhões em 2025 e ressalta o interesse por parte de grandes empresas por esse novo "ecossistema".[84]

O metaverso traz a necessidade de se compreender novos conceitos, como "*meatspace*", que expressa um mundo físico onde se passa a maior parte do tempo, "realidade assistida", que consiste em uma tecnologia que permite a visualização de uma tela e o uso de controles de mãos livres para interação, "realidade aumentada", cuja tecnologia usa o mundo real como cenário, acrescentando a ele imagens geradas por computador – por exemplo, possibilitando que uma loja de móveis demonstre ao cliente como uma mesa ficaria na sala dele.

Necessário se faz compreender, ainda, em que consiste a chamada "realidade estendida" (tecnologia mais próxima da realidade que utiliza qualquer tipo de *display* modificando a *interface* de tela de humano

---

[83] PWC. *Relatório Seeing is Believing* – how virtual reality and augmented reality are transforming business and the economy. 2019. Disponível em: https://www.pwc.com/gx/en/technology/publications/assets/how-virtual-reality-and-augmented-reality.pdf. Acesso em: 26 dez. 2021.

[84] GRAYSCALE. *The metaverse, web 3.0 virtual cloud economies*. Disponível em: https://grayscale.com/learn/the-metaverse/. Acesso em: 26 dez. 2021.

para PC e permitindo que o usuário interaja no ambiente virtual, ou possibilitando um acréscimo no ambiente do usuário, ou ambos) e, ao seu lado, a "realidade mista", que traz a descrição do mundo real com o acréscimo de objetos virtuais que possuem a aparência e agem como se fossem reais, possibilitando interação com artigos tanto virtuais quanto reais.

Por fim, fala-se ainda em "realidade virtual", que se refere à experiência imersiva que requer dispositivos físicos (fones de ouvido, por exemplo).

Muito já tem sido feito nesse ambiente de realidade virtual, e o *show* realizado pela cantora Ariana Grande dentro do jogo *Fortnite* é um exemplo.[85] Além disso, proprietários de imóveis passaram a vender espaços em *outdoors* construídos para que jogadores possam publicar anúncios. Sem falar da existência de cassinos onde os *gamers* podem apostar suas criptomoedas. Pouco a pouco as pessoas estão sendo apresentadas a um mundo novo: o metaverso. Mas o que esperar dele?

Além de serem extremamente inovadoras e de proporcionarem uma verdadeira revolução nas formas de interação social, essas tecnologias trazem, como verdadeiros desafios a serem considerados, a necessidade de coleta e análise cada vez maior de dados pessoais, a fim de tornar a experiência o mais personalizada possível para o usuário, o que pode atingir sua privacidade consideravelmente (e isso não pode ser, de maneira alguma, desconsiderado), além da forte dependência da conectividade para que possa funcionar adequadamente, influenciando e reforçando uma hiperconectividade, que já é uma realidade nos dias atuais, com tendência a se fortalecer, a fim de transformar o mundo virtual em algo extremamente viciante.

Outro fato importante a ser considerado se dá com relação à proposta de criação de um ambiente aberto e descentralizado, mas que, diante das propostas e interesses manifestados por grandes empresas como o *Facebook* e a *Microsoft*, levam-nos a questionar até que ponto se dará essa "descentralização". Dentre as plataformas já ativas, é possível citar a *Decentraland* e *The Sandbox*.

Na *Decentraland* é possível jogar e interagir com outras pessoas, além de negociar diversos tipos de mercadorias (propriedades e ativos). A criptomoeda se chama "mana" e serve não só como moeda para compras na plataforma, mas também como *token* de governança para

---

[85] BBC News. *Ariana Grande sings in Fortnite's metaverse*. Disponível em: https://www.bbc.com/news/av/technology-58146042. Acesso em: 26 dez. 2021.

realizar as votações que ocorrem periodicamente, para que os usuários se manifestem a respeito das políticas do local, com o fim de manter o ambiente descentralizado.

Paralelamente, o *The Sandbox* também permite jogos, interação e negociações, por meio da criptomoeda *sand*, e também possibilita decisões coletivas a respeito das políticas da plataforma. Na *Decentraland* encontra-se a seguinte informação:

> *Decentraland is the first fully decentralized virtual world. It was always part of the original vision to hand over control to the people who create and play in this virtual space. In short – you, the users. Through the DAO, you are in control of the policies created to determine how the world behaves: for example, what kinds of wearable items are allowed (or disallowed) after the launch of the DAO, moderation of content, LAND policy and auctions, among others.*[86]
>
> (...)
>
> *Over the coming year we'll be scheduling votes to decide on a range of issues, including (but not limited to)*
> - *Upgrading LAND and Estates to add more features and protocol upgrades*
> - *Specifics and dates of future LAND auctions.*
> - *Size of marketplace fees, which are always in MANA that gets burnt.*
> - *Primary sale fees, which are always in MANA that gets burnt.*
> - *Addition and replacement of community-run content servers.*
> - *Allocation of MANA grants to development efforts.*
> - *Addition of new wearables to the Decentraland World, Builder and Marketplace.*
> - *Replacing members of the Security Council.*[87]

---

[86] Decentraland é o primeiro mundo virtual totalmente descentralizado. Sempre fez parte da visão original entregar o controle para as pessoas que criam e jogam neste espaço virtual. Em suma, você (os usuários) por meio do DAO, controla as políticas criadas por determinar como o mundo se comporta: por exemplo, quais tipos de itens vestíveis são permitidos (ou não permitidos) após o lançamento do DAO, moderação de conteúdo, política LAND e leilões entre outros (Tradução livre). DECENTRALAND DAO. *What is the Decentraland DAO?* Disponível em: https://dao.decentraland.org/en/. Acesso em: 31 maio 2022.

[87] Durante o próximo ano, agendaremos votações para decidir sobre uma série de questões, incluindo (mas não limitado a): atualizando LAND e *Estates* para adicionar mais recursos e atualizações de protocolo; Especificidades e datas de futuros leilões de LAND; Tamanho das taxas do mercado, que estão sempre em MANA que são queimadas; Taxas de venda primária, que estão sempre em MANA que são queimadas; Adição e substituição de servidores de conteúdo administrados pela comunidade; Alocação de subsídios do MANA para esforços de desenvolvimento; Adição de novos *wearables* ao *Decentraland World, Builder* e *Marketplace*; Substituir membros do Conselho de Segurança; (*Ibid.*)

Os investimentos são feitos através das *"lands"*, que consistem em terrenos que podem ser adquiridos por meio da criptomoeda *Enthereum*. Nesses terrenos é possível "criar experiências" através de construções de "dioramas" (uma maquete com a representação exata do bem) ou por meio de NFTs, por exemplo, que são *tokens* virtuais, infungíveis, cunhados no *blockchain* para obter escassez digital, segurança e autenticidade. Os NFTs são únicos, indivisíveis e não são passíveis de troca, permitindo a verdadeira propriedade digital dos ativos dentro do metaverso.[88]

Ressalta-se o "paralelamente" porque o metaverso ainda não possui um sistema que consiga centralizar as experiências possibilitando, por exemplo, que um usuário que criou uma conta no *Decentraland* consiga acessar o *The Sandbox*, ou vice-versa, ou seja, ainda não é, na prática, de fato um "meta" verso, mas um passo rumo a esse fim.[89]

Além dessas duas plataformas, existem ainda a *Cryptovoxels* e o *Somnium Space*, essas, sim, já compatíveis com óculos de realidade virtual similares aos que podemos vislumbrar no famoso filme dirigido por *Steven Spielberg* e lançado em 2018: "Jogador nº 1".[90]

De toda forma, é possível até mesmo comprar terrenos nesses ambientes. Usando como base a cotação de 17 de março de 2022, no *Decentraland* o terreno mais barato custava 4,175 *Ether* (equivalente, à época, a R$58.991,93) e 2,8169 *Ether* no *The Sandbox* (aproximadamente R$39.802,24).

Os terrenos virtuais disponibilizados no metaverso são terras já existentes nestas plataformas, pedaços de "solo virtual" que ficam dispostos em mapas digitais divididos em lotes. Esses terrenos têm registro e propriedade e podem (ou não) valorizar com o tempo, ou seja, o mercado imobiliário, no metaverso, é bem similar ao do mundo real.

Os terrenos são negociáveis como NFTs que, por sua vez, ficarão armazenados em uma *blockchain*. Para adquiri-los é necessário possuir uma carteira de criptomoedas; no Brasil, as opções são a *MetaMask*,

---

[88] THE SANDBOX. *Bem-vindo ao metaverso*. Disponível em: https://www.sandbox.game/en/. Acesso em: 31 maio 2022.
[89] VENTURA, Layse. Metaverso: O que é, como funciona, exemplos e muito mais! *Olhar Digital*. Disponível em: https://olhardigital.com.br/2022/03/29/internet-e-redes-sociais/metaverso/. Acesso em: 29 maio 2022.
[90] HBOMAX. *Ready player one:* jogador nº 1. Direção: Steven Spielberg. Escrito por Zak Penn e Ernest Cline, baseado no romance homônimo, de 2011 (CLINE, Ernest). Produção de Village Roadshow Pictures. Ohio, Estados Unidos: Warner Bros, 2018. Disponível em: https://www.hbomax.com/br/pt. Acesso em: 20 fev. 2022.

Coinbase Wallet e *Bitski*. A *MetaMask* é aceita tanto na *Decentraland* quanto na *The Sandbox*.

Além dessas, *exchanges* situadas no Brasil, tais como *Binance, Cointext, Foxbit* e Mercado *Bitcoin*, disponibilizam criptomoedas no metaverso, funcionando como corretoras que transferem as criptomoedas adquiridas para a carteira do usuário no metaverso.

Para adquirir um terreno no metaverso é preciso, primeiramente, comprar *Ethereum* e o *token* nativo da plataforma (por exemplo, o mana na *Decentraland* ou o *sand* na *The Sandbox*) e, em seguida, enviá-lo para a sua *MetaMask*. Com esses *tokens* nativos de cada plataforma é possível adquirir não só terrenos, como outros itens, a depender da plataforma (como roupas, por exemplo).

Depois de armazenado o valor em criptomoeda, é necessário acessar a plataforma desejada e efetuar o cadastro; em seguida, basta navegar pelo *marketplace*, escolher o terreno virtual e comprar.

Importante informar que na plataforma *The Sandbox* os terrenos são ofertados apenas mediante vendas públicas, por meio de anúncios no próprio *site*. Os lotes são vendidos, em regra, segundos após anunciada a venda, e quem não consegue adquirir, em tempo oportuno, um lote, pode buscar comprá-los no mercado secundário.

Uma vez adquirido o lote, o usuário recebe uma sequência de números e letras que todos podem ver, mas não conseguem alterar. É importante guardar essa senha com toda cautela, posto que um ataque *hacker* ou o seu esquecimento pode acarretar na perda do lote virtual, por não conseguir mais acessá-lo.[91]

Na *Decentraland*, que foi criada em 2015, já foram negociados cerca de 90 mil lotes com aproximadamente 16m x 16m, que tinham sido disponibilizados pelos desenvolvedores da plataforma. No entanto, ainda há o comércio de terras no chamado "mercado secundário".

O *The Sandbox* foi lançado em 2012 com o escopo de possibilitar a criação de projetos digitais e, desse modo, concorrer com o *Minecraft*, mas em 2018 foi reformulado e ingressou no mercado de *blockchain* e criptomoedas. Essa plataforma possui mais de 150 mil terras disponíveis, com aproximadamente 96 metros quadrados, que podem ser adquiridas mediante ofertas de vendas públicas no próprio *site*.

---

[91] INFOMONEY. *O que são terrenos no metaverso (e como comprar)?* Disponível em: https://www.infomoney.com.br/guias/terrenos-no-metaverso/#:~:text=Onde%20comprar%20terrenos%20do%20metaverso,de%20NFTS%2C%20como%20o% 20OpenSea. Acesso em: 31 maio 2022.

As "vantagens" não param por aí: a possibilidade de criação de uma espécie de metaverso empresarial tem atraído a atenção de grandes marcas, como Tinder, Trident, Engov e outras.

A possibilidade de venda de roupas, carros e imóveis em geral, neste mundo virtual, como forma de monetização, tem se mostrado um grande atrativo empresarial, considerando que as vendas, no metaverso, podem se dar tanto de forma restrita ao mundo virtual (uma roupa ou um carro para o avatar, por exemplo), como também pode se estender ao mundo real, tal como se faz, hoje, por meio do *e-commerce*, onde os produtos adquiridos no ambiente virtual são entregues nos endereços físicos informados. Isso, com a mais absoluta certeza, amplia o alcance das negociações, e o mesmo se dá com relação a oferta de serviços no metaverso.

Toda essa fascinação, esse magnetismo, gerados pelas inúmeras possibilidades que o metaverso oferece encontram, todavia, uma série de barreiras e obstáculos que ainda precisam ser considerados a fim de serem adequadamente transpostos.

Indubitavelmente, o metaverso é um dos grandes desafios da sociedade da informação e dessa era de economia de dados, e compete a nós buscar compreender melhor seus possíveis vieses e resultados esperados, visto que seu impacto não se dará apenas nas questões sociais, mas também nos campos político e econômico e em um nível global.

No âmbito brasileiro, os principais desafios encontrados residem no elevado preço dos equipamentos, além das dificuldades de acesso a toda a sua infraestrutura, que exige internet com velocidade extremamente rápida e com baixa latência, sem falar dos serviços, muitas vezes cobrados em dólar, entre outros desafios mais. As desigualdades de acesso digital existentes no Brasil configuram um obstáculo para a popularização do metaverso, que, por sua vez, poderá funcionar como um fator agravante e propulsor dessa desigualdade social.

No quesito segurança, especialistas explicam que o *blockchain*, tecnologia utilizada no metaverso, nem sempre é suficiente para barrar os famosos *phishing* que invadem os sistemas e realizam furtos de ativos digitais.

Questões como roubo ou fraudes relacionadas à identidade do usuário também precisam ser consideradas!

Especialistas da área informam que quantidade considerável de violações de segurança e de invasões de privacidade poderão surgir, tais como o gerenciamento massivo de fluxo de dados (como já mencionado) e atividades generalizadas de criação de perfis, sem falar na problemática da possibilidade de resultados injustos decorrentes dos algoritmos da Inteligência Artificial.

Invasões e ataques *hackers*, furtos e comercialização indevida de dados pessoais são questões que demandarão atenção ainda maior por parte de especialistas em segurança da informação e segurança digital.

Débora Morales, mestre em Engenharia de Produção pela UFPR e pesquisadora do Instituto das Cidades Inteligentes, em uma entrevista concedida à *Security Report* afirmou que as ameaças às pegadas digitais de padrão de comportamento, de preferências e hábitos coletados por meio das atividades praticadas pelos avatares, podem impactar no *status* real da pessoa que o manipula, e desse modo invasores podem explorar essa semelhança e roubar informações relevantes, além de invadir dispositivos vestíveis (óculos virtuais, por exemplo), obtendo, ilegalmente, seus privilégios de serviços.[92]

Para fins de maior segurança das credenciais de acesso e autenticações, a pesquisadora sugere combinar diversas técnicas, como clone virtual, cópia privada e bloqueio de avatar, considerando que a segurança por meio de uma autenticação de identidade de plataforma que seja vista como eficiente e confiável é de extrema relevância.

Ainda no tocante à segurança, pesquisadores entendem que a jurisdição de privacidade do país do usuário deve ser aplicada no metaverso. Uma questão que precisa urgentemente ser não apenas considerada, mas regulamentada adequadamente.

Na União Europeia o parlamento e o conselho europeus acordaram em aprovar a diretiva de cibersegurança "NIS 2" com o intento de reforçar a proteção das redes diante das inúmeras possibilidades de ciberataques, que vêm se tornando cada dia mais arrojados e complexos.

Com essas novas regras, toda instituição precisa respeitar requisitos mais rigorosos a respeito da cibersegurança, inclusive em sua cadeia de fornecedores, mediante o reforço de monitoramento interno, além do fortalecimento da supervisão por parte das autoridades fiscalizadoras.

De toda sorte, o metaverso, atualmente limitado (como se encontra), ainda não é motivo para grandes preocupações; todavia, na medida em que for se tornando mais "onipresente", os desafios surgirão

---

[92] MACHADO, Leia. Segurança no metaverso: como proteger os avatares? *Security Report*. Notícia publicada em 17 mar. 2022. Disponível em: https://www.securityreport.com.br/destaques/seguranca-no-metaverso- como-proteger-os-avatares/#.YqHiGnbMKUk. Acesso em: 06 jun. 2022.

com toda complexidade que um ambiente como esse promete para a manutenção eficiente da segurança de todos os que nele navegarem.

1.3.1.4 Os neurodireitos

A corrida pelo controle da informação tem impulsionado toda espécie de mecanismos e instrumentos em busca de coletar e tratar mais dados pessoais.

Nessa busca surgem, diariamente, técnicas inovadoras, impulsionadas pelos avanços tecnológicos; dentre essas, cita-se a possibilidade de decodificar informações que se encontram no cérebro, ou seja, informações neurais.

Tais mecanismos têm evoluído a ponto de se falar, inclusive, na possibilidade de ampliar os sentidos humanos e, até mesmo, de modificar a memória de uma pessoa, esbarrando fortemente nos limites éticos que culminaram na preocupação da sociedade com a proteção da privacidade mental.

O neurocientista Rafael Yuste, da Universidade de Columbia, nos Estados Unidos, realizou uma experiência com o uso de eletrodos implantados em cérebros de ratos, de forma a induzi-los a ver coisas que não existiam na realidade; e o próprio Rafael Yuste, ao publicar os resultados de sua experiência, em 2019, alegou que seria apenas uma questão de tempo para conseguirem os mesmos efeitos em seres humanos.[93]

Marcello Ienca, um especialista em neuroética, e Roberto Andorno, um advogado especialista em direitos humanos, ambos pesquisadores das Universidades de Basiléia e Zurique, apontaram que em um futuro próximo os pensamentos humanos não ficarão mais restritos ao cérebro (único domínio que ainda pode ser considerado privado) e que os rápidos avanços da tecnologia possibilitarão, muito brevemente, toda espécie de manipulação de informações contidas no cérebro humano, chamando atenção para esse importante desafio que irá, com toda certeza, impactar os direitos humanos.[94]

---

[93] SALAS, Javier. Por que é preciso proibir que manipule nosso cérebro antes que isso seja possível. *Jornal El País*. Notícia publicada no caderno "Ciência" em 13 fev. 2020. Disponível em: https://brasil.elpais.com/ciencia/2020-02-13/por-que-e-preciso-proibir-que-manipulem-nosso-cerebro-antes-que-isso-seja-possivel.html. Acesso em: 08 jul. 2022.

[94] ANDORNO, Roberto; IENCA, Marcello. Towards new human rights in the age of neuroscience and neurotechnology. *Life Sciences, Society and Policy*, 2017. Disponível em: https://doi.org/10.1186/s40504- 017-0050-1. Acesso em: 28 dez. 2021.

Experimentos com o uso de eletrodos implantados em cérebro humano já vêm sendo realizados há tempos e têm proporcionado, inclusive, relevantes benefícios, tais como a melhoria dos sintomas da doença de Parkinson, além de proporcionar melhor condição de vida, também, para as pessoas com epilepsia, por exemplo.

O problema surge somente quando se ultrapassa a tênue linha dos princípios éticos e morais e se começa a cogitar hipóteses como as de controlar ou induzir estados emocionais da pessoa humana, ou fazer uso dessa espécie de eletrodos para leitura de pensamentos, alterações da memória ou qualquer outra forma de influência tecnológica no controle do cérebro humano através do *neuromarketing*, impactando não apenas o comércio, como também a política e até mesmo a economia global.

Com base nisso a plataforma *"Neurorights Initiative"*, liderada pela Universidade de Columbia (Nova York), tem conceituado os neurodireitos como uma nova estrutura jurídica internacional de direitos humanos, que são destinados à proteção do cérebro e das atividades cerebrais com relação aos avanços da neurotecnologia, com foco na elaboração e fomentação de um código de ética para essa área, em busca de estipular limites para suas atuações.

Consoante informações contidas nessa plataforma, nos próximos anos será possível decodificar o pensamento da atividade neural, ou mesmo aumentar a capacidade cognitiva ligando o cérebro humano às redes digitais, o que poderá trazer sérios desafios a respeito da própria noção do que é "ser humano".[95]

A preocupação com os neurodireitos têm chegado a tal ponto que países como o Chile, por exemplo, já tem se posicionado no sentido de incorporá-los ao texto constitucional. O Chile, por sinal, foi o primeiro país do mundo a aprovar uma emenda constitucional com vista à inclusão dos direitos digitais e a proteção da integridade mental no texto legal, por meio da modificação do *"artículo 19"*, na busca pela inclusão dos neurodireitos como direitos fundamentais da pessoa humana, minimizando possibilidades de uso abusivo das neurotecnologias.

A questão invade a seara dos direitos da personalidade, dos direitos fundamentais e dos direitos humanos! No entanto, cumpre questionar acerca da necessidade de uma nova ética (que trace limites para o acesso e o controle do pensamento humano) ou de novos direitos

---

[95] THE NEURORIGHTS FOUNDATION. *The Challenge:* Advances in Neurotechnology Have Far Outpaced Global, National, and Corporate Governance. Nova York. Disponível em: https://neurorightsfoundation.org/. Acesso em: 27 dez. 2021.

humanos que possam delinear os estudos provenientes dessas pesquisas disruptivas financiados, principalmente, pelas *Big Techs*.

A busca pelo controle do pensamento humano não é nova e, tampouco, recente. O que antes fazia parte de romances de ficção científica tem se tornado parte da realidade.

Em sua obra "1984", George Orwell mencionava o controle do pensamento humano para "construção de memórias".[96] Em um artigo a respeito da obra mencionada acima, o estudioso Tomasevicius Filho explica que o tal "novidioma" consistia em reduzir as palavras com vistas a mitigar as possibilidades de formar ideias. Chama ainda a atenção para o fato de que o livro de Orwell menciona uma "polícia do pensamento" que vigiava as pessoas diuturnamente, analisando suas expressões corporais além de tudo o que falavam, inclusive dormindo.[97]

O livro aborda, ainda, que as crianças eram, desde a mais tenra idade, incentivadas a gostar do "Grande Irmão" e a denunciar toda forma de desvio de pensamento de seus pais.

Apesar de o Código Civil não prever, expressamente, direitos à privacidade mental, à liberdade cognitiva, ao patrimônio mental (e similares), esses integram o princípio da dignidade da pessoa humana e

---

[96] "Em 1984 (se fosse 1984), por exemplo, a Oceania estava em guerra com a Eurásia e alinhada à Lestásia. Em nenhuma verbalização pública ou privada foi admitido que as três forças, em alguma época, houvessem se agrupado de outro modo. No entanto, como Winston sabia muito bem, fazia apenas quatro anos que a Oceania tinha estado em guerra com a Lestásia e apoiado a Eurásia. Mas isso era apenas um fragmento de conhecimento furtivo que veio ao acaso, porque sua memória não estava em condições satisfatórias. Oficialmente, essa alternância de aliados jamais aconteceu. A Oceania fazia guerra contra a Eurásia: portanto, a Oceania sempre estivera em guerra com a Eurásia. O inimigo do momento era sempre representado como o mal absoluto, o que inviabilizaria qualquer acordo passado ou futuro com ele. (...) o assustador era que podia ser tudo verdade. Se o Partido tinha acesso ao passado e dizia, sobre este ou aquele evento, que *jamais tinha acontecido*, isso, com certeza, era mais aterrador do que a mera tortura e a morte. O Partido dizia que a Oceania nunca tinha se unido à Eurásia. Ele, Winston Smith, sabia que a Oceania tinha se alinhado com a Eurásia tão recentemente quanto quatro anos antes. *Mas onde esse conhecimento existia? Só na consciência dele, que de todo modo haveria de ser aniquilada muito em breve.* E se todos os demais aceitavam a mentira que o Partido impunha, se todos os registros contavam a mesma história, então *a farsa era incorporada à História e se tornava verdade*. 'Quem controla o passado', dizia o lema do Partido, 'controla o futuro: quem controla o presente controla o passado'. E mesmo assim o passado, apesar de sua natureza mutável, nunca tinha sido alterado. *Não importa o que fosse verdade agora, era verdade desde sempre e para sempre.* Tudo muito simples. *O necessário era apenas uma série infinita de vitórias sobre a própria memória.* 'Controle da realidade', eles chamavam; em Novidioma, 'duplopensar'." (Grifos nossos) (ORWEL, George. *1984*. E-book Kindle, não paginado, posição 482-495. 1984. Disponível em: https://ler.amazon.com.br/?asin=B08SP8WRBK. Acesso em: 28 dez. 2021).

[97] TOMASEVICIUS FILHO, Eduardo. Em direção a um novo 1984? A tutela da vida privada entre a invasão de privacidade e a privacidade renunciada. *Revista da Faculdade de Direito da Universidade de São Paulo*, São Paulo, v.109, p.129-169, jan/dez. 2014.

fazem parte do próprio gênero "direito à privacidade", que, consoante os ensinamentos de Rodotà, consistem na proteção do "patrimônio informativo atual ou potencial".

O autor nos chama a atenção para o fato considerável de que no ambiente virtual uma pessoa pode desejar o anonimato ou, até mesmo, assumir uma identidade preferida, com nome, sexo, idade, que podem ser distintos do real, e que isso deve ser observado sob a ótica da dignidade da pessoa humana, ensejando uma tutela dessa nova identidade como condição para o desenvolvimento da própria personalidade humana na busca por alcançar a liberdade existencial.[98]

Nesses termos é perceptível o surgimento de novos direitos e a remodelagem de direitos já existentes, como o direito de privacidade, que, por exemplo, alcançou um sentido mais amplo.

Para melhor compreensão dos neurodireitos e dos desafios deles provenientes, é necessário entender, porém, o que são e como funcionam os neurônios. Conforme ensinamentos publicados pelo professor Édison Moreira:

> Conceitualmente, os neurônios são unidades morfo-funcionais do sistema nervoso que recebem informações (sinais elétricos) de outros neurônios e de neuroreceptores especializados, integrando estas informações em suas "áreas operacionais" e encaminhando-as, ao final do processo, na forma de uma "uma mensagem", em direção a outros neurônios ou para "estruturas efetoras": músculos ou glândulas.[99]

Ainda com base nas explicações do professor (acima mencionado), as sinapses, por sua vez, consistem em junções ou articulações interneuronais por meio das quais os sinais neurais se transmitem de um neurônio para o outro, no que é denominada "comunicação interneuronal". E através de seus estudos, o prof. Édison Moreira afirma ter constatado que a psicanálise, com todos os seus métodos, foi quem obteve melhor acesso aos neurônios das pessoas, aprendendo a "conversar com o cérebro" dos pacientes.

Essa linguagem da mente humana, contudo, tem sido altamente disputada na sociedade da informação. As grandes corporações da

---

[98] RODOTÀ, Stefano. *A vida na sociedade da vigilância* – A privacidade hoje. Tradução de Danilo Doneda e Luciana Cabral Doneda. Rio de Janeiro: Renovar, 2008, p. 129.
[99] MOREIRA, Édisom de Souza. *Os neurônios, as sinapses, o impulso nervoso e os mecanismos morfo- funcionais de transmissão dos sinais neurais no sistema nervoso.* v. 2. Volta Redonda: UniFOA, 2017, p. 49.

tecnologia vêm, já há algum tempo, estudando técnicas e metodologias para conseguir realizar uma espécie de interface cérebro-máquina ou *brain computer interfaces* – BCI.

Cientistas da DARPA (*Defense Advanced Research Projetcs Agency*), por exemplo, vêm investindo em pesquisas para a construção de implantes de cérebro, na tentativa de restaurar as memórias perdidas em decorrência de algum trauma cerebral.[100]

Elon Musk, por sua vez, declarou ter criado uma nova empresa, a Neuralink, com o objetivo de desenvolver uma tecnologia com finalidades similares e chegou a afirmar que a telepatia será possível em poucos anos.

O cientista Miguel Nicolelis, do Instituto Internacional de Neurociências de Natal, no Rio Grande do Norte, realiza estudos que buscam desenvolver técnicas para reabilitar pessoas com paralisia corporal em um projeto denominado *Walk Again*. Ele afirmou, em 2011, que em um futuro não muito distante as pessoas poderão dialogar umas com as outras, independentemente de onde estiverem, "por meio de uma nova versão da internet, que ele denominou *brainet*, sem a necessidade de digitar ou pronunciar uma única palavra. Nenhuma contração muscular envolvida. Somente por meio de seu pensamento".[101]

Diante desse cenário, Ienca e Andorno entendem que os direitos humanos existentes no momento podem não ser suficientes para nos proteger frente às diversas novas situações e aos desafios provenientes da neurotecnologia. Com base nisso, identificam alguns possíveis novos direitos que necessitarão da atenção de toda a sociedade: o direito à liberdade cognitiva, o direito à privacidade mental, o direito à integridade mental e o direito à continuidade psicológica.

Dentre esses destaca-se o "direito à privacidade mental", que engloba a proteção dos dados produzidos através da atividade cerebral com relação à possibilidade de acesso a eles, por meio das neurotecnologias, sem o devido consentimento do seu titular. Esse neurodireito visa assegurar o direito de prévia informação e autorização do titular da atividade cerebral.

---

[100] CANALTECH. *Cientistas do DARPA estão criando implantes cerebrais para restaurar memórias.* Notícia publicada em maio 2016. Disponível em: https://canaltech.com.br/ciencia/cientistas-do-darpa-estao-criando-implantes-cerebrais-para-restaurar-memorias-66385/. Acesso em: 28 dez. 2021.

[101] NICOLELIS, Miguel. *Muito além do nosso eu:* a nova neurociência que une cérebros e máquinas – e como mudar nossas vidas. Tradução do autor. Revisão de Gisela Laporta Nicolelis. São Paulo: Companhia das Letras, 2011.

A plataforma *Neuro Rights* (já mencionada) elenca, também, quatro outros neurodireitos, além do direito à privacidade mental, que são: o direito à identidade pessoal (uma vez que é inadmissível que qualquer neurotecnologia, sob qualquer alegação, venha a alterar o sentido do "eu" das pessoas); o direito ao livre arbítrio, que permite que toda pessoa tome suas próprias decisões de maneira livre, autônoma e consciente, sem qualquer espécie de manipulação neurotecnológica (tendo, inclusive, o direito de optar por modificar sua atividade mental), e que Ienca e Andorno chamaram de livre cognição ou liberdade cognitiva; o direito à proteção contra vieses (segundo o qual não cabe qualquer discriminação pessoal em decorrência de informações obtidas por meio da neurotecnologia) e, por fim, o direito a um acesso equitativo, que determina que o direito a uma melhor capacidade cerebral deve ser acessível e disponível a todos, sem quaisquer distinções.

Furtos e vazamentos de dados já são uma constante no dia a dia. Imagine, agora, furtos e vazamentos de dados de pensamentos de milhares e milhares de pessoas, com vistas a serem utilizados para fins diversos, inclusive, ilícitos.

O avanço da Internet das Coisas (IoT) tem possibilitado o rastreamento e até mesmo a manipulação de experiências mentais por meio da conexão de dispositivos neurais à rede. Tais avanços têm evoluído de tal maneira, que as grandes organizações já estão acrescentando novas opções aos seus termos e condições de uso, a fim de possibilitar a anuência com relação à possibilidade de compartilhamento de dados neurais.

Óbvio que toda essa tecnologia tem demonstrado imenso potencial para reverter diversas doenças neurológicas bem como tornar o cérebro mais ágil e dotado de maior inteligência. Por outro lado, os riscos também são imensamente reais, e essa é a razão pela qual diversos doutrinadores e demais estudiosos da área vêm defendendo a necessidade de regulamentação do uso de dados neurais e de sua transferência e compartilhamentos, a fim de evitar fraudes como "cessões" dessa espécie de dados com o intuito de receber recompensas.

Neste ponto é que a preocupação com uma nova ética global e com a devida regulamentação desses "novos direitos" vem ganhando força.

Esse é mais um grande desafio da sociedade da informação e da economia de dados, e para ilustrar tais riscos, finalizamos este capítulo com a citação e breve transcrição de duas recentes reportagens:

"Marcas farão comerciais dentro de sonhos? Isso será realidade em 3 anos."

Reportagem publicada em 29 de dezembro de 2021,[102] que se baseia em um artigo escrito por três pesquisadores do sono, publicado na revista digital Aeon,[103] segundo o qual as empresas poderão inserir propagandas de seus produtos em meio aos sonhos das pessoas.

A reportagem cita que na noite que precedeu o *Super Bowl*, do referido ano, a empresa de bebidas *Molson Coors* realizou o que ela mesma chamou de "o maior estudo dos sonhos do mundo" com a finalidade de inserir imagens da bebida ao lado de imagens positivas no sonho das pessoas.

Com esse intento, a marca contratou um psicólogo de Harvard para criar estímulos de "incubação de sonhos" e convidou alguns participantes, em troca de bebida grátis – além de, por meio de uma grande estratégia de *marketing*, convidar um cantor pop britânico para dormir durante uma *live*, no *Instagram*, enquanto tinha um "*Coors Dream*" incubado, realizando o que os pesquisadores vêm chamando de "incubação de sonhos direcionada". No artigo publicado, os pesquisadores afirmam:

> Estamos perplexos com a falta de clamor público sobre a mera ideia de ter nossos sonhos noturnos infiltrados, em grande escala, por anunciantes. Além de algumas preocupações, às vezes atingidas de humor, expressas na seção de comentários que acompanhava o vídeo promocional da *Coors* e um artigo na revista Science, esta questão levanta pouca atenção.
> (...)
> O que perdemos quando nos tornamos tão coletivamente acostumados com as invasões de nossa privacidade e com a prática econômica exploradora que aceitaríamos alegremente um pacote de 12 para colocação de propaganda de cerveja em nossos sonhos? Entre outras coisas, certamente parecemos ter uma consciência reduzida de quão importantes são o sono e os sonhos – como eles desempenham um papel crucial e construtivo em nosso bem-estar e comportamento diurno.[104]

---

[102] ECONOMIA UOL. *Mídia e Marketing. Marcas farão comerciais dentro de sonhos? Isso será realidade em 3 anos.* Reportagem publicada em 29 Dez. 2021. Disponível em: https://economia.uol.com.br/noticias/redacao/2021/12/29/marcas-farao-comerciais-dentro-de-sonhos-isso-sera-realidade-em-3-anos.htm. Acesso em: 29 Dez. 2021.

[103] HOROWITZ, Adam Haar; STICKGOLD, Robert; ZADRA, Antonio. Dentro da sua paisagem de sonho – as técnicas de hackear sonhos podem nos ajudar a criar, curar e nos divertir. Eles também podem se tornar ferramentas de manipulação comercial. *AEON*. Publicado em 19 nov. 2021. Disponível em: https://aeon.co/essays/dreams-are-a-precious-resource-dont-let-advertisers-hack-them. Acesso em: 29 dez. 2021.

[104] *Ibid*.

A reportagem conclama a sociedade a se atentar para os riscos dessa técnica de *hackear* dos sonhos, já que os estímulos fornecidos durante o sono podem influenciar a pessoa sem que ela sequer perceba ou tenha condições de avaliar.

"*Chip* cerebral permite que o homem paralisado publique o primeiro *tweet* de 'pensamento direto.'"

Reportagem publicada em 27 de dezembro de 2021, que noticia a história do australiano Philip O-Keefe, que tem 62 anos e sofre de esclerose lateral amiotrófica (ELA). Por meio de um *chip* implantado em seu cérebro, Philip conseguiu, apenas por meio de seus pensamentos, postar uma mensagem na plataforma *Twitter*, confirmando o êxito da interface cérebro-computador (BIC), que foi, neste caso, desenvolvida pela *startup* de neurotecnologia Synchron.

A reportagem cita ainda que após o seu primeiro *tweet*, o senhor O-Keefe ainda postou outros 7 *tweets* respondendo perguntas de usuários. Em um dos comentários ele afirma:

> O sistema é surpreendente, é como aprender a andar de bicicleta – é preciso prática, mas quando você está rolando, torna-se natural. Agora, só penso em onde quero clicar no computador e posso enviar e-mail, fazer transações bancárias, fazer compras e agora enviar mensagens para o mundo via Twitter.[105]

Considerando a velocidade com a qual a tecnologia avança, com certeza muitos outros desafios surgirão, e é preciso que estejamos atentos e conscientes de que, apesar das vantagens proporcionadas, os riscos também são potenciais, e em se tratando do espaço cibernético, com uma potencialidade de danos muitas vezes imensuráveis.

---

[105] G7 News. *Chip cerebral permite que o homem paralisado publique o primeiro tweet de 'pensamento direto'*. Reportagem publicada em 27 Dez. 2021. Disponível em: https://g7.news/tecnologia/2021/12/27/o- chip-cerebral-permite-que-o-homem-paralisado-publique-o-primeiro-tweet-de-pensamento-direto. Acesso em: 29 dez. 2021.

CAPÍTULO 2

OS DIREITOS FUNDAMENTAIS – SUA EVOLUÇÃO E DEFINIÇÃO

Compreender que todos têm direitos, bem como a sua importância, é um fato que se encontra ao alcance de todos. Uma criança, em sua mais tenra idade e inocência, já tem uma noção de propriedade, a ponto de afirmar "É meu!". Trata-se de algo intrínseco ao ser humano. Joaquim Salgado expressa isso de maneira bem assertiva:

> Qualquer pessoa faz todos os dias várias experiências do direito, prática vários atos que chamamos direitos. Por exemplo: quem compra um pão está convicto, após pagá-lo, de que tem o "direito" de tê-lo e comê-lo; quem o vende diz: "tenho o direito ao preço do pão". O mesmo ocorre quando compramos uma passagem de ônibus, gasolina, alimentos, uma televisão, uma casa, um carro, etc. Enfim, realizamos vários atos que se chamam direitos. Até mesmo quando não realizamos ato externo algum, estamos realizando um direito, como, por exemplo, quando um objeto nos pertence e dizemos: "é meu, é minha prioridade".[106]

No entanto, falar de direitos fundamentais não é uma tarefa tão fácil quanto possa parecer. Há certo abismo entre o direito positivado e a realidade que nos é imposta, o que reflete na compreensão do tema.

As confusões acerca das distinções entre direitos humanos e direitos fundamentais também não ajudam muito neste aspecto conceitual. Desse modo, para a melhor compreensão sobre os direitos

---

[106] SALGADO, Joaquim Carlos. Os direitos fundamentais. *Revista Brasileira Estudos Político*. v. 82, p. 15-69, 1996, p. 15.

fundamentais, é necessário analisar sua origem e seu conceito de forma a desmistificar ou, ao menos, mitigar a confusão entre esses dois termos.

Essa é a razão deste capítulo. Para defender a ideia de que a segurança cibernética configura um direito fundamental, imperioso se fazer entender o que está compreendido no conceito de direito fundamental. Com base nessa proposta, este capítulo percorre, de forma breve, a trajetória dos direitos fundamentais, expressos na Constituição da República brasileira, analisando suas principais características para defini-lo e, deste modo, compreender as principais diferenças entre esses direitos regulamentados na Carta Magna brasileira e os Direitos Humanos.

Na sequência, por meio de uma análise jurisprudencial, buscou-se identificar como tem se dado a proteção desses direitos no Brasil, tomando por base a proteção estabelecida mundialmente.

Por fim, encerrando o capítulo, foram examinados os princípios da confiança e da segurança, como direitos fundamentais e tão necessários, nesta sociedade onde a informação flui e muda com tamanha rapidez para, dando prosseguimento ao raciocínio, considerar a teoria da mutação constitucional como essencial (observados os limites éticos, jurídicos e constitucionais) para a manutenção adequada da ordem jurídica, em meio à dinamicidade que envolve a sociedade da informação.

2.1 Histórico evolutivo dos Direitos Fundamentais – gerações ou dimensões?

Um dos princípios basilares atuais e que direciona fortemente todos os demais princípios que regem a vida em sociedade é, sem dúvidas, o princípio da dignidade da pessoa humana.

De difícil definição objetiva, esse princípio consiste em um dos fundamentos previstos, expressamente, no primeiro artigo da Constituição de 1988, como base da República brasileira para a organização de um Estado Democrático de Direito, e não há dúvidas acerca da sua importância para a garantia de uma vida digna para toda pessoa.

André Ramos Tavares explica a "dignidade da pessoa humana" como não só uma "garantia negativa" – ou seja, a garantia de que a pessoa não será alvo de ofensas e de humilhações – mas também como a convicção de que o pleno desenvolvimento da personalidade de cada um será devidamente assegurado por meio do reconhecimento de direitos a não sofrer ingerências ou impedimentos que possam macular suas atuações, em observância e respeito à sua capacidade de autodeterminação.[107]

Trata-se de um princípio, portanto, que enseja não só uma ação no sentido de assegurar o desenvolvimento da personalidade humana sem interferências, como, ainda, uma abstenção com relação a atitudes ofensivas e humilhantes.

Alexandre de Moraes, por sua vez, optou por defini-lo como sendo o princípio "que concede unidade aos direitos e garantias fundamentais, sendo inerente às personalidades humanas".[108]

De toda forma, apesar da dificuldade em se conceituar o princípio da dignidade da pessoa humana, é certo que ele influencia os demais princípios a serem observados no Estado Democrático de Direito e, inclusive, os direitos fundamentais, já que, por essa expressão se compreende todo direito com finalidade protecionista cujo escopo consiste em assegurar à pessoa humana o mínimo necessário para que possa existir, de maneira digna e adequada, em seu meio.

Trata-se, portanto, de instrumentos constitucionais voltados para a proteção do indivíduo diante da atuação do Estado, que, por sua vez, não pode afastá-los, devendo se sujeitar aos mesmos.

Os Direitos Fundamentais encontram-se previstos no texto da Constituição da República brasileira, todavia, sua origem não é, de todo, certa e determinada. Para os adeptos do jusnaturalismo, esses direitos existem antes mesmo que quaisquer legislações ou normas, já que são inerente à própria criação humana.

Lado outro, os positivistas defendem a ideia de que se trata de uma consequência direta da positivação das normas, e há ainda quem defenda que são direitos decorrentes das conquistas sociais através da história, mediante uma verdadeira evolução gradual e progressiva com relação direta com as transformações percebidas na sociedade e, principalmente, com o surgimento do constitucionalismo e seu ideal de buscar a limitação dos poderes estatais.

Além disso, o surgimento dos Direitos Fundamentais também possui estreita e reconhecida ligação com o surgimento dos Direitos Humanos, por volta do século XVIII, que, por sua vez, teve por marco inicial a Declaração Universal dos Direitos do Homem e do Cidadão de 1789, uma das consequências da Revolução Francesa, que impactou e influenciou a Declaração dos Direitos Humanos da Organização das

---

[107] TAVARES, André Ramos. *Curso de direito constitucional*. 19. ed. São Paulo. Saraiva, 2021, p. 276.
[108] MORAES, Alexandre de. *Direito constitucional*. 33. ed. São Paulo. Atlas, 2017, p. 345.

Nações Unidas, publicada em 1948, com um alcance ainda maior, já que vem a ser defendida por todos os países signatários.

A doutrina tradicional vincula, ainda, o nascimento dos direitos fundamentais à Magna Carta assinada pelo rei João Sem-Terra, em 1215, na Inglaterra, que representou um verdadeiro acordo entre o rei e seus barões feudais, cujas relações encontravam-se deveras abaladas.

Com a carta assinada pelo rei, este assumiu a observância de determinados limites com base em algumas prerrogativas individuais que evitavam, assim, a prática de excessos reais. Todavia, essas prerrogativas individuais se referiam apenas aos direitos da elite, de modo que somente com a Declaração dos Estados Americanos é que, de fato, os direitos fundamentais foram positivados de maneira geral, alcançando todas as pessoas.

Gregorio Peces-Barba, autor e professor espanhol, ensina que é necessário questionar o porquê dos direitos fundamentais, ou seja, por que devem ser respeitados tais direitos. Isso porque, na concepção do professor Gregorio, se não embasar os direitos fundamentais, não o justifica moralmente e, nesse sentido, seriam, os mesmos, uma força sem moral.

Por outro lado, se se considerar os direitos fundamentais apenas em seu aspecto moral, como desejam os adeptos do Direito Natural contemporâneo, estaria-se diante de uma moral sem força.

Nesses termos, o prof. Gregorio Peces-Barba explicita que o processo de formação do ideal dos direitos fundamentais teve início no que ele chama de "trânsito à modernidade", um longo período com início no século XIV que se prolonga até o século XVIII, em que, paulatinamente, a sociedade vai preparando o terreno para o surgimento desses direitos.

Nesse espaço de tempo, os indivíduos começam a se atentar para os seus direitos, e em meio às mudanças decorrentes desse "trânsito à modernidade" iniciaram suas reivindicações em prol da liberdade religiosa, política, econômica e intelectual, demonstrando a transição de uma sociedade até então teocêntrica para uma nova sociedade, agora, antropocêntrica. Período em que, continua o professor, a sociedade passa a se aproximar da compreensão moderna de dignidade da pessoa humana, que serve, hoje, de base para os direitos fundamentais.[109]

---

[109] PECES-BARBA, Gregorio Martinez; FERNANDEZ, Eusebio Garcia. Tránsito a la Modernidad y Derechos Fundamentales. In: *Historia de los derechos fundamentales*. Madri, IDHB: Dykinson, 2003. p. 2-4. p. 2.

Percorrendo o caminho da origem dos direitos fundamentais, o prof. Gregorio registra, ainda, que o humanismo e a reforma protestante impulsionaram, por sua vez, uma nova mentalidade social, caracterizada pelo individualismo e pelo racionalismo, dando ensejo ao processo de secularização, e que, em decorrência da reforma protestante, sua consequente ruptura com a Igreja e o surgimento de um pluralismo religioso, tornou-se necessária uma espécie de solução jurídica que pudesse evitar possíveis guerras religiosas, razão pela qual a tolerância religiosa, como precursora da liberdade religiosa (até hoje existente), foi o primeiro direito fundamental a ser regulamentado:

> A secularização se produz diante das características da sociedade medieval, e suporá a mundanização da cultura, que contrapõe a progressiva soberania da razão e o protagonismo do homem orientado na direção de um tipo de vida puramente terrenal, à ordem da revelação e da fé, baseado na autoridade da Igreja. É consequência da ruptura da unidade religiosa, e abarcará todos os seguimentos da vida, desde a arte, a pintura, a literatura, a nova ciência e a política a partir da obra de Maquiavel. Os temas religiosos são substituídos pelos problemas humanos. (...) Em todo esse processo os direitos fundamentais realizarão progressivamente uma tarefa de substituição da ordem medieval, desde o momento em que supõe uma garantia de segurança que o edifício medieval, culminado por Deus, já não podia proporcionar; e que havia que encontrar nos homens mesmos. (...) Na sociedade, progressivamente secularizada se poderá dar relevo às necessidades da burguesia para a procura de uma nova ordem baseada na razão e na natureza humana; é a ordem do individualismo e dos direitos naturais.[110]

Mais adiante, o conceito de contrato social e o novo direito, dele decorrente, também influenciou na instauração de novos direitos fundamentais:

> *Las teorias contractualistas vendrán a dar solución a la busqueda de um nuevo principio de legitimidad democrática em lós siglos XVII y XVIII, que explique el origen y fundamento de la sociedad civil y política. Este tipo de legitimidad, encarnado en la teorias del contracto social, será el princípio de la legitimidad democrática, ya que explica el origen de la sociedad en un pacto de indivíduos libres e iguales y fundamenta la legitimidad de los gobiernos en el consentimiento de los gobernados.*[111]

---

[110] PECES-BARBA, Gregorio. *Lecciones de derechos fundamentales*. Madri, IDHBC: Dykinson, 2005, p. 81-82.

[111] FERNANDEZ, Eusebio. El contractualismo clásico (Siglos XVII y XVIII) y los derechos naturales. *In: Anuario de Derechos Humanos*. Universidad Computense: Faculdad de Derecho, 1983, p. 59-100, p. 78.

Alguns doutrinadores foram primordiais para o desenvolvimento do conceito de Direitos Humanos e dos Direitos Fundamentais, dentre eles alguns pensadores jusnaturalistas racionais como Hugo Grotius, Thomas Hobbes, Samuel Pufendorf, Christian Thomasius e Christian Wolf.

De todo modo e, por tudo o que já foi exposto, por sua força, alcance e, obviamente, importância mundial, os direitos fundamentais previstos na Constituição da República brasileira refletem a ideia e os objetivos expressos na Declaração dos Direitos Humanos de 1948, constituindo valores pessoais que configuram verdadeiros imperativos para o Estado, a quem competirá o dever de observá-los e protegê-los.

Nada obstante, os direitos fundamentais não surgiram em um único momento da história, mas sim gradualmente, de acordo com as necessidades e os anseios sociais, e essa evolução paulatina tem sido chamada, pelos doutrinadores, de gerações ou, mais recentemente, de dimensões.

A esse respeito, Dirley da Cunha Junior[112] ensina que as gerações dos direitos fundamentais revelam, na realidade, uma espécie de ordem cronológica de reconhecimento e de afirmação dos mesmos, que, por sua vez, são proclamados gradualmente, conforme as carências humanas que surgem em decorrência das mudanças sociais.

A doutrina diverge um pouco com relação à quantidade de gerações (ou dimensões) que marcam essa evolução. Todavia, é unânime o reconhecimento de ao menos 03 (três) gerações. Antes, porém, de as explicitar aqui, importante esclarecer ainda a diferença entre as expressões "gerações" e "dimensões", a fim de justificar o uso da expressão escolhida neste estudo.

Paulo Bonavides é um nome referencial para embasar o estudo dos Direitos Fundamentais em seu aspecto histórico e (como os demais) classifica a evolução desses direitos por gerações ou dimensões. Todavia, chama a atenção para o fato de que a expressão "gerações de direitos fundamentais" foi usada pela primeira vez por Karel Vasak em aula inaugural proferida no Curso do Instituto Internacional dos Direitos do Homem, em Estrasburgo, no ano de 1979. No entanto, o próprio Vasak reconheceu posteriormente que a palavra não era adequada, por considerá-la deveras imprecisa.[113]

---

[112] CUNHA JÚNIOR, Dirley da. *Curso de direito constitucional*. 6. ed. Salvador: JusPODIVM, 2012, p. 615.

[113] BONAVIDES, Paulo. *Curso de direito constitucional*. 19. ed. São Paulo: Malheiros, 2006, p. 563.

Mas qual é a melhor expressão a ser utilizada? Ou é possível fazer uso de ambas de maneira intercambiável?

Diversos doutrinadores têm se manifestado nesse sentido, optando pelo termo "dimensões", sob a argumentação de que a palavra "gerações" pressupõe sucessão ou substituição (uma geração por outra), e no que se refere aos direitos fundamentais, não há que se falar em quaisquer sobreposições nesse sentido, já que a geração mais recente passa a existir ao lado da mais antiga – com a mesma eficácia e o mesmo valor jurídico social.

A segunda "geração" ou "dimensão" dos Direitos Fundamentais não suplanta a primeira, pelo contrário, ela a complementa, passando, ambas, a coexistir. Assim também ocorre com a terceira geração.

Desse modo, fazer uso da palavra "geração" não se mostra adequado para essa temática, e nesse sentido o termo "dimensão" parece mais acertado, mesmo porque a categorização dos Direitos Fundamentais em dimensões tem por fim apenas chamar a atenção para os momentos diferentes em que essas categorias surgiram, em decorrência do clamor social.

Desta feita, afirma-se a existência pacífica de três dimensões de Direitos Fundamentais, uma divisão que é meramente didática e para fins exclusivamente acadêmicos. O próprio Paulo Bonavides, inclusive, reconheceu posteriormente que a palavra "dimensões" é mais adequada do que "gerações", "caso este último venha a induzir apenas sucessão cronológica e, portanto, suposta caducidade dos direitos das gerações antecedentes, o que não é verdade".[114] Esse tem sido o posicionamento seguido pela maioria da doutrina.

Ingo Sarlet explica as razões pelas quais optou pela palavra "dimensões":

> Em que pese o dissídio na esfera terminológica, verifica-se crescente convergência de opiniões no que concerne à idéia que norteia a concepção das três (ou quatro, se assim preferirmos) dimensões dos direitos fundamentais, no sentido de que estes, tendo tido sua trajetória existencial inaugurada com o reconhecimento formal nas primeiras Constituições escritas dos clássicos direitos de matriz liberal-burguesa, se encontram em constante processo de transformação, culminando com a recepção, nos catálogos constitucionais e na seara do Direito Internacional, de múltiplas e diferenciadas posições jurídicas, cujo conteúdo é tão variável quanto as transformações ocorridas na realidade social, política, cultural

---

[114] BONAVIDES, 2006, p. 571-572.

e econômica ao longo dos tempos. Assim sendo, a teoria dimensional dos direitos fundamentais não aponta, tão-somente, para o caráter cumulativo do processo evolutivo e para a natureza complementar de todos os direitos fundamentais, mas afirma, para além disso, sua unidade e indivisibilidade no contexto do direito constitucional interno e, de modo especial, na esfera do moderno 'Direito Internacional dos Direitos Humanos.[115]

Em posicionamento similar, reconhecendo o caráter complementar dos direitos fundamentais, manifesta-se Antônio Augusto Cançado Trindade, segundo o qual a expressão "gerações" alimenta uma visão fragmentada dos direitos humanos e, como tal, já se encontra desmistificada, visto que o fenômeno, hoje testemunhado por todos nós, é de expansão, cumulação e fortalecimento dos direitos humanos já consagrados em uma visão integrada.[116] Justamente por se referir a uma evolução histórica desses direitos, e não a uma sucessão ou substituição, e considerando a forte influência da Revolução Francesa nesse tema, essas dimensões dos Direitos Fundamentais coincidem com o lema desta revolução.

Assim, veja-se: os direitos fundamentais de 1ª dimensão correspondem aos direitos à liberdade, portanto, provenientes do chamado Estado Liberal; os direitos fundamentais de 2ª dimensão referem-se aos direitos à igualdade e nasceram do surgimento do chamado Estado Social; e, por fim, os direitos fundamentais de 3ª dimensão estão vinculados aos direitos à fraternidade, sendo originários do Estado Democrático de Direito. Nesse sentido, cita-se os ensinamentos de George Marmeistein, segundo o qual:

> (...) o jurista tcheco Karel Vasak formulou, em aula inaugural do Curso do Instituto Internacional dos Direitos do Homem, em Estrasburgo, baseando-se na bandeira francesa que simboliza a liberdade, a igualdade e a fraternidade teorizou sobre "as gerações – evolução – dos direitos fundamentais", da seguinte forma: a) primeira geração dos direitos seria a dos direitos civis e políticos, fundamentados na liberdade (*liberté*), que tiveram origem com as revoluções burguesas; b) a segunda geração, por sua vez, seria a dos direitos econômicos, sociais e culturais, baseados

---

[115] SARLET, Ingo Wolfgang. *A eficácia dos direitos fundamentais.* 8. ed. Porto Alegre: Livraria do Advogado, 2007, p. 55.
[116] TRINDADE, Antônio Augusto Cançado. A proteção internacional dos direitos econômicos, sociais e culturais: evolução, estado atual e perspectivas. *In*: TRINDADE, Antônio Augusto Cançado; LEAL, César Barros (coord.). *O desafio dos direitos econômicos, sociais e culturais.* Fortaleza: FB Editora, 2019, p. 79-126.

na igualdade (*égalité*), impulsionada pela Revolução Industrial e pelos problemas sociais por ela causados; c) por fim, a última geração seria a dos direitos de solidariedade, em especial o direito ao desenvolvimento, à paz e ao meio ambiente, coroando a tríade com a fraternidade (*fraternité*), que ganhou força após a Segunda Guerra Mundial, especialmente após a Declaração Universal dos Direitos Humanos, de 1948.[117]

E isso não vem de agora. Em 1995 o até então ministro do STF Celso de Mello, em um julgado sob sua relatoria, expressou que:

> (...) enquanto os direitos de primeira geração (direitos civis e políticos) – que compreendem as liberdades clássicas, negativas ou formais – realçam o princípio da liberdade e os direitos de segunda geração (direitos econômicos, sociais e culturais) – que se identificam com as liberdades positivas, reais ou concretas – acentuam o princípio da igualdade, os direitos de terceira geração, que materializam poderes de titularidade coletiva atribuídos genericamente a todas as formações sociais, consagram o princípio da solidariedade e constituem um momento importante no processo de desenvolvimento, expansão e reconhecimento dos direitos humanos, caracterizados enquanto valores fundamentais indisponíveis, pela nota de uma essencial exauribilidade.[118]

Nesta senda, os *direitos fundamentais de primeira dimensão*, primeiros a serem conquistados, pressupõem um comportamento negativo ou uma não atuação, razão pela qual a doutrina preleciona que se referem às liberdades negativas clássicas.

Eles surgiram como uma reação do Estado liberal ao absolutismo até então vigente com vistas a limitar o poder Estatal. Envolve, assim, os chamados direitos de resistência e, por isso, pressupõem um comportamento negativo, uma abstenção por parte do Estado, ou seja, uma não prestação. Partem do pressuposto de que o abuso de poder não compete ao Estado. Cita-se, como exemplo dessa categoria de direitos, o direito à vida, à liberdade, à propriedade, à liberdade de expressão, de religião, de participação política etc. – direitos que o Estado deve observar sem interferir; direitos individuais de natureza política e civil.

---

[117] MARMELSTEIN, George. *Curso de direitos fundamentais*. São Paulo: Atlas, 2008, p. 42.
[118] BRASIL. Supremo Tribunal Federal. *Pleno. MS nº 22164/SP*. Rel. Min. Celso de Mello. Diário da Justiça. Seção I, 17-11-1995, p. 39.206. Disponível em: https://stf.jusbrasil.com.br/jurisprudencia/14703003/mandado-de-seguranca-ms-22164-sp/inteiro-teor-103095299. Acesso em: 10 dez. 2021.

Nos ensinamentos de Daniel Sarmento, os direitos fundamentais configuram, assim, limitações à atuação dos governantes em benefício da liberdade dos governados, demarcando um limite para a interferência estatal e, desse modo, uma fronteira rigorosa entre o espaço da sociedade civil e do Estado, ou seja, entre as esferas pública e privada.[119] Trata-se, desse modo, de proteção aos direitos da pessoa com relação aos atos praticados pelo Estado no exercício de suas atividades.

De maneira diversa, os *direitos de segunda dimensão* encontram relação com as liberdades positivas ou concretas em prol de uma igualdade material no que se refere ao ser humano. Decorrem da luta do proletariado na defesa de seus direitos sociais, tendo como marco inicial a Revolução Industrial ocorrida por volta do século XIX. Surgem, assim, com a queda do Estado liberal.

A Constituição de Weimar, na Alemanha, em 1919, e o Tratado de Versalhes, no mesmo ano, constituíram documentos importantes para a construção dos direitos sociais.

Essa dimensão de direitos fundamentais exige uma postura diferenciada por parte do Estado. Enquanto os direitos de primeira dimensão exigem que ele se abstenha, os direitos da segunda dimensão vão exigir uma ação, uma atitude positiva por parte do Estado na busca por assegurar tais direitos através da implantação de políticas públicas em prol da coletividade. Eles objetivam a redução das desigualdades sociais e partem do pressuposto de que de nada adianta assegurar liberdade sem que exista o mínimo necessário de condições para exercê-la.

Dentre tais direitos, cita-se o direito à saúde, à educação, à moradia, ao lazer, à previdência social, à segurança pública e os direitos dos trabalhadores como um todo. Novamente importa citar os ensinamentos trazidos por Daniel Sarmento, segundo o qual:

> As Constituições do México (1917) e de Weimar (1919) trazem em seu bojo novos direitos que demandam uma contundente ação estatal para sua implementação concreta, a rigor destinados a trazer consideráveis melhorias nas condições materiais de vida da população em geral, notadamente da classe trabalhadora. Fala-se em direito à saúde, à moradia, à alimentação, à educação, à previdência etc. Surge um novíssimo ramo do Direito, voltado a compensar, no plano jurídico, o natural desequilíbrio travado, no plano fático, entre o capital e o trabalho. O *Direito do Trabalho*, assim, emerge como um valioso instrumental vocacionado a

---

[119] SARMENTO, Daniel. *Direitos fundamentais e relações privadas*. 2. ed. Rio de Janeiro: Editora Lumen Juris, 2006, p. 12-13.

agregar valores éticos ao capitalismo, humanizando, dessa forma, as até então tormentosas relações jus laborais. No cenário jurídico em geral, granjeia destaque a gestação de normas de ordem pública destinadas a limitar a autonomia de vontade das partes em prol dos interesses da coletividade.[120]

Os direitos de segunda dimensão focam, assim, na coletividade e em assegurar a justiça social. Como bem afirma Ingo Sarlet, eles podem ser considerados como uma espécie de "densificação do princípio da justiça social", além de corresponderem a reivindicações das classes menos favorecidas como uma forma de compensação.[121]

Fazendo uso das palavras de Marmelstein, pode-se comparar essas duas primeiras dimensões da seguinte forma:

> (...) os direitos de primeira geração tinham como finalidade, sobretudo, possibilitar a limitação do poder estatal e permitir a participação do povo nos negócios públicos. Já os direitos de segunda geração possuem um objetivo diferente. Eles impõem diretrizes, deveres e tarefas a serem realizadas pelo Estado, no intuito de possibilitar aos seres humanos melhores qualidade de vida e um nível de dignidade como pressuposto do próprio exercício da liberdade. Nessa acepção, os direitos fundamentais de segunda geração funcionam como uma alavanca ou uma catapulta capaz de proporcionar o desenvolvimento do ser humano, fornecendo-lhe as condições básicas para gozar, de forma efetiva, a tão necessária liberdade.[122]

Na sequência, os reconhecidos *direitos de terceira dimensão* são os que estão diretamente relacionados ao princípio da fraternidade ou da solidariedade e, como tais, voltam-se para a proteção especificamente de direitos difusos, não sendo direcionados para indivíduos ou grupos específicos, mas demonstrando cuidado com toda a geração humana, não só presente como futura.

Esta dimensão de direitos fundamentais encontra sua origem na Revolução tecnocientífica, que ficou conhecida como a 3ª Revolução Industrial.

Dentre os direitos inclusos na terceira dimensão está o direito ao progresso, ao meio ambiente, o direito à comunicação, o direito à paz, o direito à autodeterminação dos povos e demais direitos considerados

---

[120] SARMENTO, 2006, p. 19.
[121] SARLET, 2007, p. 50.
[122] MARMELSTEIN, 2008, p. 50.

transindividuais, sejam eles coletivos, sejam difusos, pertencentes a diversas pessoas, mas que, vistos isoladamente, não pertencem a ninguém, ou seja, são direitos que transcendem à pessoa do indivíduo e destinam-se à proteção de todo o gênero humano.

Explicando os direitos de terceira dimensão, Paulo Bonavides aduz se tratar de direitos dotados de elevado teor de humanismo e universalidade. Direitos que não se destinam, de forma específica, à proteção individual, mas da coletividade, e que têm por destinatário o gênero humano como valor supremo no que se refere à sua existencialidade concreta.[123]

Por direitos de terceira dimensão, portanto, encontram-se os que buscam proteger a categoria humana considerando sua existencialidade como valor supremo. Em igual teor ensina Ingo Sarlet:

> (...) cuida-se, na verdade, do resultado de novas reivindicações fundamentais do ser humano, geradas, dentre outros fatores, pelo impacto tecnológico, pelo estado crônico de beligerância, bem como pelo processo de descolonização do segundo pós-guerra e suas contundentes conseqüências, acarretando profundos reflexos na esfera dos direitos fundamentais.[124]

Apesar da inexistência de qualquer consenso a respeito, há quem defenda a existência de direitos de quarta e quinta dimensão. A divergência acerca destes, contudo, não se resume apenas à sua existência, mas também ao seu conteúdo.

Norberto Bobbio, por exemplo, é um dos defensores da existência de direitos de quarta dimensão, que na sua concepção encontram-se relacionados à engenharia genética.

Paulo Bonavides também defende a ideia de direitos de quarta dimensão, no entanto, para ele tais direitos corresponderiam a questões relacionadas à democracia, informação e pluralismo decorrentes da globalização:

> A globalização política na esfera da normatividade jurídica introduz os direitos de quarta geração, que, aliás, correspondem à derradeira fase de institucionalização do Estado social. É direito de quarta geração o direito à democracia, o direito à informação e o direito ao pluralismo. Deles depende a concretização da sociedade aberta do futuro, em sua

---

[123] BONAVIDES, 2006, p. 569.
[124] SARLET, 2007, p. 58.

dimensão de máxima universalidade, para a qual parece o mundo inclinar-se no plano de todas as relações de convivência. (...) os direitos da primeira geração, direitos individuais, os da segunda, direitos sociais, e os da terceira, direitos ao desenvolvimento, ao meio ambiente, à paz e à fraternidade, permanecem eficazes, são infraestruturais, formam a pirâmide cujo ápice é o direito à democracia.[125]

Outro doutrinador que compartilha o mesmo entendimento de Bonavides é Marcelo Novelino, segundo o qual:

(...) tais direitos foram introduzidos no âmbito jurídico pela globalização política, compreendem o direito à democracia, informação e pluralismo. Os direitos fundamentais de quarta dimensão compreendiam o futuro da cidadania e correspondem à derradeira fase da institucionalização do Estado social sendo imprescindíveis para a realização e legitimidade da globalização política.[126]

No tocante aos direitos de quinta dimensão, o dissenso permanece. Paulo Bonavides entende tratar-se de direitos relacionados à paz, concepção contestada por muitos, mediante a alegação de que o direito à paz encontrar-se-ia perfeitamente dentre o rol dos direitos de terceira dimensão.

Bonavides, contudo, expressa o entendimento de que, diante do forte rumor de guerra que assola o mundo, mormente após os ataques de 11 de setembro, é imprescindível conceder um destaque maior ao direito à paz como um direito fundamental de todas as pessoas.

Nessa toada, José Adércio Sampaio Leite, ao mencionar as diversas teses levantadas acerca da existência de direitos de quinta dimensão, assevera:

(...) como o sistema de direitos anda a incorporar os anseios e necessidades humanas que se apresentam com o tempo, há quem fale já de uma quinta geração dos direitos humanos com múltiplas interpretações. Tehrarian (1997 a e b) diz sobre "direitos ainda a serem desenvolvidos e articulados", mas que tratam do cuidado, compaixão e amor por todas as formas de vida, reconhecendo-se que a segurança humana não pode ser plenamente realizada se não começarmos a ver o indivíduo como parte do cosmos e carente de sentimentos de amor e cuidado, todas definidas como prévias condições de "segurança ontológica" para usar a expressão

---

[125] BONAVIDES, 2006, p. 571-572.
[126] NOVELINO, Marcelo. *Direito constitucional*. 11. ed. rev. atual. e ampl. Salvador: JusPodivm, 2016, p. 229.

de Laing (1969). Para Marzouki (2003), tais direitos seriam direitos oriundos de respostas à dominação biofísica que impõe uma visão única do predicado "animal" do homem, conduzindo os "clássicos" direitos econômicos, culturais e sociais a todas as formas físicas e plásticas, de modo a impedir a tirania do estereótipo de beleza e medidas que acaba por conduzir a formas de preconceitos com raças ou padrões reputados inferiores ou fisicamente imperfeitos. Essa visão de complementaridade é encontrada também em Lebech (2000), todavia em relação ao direito à vida sob os desafios das novas tecnologias, derivando então um direito à identidade individual, ao patrimônio genético e à proteção contra o abuso de técnicas de clonagem.[127]

Considerando as divergências apresentadas, o que se tem por certo são três gerações de Direitos Fundamentais que correspondem, respectivamente, à proteção dos ideais da Revolução Francesa: igualdade, liberdade e fraternidade.

2.2 Os Direitos Fundamentais na Constituição de 1988 e suas características básicas

A Constituição brasileira de 1988 traz o rol dos direitos e garantias fundamentais divididos por temas, em seus artigos 5º ao 17, da seguinte forma: o artigo 5º contém os *Direitos Individuais e Coletivos*; os artigos 6º ao 11 contêm os *Direitos Sociais*; nos artigos 12 e 13, os *Direitos de Nacionalidade* e nos artigos 14 até o 17, os *Direitos Políticos*.

Historicamente, porém, a Constituição do Império (1824) já previa os chamados direitos fundamentais de 1º dimensão sob o título "Garantia dos Direitos Civis e Políticos dos Cidadãos Brasileiros", reconhecendo direitos sociais que só viriam a ser constitucionalizados nos demais países por volta do final do século XIX.

Todavia, apesar dessa postura inovadora, a Constituição de 1824 não conseguiu concretizar ou assegurar a efetividade desses direitos devido ao poder moderador previsto em seu texto, que conferia ao imperador total primazia no governo e na autoridade dos demais poderes.

José Afonso da Silva ensina que esta foi "a primeira Constituição, no mundo, a subjetivar e positivar os direitos do homem, dando-lhe concreção jurídica efetiva (...)".[128]

---

[127] SAMPAIO, José Adércio Leite.*A constituição reinventada pela jurisdição constitucional*. Belo Horizonte: Del Rey, 2002, p. 302.
[128] SILVA, José Afonso da. *Curso de direito constitucional positivo*. 18. ed. São Paulo: Malheiros Editores, 2000, p. 153.

A Constituição de 1891 trazia o Título IV, que logo na seção II traz uma declaração de direitos que garantia a inviolabilidade dos direitos à liberdade, à segurança e à propriedade de brasileiros e estrangeiros residentes no país. Tal previsão se repetiu nas Constituições que a seguiram.

A Constituição de 1934, por sua vez, continha um título específico para a Declaração de Direitos, onde constava a previsão dos direitos e garantias individuais bem como dos direitos de nacionalidade e políticos. Essa foi a Constituição que estabeleceu o Estado Social brasileiro. Promulgada após o movimento político militar de 1930, ela foi fortemente influenciada pelas constituições europeias, entre elas, a da República de Weimar, de 1919.

Em 1937, porém, o regime totalitarista trouxe a supressão dos direitos do homem, que se repetiu nas Constituições de 1967 e 1969.

A Carta Magna de 1946, por seu turno, trouxe sob o Título IV dois capítulos, um sobre nacionalidade e cidadania, e outro sobre direitos e garantias individuais, reforçando os direitos fundamentais e trazendo algumas novidades – o *habeas corpus*, o mandado de segurança e a ação popular – como remédios constitucionais.

Por fim, a Constituição atual trouxe uma reestruturação do Estado brasileiro e dos direitos fundamentais, inovando ao iniciar, logo no Título I, falando sobre os princípios fundamentais, para na sequência (Título II) tratar dos direitos e garantias fundamentais, entre eles, os direitos individuais e coletivos.

A chamada "Constituição Cidadã" promoveu uma ampliação dos direitos fundamentais reconhecendo, inclusive, os direitos de solidariedade, que, como já visto, estão inclusos nos direitos de terceira dimensão. Além disso, trouxe o princípio da dignidade da pessoa humana como fundamento do Estado Democrático de Direito, previsto expressamente em seu primeiro artigo, e dessa forma inseriu a preocupação com a proteção dos direitos fundamentais como prioritária.

Dentre as características dos direitos fundamentais, cita-se a *universalidade* (por se tratar de direitos voltados para toda a população, sem quaisquer distinções; não se destinam a um grupo isolado de pessoas, pois são próprios da condição humana); a *imprescritibilidade* (por sua própria natureza protetiva, os direitos fundamentais não prescrevem com o tempo, podendo ser exercidos a qualquer momento. O fato de não ser feito uso do mesmo ou de não ter sido reivindicado não acarreta a perda do direito ou a impossibilidade de seu exercício futuro. Insta ressaltar, contudo, que alguns desses direitos são passíveis de restrição por determinados períodos, apesar de não estarem sujeitos a qualquer supressão), e a *inalienabilidade* (pelas mesmas razões supramencionadas, os direitos fundamentais não são passíveis de alienação, de maneira que não podem ser transferidos ou negociados.

No que concerne às características mencionadas, não se pode deixar de mencionar, também, a *relatividade*, tendo em vista que, apesar de universais, não poderiam ser absolutos, já que devem ser considerados a situação de cada caso concreto bem como o conflito de interesses dela decorrente. Esse é o motivo pelo qual, por exemplo, a liberdade de uma pessoa que pratica um crime pode ser cerceada, apesar de constituir um direito fundamental.

Essa relativização, contudo, encontra limites na própria finalidade do direito fundamental, de maneira que ele não pode ser relativizado a ponto de não poder mais ser aplicado.

A *complementariedade* (os direitos e as garantias fundamentais se complementam e, portanto, necessitam de aplicabilidade conjunta) e a *irrenunciabilidade* também caracterizam esta categoria de direitos.

Por irrenunciabilidade se compreende reconhecer que não há qualquer possibilidade de renúncia de direitos fundamentais, em virtude de sua própria natureza e de seus fins. O indivíduo não está autorizado a abrir mão desses direitos que integram sua própria condição de pessoa humana.

Tal regra, contudo, possui algumas exceções, como os direitos à intimidade e à privacidade, que podem ser disponibilizados.

Importa ressaltar, no entanto, que a renúncia aos direitos fundamentais é admitida apenas temporariamente e, consoante entendimento do STF, sempre de maneira excepcional, buscando necessariamente estabelecer a proporção entre o direito fundamental disponibilizado e o direito que se pretende assegurar – sempre considerando e tomando por base a dignidade da pessoa humana.

Os direitos fundamentais possuem ainda, como característica (ou atributo), a *historicidade*, posto serem decorrentes de todo um processo histórico evolutivo, como já mencionado anteriormente. Como tais, são frutos das mudanças, dos anseios socioculturais e de muitas lutas políticas e religiosas que visavam restringir abusos por parte dos poderes até então dominantes.

Norberto Bobbio ensinava, a esse respeito, que os direitos surgem quando o aumento do poder do homem sobre o homem gera novas ameaças para a liberdade individual, que podem ser controladas por meio da limitação desse poder.[129]

Nesse mesmo sentido, encontrar-se-ão em evolução constante, sem possibilidade de retrocesso com relação ao já conquistado, mas passíveis de adaptações futuras, consoante as alterações e os reclamos dos paradigmas sociais.

Ademais, através dessa característica ou atributo é possível constatar que o rol dos direitos fundamentais é aberto (já que é suscetível de inclusão de novos direitos), é mutável (posto que um direito reconhecido em uma determinada época pode sofrer alterações futuras, decorrentes de novas situações) e cumulativo (já que o surgimento de outro direito não necessariamente exclui o anterior, ensejando acréscimo, e não redução).

Por fim, insta ressaltar que os direitos fundamentais possuem aplicabilidade imediata, apesar de alguns doutrinadores entenderem que determinados direitos, como os previstos no inciso XII do art. 5º e o §2º do art. 18, possuem, respectivamente, eficácia contida ou limitada.

A regra, contudo, é que as normas constitucionais devem possuir um mínimo de eficácia, em decorrência de seu alto grau de densidade normativa, razão pela qual o princípio da máxima efetividade e aplicabilidade imediata dos direitos fundamentais deve ser observado.

Além disso, impende ressaltar que o rol contido no artigo 5º da Constituição da República de 1988 é tão somente exemplificativo. O parágrafo 2º desse artigo já reconhece que outros direitos poderão vir a existir em decorrência dos princípios constitucionais e dos tratados internacionais dos quais o Brasil é signatário, o que demonstra, claramente, que os direitos fundamentais permanecem em constante evolução. E assim, de fato, deve ser.

2.3 Definindo Direitos Fundamentais

O que se compreende na palavra "fundamental"? Como significado da palavra fundamental, temos: "que pode ser utilizado como fundamento; alicerce, base: questão fundamental para o entendimento do projeto. Que pode iniciar algo (concreto ou abstrato); que origina. Que não é dispensável; indispensável, determinante".[130]

---

[129] BOBBIO, Norberto. *A era dos direitos*. Tradução de Carlos Coutinho. Rio de Janeiro: Campos, 1992, p. 20.
[130] DICIONÁRIO ONLINE. *Fundamental*. Disponível em: https://www.dicio.com.br/fundamental/. Acesso em: 15 dez. 2021.

Pode-se afirmar que, por fundamental, entende-se aquilo que é imprescindível, necessário. Fundamental é o que serve de fundamento, de base. É o que dá sustentáculo, que serve como alicerce. Trata-se de algo substancial e indispensável, daí a sua importância.

Consoante os ensinamentos de Joaquim Salgado:

> A expressão "direitos fundamentais" tem seu significado garantido num fato político de natureza planetarizante: o fato do Estado de Direito, definido como o Estado cuja finalidade, ou *"ratio essendi"*, é a realização e garantia de direitos subjetivos considerados fundamentais, portanto, que se conferem a todos como pessoas. Esses direitos, quer concernentes à estrutura biopsicológica (*zoon*), quer à estrutura noética (*logikón*), como ser pensante, tem como conteúdo os valores também considerados essenciais que se criaram e se desenvolveram na cultura ocidental.[131]

Nesses termos compreende-se como direitos fundamentais aqueles em cuja estrutura residem os principais valores da cultura.

Para Ferrajoli, os Direitos Fundamentais são direitos subjetivos dos quais derivam qualquer expectativa positiva (de prestação) ou negativa (de não sofrer lesões) pertencentes a um sujeito por uma norma jurídica.[132]

Na lição de Paulo Bonavides, dois entendimentos podem ser considerados acerca dos direitos fundamentais. O primeiro, com um caráter material, fundamentado no pensamento de Hesse, no sentido de que tais direitos estariam destinados a "criar e manter os pressupostos elementares de uma vida na liberdade e na dignidade humana", e o outro sentido, de caráter formal, consistiria no reconhecimento de que tais direitos "são aqueles direitos que o direito vigente qualifica como tais".[133]

Por direitos fundamentais, portanto, afirma-se serem aqueles que possuem estreita ligação com o princípio da dignidade da pessoa humana e que se encontram expressamente previstos e reconhecidos pela Constituição da República Federativa brasileira.

---

[131] SALGADO, Joaquim Carlos. Princípios hermenêuticos dos direitos fundamentais. *Revista da Faculdade de Direito da UFMG:* nova fase, Belo Horizonte, n. 34, p. 245-266, 2001, p. 245.
[132] FERRAJOLI, Luigi. Garantias. Jueces para la democracia. *Revista Dialnet*. n. 38. 2000. p. 39-46. Disponível em: https://dialnet.unirioja.es/ejemplar/17176. Acesso em: 08 jul. 2022, p. 01.
[133] BONAVIDES, 2006, p. 514.

2.4 Direitos Fundamentais ou Direitos Humanos?

A ligação entre os Direitos Fundamentais e os Direitos Humanos é bastante estreita, e há muito gera grandes confusões, mesmo porque a diferença existente entre eles não reside no conteúdo, mas, basicamente, em seu alcance e natureza prática.

De uma forma sintetizada pode-se afirmar que os Direitos Humanos consistem em normas de alcance internacional, que encontram fundamentos em acordos, tratados e declarações, enquanto os Direitos Fundamentais consistem em garantias formais, estabelecidas e expressas na Constituição Federal, dentro dos limites do Estado Federativo Brasileiro.

Nesse mesmo sentido ensina Lauro Ishikawa, segundo o qual os Direitos Humanos são os conhecidos e reconhecidos universalmente, em Tratados, Declarações e demais normas internacionais, como o que é fundamental para o desenvolvimento do ser humano e de todos os povos, enquanto os Direitos Fundamentais configuram Direitos Humanos internalizados na Constituição Federal de cada País.[134]

Dessa forma, apesar de os Direitos Fundamentais terem por base a Declaração dos Direitos Humanos da ONU (Organização das Nações Unidas), o alcance de suas normas é bem mais restrito e limitado em comparação com os Direitos Humanos.

Sob outro ponto de vista, os Direitos Fundamentais decorrem do processo de positivação dos Direitos Humanos. Nesse sentido, Ricardo Castilho ensina que "falar em direitos fundamentais, simplesmente, elimina da expressão a importância das lutas que ocorreram para situar os direitos humanos em sua perspectiva histórica, social, política (...)" e, ainda, que a expressão "direitos humanos" traz, em seu bojo, a ideia de reconhecimento de proteção que não se encontra nos direitos fundamentais, tendo em vista que estes últimos configuram inscrições legais dos direitos inerentes à pessoa humana. Conforme os ensinamentos deste autor, "os direitos humanos não foram dados, ou revelados, mas conquistados, e muitas vezes à custa de sacrifícios de vidas".[135]

Não há que se confundir, portanto, as duas expressões, diante do maior alcance dos Direitos Humanos frente aos Direitos Fundamentais,

---

[134] ISHIKAWA, Lauro. *O direito ao desenvolvimento como concretizador do princípio da dignidade da pessoa humana*. Dissertação (Mestrado em Direito). Pontifícia Universidade Católica de São Paulo – PUC/SP, 2008. Disponível em: https://tede2.pucsp.br/bitstream/handle/8165/1/Lauro%20Ishikawa.pdf. Acesso em: 03 maio 2022, p. 70.

[135] CASTILHO, Ricardo. *Direitos humanos*. 6. ed. São Paulo: Saraiva Educação, 2018, p. 43.

apesar de sua estreita similaridade.

Em igual teor se manifesta J. J. Canotilho, segundo o qual os direitos do homem valem para todos os povos e em todos os tempos, sendo, dessa forma, atemporais, enquanto os Direitos Fundamentais, por sua vez, encontram-se limitados no espaço e no tempo, já que consistem em direitos que se encontram objetivamente vigentes em uma determinada ordem jurídica concreta.[136]

A ONU (Organização das Nações Unidas) também se manifesta no sentido de definir os Direitos Humanos como aqueles expressos em Tratados, no direito internacional consuetudinário sem, contudo, serem estabelecidos, propriamente falando, pela lei, já que se tratam de direitos inerentes à pessoa pelo simples fato de serem humanas.[137]

Para Robert Alexy:

> Os direitos fundamentais são, por um lado, elementos essenciais da ordem jurídica nacional respectiva. Por outro, porém, eles indicam além

---

[136] CANOTILHO, José Joaquim Gomes. *Direito constitucional e teoria da constituição*. 7. ed. Coimbra: Almeida, 2003, p. 393.

[137] Conforme entendimento da Organização das Nações Unidas "Os direitos humanos são comumente compreendidos como aqueles direitos inerentes ao ser humano. O *conceito de Direitos Humanos* reconhece que cada ser humano pode desfrutar de seus direitos humanos sem distinção de raça, cor, sexo, língua, religião, opinião política ou de outro tipo, origem social ou nacional ou condição de nascimento ou riqueza. Os direitos humanos são garantidos legalmente pela lei de direitos humanos, protegendo indivíduos e grupos contra ações que interferem nas liberdades fundamentais e na dignidade humana. *Estão expressos em tratados*, no direito internacional consuetudinário, conjuntos de princípios e outras modalidades do Direito. A legislação de direitos humanos obriga os Estados a agir de uma determinada maneira e proíbe os Estados de se envolverem em atividades específicas. No entanto, a legislação não estabelece os direitos humanos. Os direitos humanos são direitos inerentes a cada pessoa simplesmente por ela ser um humano. Tratados e outras modalidades do Direito costumam servir para proteger formalmente os direitos de indivíduos ou grupos contra ações ou abandono dos governos, que interferem no desfrute de seus direitos humanos. Algumas das *características mais importantes* dos direitos humanos são: Os direitos humanos são fundados sobre o respeito pela dignidade e o valor de cada pessoa; Os direitos humanos são universais, o que quer dizer que são aplicados de forma igual e sem discriminação a todas as pessoas; Os direitos humanos são inalienáveis, e ninguém pode ser privado de seus direitos humanos; eles podem ser limitados em situações específicas. Por exemplo, o direito à liberdade pode ser restringido se uma pessoa é considerada culpada de um crime diante de um tribunal e com o devido processo legal; Os direitos humanos são indivisíveis, inter-relacionados e interdependentes, já que é insuficiente respeitar alguns direitos humanos e outros não. Na prática, a violação de um direito vai afetar o respeito por muitos outros; Todos os direitos humanos devem, portanto, ser vistos como de igual importância, sendo igualmente essencial respeitar a dignidade e o valor de cada pessoa. (ORGANIZAÇÃO DAS NAÇÕES UNIDAS. *Declaração Universal dos Direitos Humanos*. 1948. Disponível em: https://declaracao1948.com.br/declaracao-universal/declaracao-direitos-humanos/?gclid=Cj0KCQjw8amWBhCYARIsADqZJoXhnqBD-s5bc2xmw3OugGDD52-0bx-dufFHM- FSvbGo1JHV7RAFBuU8aAt-CEALw_wcB. Acesso em: 15 dez. 2021.)

do sistema nacional. Nessa passagem do nacional deixam-se distinguir dois aspectos: um substancial e um sistemático. Os direitos fundamentais rompem, por razões substanciais, o quadro nacional, porque eles, se querem satisfazer os requisitos que lhes podem ser postos, devem incluir os direitos do homem. Os direitos do homem têm, porém, independentemente de sua positivação, validez universal. Eles põem, por conseguinte, exigências a cada ordem jurídica. Uma contribuição importante para a sua concretização internacional forneceu e fornece a Declaração Universal dos Direitos do Homem, de 10 de dezembro de 1948. Os direitos do homem tornaram-se vinculativos jurídico-positivamente no plano internacional pelo Pacto Internacional sobre Direitos Civis e Políticos, de 19 de dezembro de 1966. Uma peça paralela a ele é o Pacto Internacional sobre Direitos Econômicos, Sociais e Culturais, do mesmo dia, que, naturalmente, está dotado com muito menor força de concretização. Ao lado deles e de outros pactos delineados internacionalmente colocam-se convenções regionais. Tudo isso cria comunidades substanciais.[138]

Consoante o disposto, portanto, os direitos do homem encontram referencial na própria natureza humana, contendo um caráter inviolável e universal, de conteúdo intertemporal, enquanto os Direitos Fundamentais consistiriam nos direitos que se encontram vigentes, de maneira objetiva, em uma ordem legal concreta, ou seja, por Direitos Fundamentais se compreende os direitos do homem positivados constitucionalmente.

Os Direitos Humanos independem de quaisquer vinculações com a ordem constitucional, tendo em vista o seu caráter supranacional, ou seja, universal.

Por Direitos Humanos se compreende todos os que são inerentes à natureza humana e buscam proteger sua integridade física e psicológica por meio da limitação da atuação estatal e da consagração da igualdade, da liberdade e da fraternidade.

Nas palavras do prof. Lauro Ishikawa, os Direitos Humanos caracterizam o principal instrumento para a conquista de um projeto de humanidade, ainda em construção, em que se busca uma vida digna para todos, por meio da garantia do exercício pleno do "direito de ter direitos e do dever de ter deveres".[139]

---

[138] ALEXY, Robert. Colisão de Direitos Fundamentais e realização de direitos fundamentais no estado de direito democrático – Direitos fundamentais no Estado Constitucional Democrático. *Revista de Direito Administrativo*. Rio de Janeiro, v. 217, p. 67-79. jul/set. 1999. Disponível em: https://doi.org/10.12660/rda.v217.1999.47413. Acesso em: 15 dez. 2021, p. 67.
[139] ISHIKAWA, 2008, p. 127.

Nos ensinamentos de Alexandre de Moraes, os Direitos Humanos consistem em um conjunto institucionalizado de direitos e garantias cujo fim consiste no respeito à dignidade, através da proteção da pessoa contra arbitrariedades do poder estatal. O autor ensina que os direitos humanos estabelecem um núcleo mínimo de condições para que a dignidade da pessoa humana possa ser desenvolvida.[140]

Desta feita, é possível perceber que os Direitos Humanos possuem suas bases fundamentais na dignidade da pessoa humana, por um lado, e também no limite da atuação estatal, por outro, protegendo a pessoa da ingerência abusiva do Estado em seus direitos individuais.

De igual teor, os Direitos Fundamentais compreendem normas que representam a base do desenvolvimento da personalidade humana e que asseguram a sua dignidade.

Consoante os ensinamentos do Prof. Enoque Ribeiro dos Santos:

> Direitos humanos são aqueles direitos que toda pessoa possui pelo simples fato de ter nascido nesta condição "humana", configurando-se como gênero, enquanto direitos humanos fundamentais, ou simplesmente "direitos fundamentais" seriam aqueles direitos, espécies do gênero direitos humanos, que em determinado momento histórico, político, cultural e social de um povo, este resolveu positivá-lo no ordenamento jurídico, sobretudo em sua Carta Magna, ou seja, na Constituição Federal.[141]

No mesmo sentido se manifesta José Barcellos Mathias, para quem a expressão "direitos fundamentais" deve ser aplicada àqueles direitos que se encontram devidamente positivados em um texto legal, enquanto "direitos humanos" compreendem todos os documentos internacionais que reconhecem direitos à pessoa humana, com vistas a garantir uma vida digna, revelando um caráter supranacional.[142]

Os Direitos Humanos seriam, desse modo, aquela espécie de direitos que desconhecem fronteiras nacionais, por terem por fonte o direito internacional. E os Direitos Fundamentais, por sua vez, seriam os direitos humanos expressos na Constituição da República Federativa do Brasil.

---

[140] MORAES, Alexandre de. *Direitos humanos fundamentais*. Coleção Temas Jurídicos. 6. ed. São Paulo: Atlas, 2005, p. 21.

[141] SANTOS, Enoque Ribeiro dos. Internacionalização dos direitos humanos trabalhistas: o advento da dimensão objetiva e subjetiva dos direitos fundamentais. *Revista LTr:* Legislação do Trabalho: São Paulo. São Paulo, v. 72, n. 3, p. 277-284, mar. 2008, p. 277.

[142] MATHIAS, Marcio José Barcellos. *Distinção conceitual entre direitos humanos, direitos fundamentais e direitos sociais*. Disponível em: http://www.advogado.adv.br/artigos/2006/marciojosebarcellosmathias/distincao.htmel. Acesso em: 24 dez. 2021.

Independentemente da nomenclatura adotada, porém – se direitos fundamentais, direitos constitucionais fundamentais, direitos humanos fundamentais, direitos humanos, ou até mesmo se estes últimos se subdividem em gerações ou dimensões –, importa reconhecer que esses temas possuem um eixo central que deve nortear o alcance dos mesmos e que envolve a compreensão do conceito de direitos fundamentais sociais (para aferição de sua aplicabilidade prática), de dignidade da pessoa humana e de mínimo existencial.

2.5 Os Direitos Fundamentais e sua proteção no Brasil – uma análise jurisprudencial em comparação com a proteção dos Direitos Humanos

Estabelecidas as distinções referentes às expressões "Direitos Fundamentais" e "Direitos Humanos", cumpre realizar, neste ponto, uma breve análise das decisões dos tribunais a respeito.

Flávia Piovesan explica que a Constituição brasileira de 1988 configurou importante marco jurídico da transição democrática e da institucionalização dos Direitos Humanos no Brasil, que com ela e a partir dela alcançaram grande destaque. E afirma, ainda, que "ao alargar consideravelmente o universo dos Direitos Fundamentais, a Carta de 1988 destaca-se como uma das Constituições mais avançadas do mundo, no que respeita a matéria".[143]

Neste caso, seria possível dizer que a soberania de cada país foi substituída por uma necessária solidariedade entre eles, em face da universalidade dos Direitos Humanos, do fenômeno da globalização e da economia de dados, bem como dos riscos cibernéticos, que hoje são comuns em todo o mundo.

Necessário destacar, mediante ensinamento de Ingo Sarlet, que a Carta Magna brasileira, amparada no espírito da IX emenda da Constituição norte-americana, "consagrou a ideia da abertura material do catálogo constitucional dos direitos e garantias fundamentais",[144] autorizando a reconhecer a existência de outros direitos fundamentais

---

[143] PIOVESAN, Flávia. A proteção dos direitos humanos no sistema constitucional brasileiro. *Revista de Direito Constitucional e Internacional:* RDCI, v. 11, n. 45. p. 216-236, out/dez., 2003, p. 216.

[144] SARLET, Ingo Wolfgang. Dignidade da pessoa humana na jurisprudência do Supremo Tribunal Federal. *Interpretação Constitucional no Brasil.* São Paulo: Escola Paulista da Magistratura, p. 55-84, 2017. Disponível em https://epm.tjsp.jus.br/Publicacoes/ObrasJuridicas. Acesso em: 03 jan. 2022, p. 55.

além dos assegurados expressamente no texto legal do mesmo modo que integram o sistema dos direitos positivados nos tratados internacionais, no que se refere aos direitos humanos.

E o autor continua sua explanação no sentido de que o próprio art. 5º, §2º, da Constituição brasileira vigente chancela a existência de direitos provenientes dos princípios e do regime constitucional, ainda que não previstos expressamente, reconhecendo, assim, direitos fundamentais implícitos.

Nesses termos, o princípio da dignidade da pessoa humana é que dará o tom, servindo de parâmetro para o embasamento desses direitos fundamentais implícitos do mesmo modo que já vem fundamentando os direitos fundamentais esparsos pelo texto constitucional, de maneira que, ao se deparar com uma violação da dignidade da pessoa humana, estar-se-á diante de um direito fundamental.

Obviamente, por se tratar de direitos fundamentais, toda cautela é necessária ao realizar a análise hermenêutica diante de cada situação fática, e os riscos decorrentes dessa interpretação precisam ser considerados, mormente o risco de banalização desses direitos, como bem alerta John Rawls, segundo o qual impende restringir "as liberdades àquelas que são verdadeiramente essenciais",[145] sob pena de fragilizar as mais relevantes.

O STF tem proferido uma gama de decisões fazendo alusão à dignidade da pessoa humana considerando seu estreito vínculo com os direitos fundamentais.

O professor e magistrado brasileiro Ingo Sarlet divide essas decisões em grupos. Conforme seus ensinamentos, no primeiro grupo estão os julgados que aplicam a dignidade da pessoa humana como regra impeditiva de condutas, com destaque para vedação de tortura e quaisquer tratamentos degradantes, agindo como um direito de característica negativa ou um direito de defesa; dentre tais casos, cita o julgado relatado pelo Ministro Celso Bandeira de Mello referente à prática de tortura contra crianças e adolescentes, por policiais, que culminou na ementa segundo a qual "a tortura constitui prática inaceitável de ofensa à dignidade da pessoa", sendo, ainda, uma:

> (...) negação arbitrária dos direitos humanos, pois reflete – enquanto prática ilegítima, imoral e abusiva – um inaceitável ensaio de atuação estatal tendente a asfixiar e, até mesmo, a suprimir a dignidade, a

---

[145] RAWLS, John. *O liberalismo político*. 2. ed. São Paulo: Ática, 2000, p. 350.

autonomia e a liberdade com que o indivíduo foi dotado, de maneira indisponível, pelo ordenamento positivo.[146]

Essa mesma linha de pensamento, no sentido de impedir que o ser humano seja objeto de qualquer ação arbitrária por parte do Estado, pode ser encontrada, expressamente, em diversas decisões do STF, dentre as quais a polêmica súmula vinculante nº 11, que determina a necessidade de fundamentação para o uso de algemas por parte das autoridades policiais e judiciárias.

No que se refere aos direitos sociais, o STF já vem se posicionando há tempos no sentido de assegurar o mínimo existencial, ou seja, de garantir as condições mínimas necessárias para que a pessoa possa ter uma vida digna, com o mínimo de qualidade possível para resguardar sua saúde e segurança, e nesse sentido também se manifesta no sentido negativo, ou seja, impeditivo de ações por meio de, por exemplo, proibições de confisco (chancelando a proibição da tributação do mínimo existencial ou de decisões que neguem ou determinem o restabelecimento da interrupção ou supressão de prestações de caráter existencial).

Nesse aspecto, cita-se a decisão do Min. Carlos Ayres Britto quando do julgamento do RE nº 407.688-8/SP, sobre a possibilidade da penhora do único bem imóvel do fiador, em que, ao lado dos Ministros Eros Grau e Celso de Mello, sustentou a tese (em divergência com a maioria dos seus pares) de que a moradia é direito vital do trabalhador e, como tal, consiste em um direito indisponível.[147]

Apesar dessa manifestação dos ilustres ministros, porém, a decisão majoritária da Corte Superior se deu no sentido de que embora a moradia seja, reconhecidamente, um direito fundamental, nesta situação, todavia, além de este direito ter sido voluntariamente disposto pelo fiador, necessitaria ser contraposto com o direito de terceiros, sem mencionar, ainda, a questão da dependência da estabilidade do mercado imobiliário, que também precisaria ser considerada, razão pela qual os ministros se posicionaram, em sua maioria, pela legitimidade constitucional da penhora.

---

[146] BRASIL. Supremo Tribunal Federal. *HC nº 70.389-SP*. Relator Ministro Celso de Mello, publicado no DJ em 23.06 1994. Disponível em: https://redir.stf.jus.br/paginadorpub/paginador.jsp?docTP=AC&docID=72400. Acesso em: 02 jan. 2022.

[147] BRASIL. Supremo Tribunal Federal. *RE nº 407.688-8/SP*. Tribunal Pleno – Rel. Min. Cezar Peluso – DJU 1 de 13.10.2006. Disponível em: https://www.anoreg.org.br/site/imported_8341/. Acesso em: 08 jul. 2022.

Em outro grupo de decisões, menciona-se os direitos de dimensão positiva, em que compete ao Estado assegurar o mínimo necessário para uma vida com dignidade, a fim de satisfazer suas necessidades básicas, como saúde e educação, por exemplo, independentemente de políticas públicas prévias ou, mesmo, de prévia previsão legal, reconhecendo tais direitos em seu aspecto originário. Mesmo porque, no Brasil, os direitos fundamentais sociais (tais como os direitos à saúde e à educação, por exemplo) não se tratam de normas meramente programáticas, uma vez que já se encontram regulamentados no texto da Constituição Federal vigente, especificamente em seus artigos 205 e 196.

Em relatório apresentado na ADPF nº 45/DF, o Min. Celso de Mello se manifesta da seguinte forma:

> Argüição de Descumprimento de Preceito Fundamental. A questão da legitimidade constitucional do controle e da intervenção do poder judiciário em tema de implementação de políticas públicas, quando configurada hipótese de abusividade governamental. Dimensão política da jurisdição constitucional atribuída ao Supremo Tribunal Federal. Inoponibilidade do arbítrio estatal à efetivação dos direitos sociais, econômicos e culturais. Caráter relativo da liberdade de conformação do legislador. Considerações em torno da cláusula da "reserva do possível". Necessidade de preservação, em favor dos indivíduos, da integridade e da intangibilidade do núcleo consubstanciador do 'mínimo existencial'. Viabilidade instrumental da argüição de descumprimento no processo de concretização das liberdades positivas (direitos constitucionais de segunda geração).[148]

Em diversos outros julgados o Ministro corrobora seu posicionamento no sentido de que é dever do Estado agir em prol da garantia mínima de condições necessárias para a subsistência digna da pessoa humana:

> DESRESPEITO À CONSTITUIÇÃO – MODALIDADES DE COMPORTAMENTOS INCONSTITUCIONAIS DO PODER PÚBLICO.
> - O desrespeito à Constituição tanto pode ocorrer mediante ação estatal quanto mediante inércia governamental. A situação de inconstitucionalidade pode derivar de um comportamento ativo do Poder Público, que

---

[148] BRASIL. Supremo Tribunal Federal. *ADPF nº 45/DF*. Rel. Min. Celso Bandeira de Mello. Disponível em: https://stf.jusbrasil.com.br/jurisprudencia/14800508/medida-cautelar-em-arguicao-de-descumprimento-de- preceito-fundamental-adpf-45-df-stf. Acesso em: 03 jan. 2022.

age ou edita normas em desacordo com o que dispõe a Constituição, ofendendo-lhe, assim, os preceitos e os princípios que nela se acham consignados. Essa conduta estatal, que importa em um 'facere' (atuação positiva), gera a inconstitucionalidade por ação.

- Se o Estado deixar de adotar as medidas necessárias à realização concreta dos preceitos da Constituição, em ordem a torná-los efetivos, operantes e exequíveis, abstendo-se, em consequência, de cumprir o dever de prestação que a Constituição lhe impôs, incidirá em violação negativa do texto constitucional. Desse 'non facere' ou 'non praestare', resultará a inconstitucionalidade por omissão, que pode ser total, quando é nenhuma a providência adotada, ou parcial, quando é insuficiente a medida efetivada pelo Poder Público.

- A omissão do Estado – que deixa de cumprir, em maior ou em menor extensão, a imposição ditada pelo texto constitucional – qualifica-se como comportamento revestido da maior gravidade político-jurídica, eis que, mediante inércia, o Poder Público também desrespeita a Constituição, também ofende direitos que nela se fundam e também impede, por ausência de medidas concretizadoras, a própria aplicabilidade dos postulados e princípios da Lei Fundamental.[149]

No mesmo sentido se manifesta a doutrina brasileira, ao reconhecer que não compete, ordinariamente, ao Poder Judiciário formular e implementar políticas públicas, posto que estas estão sob a responsabilidade dos Poderes Legislativo e Executivo.

Todavia, excepcionalmente tal atribuição poderia ser reconhecida se, diante da inércia dos órgãos competentes, restasse observado um comprometimento desses direitos fundamentais. Até porque as políticas públicas agem complementando a lei, que, por sua vez, tem como características a abstração e a generalidade.

Nas palavras de Andreas Krell: "A essência de qualquer política pública é distinguir e diferenciar, realizando a distribuição dos recursos disponíveis na sociedade".[150]

Por sua vez, o custo dos direitos e a sempre mui onerosa implementação destes devem ser considerados sob a ótica da questão da reserva do possível, consoante nos alertam doutrinadores como Stephen Holmes[151] e Ana Paula Barcellos.[152]

---

[149] BRASIL. Supremo Tribunal Federal. *ARE nº 745745/AgR/MG*. Rel. Min. Celso de Mello. 2014. Disponível em: https://redir.stf.jus.br/paginadorpub/paginador.jsp?docTP=TP&docID=7516923. Acesso em: 02 jan. 2022.

[150] KRELL, 2002, p. 101.

[151] HOLMES. Stephen; SUSTEIN, Cass R. *The cost of rights*. New York: Norton, 1999.

[152] BARCELLOS, Ana Paula de. *A eficácia jurídica dos princípios constitucionais*. 3. ed. São Paulo: Ed. Renovar, 2011, p. 246.

As possibilidades orçamentárias do Estado precisam ser consideradas no tocante à concretização dos direitos fundamentais, e neste aspecto não se pode descuidar da ponderação necessária para que os direitos fundamentais possam, de fato, obter uma aplicabilidade eficiente e eficaz.

Essa questão, porém, da escassez de recursos como uma forma restritiva no tocante ao direito às prestações, configura, há tempos, um verdadeiro desafio para todos os operadores do direito, mormente no que se refere à eficácia e efetividade dos direitos sociais. E, nesse sentido, ressalta-se que compete ao Estado não fazer uso da reserva do possível para se eximir da aplicabilidade de tais direitos, como bem assevera Regina Maria Fonseca Muniz, segundo a qual, por se tratar de um dos direitos fundamentais da pessoa humana, a implementação da educação, por exemplo, é imprescindível, por promover o bem-estar social e garantir uma melhor qualidade de vida para todos (principalmente para os menos favorecidos). De maneira que ela chega a ressaltar, em seus estudos, que "o Estado não pode ser furtar de tal dever sob a alegação de inviabilidade econômica ou de falta de normas de regulamentação";[153] idêntico raciocínio se dá com relação à implementação dos demais direitos fundamentais.

Por oportuno, vale citar o professor Andreas Krell, segundo o qual:

> No Brasil, como em outros países periféricos, é justamente a questão analisar quem possui a legitimidade par definir o que seja "o possível" na área das prestações sociais básicas face à composição distorcida dos orçamentos federativos. Os problemas de exclusão social no Brasil de hoje se apresentam numa intensidade tão grave que não podem ser comparados à situação social dos países-membros da União Européia.[154]

De todo modo, a forte atuação do poder judiciário na busca por assegurar os direitos fundamentais tem sido motivo de grandes debates e polêmicas no contexto da jurisdição constitucional. Muitos consideram o que hoje se vem chamando de "ativismo judicial" como uma afronta ao princípio da separação dos poderes.

E nesse contexto cita-se Giovani Bigolin a fim de reiterar que a vida e o princípio da dignidade da pessoa humana constituem

---

[153] MUNIZ, Regina Maria Fonseca. *O direito à educação*. São Paulo: Ed. Renovar, 2002, p. 92.
[154] KRELL, 2002, p. 53.

verdadeiros fios condutores na busca pela otimização da eficácia dos Direitos Fundamentais.[155]

Testificando o pensamento acima, menciona-se Abhner Arabi:

> Deveras, os Estados atuais somente são materialmente legítimos se garantem a seus cidadãos estabilidade e respeito aos direitos fundamentais, legitimidade esta que não necessariamente exsurge do procedimento democrático formal. Isso porque os novos desafios da democracia passam a surgir, cada vez mais, não de inimigos externos, mas de dentro dela mesma. Assim, a mera validade procedimental conferida pelo processo de representação, pautado essencialmente no princípio majoritário, não mais basta à legitimação democrática, visto que se criou a consciência de que é preciso proteger as minorias das vontades majoritárias, resguardando também os direitos daquelas pela atuação contramajoritária que se atribui ao Judiciário, cujos órgãos são de fundamental importância nesse novo e emergente conceito mais material de democracia.
>
> (...)
>
> É preciso repensar a democracia, é preciso repensar a atuação do Legislativo brasileiro, reforçando tais ideias com o importante papel democrático que o Supremo Tribunal Federal tem desempenhado. Ainda que presentes mecanismos como eleições, representação e a ratificação de maiorias, sem uma igual consideração e respeito aos novos e emergentes participantes do jogo político e democrático, não pode haver legitimidade; não pode haver verdadeira democracia.[156]

A ponderação de valores será essencial nestes casos em que o princípio da proporcionalidade deverá servir como instrumento a ser aplicado na busca por resguardar o equilíbrio necessário entre a reserva do possível e a garantia do mínimo existencial.

Os custos para a implementação dos direitos sociais precisam ser considerados, frente à responsabilidade social do Estado; todavia, e por idêntico motivo, não podem ser obstáculo de maneira a impedir essa implementação, sob pena de enfraquecimento do próprio Estado Democrático de Direito.

---

[155] BIGOLIN, Giovani. A reserva do possível como limite à eficácia e efetividade dos direitos sociais. *Revista Doutrina – TRF4*. Publicado em 23 ago. 2004. Disponível em: https://revistadoutrina.trf4.jus.br/index.htm?https://revistadoutrina.trf4.jus.br/artigos/edicao001/giovani_bigol in.htm. Acesso em: 08 jul. 2022.

[156] ARABI, Abhner Youssif Mota. Jurisdição constitucional e direitos fundamentais: substratos materiais à legitimidade da atuação do Supremo Tribunal Federal. *In*: RODRIGUES, Décio; SANTOS JUNIOR, Walter Godoy dos (coord). *Jurisprudência do STF comentada*. São Paulo: Escola Paulista da Magistratura, 2021, p. 15.

Com vistas a ilustrar a aplicabilidade dos Direitos Humanos e Fundamentais no Brasil, finaliza este tópico com a citação de uma importante decisão proferida pela Corte Interamericana de Direitos Humanos em 2010.

A sentença foi proferida no dia 24 de novembro e se referia à detenção arbitrária cumulada com tortura e desaparecimento de 70 (setenta) pessoas em decorrência de uma operação realizada pelo Exército brasileiro, no intervalo entre os anos de 1972 e 1975, com o objetivo de acabar com a Guerrilha do Araguaia.

A decisão entendeu, além do mais, que houve violação do direito de acesso à informação por parte dos familiares das vítimas, reiterando seu posicionamento no tocante ao direito à liberdade de pensamento e de expressão, bem como ao direito (previsto no artigo 13 da Convenção Americana) de solicitar e obter informações que estejam sob o controle do Estado.

A Corte ressaltou, também, em sua decisão que, em se tratando de investigação de fatos puníveis, a decisão de qualificar como secreta a informação e negar sua entrega, ou de determinar quanto a existência de documentações, não poderá, em hipótese alguma, ficar na dependência exclusiva de um órgão estatal a cujos membros se atribui a prática do ato ilícito em análise. E determinou que compete à Corte fundamentar o indeferimento do pedido, demonstrando a adoção de todas as medidas cabíveis a fim de comprovar que as informações solicitadas, de fato, não existiam.[157]

O certo, porém, é que os Direitos Fundamentais, por sua própria natureza, não podem pertencer a uma competência única e privativa de um órgão, competindo-lhes a observância e atuação de todos os órgãos e poderes que constituem a República Federativa brasileira, não importando, aqui, se a atividade é típica do executivo, do legislativo ou do judiciário, mas, sim, que se trata de um direito fundamental da pessoa humana e que, por tal, impende de reconhecimento e aplicação práticos com a máxima urgência.

2.5.1 A proteção dos Direitos Fundamentais no mundo

Em uma breve análise comparativa com relação ao tratamento jurisprudencial da aplicabilidade prática dos direitos fundamentais

---

[157] CORTE INTERAMERICANA DE DIREITOS HUMANOS. *Caso Gomes Lund e outros*. 24 nov. 2010. Disponível em: https://corteidh.or.cr/docs/casos/articulos/seriec_219_por.pdf. Acesso em: 04 jan. 2022.

em alguns países, percebe-se, inicialmente, que diferente do que se vê no Brasil, a *Corte de Justicia de la Nación* (CSJN) da Argentina sequer menciona a questão do "mínimo existencial" ou "mínimo vital" com relação a esses direitos. Além disso, outros pontos no que se refere ao direito argentino precisam ser considerados.

A prestação de serviços de saúde, por exemplo, é de responsabilidade concorrente entre os entes públicos (aqui no Brasil é solidária), e devido a isso os questionamentos referentes ao direito à saúde se resolvem nas próprias instâncias judiciárias locais.

Importante ainda salientar, neste aspecto, que a Argentina possui uma jurisdição administrativa por meio de tribunais administrativos localizados nas províncias, que recepciona grande parcela das ações envolvendo questões tanto referentes à saúde quanto à educação.[158]

No tocante ao direito à educação também há relevante diferença entre os sistemas brasileiro e argentino. O sistema educacional argentino é muito mais descentralizado, com variações consideráveis não apenas na estrutura acadêmica, como também nos conteúdos curriculares, e as províncias são dotadas de maior autonomia, cuidando de resolver os problemas nesse sentido.

Com vistas a exemplificar a aplicabilidade prática da proteção aos direitos fundamentais na Argentina, busca-se selecionar e transcrever algumas decisões que se tornaram célebres em todo o mundo, como se deu, por exemplo, o Caso *"Kimel vs Argentina"*, ocorrido em maio de 2008.

Em breves palavras, Eduardo Kimel foi condenado por criticar a atuação de um juiz penal que havia sido encarregado de investigar um massacre. No entanto, a Corte Interamericana entendeu que a sanção aplicada ao jornalista era desproporcional e afrontava diretamente a sua liberdade de expressão, como direito que lhe era fundamental. Com base neste posicionamento, a Corte Interamericana não só determinou a reparação dos direitos da vítima, como, ainda, a reforma da legislação penal local a respeito da proteção à honra e à reputação.[159]

---

[158] FERREIRA, Mariana. *Justiciabilidade do direito ao mínimo existencial:* uma análise comparativa entre Brasil e Argentina. Dissertação (Mestrado em Direito) – Faculdade de Direito da Universidade Federal de Juiz de Fora. Juiz de Fora, 2017, p. 102.

[159] ORGANIZACIÓN DE LOS ESTADOS AMERICANOS — COMISIÓN INTERAMERICANA DE DERECHOS HUMANOS. *Demanda ante la Corte Interamericana de Derechos Humanos en el caso de Eduardo Kimel.* Disponível em: http://cidh.oas.org/demandas/12.450%20Eduardo%20Kimel%20Argentina%2010%20abril%202007%20ESP.pdf. Acesso em: 04 jan. 2022.

Outra decisão que se tornou mundialmente debatida, e que foi proferida na Argentina, deu-se no caso *Fontevecchia D'Amico*,[160] a respeito da condenação civil imposta por tribunais argentinos, em 2010, a Jorge Fontevecchia e Héctor D'Amico, que eram, respectivamente, diretor e editor da revista Notícias. A referida condenação foi consequência da publicação de dois artigos, em novembro de 1955, que veiculavam a existência de um filho não reconhecido do (à época) Presidente Carlos Menem com uma deputada. A Corte Suprema de Justiça da Nação entendeu que houve violação do direito à vida privada do Presidente Menem.

Lado outro, a Corte Interamericana entendeu que as informações publicadas eram de interesse público e, além disso, já se encontravam sob domínio público, de modo que não poderia haver qualquer ingerência arbitrária no que se referia à vida privada do Presidente, razão pela qual considerou que a medida de responsabilidade arbitrada anteriormente não era necessária em uma sociedade democrática e, dessa forma, violou o artigo 13 da Convenção Americana sobre Direitos Humanos (assinada em São José da Costa Rica, em 1969).[161]

Uma decisão que proporcionou grandes repercussões, por ser considerada sério precedente para justificar inadimplências argentinas com relação ao Sistema Interamericano de Direitos Humanos, considerando que, neste caso, a Corte Suprema invocou disposições de direito interno a fim de aplicar tão somente em parte à imposição expressa pela Corte.

Apesar da polêmica instaurada, a Argentina segue como um dos Estados mais engajados no que se refere às decisões proferidas pelo Sistema Interamericano, e desde 1984, quando se submeteu a esse Sistema, a Corte Interamericana de Direitos Humanos já julgou mais de quinze casos envolvendo o Estado Argentino. Dentre tais casos, três sentenças condenatórias foram proferidas e tiveram suas recomendações cumpridas de maneira integral: o caso *Kimel x Argentina* (citado acima e cuja sentença de cumprimento data de 05 de fevereiro de 2013),

---

[160] ORGANIZACIÓN DE LOS ESTADOS AMERICANOS. *Caso n. 12.524*. Disponível em: http://www.cidh.org/demandas/12.524Esp.pdf. Acesso em: 04 jan. 2022.

[161] O art. 13 da convenção mencionada se refere à liberdade de pensamento e expressão e tem como texto do seu primeiro item: "Toda pessoa tem direito à liberdade de pensamento e de expressão. Esse direito compreende a liberdade de buscar, receber e difundir informações e idéias de toda natureza, sem consideração de fronteiras, verbalmente ou por escrito, ou em forma impressa ou artística, ou por qualquer outro processo de sua escolha". (ORGANIZAÇÃO DOS ESTADOS AMERICANOS. *Convenção Interamericana de Direitos Humanos*. Disponível em: https://www.cidh.oas.org/basicos/portugues/c.convencao_americana.htm. Acesso em: 04 jan. 2022).

o caso *Mohamed x Argentina* (sentença de cumprimento datada de 13 de novembro de 2015) e o caso *Mémoli x Argentina* (que tem a sentença de cumprimento datada de 10 de fevereiro de 2017).

Dentre as demais decisões, o caso *Contos X Argentina* foi arquivado pela Corte, mesmo com parte das recomendações observadas, por falta de interesse das vítimas com relação ao prosseguimento da supervisão. Mais de dez decisões continuam, ainda, em aberto e sob a supervisão da Corte. Dentre elas, o caso *Fontevecchia y D'Amico* mencionado anteriormente.

Saindo do continente americano e alçando ares europeus, a análise foca, agora, no tratamento dado por Portugal no que se refere aos direitos fundamentais. A Constituição portuguesa prevê, de maneira expressa, em seu artigo 2º, que Portugal é um Estado democrático de direito fundamentado na garantia e observância dos direitos fundamentais.

Ademais, a força jurídica das normas que definem direito, em Portugal, está claramente destacada no artigo 18, item nº 1, da Constituição Portuguesa, que determina expressamente que "os preceitos constitucionais respeitantes aos direitos, liberdades e garantias são diretamente aplicáveis e vinculam as entidades públicas e privadas"[162] de modo a vincular, expressamente, todas as entidades públicas.

A Constituição Portuguesa expressa duas categorias de direitos fundamentais: de um lado está a previsão dos direitos, liberdades e garantias; lado outro, os direitos e deveres econômicos sociais e culturais.

Enquanto os primeiros consistem em uma espécie de categoria basilar de direitos essenciais para a convivência em uma sociedade democrática e, como tais, por sua própria natureza, independem de leis para sua proteção, não são passíveis de restrições ou suspensões e podem ser invocados a qualquer tempo.

Por sua vez, os direitos sociais, econômicos e culturais, como os direitos a moradia, educação e segurança, por exemplo, dependem, para sua aplicabilidade eficiente, da existência de um mínimo de condições sociais, econômicas e políticas.[163]

Andreas Kreel afirma, nesse sentido, que os direitos fundamentais sociais "não são direitos contra o Estado, mas sim direitos através do Estado, exigindo do poder público certas prestações materiais".[164]

---

[162] PORTUGAL. *Constituição da República Portuguesa*. Disponível em: https://www.parlamento.pt/Legislacao/Paginas/ConstituicaoRepublicaPortuguesa.aspx. Acesso em: 04 jan. 2022.
[163] *Ibid*.
[164] KRELL, 2002, p. 19.

Quanto à competência do Tribunal Constitucional português, J. J. Canotilho relata que a jurisprudência desse tribunal se manifesta no sentido de legitimá-lo como "defensor da Constituição" e "guardião dos direitos fundamentais".[165]

Segundo ensinamentos desse autor, ao controlar, por meio dos recursos a serem analisados e decididos, tribunais conexos com os direitos, liberdades e garantias, o Tribunal Constitucional acaba por refletir a constitucionalidade de sua jurisdição, vinculando todos os demais tribunais portugueses às suas decisões, de maneira que todas as sentenças judiciais proferidas são submetidas à reserva da interpretação direcionada pelo Tribunal Constitucional no que se refere à concretização dos direitos fundamentais.

Com relação aos julgamentos proferidos pelo Tribunal Constitucional Português, destaca-se:

ACÓRDÃO Nº 825/2021 – Processo n.º 299/2021 – 3ª Secção – Relator: Conselheira Joana Fernandes Costa – Julga inconstitucional a norma do artigo 6º, nº 2, do Decreto-Lei nº 50/2005, de 25 de fevereiro, quando conjugada com o artigo 43º, nº 2, do mesmo diploma, enquanto estabelece que a falta de verificação periódica dos equipamentos de trabalho sujeitos a influências que possam provocar deteriorações suscetíveis de causar riscos, constitui uma contraordenação grave.

ACÓRDÃO N.º 173/2021 – Processo nº 728/2020 – 1ª Secção – Relator: Conselheira Maria de Fátima Mata-Mouros – r4r. Julga inconstitucional a norma contida no nº 6 da Resolução do Conselho do Governo nº 207/2020, de 31 de julho de 2020, emanada do Governo Regional da Região Autónoma dos Açores, que cria um procedimento de validação judicial da quarentena obrigatória ou isolamento profilático decretados pela autoridade regional de saúde relativamente a passageiros que desembarquem nos aeroportos nas ilhas de Santa Maria, São Miguel, Terceira, Pico e Faial, provenientes de aeroportos localizados em zonas consideradas pela Organização Mundial de Saúde como sendo zonas de transmissão comunitária ativa ou com cadeias de transmissão ativas do vírus SARS-CoV-2. [166]

Importa ainda salientar que o sistema europeu de proteção aos Direitos Humanos se baseia na Convenção Europeia de Direitos

---

[165] CANOTILHO, 2003, p. 679.
[166] PORTUGAL. Tribunal Constitucional de Portugal. *Acordão nº 838/21 da 2ª Secção*. Disponível em: http://w3.tribunalconstitucional.pt/AcordaosV22/. Acesso em: 04 jan. 2022.

Humanos, que prevê, entre outras coisas, em seu artigo 10, o direito à liberdade de expressão, segundo o qual:

> Artigo 10. Liberdade de Expressão
> 1. Qualquer pessoa tem direito à liberdade de expressão. Este direito compreende a liberdade de opinião e a liberdade de receber ou de transmitir informações ou ideias sem que possa haver ingerência de quaisquer autoridades públicas e sem considerações de fronteiras. O presente artigo não impede que os Estados submetam as empresas de radiodifusão, de cinematografia ou de televisão a um regime de autorização prévia.
> 2. O exercício desta liberdade, porquanto implica deveres e responsabilidades, pode ser submetido a certas formalidades, condições, restrições ou sanções, previstas por lei, que constituam providências necessárias, numa sociedade democrática, para a segurança nacional, a integridade territorial ou a segurança pública, a defesa da ordem e a prevenção do crime, a proteção da saúde ou da moral, a proteção da honra ou dos direitos de outrem, para impedir a divulgação de informações confidenciais, ou para garantir a autoridade e a imparcialidade do poder judicial.[167]

Dando continuidade à análise comparativa do tratamento dos direitos humanos fundamentais na região europeia, volta-se o olhar, agora, para a Espanha. Um caso que se tornou célebre envolvendo direitos humanos na Espanha foi o caso *Serrano Contreras versus Espanha*, em que, mediante acórdão proferido em 11 de novembro de 2003, deu-se a absolvição da acusação de fraude e falsificação de documentos comerciais. No entanto, em decorrência de um recurso proposto em 14 de outubro de 2005, o Supremo Tribunal, sem proceder a uma prévia audiência, declarou o recorrente culpado, condenando-o a quatro anos de prisão e ao pagamento de perdas e danos.

Em setembro de 2008, o Recorrente peticionou, perante o Tribunal Europeu dos Direitos do Homem, queixando-se (com base no artigo 6º, nº 1º da Convenção) a respeito da injustiça e da morosidade indevida do processo, que foi deferida pelo tribunal em 2012.

Com base nessa decisão, o Recorrente apresentou pedido de revisão de sentença, perante o Supremo Tribunal, solicitando a anulação do acórdão proferido em 2005, e por meio de sentença (em 2015) o Tribunal deferiu parcialmente o pedido de revisão, anulando a condenação do Requerente pela infração de falsificação de documentos

---

[167] CONSEIL DE L'EUROPE *Corte Europeia dos Direitos do Homem*. Disponível em: https://www.echr.coe.int/documents/convention_por.pdf. Acesso em: 04 jan. 2022.

oficiais, mas indeferindo o pedido no tocante à alegação de fraude e falsificação de documentos comerciais. Em virtude disso, foi interposto novo recurso, cujo provimento foi negado pelo Supremo Tribunal, que manteve sua decisão.

Diante desse cenário, o Recorrente interpôs, em 2016, recurso de amparo para o Tribunal Constitucional com base no artigo 14 (Proibição de discriminação) e no artigo 24 (Direito a um processo justo), ambos da Constituição Espanhola. O recurso, contudo, foi julgado inadmissível por ausência de violação a direito fundamental.[168]

Além disso, cita-se outros julgados do Tribunal Constitucional Espanhol, no tocante aos direitos humanos.

Acórdão 184/2021, de 28 de outubro de 2021 (BOE nº 282, de 25 de novembro de 2021). Recurso de Amparo 1611-2020. Promovido pela Sra. Carme Forcadell Lluís a respeito da sentença da Câmara Criminal do Supremo Tribunal Federal que a condenou por crime de sedição.
Alegada violação dos direitos à tutela jurisdicional efetiva, a um processo com todas as garantias (imparcialidade judicial), ao juiz imparcial e ordinário predeterminado por lei, à presunção de inocência, à legalidade penal; Direito à igualdade; liberdade de reunião, expressão e ideologia: pena proferida em caso especial em que foram observadas as garantias processuais e em que foi imposta uma pena que não pode ser considerada desproporcional ou que desincentiva o exercício de outros direitos fundamentais. Voto privado.

Completo. Acórdão 13/2021, de 28 de janeiro de 2021 (BOE nº 46, de 23 de fevereiro de 2021). Recurso de inconstitucionalidade 3848-2015. Interposto pelo Parlamento da Catalunha em relação a diversos preceitos da Lei Orgânica 4/2015, de 30 de março, sobre a proteção da segurança cidadã. Dignidade da pessoa e princípios de segurança jurídica e submissão da ação da administração ao controle judicial; direitos à integridade física, privacidade, liberdade de expressão e informação, reunião, proteção judicial: interpretação nos termos da Constituição dos preceitos que classificam, como ofensa grave, o uso de imagens ou dados pessoais ou profissionais de autoridades ou integrantes de forças de segurança, como infracção menor a ocupação de bens imóveis contra a vontade do proprietário e das vias públicas, e do regime especial de rejeição de fronteiras para Ceuta e Melilha. Votos privados.[169]

---

[168] EUROPEAN COURT OF HUMAN RIGHTS. *Third section*. 14 dez. 2021. Disponível em: https://hudoc.echr.coe.int/eng#{%22documentcollectionid2%22:[%22GRANDCHAMBER%22,%22CHAMBER%22],%22itemid%22:[%22001-212691%22]}. Acesso em: 04 jan. 2021.

[169] ESPANHA. Tribunal Constitucional da Espanha. *Jurisprudência*. Disponível em: https://www.tribunalconstitucional.es/en/jurisprudencia/Paginas/Sentencias.aspx. Acesso em: 04 jan. 2022.

A Constituição Espanhola estabeleceu um sistema específico de tutela: o recurso de amparo constitucional dirigido ao Tribunal Constitucional, que é o intérprete supremo da Constituição.

O Tribunal Constitucional Espanhol é quem decide quais são os direitos protegidos e se irá adotar o método da determinação geral e abstrata do conceito de conteúdo essencial dos direitos fundamentais (adotado pela Alemanha) ou o método da determinação específica de seu sentido em cada caso concreto.

Via de regra, o Tribunal Espanhol adota um método híbrido que reconhece, originalmente, a determinação geral e abstrata do conteúdo essencial considerando, contudo, sua aplicação particular e específica em cada caso concreto.

Ainda analisando a proteção dos direitos humanos fundamentais no mundo, transcreve-se o caso *"Saliyev versus Russia"*, sentenciado em setembro de 2010, cujo requerente alegou que a retirada de uma parte de uma notícia veiculada no Jornal Vecheniy Magadan, de sua autoria, violou o seu direito de liberdade de expressão.[170]

Em 2012 aconteceu o caso *Gillberg versus Suécia*, que teve origem em uma reclamação contra o Reino da Suécia com base no disposto no artigo 34 da Convenção para a Proteção dos Direitos Humanos e Liberdades Fundamentais; referia-se à violação dos seus direitos de acesso aos documentos públicos constantes em processos cíveis e penais movidos contra ele por abuso de funções. A Corte decidiu, por 5 (cinco) votos contra 2 (dois), que não houve violação aos direitos fundamentais do Requerente neste caso.[171]

Mais recentemente, o caso *Melgarejo Martinez de Abellano versus Espanha*, em que o Sr. Melgarejo Martinez apresentou uma reclamação, no dia 15 de fevereiro de 2019, com relação a uma cobrança realizada pelo fisco, em 2005, referente a dívidas de imposto de renda (consideradas inexistentes pelo Tribunal Administrativo Econômico de Andaluzia) bem como a juros e adicionais de mora, por entender que a execução realizada pelo fisco não se baseou em título válido, diante da decisão proferida pelo Tribunal Administrativo de Andaluzia.[172]

---

[170] EUROPEAN COURT OF HUMAN RIGHTS, 2021.
[171] EUROPEAN COURT OF HUMAN RIGHTS, 2021.
[172] ESPANHA. Tribunal Constitucional da Espanha. *Jurisprudência*. Disponível em: https://www.tribunalconstitucional.es/en/jurisprudencia/Paginas/Sentencias.aspx. Acesso em: 04 jan. 2022.

O Requerente entendeu que a decisão, que reconheceu parte do seu pedido, feriu direitos fundamentais, posto que em 2016 a mesma corte (com a diferença de apenas um membro) decidiu de forma divergente, concedendo a totalidade do pedido (idêntico ao seu) para dois irmãos do próprio Requerente.

Com base nisso, o Requerente interpôs recurso contra o acórdão proferido, reclamando que seu direito à igualdade foi violado em virtude do desfecho contrário nos processos de seus irmãos. Alegou, ainda, que seu direito a um processo justo também havia sido violado por não ter obtido respostas com relação aos questionamentos que apresentou. Em 26 de setembro de 2018, o Tribunal Constitucional declarou o recurso inadmissível por falta de especial significado constitucional.[173]

Com base nos julgados apresentados, concorda-se com as palavras de Luiz Felipe de Seixas Corrêa (que foi secretário geral do Ministério das Relações Exteriores) no sentido de que fazer com que o sistema das Nações Unidas e das organizações regionais obtenha melhores índices de eficiência, além de melhorar a coordenação dos esforços entabulados entre eles, na busca pelo fortalecimento de uma cultura de direitos humanos, sem dúvida ainda consiste em um imenso desafio para toda a comunidade global.

Compete aos Estados e a seus governantes compreender que o mundo atual tem adotado a concepção de que os Direitos Humanos são muito mais do que mera reserva individual, evidenciando, cada vez mais, o fato de que a proteção e a garantia desses direitos representam a finalidade última e principal do próprio ato de governar, que qualifica, por sua vez, o tipo de sociedade em que se vive.

2.5.2 Princípios da confiança e da segurança como direitos fundamentais e humanos

Considerando todo o já exposto até o momento, interessa voltar o foco para o direito à segurança, mais especificamente o direito à segurança cibernética como um direito humano e fundamental.

No entanto, antes de falar do direito à segurança e, dentre eles, a segurança cibernética, importa abrir um pequeno parêntese para abordar um princípio que vem sendo bastante difundido e que consiste em um dos pilares da segurança cibernética: o *"princípio da confiança"*,

---

[173] ESPANHA, 2022.

algo que vem se tornando extremamente buscado e ansiado pela sociedade da informação e que tem, por pressuposto básico, o Estado Democrático de Direito.

Como um dos valores do Estado Democrático de Direito, a segurança garante, entre outras coisas, a observância das normas legais, sem arbitrariedades, por parte do Poder Público, tal como foi disposto na Declaração de Direitos da Virgínia, em 1776.[174]

Além disso, o direito à segurança foi previsto nas Constituições Estaduais dos Estados Unidos da América, todavia, o que lhe assegurou repercussão global foi sua inserção como direito característico da natureza humana na Declaração Universal dos Direitos Humanos.[175]

No Brasil, desde a Constituição de 1824 já se falava em direito à segurança, que, na Constituição de 1988, foi consagrado, logo no preâmbulo, como valor supremo da sociedade, de modo que, ao lado do princípio da justiça, o princípio da segurança consiste não apenas na base filosófica, como também na base juspolítica dos princípios basilares do Estado Democrático de Direito.

Dentre os desdobramentos do princípio da segurança estão a segurança política, a segurança social, a segurança jurídica e, como consequência da evolução técnico-científica, a segurança digital e cibernética, além da segurança dos dados pessoais.

---

[174] NEPP-DH. Declaração de Direitos do Bom Povo da Virgínia. 1776. Disponível em: http://www.nepp- dh.ufrj.br/anterior_sociedade_nacoes6.html. Acesso em: 03 jan. 2022: Declaração de direitos formulada pelos representantes do bom povo de Virgínia, reunidos em assembleia geral e livre; direitos que pertencem a eles e à sua posteridade, como base e fundamento do governo. I – Que todos os homens são, por natureza, igualmente livres e independentes, e têm certos direitos inatos, dos quais, quando entram em estado de sociedade, não podem por qualquer acordo privar ou despojar seus pósteros e que são: o gozo da vida e da liberdade com os meios de adquirir e de possuir a propriedade e de buscar e obter felicidade e segurança. II - Que todo poder é inerente ao povo e, consequentemente, dele procede; que os magistrados são seus mandatários e seus servidores e, em qualquer momento, perante ele responsáveis. III – Que o governo é instituído, ou deveria sê-lo, para proveito comum, proteção e segurança do povo, nação ou comunidade; que de todas as formas e modos de governo esta é a melhor, a mais capaz de produzir maior felicidade e segurança, e a que está mais eficazmente assegurada contra o perigo de um mau governo; e que se um governo se mostra inadequado ou é contrário a tais princípios, a maioria da comunidade tem o direito indiscutível, inalienável e irrevogável de reformá-lo, alterá-lo ou aboli-lo da maneira considerada mais condizente com o bem público.

[175] ORGANIZAÇÃO DAS NAÇÕES UNIDAS, Declaração Universal dos Direitos Humanos, 1948: Artigo 22 - Toda pessoa, como membro da sociedade, tem direito à segurança social e à realização, pelo esforço nacional, pela cooperação internacional de acordo com a organização e recursos de cada Estado, dos direitos econômicos, sociais e culturais indispensáveis à sua dignidade e ao livre desenvolvimento da sua personalidade.

O princípio da confiança encontra ligação direta e estreita com o princípio da segurança, a ponto de alguns doutrinadores o considerarem como uma acepção do princípio da segurança jurídica. Este é o ensinamento de Rafael Maffini:

> (...) a proteção da confiança deve ser considerada como um princípio deduzido, em termos imediatos, do princípio da segurança jurídica e, em termos mediatos, do princípio do Estado de Direito, com precípua finalidade voltada à obtenção de um estado de coisas que enseje de estabilidade, previsibilidade e calculabilidade dos atos, procedimentos ou simples comportamentos estatais e que traz consigo deveres comportamentais mediatos que impõem a preservação de atos estatais e de seus efeitos.[176]

De todo modo, a par das divergências doutrinárias existentes acerca da natureza jurídica do princípio da confiança (se autônomo ou decorrente da normatividade da boa fé objetiva ou do princípio da segurança jurídica), é unânime o reconhecimento de que o mesmo decorre do Estado de Direito e possui um *status* principiológico-normativo.

Wilson Steinmetz assevera, a respeito, que "o que há de propriamente novo é a descoberta, ainda que tardia, da proteção à confiança como elemento constituinte da segurança jurídica e do Estado de Direito".[177]

De origem germânica, o princípio da proteção da confiança surgiu em meados do século XX e, à época, possuía contornos estritamente de direito público, voltado para a análise da preservação dos efeitos dos atos inválidos, quando restada indiscutivelmente comprovada a boa-fé dos administrados.

Consoante ensinamento de Couto e Silva, o princípio da proteção da confiança teve seus primeiros delineamentos na decisão do Superior Tribunal Administrativo de Berlim, em 1956, que, na sequência, foi corroborado pelo Tribunal Administrativo Federal em acórdão proferido em 1957.[178]

---

[176] MAFFINI, Rafael da Cás. *Princípio da proteção substancial da confiança no direito administrativo brasileiro*. 2005. Tese (Doutorado em Direito) – Faculdade de Direito, Universidade do Rio Grande do Sul. Disponível em: HTTP://www.lume.ufrgs.br/bitstream/handle/10183/5220/000512451.pdf?sequence=1. Acesso em: 03 jan. 2022, p. 48-49.

[177] STEINMETZ, Wilson. *A fundamentação e o reconhecimento do princípio da proteção à confiança no direito constitucional brasileiro*. Disponível em: HTTP://www.publicadireito.com.br/artigos/?- cod=d72eecc6b1648647. Acesso em: 03 jan. 2022.

[178] COUTO E SILVA, Almiro do. O princípio da segurança jurídica (proteção à confiança) no direito público brasileiro e o direito da administração pública de anular seus próprios atos

Posteriormente, o princípio da proteção da confiança passou a integrar a Lei de Processo Administrativo alemão, em 1976, sendo erigido à categoria de princípio de valor constitucional por interpretação do Tribunal Federal Constitucional.

Nesta época, assevera o autor supramencionado, o princípio começou a ultrapassar as barreiras geográficas da Alemanha influenciando as decisões da Corte de Justiça das Constituições Europeias e, como forma de diferenciar os conceitos de segurança jurídica da proteção da confiança, o direito alemão começou a fazer uso do termo *Rechtssicherheit*, para fins de identificar a parte objetiva do conceito de segurança jurídica, e *Vertrauensschutz*, para designar, por sua vez, a parte subjetiva do conceito que se refere ao princípio da proteção à confiança.[179]

No direito brasileiro, apesar de não constar expressamente do texto legal constitucional, o princípio da confiança é reconhecidamente um princípio revelado pelo princípio da segurança jurídica, dele decorrendo diretamente.

No tocante ao princípio da segurança jurídica, em 1999 duas leis surgiram atribuindo a esse princípio caráter constitucional: a Lei nº 9.868 (11/11/99) e a Lei nº 9.882 (03/12/99).

Pelo exposto percebe-se que o princípio da proteção da confiança já tem sido reconhecido como princípio autônomo, apesar de fortemente ligado ao princípio da segurança (especialmente a jurídica), e o Código Processual Civil brasileiro, ao consagrar o princípio da confiança como expresso no ordenamento, traz importante inovação, além de exteriorizar a importância do mesmo.

Nesse sentido se manifesta, inclusive, Maria Sylvia Zanella di Pietro, segundo a qual a existência de súmulas, jurisprudência e teses, em casos repetitivos, proporciona, aos cidadãos, a crença de que seus comportamentos, desde que em conformidade com essas teses, serão considerados lícitos.[180]

Desse modo, o princípio da proteção da confiança deve ser considerado muito mais do que um simples princípio jurídico. Trata-se

---

administrativos: o prazo decadencial do art. 54 da lei do processo administrativo da União (Lei nº 9784/99). In: *Conceitos fundamentais do direito no estado constitucional*. São Paulo: Ed. Malheiros, 2015. p. 47.

[179] Ibid., p. 47.

[180] DI PIETRO, Maria Sylvia Zanella. Princípios do processo administrativo no novo Código de Processo Civil. *Revista Consultor Jurídico*, 29 out. 2015, Disponível em: http://www.conjur.com.br/2015-out-29/interesse- publico-principios-processo-administrativo.cpc. Acesso em: 03 jan. 2022.

de uma espécie de condutor que deve nortear toda interpretação constitucional a fim, inclusive, de ponderar a aplicabilidade da norma ao caso concreto.

Se até então o princípio da proteção da confiança encontrava ligação estreita com o princípio da segurança jurídica, de modo a orientar decisões capazes de assegurar à sociedade a certeza de decisões seguras e não divergentes ou instáveis, hoje, com a evolução da tecnologia, a quebra das barreiras temporais e geográficas, bem como com a interação global por meio da internet, o princípio da segurança e, consequentemente, o princípio da proteção da confiança alcançaram uma dimensão ainda maior.

No estágio atual, o princípio da proteção da confiança deve considerar não só os aspectos da legislação vigente, como também as expectativas das pessoas com relação à proteção do Estado no tocante à proteção de seus direitos fundamentais, dentre eles os da segurança digital, segurança de dados e segurança cibernética (que será abordado mais especificamente no último capítulo desta tese).

Ana Carolina de Oliveira se manifesta, a respeito, no sentido de que a essência desse postulado de proteção da confiança, juntamente com a necessidade do respeito à situação já devidamente consolidadas no tempo, e a boa-fé do cidadão são fatores que precisam ser considerados pelo intérprete constitucional, por configurarem o próprio fim do Estado de Direito.[181]

No cenário internacional, o direito à segurança pode ser considerado um direito humano, e não se pode olvidar que a violação de direitos humanos, no Brasil, acarreta efeitos jurídicos não apenas no território brasileiro, como também ecoa no plano internacional, considerando os tratados internacionais dos quais o Brasil é signatário.

Necessário se faz, ainda, considerar que a observância aos direitos humanos não pode ficar na dependência da existência de leis, posto que sua importância supera, consideravelmente, tal situação. No entanto, impende (e não tem como afastar) que sejam criadas, para a eficácia e eficiência da aplicação dos direitos humanos, mínimas condições econômicas, sociais, políticas e até mesmo culturais, que permitam a atuação do Estado neste aspecto.

---

[181] OLIVEIRA, Ana Carolina Miranda de. O princípio da proteção da confiança no Direito Brasileiro. In: DE PRETTO, Renato Siqueira; KIM, Richard Pae e TERAOKA, Thiago Massao Cortizo (coord.). *Interpretação constitucional no Brasil*. São Paulo: Escola Paulista da Magistratura, 2017. Disponível em: https://api.tjsp.jus.br/Handlers/Handler/FileFetch.ashx?codigo=101908. Acesso em: 03 jan. 2022, p. 185

Nesse sentido, imprescindível se faz o estabelecimento de uma cultura de promoção da segurança cibernética e digital como forma de assegurar o princípio da proteção da confiança social em todo o mundo, reconhecendo que se trata de Direitos inerentes à pessoa humana, ou seja, Direitos Humanos e que, portanto, necessitam de proteção em nível mundial. Sem dúvidas, está-se diante de um dos maiores desafios políticos, jurídicos e sociais.

2.5.3 A Teoria da Mutação Constitucional

Por sua estrutura rígida, a Constituição da República brasileira só pode ser alterada de modo solene e formal, através de uma Emenda Constitucional que requer, entre outras coisas, aprovação em dois turnos e por 3/5 dos membros que compõem cada casa do Congresso Nacional.

No entanto, apesar desta rigidez formal, mudanças constitucionais acontecem a todo instante – e não poderia ser diferente. Essas mudanças são necessárias, inclusive, para preservação da própria Carta Magna, de modo a não permitir que ela, em decorrência da dinamicidade da vida jurídica, política e social, acabe por cair em desuso, tornando-se obsoleta.

Friedrich Müller, caminhando de forma paralela aos ensinamentos ministrados por Robert Alexy e com o escopo de retirar a carga que ele considerava excessivamente teórica das normas, desenvolveu a teoria da concretização da norma por meio da qual se extrai a ideia de que uma norma não é carente de interpretação, porque não se trata de algo unívoco e, tampouco, evidente, mas algo que necessita ser aplicado a um caso, de modo que não se trata de algo pronto e acabado,[182] e sob esse aspecto a norma jurídica precisa, sempre, adequar-se ao caso concreto. A esse respeito se pronuncia, também, J. J. Canotilho, segundo o qual:

> Elemento decisivo para a compreensão da estrutura normativa é uma teoria hermenêutica da norma jurídica que arranca da não identidade entre norma e texto normativo; o texto de um preceito jurídico positivo é apenas a parte descoberta do iceberg normativo (F. Müller), correspondendo em geral ao programa normativo (ordem ou comando jurídico na doutrina tradicional); mas a norma não compreende apenas

---

[182] MÜLLER, Friedrich. *Métodos de trabalho do direito constitucional*. 2. ed. São Paulo: Max Limonad, 2000, p. 6-12.

o texto, antes abrange um "domínio normativo", isto é, um "pedaço de realidade social" que o programa normativo só parcialmente contempla; consequentemente, a concretização normativa deve considerar e trabalhar com dois tipos de concretização: um formado pelos elementos resultantes da interpretação do texto da norma (=elemento literal da doutrina clássica); outro, o elemento de concretização resultante da investigação do referente normativo (domínio ou região normativa).[183]

Na concepção defendida por Müller, o preceito jurídico expressado pela norma não pode ser confundido com a própria, tendo em vista que a norma resulta de um processo de concretização onde este preceito, previamente previsto, é aplicado de acordo e em consonância com a situação fática que ensejou a sua aplicabilidade. Isso porque não é possível afastar a norma da realidade existente, de maneira que, ao aplicar a norma aos fatos, insta considerar não só o próprio preceito jurídico por ela expressado, como também, e principalmente, a realidade fática que precisa ser conformada a ele.

Consoante a teoria da concretização, portanto, não existe interpretação constitucional que seja independente de um caso concreto.

Diante desse contexto, é preciso considerar, portanto, que "normas constitucionais resultam da conexão entre o programa normativo (*normprogram*), ou seja, a sua expressão literal, e o âmbito normativo (*normbereich*), entendido como a realidade circundante".[184]

Isso quer dizer que mutações constitucionais acontecem, em regra, pela mudança do texto normativo, observando os rígidos (mas necessários) pressupostos legais, estas são as mudanças formais.

No entanto, diante da dinamicidade e da elasticidade dos relacionamentos sociais, como forma de proteção do próprio texto constitucional e, consequentemente, de toda a sociedade, por ele regulamentada, mister se faz reconhecer a existência das mudanças informais, obviamente delimitadas por institutos já consolidados e essenciais para a garantia e proteção do Estado de direito, tais como: a vedação de retrocesso para direitos e garantias fundamentais, os limites decorrentes da competência de cada órgão administrativo, por

---

[183] CANOTILHO, 2003, p. 1213.
[184] PEDRA, Adriano Sant'ana. *Teoria da mutação constitucional* – limites e possibilidades das mudanças informais da Constituição a partir da teoria da concretização. Orientador: André Ramos Tavares. 2009. Tese (Doutorado em Direito). Pontifícia Universidade Católica de São Paulo, São Paulo, 2009. Disponível: em https://tede2.pucsp.br/handle/handle/8668. Acesso em: 03 maio 2022, p. 8.

exemplo. Nesse sentido o raciocínio apresentado pela corte suprema do Brasil ao publicar a Súmula vinculante nº 57 ampliando o alcance da imunidade tributária.[185]

A mutação constitucional, como é possível constatar, configura fato constantemente necessário na vida da sociedade, posto que a eficácia das normas constitucionais só será passível de ser vislumbrada se estiver de acordo com o contexto social vigente, de modo que é possível afirmar que a Constituição da República brasileira se trata de um verdadeiro organismo vivo, condição necessária para que possa acompanhar toda a evolução social, em todos os seus possíveis aspectos.

Essa dinamicidade necessária não pode mais ser vista como um problema, como bem assegura Adriano Pedra em sua tese de doutorado.[186]

Por meio do reconhecimento da legitimidade da mutação constitucional informal é possível assegurar a manutenção da força normativa da Constituição, mesmo diante de todas as mudanças sociais, observando, sempre, os limites fundamentais, mesmo porque a norma não pode estar dissociada da realidade social.

Nesse sentido é importante citar o ensinamento de Marcelo Neves:

> De acordo com a concepção de Müller, a norma jurídica compõe-se do programa normativo (dados linguísticos) e do âmbito normativo (dados reais). A estrutura normativa resulta da conexão desses dois componentes da norma jurídica. Portanto, a *concretização* da norma jurídica, sobretudo da norma constitucional, não pode ser reduzida à "interpretação aplicadora" do texto normativo, o qual oferece diversas possibilidades de compreensão e constitui apenas um aspecto parcial do programa normativo; ela inclui, além do programa normativo, o âmbito normativo como um conjunto de dados reais normativamente relevantes para a concretização individual.[187]

---

[185] BRASIL. Supremo Tribunal Federal. *Súmula vinculante nº 57*. Aprovada em 15/04/2020. Disponível em: https://jurisprudencia.stf.jus.br/pages/search/seq-sumula816/false. Acesso em: 23 agosto 2022: "A imunidade tributária constante do art. 150, VI, d, da CF/88 aplica-se à importação e comercialização, no mercado interno, do livro eletrônico (e-book) e dos suportes exclusivamente utilizados para fixá-los, como leitores de livros eletrônicos (e-readers), ainda que possuam funcionalidades acessórias".

[186] PEDRA, 2009. p. 8.

[187] NEVES, Marcelo. *A constitucionalização simbólica*. 2. ed. São Paulo: Martins Fontes, 2007, p. 84.

Observar os limites, todavia, é crucial, tendo em vista que, por mais que sejam necessárias para assegurar a eficiência do texto constitucional, as mudanças poderão gerar desordem e sérios problemas no tocante à supremacia e mesmo à própria força normativa constitucional. Dentre esses limites é possível citar a elasticidade do próprio texto constitucional.

Na concepção de Canotilho, o texto desempenha uma espécie de função negativa, que estabelece e fixa os seus parâmetros mínimos.[188] Esse também é o entendimento defendido por Friederich Müller, segundo o qual "o teor literal demarca as fronteiras extremas das possíveis variantes de sentido, isto é, funcionalmente defensáveis e constitucionalmente admissíveis".[189]

Ademais, outras limitações precisam ser consideradas quando se trata de mudança informal da Constituição, tais como: as decisões vinculantes do Tribunal Constitucional, a proibição legal de abolir cláusulas pétreas e, reitera, a vedação de retrocesso no que se refere aos direitos e garantias fundamentais e a irretroatividade das decisões, dentre outras.

Adriano Pedra, em sua tese de doutorado, conclui seus estudos a esse respeito considerando que, apesar de a experiência constitucional atestar o desrespeito aos limites consagrados às mutações constitucionais, é de extrema relevância insistir na sua imprescindibilidade para que, desse modo, evite-se deparar com situações fáticas que, mesmo diante de previsão expressa na constituição, encontrem-se desprovidas de normatividade.[190]

Diante de todo contexto ora apresentado – de rápida evolução tecnológica, sociedade da informação, sociedade de riscos, era dos dados, internet das coisas, aprendizado das máquinas –, é preciso considerar as mutações informais necessárias do texto constitucional.

A mudança formal do texto da Carta Magna através da publicação de Emenda Constitucional, todavia, é uma necessidade gritante no momento, frente a todas as possibilidades decorrentes das consequências desta Revolução Digital.

A mutação informal através de interpretações legislativas, judiciais e mesmo administrativas, com a devida observância dos limites éticos, jurídicos e constitucionais fundamentais, mostra-se não

---

[188] CANOTILHO, 2003, p. 1202.
[189] MÜLLER, 2000, p. 75.
[190] PEDRA, 2009, p. 314.

só primordial, como necessária, para manutenção da ordem jurídica nos relacionamentos sociais atuais e, também, para assegurar o direito fundamental à segurança cibernética como ratificador do direito fundamental (já constitucionalmente reconhecido) à proteção de dados.

CAPÍTULO 3

AS CIDADES DIGITAIS E A PROTEÇÃO DOS DIREITOS FUNDAMENTAIS

A revolução técnico-científica e os reveses e benesses dela decorrentes atingiram toda a sociedade e não impactaram apenas o modo pelo qual as pessoas desenvolvem seus relacionamentos pessoais e profissionais, mas também acarretaram mudanças profundas, inclusive, no desenvolvimento das cidades, dando origem a um novo conceito hoje conhecido por *smart cities*.

Este capítulo busca conceituar, distinguir e fundamentar os termos "cidades inteligentes" e "cidades digitais", além de apreciar a tutela dos direitos fundamentais nessa nova estrutura social. Para tanto, ele inicia traçando breves distinções entre as terminologias *"smart cities"* e cidades digitais, a fim de esclarecer melhor todo o desenvolvimento digital verificado nas cidades mundiais.

Compreendidas as distinções, buscou-se analisar os impactos dessas novas cidades digitais, bem como das chamadas cidades inteligentes, na vida social dos cidadãos, e para tanto foi realizada uma análise comparativa com relação a essas categorias de cidades no Brasil e no Mundo.

Cidades inteligentes podem facilitar a oferta e o desenvolvimento de políticas públicas em benefício dos cidadãos, tornando a vida mais prática e ágil, como requer o momento atual. Todavia, nos mesmos moldes em que ocorre com as cidades de hoje, se não for assegurado um mínimo de segurança cibernética, toda a funcionalidade se perde, e considerando a rapidez e o alcance das tecnologias, os riscos de danos causados às pessoas têm um potencial muito mais elevado e precisam ser não só identificados e analisados, como também solucionados, ou ao menos mitigados. Essa é a razão pela qual se propõe estudar essa temática neste capítulo.

3.1 O que são as *smart cities*? *Smart cities*, cidades inteligentes ou cidades digitais? A transformação digital das cidades

Para compreender o que são *smart cities* e cidades digitais, é importante entender a terminologia, origem e conceito, assim como quais são seus atributos e suas diferenças. Por meio desses tópicos é possível concluir que a terminologia "cidades inteligentes" não é sinônima de "cidade digital", e, também, que a sociedade precisa se dedicar ao estudo do futuro, preocupar-se mais com desenvolvimento econômico e social sustentável, gerindo prudentemente seus recursos naturais. Com esse objetivo, portanto, inicia-se o presente capítulo analisando essas definições para melhor compreendê-las.

3.1.1 Terminologia

a) *Smart cities*

Nos últimos anos a expressão americana *smart* se popularizou em todo o mundo, como decorrência das mudanças tecnológicas e da busca crescente por comodidade e praticidade.

Acostumados com a tecnologia, os indivíduos começaram a exigir soluções cada vez mais rápidas e precisas; daí a popularização da expressão *smart*. Em inglês, *smart* significa esperto, inteligente, astuto.

Mas, na realidade, o termo *smart* é um acrônimo proveniente da junção das iniciais das palavras *Specific* (indica uma meta específica, um objetivo prático), *Measurable* (mensurável, ou seja, com indicadores tangíveis), *Achievable* ou *Attainable* (as metas estabelecidas devem ser passíveis de ser alcançadas, ou seja, devem ser metas possíveis, "atingíveis"), *Relevant* (as metas devem ser relevantes, importantes) e, por fim, *Time* (o tempo para o alcance das metas estipuladas precisa ser definido e obedecido).[191]

A origem desse acrônimo é atribuída a George Doran, que em 1991, quando atuava como executivo da *"Washington Water Power"*,

---

[191] DORAN, George T. There's a S.M.A.R.T. Way to Write Management's Goals and Objectives, *Management Review*, v. 70, Issue 11, p. 35-36, nov. 1981.

publicou um artigo intitulado *"Theres's a S.M.A.R.T. Way to write management's goals and objectives"* ("Há um caminho inteligente para escrever os objetivos e metas da administração").[192]

Desse modo, a palavra *SMART* surgiu, inicialmente, voltada para a governança nas empresas, com o escopo de assegurar maior eficiência na estipulação e no alcance das metas empresariais em busca de melhores lucros. Porém, com o desenvolvimento tecnológico, as inteligências artificiais, o *machine learning* (aprendizado das máquinas) e todas as demais consequências trazidas pela 4ª Revolução Industrial e a sociedade da informação (entre elas o crescimento da rede mundial de computadores e o fenômeno da globalização), a expressão *SMART* teve sua aplicabilidade ampliada e se tornou extremamente popular, passando a configurar sinônimo de algo inteligente, prático e autossuficiente. Enfim, tudo o que uma sociedade globalizada almeja e necessita.

Nesse sentido, portanto, é que atualmente se fala em *smart contracts* (contratos inteligentes), *smart market* (supermercados inteligentes), *smart cars* (carros inteligentes), *smart TVs* (televisões inteligentes), *smart whatchs* (relógios inteligentes) e, inclusive, *smart cities* (cidades inteligentes) entre muitas outras expressões similares mais.

O termo *SMART* alçou voos mais altos e se tornou extremamente flexível, passível de englobar diversos objetivos e fins, bem como uma variedade de instrumentos, razão pela qual é necessária maior cautela no seu uso, para que não ocorra a banalização ou até mesmo a saturação dessa expressão.

É certo dizer que existe um consenso para literatura especializada de que o termo *smart city* não possui, até o momento, unidade terminológica. O uso do termo *smart city* possui algumas diferenciações a partir do termo *"smart"* e dos seus usos: inteligente, do conhecimento, ubíquo, sustentável, digital etc.

No que se refere à expressão "cidade inteligente", sua tradução para língua portuguesa é estudada, hoje, amplamente como um fenômeno contemporâneo do urbanismo, um modo de viver caracterizado pelo exercício da cidadania pelos indivíduos, para promover a inserção de um atendimento satisfatório das suas demandas de locomover-se, trabalhar, comunicar-se e se relacionar com o meio ambiente com a maior eficiência e qualidade de vida possível.

---

[192] *Ibid.*

A literatura estrangeira explora bastante o termo *smart city*, relacionando-o ao urbanismo contemporâneo e alguns de seus fenômenos culturais, baseados na existência de comunidades fundadas no respeito ao meio ambiente, no uso intensivo da tecnologia da informação e na atenção aos aspectos coletivos do desenvolvimento humano e social, a partir do modo de habitar e conviver nas cidades.

Impende frisar, neste tópico, que o termo cidade inteligente não se confunde com o termo "cidade digital", nem tampouco com "cidade conectada". É um equívoco resumir cidade inteligente aos termos de tecnologia e informática. Deve-se pensar em "cidade inteligente" como uma expressão mais ampla, no sentido de que toda cidade inteligente é uma cidade digital, porém nem toda cidade digital é inteligente.

Críticas à parte, contudo, não há como negar que, no tocante às cidades digitais existem oportunidades ímpares para melhoria da aplicabilidade das políticas públicas em busca de uma sociedade que possa, de fato, estar mais próxima de assegurar, a todas as pessoas, seus direitos básicos fundamentais, com forte e importante repercussão não só na economia global, como também na sociedade mundial.

b) Cidade digital

Segundo Hoffman-Riem, o termo "digitalização" refere-se, inicialmente, apenas às tecnologias da informação específicas, que processam dados digitais, e às infraestruturas (*software* e *hardware*) criadas para as tecnologias digitais. Ainda, para ele, o termo também expressa a mudança fundamental nas condições de vida, desencadeada pela sua utilização em todo o mundo. Permite a utilização de sistemas ciberfísicos para novos processos de produção em rede e automatizados, alterações na forma como as pessoas vivem suas vidas, a criação e utilização de redes sociais – traduz o processo de digitalização.

Para muitos, "cidade digital" significa uma política pública referente à inclusão digital nos municípios. De fato, esse termo agrega temas relacionados à transformação digital das cidades, governo digital, e-gov, plataformas de e-gov, avaliação de programas de governos eletrônicos, projetos de tecnologia da informação.

O termo "cidade digital" por vezes também é utilizado como sinônimo de "cibercidade", que, segundo Lemos,[193] apresenta no mínimo quatro visões distintas, embora todas tenham relação com as tecnologias da informação e comunicação (TICs).

---

[193] LEMOS, André. *Cidade digital portais, inclusão e redes no Brasil*. EDUFBA: Salvador, 2007.

A primeira pode ser a origem do termo, na qual a cidade digital é um projeto normalmente governamental, podendo ser privado ou da sociedade civil, que tem como objetivo criar representação na *web* de determinado lugar. O que significa dizer que o termo é sinônimo de um portal com informação e serviços, com comunidades de uma determinada área urbana.

A segunda visão é formada por projetos que não representam, necessariamente, um espaço urbano real. Normalmente, esses projetos são chamados, por alguns especialistas, de *non grounded cybercities*, cidades não enraizadas em espaços urbanos reais. Essas cidades digitais são *sites* que criam comunidades virtuais utilizando a metáfora de uma cidade para organização do acesso e da navegação pelas informações.

A terceira visão refere-se a moldagens em três dimensões (3D), a partir de Sistemas de Informação Espacial e Sistemas de Informação Geográficas, para a criação e simulação de espaços urbanos. Esse tipo de *software* é útil para ajudar no planejamento e gestão do espaço, servindo como instrumento estratégico do urbanismo contemporâneo.

Para a quarta e última visão, o termo "cidade digital" aponta para a criação de infraestrutura, serviços e acesso público, em uma determinada área urbana, para uso das novas tecnologias e redes telemáticas. Significa que o objetivo desse tipo de cidade digital é criar interfaces entre o ciberespaço e o espaço físico por meio de uma infraestrutura de telecomunicações disponibilizada para as pessoas através de telecentros, quiosques multimídia ou mesmo pelo acesso direto à internet.

Ressalta-se, mais uma vez, que cidades inteligentes e cidades digitais não são a mesma coisa, embora suas definições podem ser semelhantes.

Cidade digital, no Brasil, define-se como projeto que procura disponibilizar informações para que todas as pessoas, e também os gestores, tomem decisões. É um projeto que viabiliza serviços públicos para a população – pensando na sua qualidade de vida. Sendo assim, tem como principal ferramenta, hoje, os recursos da tecnologia de informação.

3.1.2 Origem

Quanto ao surgimento das chamadas "cidades digitais" se verifica, pela literatura específica, que as primeiras definições do conceito de cidade digital ocorreram a partir da década de 1980.

Diferentes projetos similares a cidades digitais surgiram ao longo do tempo, como *De Digitale Stad (DDS)*, em Amsterdã, na Holanda; *Bolonha Digital*, em Bolonha, na Itália; *Helsinque Digital*, em Helsinque, na Finlândia; *Kyoto Digital*, em Kyoto, no Japão – projetos que, em sua maioria, traduzem a ideia de que a cidade digital surge como projeto de conexão da internet com os cidadãos.

Destaca-se como pioneira na formação de cidades digitais o projeto DDS, de Amsterdã, na Holanda, que se iniciou em 15 de janeiro de 1994. O objetivo desse projeto era criar, no centro de cultura Balie, um experimento de conexão a uma representação digital da cidade de Amsterdã por meio de redes telemáticas.

Amsterdã vem trabalhando para se tornar uma cidade cada vez mais inteligente por meio de parcerias civis entre governo e empresas. A cidade vivencia uma transformação tecnológica, na gestão urbana, que abrange projetos em oito categorias: mobilidade inteligente, vida inteligente, sociedade inteligente, áreas inteligentes, economia inteligente, *Big data*, infraestrutura e laboratórios vivos.

No Brasil, um projeto de cidade digital tem sido realizado nos últimos anos como um programa de políticas públicas, patrocinado pelo Ministério das Comunicações (MC), com o objetivo de modernizar a gestão, ampliar o acesso aos serviços públicos e promover o desenvolvimento dos municípios brasileiros por meio da tecnologia.

Este projeto foi instituído pela Portaria nº 376, de 19 de agosto de 2001.[194] Administrado pela Secretaria de Inclusão Digital (SID), seu principal objetivo é promover a inclusão digital e expansão dos serviços de governo eletrônico nos municípios. Para tanto, imperioso se faz compreender o surgimento das *smarts cities*.

Cumpre ressaltar, ainda, que as *smart cities* surgiram em meio a algumas reconhecidas *megatendências* que, de certa forma, foram determinantes para a transformação da sociedade atual. A primeira dessas megatendências foi a *urbanização*, que surgiu como uma das consequências da globalização e da revolução digital, que por sua vez é proveniente do desenvolvimento das Tecnologias de Informação e Comunicação – TIC, que caracterizam, entre outras coisas, a sociedade da informação, marcada pela proliferação de dispositivos móveis e outros aparelhos que possibilitam uma conectividade cada vez mais

---

[194] BRASIL. *Portaria nº 357, de 17 de agosto de 2011*. Disponível em: https://pesquisa.in.gov.br/imprensa/jsp/visualiza/index.jsp?jornal=1&pagina=76&data=22/08/2011. Acesso em: 23 jun. 2022.

precisa e constante não só entre homens, como entre homens e máquinas, gerando outros fenômenos de transformação social.

Além da urbanização, também são megatendências determinantes para essa transformação social (além de diversos outros novos modelos de negócio):

    a) A *hiperconectividade* decorrente da rápida e constante evolução tecnológica, que nos coloca frente a mecanismos cada vez mais acessíveis e personalizados, que prendem a atenção, além de (é preciso reconhecer) muitas vezes facilitarem as atividades do dia a dia, trazendo o sério desafio de serem extremamente viciantes (o que exige atenção e cautela);

    b) A *sociedade colaborativa* por meio da qual as pessoas vêm se tornando participantes ativos da gestão pública.

Essas transformações têm oportunizado uma cidadania mais participativa, além de uma nova visão a respeito de diversas questões sociais, entre elas a configuração e a finalidade da povoação urbana.

Reconhecidas como centros de influência não só econômica quanto social, as cidades representam o celeiro das inovações, além de configurar o espaço onde se concentra toda a atividade econômica do País.

Com a evolução do capitalismo e o processo de industrialização, elas passaram a formar grandes centros de oferta de emprego, que estimularam ainda mais a urbanização, refletindo no surgimento das grandes metrópoles, que por sua vez, em virtude da globalização, sofreram uma alteração do papel que até então exerciam. Dessa forma, de importantes centros industriais, as cidades passaram a constituir centros decisórios e de poder, uma vez que sediam as mega corporações e instituições não só privadas como públicas.

Relatório publicado pelo IBGE, em 2019, demonstra que a cidade de São Paulo foi responsável por pouco mais de 10,3% do Produto Interno Bruto (PIB) brasileiro em 2019.[195]

No tocante a Lisboa, um relatório divulgado pela Câmara Municipal, em 2020, informa que em sua área metropolitana estão localizados os centros de decisão econômica do País, representando, aproximadamente, 36% do PIB nacional.[196]

---

[195] IBGE. *Produto Interno Bruto dos Municípios*. Disponível em: https://www.ibge.gov.br/estatisticas/economicas/contas-nacionais/9088-produto-interno-bruto-dos-municipios.html?t=pib-por-municipio&c=3550308. Acesso em: 07 jan. 2022.

[196] PORTUGAL. Câmara Municipal de Lisboa. *Economia de Lisboa em números 2020*. Disponível em: https://www.lisboa.pt/fileadmin/atualidade/publicacoes_periodicas/economia/economia_lisboa_em_numeros_2020.pdf. Acesso em: 07 jan. 2022.

Essa importância econômica das cidades tem crescido a ponto de, na atualidade, já se falar em cidades globais ou megacidades tomando por base não apenas o seu núcleo demográfico, mas, principalmente, o econômico.

Um dos grandes desafios que surge em decorrência dessas transformações reside em conciliar o crescimento demográfico proveniente do agrupamento de cidadãos de diferentes origens, a fim de aproveitar, da melhor forma, essa diversidade para a geração de cultura e de novas ideias de um modo organizado e produtivo.

Além disso, insta lembrar que nem sempre a infraestrutura da cidade está preparada para o crescimento populacional, o que proporciona, muitas vezes, o aumento de desigualdades sociais. Daí a importância de um planejamento.

Manuel Castells ensina que, no contexto da sociedade da informação, novas formas de organização foram criadas, que não se ajustam à lógica de centralização de espaços e polos decididos convencionalmente. O autor constata, desse modo, que o crescimento das relações horizontais (que transcende as fronteiras nacionais e sociais) está substituindo a verticalidade das hierarquias tradicionais, que ele denominou "sociedade em rede".[197]

A adaptação das cidades às constantes modificações socioambientais é histórica, e para cada crise (decorrente das revoluções insurgentes), uma solução é apresentada, dando sequência à evolução natural da sociedade.

O desenvolvimento das cidades como forma de fortalecimento da vida humana, portanto, não é algo recente e sempre se deu como resposta natural para as circunstâncias da vida.

Musterd & Ostendorf relatam que é possível identificar, ao longo da história, as mudanças perfiláticas das cidades. Inicialmente pré-industriais, funcionavam como verdadeiros assentamentos, com funções agrícolas básicas e habilidades técnicas suficientes para a sobrevivência. Mais à frente, com o início da Revolução Industrial, muitas cidades foram transformadas em verdadeiros centros de fabricação, com desenvolvimento estabelecido com base na presença de empresários, na disponibilidade de matéria-prima, nas fontes de energia que possuíam e nas formas e nos elementos disponíveis para importação e exportação de produtos manufaturados.[198]

---

[197] CASTELLS, Manuel. *La galaxia internet*. Barcelona: Plaza y Janes Editores, 2001, p. 9.
[198] MUSTERD, Sako, OSTENDORF, Wim. Creative cultural knowledge cities: perspectives and planning strategies. *Built Environment*, 30(3). Retrieved july 1, p. 189-193, 2004. Disponível em: http://dare.uva.nl/record/1/291149. Acesso em: 20 fev. 2022.

Vivencia-se, no momento, as adaptações das cidades como uma resposta a essa urbanização crescente, que, devido à sua velocidade e formação desigual, têm demandado especial atenção, considerando o poder econômico que possuem.

Após a revolução industrial, muitas cidades surgem com esse processo de urbanização, gerando um novo contexto social, considerando como a sociedade de informação aquela que impõe ao Estado novas formas de elaborar políticas públicas junto à sociedade.

Nesses termos, diante da popularização da internet, que interligou todo o mundo e possibilitou uma participação mais dinâmica e um controle maior das pessoas nas questões que envolvem a gestão e a governança municipais, as *smart cities* surgem como uma resposta aos desafios da sociedade tecnológica contemporânea na busca por maior organização social com menor impacto ambiental.

E com o advento das tecnologias da informação e comunicação emergem novos conceitos associados à cidade, como: ciberespaço, cibercidade, cidade virtual, cidade eletrônica, cidade digital, cidade sustentável, cidade resiliente, cidade participativa entre outras inúmeras definições.

Sendo assim, conclui-se que as cidades inteligentes decorrem de planejamento estratégico do futuro, são cidades que promovem alta qualidade de vida, além de uma prudente gestão dos recursos naturais, ou seja, são aquelas que produzem desenvolvimento econômico sustentável. O que significa dizer que uma cidade inteligente pode ser, ou não, tecnológica, mas ela deve ser sempre sustentável.

3.1.3 Conceito: cidades digitais, sustentáveis e inteligentes

Necessário se faz, neste ponto, esclarecer mais uma vez que os conceitos de cidade digital, cidade sustentável e cidade inteligente não se confundem. Não são expressões sinônimas, pelo contrário, para a literatura especializada não há discussão quanto à distinção entre esses referentes, portanto se faz necessário analisar separadamente cada conceito.

Refletir o que é ser "digital" é importante para compreender o que torna espaços físicos em espaços digitais, o que faz com que culturas humanas se tornem culturas digitais.

A relação dos seres humanos com a tecnologia vem construindo, ao longo da história, uma alteração de comportamento no sentido de que cada vez mais o homem precisa melhorar sua qualidade de vida e dominar seus recursos naturais. A tecnologia faz com que o homem busque incansavelmente facilitar seu dia a dia, otimizar suas tarefas, agilizar sua mobilidade, informar-se e conectar de maneira cada vez mais fácil, esperar cada vez menos, estar mais *online* do que fisicamente e, ao mesmo tempo, usufruir do meio ambiente de forma sustentável.

A transformação digital é um processo que acontece, primeiro, em cada indivíduo, em cada casa, em cada rua, passando a se tornar um projeto de cada cidade, buscando avanços tecnológicos que visam a melhorar a qualidade de vida por meio das ferramentas da tecnologia de informação e comunicação.

Pode-se afirmar que "o objetivo de uma cibercidade não seria substituir a cidade real pela descrição de seus dados, mas insistir em formas de fluxos comunicacionais e de transporte através da ação à distância (característica das redes telemáticas)".[199]

Cibercidade nada mais é do que um conceito que visa a acentuar as formas de impacto das novas redes telemáticas no espaço urbano. É importante que o conceito de cibercidades (ou cidades digitais) não seja pensado como uma novidade radical, mas sim como uma convergência das tecnologias de informação e comunicação, através do espaço urbano contemporâneo, em uma espécie de nova roupagem para as cidades até então existentes.

A cidade digital promove a substituição dos serviços prestados de forma física para a forma digital. Ou seja, não é a substituição do espaço físico para o espaço virtual, mas sim a ampliação do acesso da população às atividades de inteligência coletiva e a habilitação do ciberespaço, tal como na cidade geográfica.

O conceito de cidade digital vai além do entendimento da transposição física para o universo virtual; refere-se, essencialmente, à descoberta das potencialidades e facilidades que a tecnologia pode proporcionar à vida das pessoas.

Para Guerreiro, cidade digital se define como um ambiente ou plataforma de rede digital criado no território que interliga sistemas tecnológicos avançados para conectar serviços públicos, bens, marcas, escolas, organizações do terceiro setor, empresas, micro e macro comunidades de pessoas, disponibilizando informações em diversas ordens e padrões, com o propósito de desenvolver as potencialidades

---

[199] LEMOS, André. Cibercidades. *In*: LEMOS, André; PALACIOS, Marcos (org.) *Janelas do ciberespaço:* comunicação e cibercultura. Porto Alegre: Sulina, 2001, p. 15.

da sociedade de informação e transformar o cidadão em ator e protagonista de uma nova realidade: a virtual.[200]

Cidade digital é aquela que apresenta, em toda sua área, infraestrutura de telecomunicações e internet tanto para acesso individual quanto público, fornecendo, por meio dos recursos que oferecem as TICs, um conjunto de serviços inteligentes que melhoram o nível de desenvolvimento humano, econômico e cultural da população.

Ainda, por meio dos ensinamentos do autor Lévy, entende-se que é um projeto que visa a potencializar a reconstrução social, desburocratizando a prestação dos serviços e otimizando, em tempo real, recursos da cidade e multiplicando as sinergias que advêm da capacidade de concepção e concretização da cidade digital.[201]

Dessa forma, as cidades digitais possuem aspectos puramente técnicos, aquém do que se entende por *smart cities*. A definição de que todas as cidades inteligentes são digitais, mas nem todas as cidades digitais são inteligentes, é importante para distinguir esses conceitos. E, ainda, quando a cidade é apenas digital, compreende-se como uma cidade que oferece serviços através da tecnologia.

Ainda sobre as cidades digitais, é importante mencionar que o processo de digitalização se realiza a partir de uma governança participativa; a participação da população é fundamental para que sejam observados os fatores sociais e culturais na implantação de espaços tecnológicos do ciberespaço com o espaço físico da cidade.

No Brasil, faz-se uma confusão ao se assemelhar o conceito de cidade digital com o de desenvolvimento social, política pública e programa de governo, por exemplo; porém é importante estabelecer que, para muitos autores, cidade digital se define como um projeto que procura disponibilizar informações para que a população e a gestão pública atuem e elaborem políticas públicas que proporcionem, efetivamente, o aumento da qualidade de vida da população.

Cidade sustentável possui, como princípio norteador, o desenvolvimento sustentável. Esse preceito foi positivado na Lei nº 10.257/2001 (Estatuto da Cidade), na forma de um direito que conceitua a cidade sustentável como aquela na qual são garantidos "(...) o direito à terra urbana, à moradia, ao saneamento ambiental, à infraestrutura urbana, ao transporte e aos serviços públicos, ao trabalho e ao lazer, para as

---

[200] GUERREIRO, Evandro Prestes. *Cidade digital:* infoinclusão social e tecnologia em rede. São Paulo: Editora Senac São Paulo, 2006.
[201] LÉVY, P. *Ciberdemocracia*. Tradução de Alexandre Emílio. Lisboa: Instituto Piaget, 2002.

presentes e futuras gerações".²⁰² Com base nesse preceito legal, compreende-se que é um direito das cidades serem sustentáveis.

Sendo assim, com base no princípio da sustentabilidade urbana, o contexto da cidade sustentável implica a maximização das potencialidades humanas em consonância com o respeito ao meio essencialmente plural e complexo em que se constituem as cidades e o meio ambiente. É a constante busca por equilíbrio que deve existir entre os diferentes atores sociais, fundamentando-se na justiça social que se contrapõe ao processo de exclusão historicamente propagado no Brasil. Reside na promoção da qualidade de vida dos habitantes e no desenvolvimento econômico compatível com a preservação sustentável dos recursos naturais. O que significa dizer que a cidade sustentável se define como aquela que tem como preeminência o bem-estar social através do planejamento e da administração do meio ambiente urbano, que aproveita os benefícios dos sistemas ecológicos protegendo esses recursos para gerações futuras.

Para analisar o conceito de cidade inteligente, primeiramente é importante introduzir com as definições realizadas pelo pesquisador Boyd Cohen, PhD em Urbanismo e Professor de Empreendedorismo e Sustentabilidade na *EADA Business School*, Barcelona, que definiu três gerações de cidades inteligentes. Boyd afirma que algumas cidades passam de uma geração para outra, porém outras ficam estagnadas na mesma geração.²⁰³

A *primeira geração* de cidades inteligentes pode ser relacionada à difusão das TICs desenvolvidas geralmente por indústrias de equipamentos, *softwares* e infraestrutura de redes de comunicações interessadas em fomentar e padronizar as necessidades do mercado para as soluções que oferecem. São exemplos de cidades inteligentes da primeira geração as que investem recursos para se tornarem cidades "digitais", ou seja, cidades que se interessam em implantar redes públicas para conexão via internet, laboratórios de informática, telecentros para uso compartilhado de computadores e interligação – intranet – de órgãos públicos. Nessa geração, nas cidades inteligentes são compartilhadas informações com o público por meio de páginas na internet pouco sofisticadas, com limitada interação com o cidadão.

---

²⁰² BRASIL. *Lei nº 10.257*, de 10 de julho de 2001. Estatuto da Cidade. Disponível em: http://www.planalto.gov.br/ccivil_03/leis/leis_2001/l10257.htm. Acesso em: 27 jun. 2022.

²⁰³ COHEN, Body. The 3 generations of smart cities: inside the development of the technology driven city. *Fast. Company*. Disponível em: https://www.fastcompany.com/3047795/the-3-generations-of-smart-cities. Acesso em: 14 jun. 2022.

Essa geração é caracterizada por provedores de tecnologia incentivando os gestores públicos de cidades que enfrentavam grave crise econômica a melhorar a eficiência por meio de implementações exclusivamente tecnológicas. Uma crítica a essa geração é que muitas vezes as cidades – e seus cidadãos – não estavam realmente preparados para entender as aplicações ou como elas poderiam afetar a qualidade de vida.

No Brasil existem inúmeros casos em que a Administração Pública adquiriu uma solução tecnológica avançada, porém, por falta de qualificação pessoal para operacionalizar a nova tecnologia, acabou sendo inutilizada e gerando um prejuízo ao erário.

A *segunda geração* de cidades inteligentes, que pode ser observada nas cidades, propõe automação de rotinas burocráticas (e-Gov) com foco em áreas primordiais. Plataformas digitais que oferecem uma ampla disponibilidade de serviços públicos sem limitação de tempo ou lugar. Nessa segunda geração se apresenta algum tipo de interatividade entre o cidadão, especialmente para alimentar, com suas informações, um sistema com alguns serviços públicos disponibilizados por plataformas *online* ou *mobile*. É também o momento em que se amplia a utilização de dispositivos pessoais *smart*, tais como telefones celulares ou *tablets*, e onde se percebe o uso mais intensivo da internet e de redes sociais.

A *terceira geração* de cidades inteligentes são iniciativas pioneiras em compartilhar informações antes restritas aos Poderes Públicos. Nessa geração, há uma expectativa de governança em rede, uma iniciativa de inovação territorial com objetivo de proporcionar políticas mais econômicas, sustentáveis, com infraestruturas que dispõem mais mobilidade para a população.

Frisa-se que, nessa geração, o cidadão é o centro das iniciativas; a partir das necessidades dele é que se desenvolvem políticas públicas, ideais de governo. É a chamada *iniciativa bottom-up* (de baixo para cima). Ele é co-criador de soluções tecnológicas, ele movimenta a máquina para aprimorar suas funcionalidades. Mesmo que seja o destinatário final, é ele quem vai estimular a criação de novas ferramentas tecnológicas a fim de produzir de maneira eficiente uma qualidade de vida.

No Brasil, é possível ver uma mistura dessas gerações. É fato que a transformação digital é uma megatendência desafiadora, um movimento com crescimento acelerado, onde a participação cidadã está presente na construção de soluções para o desenvolvimento econômico sustentável com o uso de tecnologias, com a finalidade de aumentar a qualidade de vida.

Segundo Caragliu, Del Bo e Chiara, uma cidade pode ser considerada inteligente quando os investimentos em capital humano e social e a tradicional e moderna infraestrutura de TIC são impulsionadores do crescimento econômico sustentável, de uma elevada qualidade de vida e de uma gestão prudente dos recursos naturais através da governança participativa.[204]

Para Giffinger et al., smart city é uma cidade que está em franco desenvolvimento nestas seis características – economia inteligente; pessoas inteligentes; governança inteligente; mobilidade inteligente; ambiente inteligente e vida inteligente –, construídas com uma combinação de doações e autogerenciamento, com cidadãos independentes e conscientes.[205]

Por *smart city* se compreende, portanto, a cidade que usa a tecnologia com a finalidade de prestar os serviços urbanos de forma mais eficiente, com vistas à melhoria da qualidade de vida das pessoas e a transformar a relação das instituições locais, facilitando a vida em sociedade.[206]

O estudo estratégico apresentado pelo Grupo de Estudos da Câmara dos Deputados, no Brasil, propôs, como conceito de cidade inteligente (ou cidade digital), para fins de formulação de políticas públicas, o seguinte:

> Cidade inteligente é o espaço urbano orientado para o investimento em capital humano e social, o desenvolvimento econômico sustentável e o uso de tecnologias disponíveis para aprimorar e interconectar os serviços e a infraestrutura das cidades, de modo inclusivo, participativo, transparente e inovador, com foco na elevação da qualidade de vida e do bem-estar dos cidadãos.[207]

---

[204] CARAGLIU, Andrea; DEL BO, Chiara; NIJKAMP, Peter. Smart cities in Europe. *3rd Central European Conference on Regional Science*, Košice, 49-59. Retrieved july 1, 2009. Disponível em: http://www.um.pro.br/lab7/_conteudo/CARAGLIU2009.pdf. Acesso em: 15 fev. 2022.

[205] GIFFINGER, Rudolf. et. al. *Smart Cities*: Ranking of European Medium-Sized Cities. Vienna, Austria: Centre of Regional Science (SRF), *Vienna University of Technology*. Retrieved september 25, 2007. Disponível em: https://www.researchgate.net/publication/313716484_City-ranking_of_European_medium- sized_cities. Acesso em: 26 dez. 2021.

[206] ACCENTURE. *Technology vision 2014*: building cities for the digital citizen. Disponível em: https://www.accenture.com/t20151013T010156__w__/us-en/_acnmedia/Accenture/Conversion- Assets/DotCom/Documents/Global/PDF/Dualpub_1/AccentureTechnology-Vision-2014-Building-Cities-for- the-Digital-Citizen.pdf#zoom=50. Acesso em: 05 jan. 2022.

[207] BRASIL. Câmara dos Deputados. Centro de Estudos e Debates Estratégicos – Consultoria Legislativa. *In: Cidades Inteligentes*: uma abordagem humana e sustentável. Relatores: FRANCISCO JR. (coord.). et al. 1. ed. Brasília: Câmara dos Deputados, Edições Câmara, 2021. Disponível em: https://bd.camara.leg.br/bd/handle/bdcamara/40194. Acesso em: 08 jul. 2022, p. 20.

Nesta senda, a UNESCO vem aprimorando o conceito de cidades inteligentes, ou cidade digitais, para "Cidades MIL" (*Media and Information Literate Cities*), no sentido de reconhecer a necessidade de uma "fortificação" destas – com o principal foco na pessoa.

De acordo com informações publicadas no sítio eletrônico da UNESCO, o principal objetivo das cidades MIL consiste em "colocar as cidades no caminho para capacitar de forma inovadora mais cidadãos com competências em MIL enquanto se conectam com outras cidades em todo o mundo". E mais à frente, informa, ainda, que essa espécie de cidade pode contribuir para o aumento do acesso à informação, estimulando o engajamento cívico e possibilitando o diálogo intercultural e inter-religioso, de maneira a combater a desinformação e a cultura do ódio.[208]

Trata-se de uma integração da tecnologia da informação e comunicação por meio da qual vários dispositivos físicos são conectados à rede IoT (*The Internet of Things*) por meio de sensores, *softwares* e outras tecnologias, com o objetivo de conectar e trocar dados com outros dispositivos e sistemas, para otimizar a eficiência das operações e serviços da cidade e, ao mesmo tempo, conectar-se com os cidadãos, de modo a possibilitar uma interação e um monitoramento constantes.

Nessa espécie de cidades, as TICs (Tecnologias de Informação e Comunicação) são utilizadas para aprimoramento da qualidade, do desempenho e da interatividade dos serviços urbanos, com redução de custos e de consumo de recursos, somado ao aumento do contato entre a população e a administração pública, possibilitando troca de informações e o enfrentamento conjunto das dificuldades identificadas.

Nesses termos, consoante ensinamento de Capdevila e Zarlenga, conceitua-se as cidades como ecossistemas complexos por meio dos quais diferentes atores, com interesses diversos, são obrigados a colaborar para assegurar um ambiente sustentável com uma qualidade de vida adequada.[209]

No último relatório divulgado pela União Europeia, denominado Mapeamento de Cidades Inteligentes na União Europeia, o conceito de *smart city* foi caracterizado como cidades interligadas na criação e

---

[208] UNESCO. *Mil cities:* an intiative on creative learning of media and information literacy in cities. Disponível em: https://en.unesco.org/milcities. Acesso em: 12 jan. 2022.

[209] CAPDEVILA, Ignasi; ZARLENGA, Matías. Smart city or smart citizens? The Barcelona case. *Journal of Strategy and Management*, 8(3), p. 266-282. Retrieved july 1, 2016. Disponível em: https://www.researchgate.net/publication/277180909_Smart_City_or_smart_citizens_The_Barcelona_case. Acesso em: 02 ago. 2021.

conexão de tecnologia humana, social e informacional e comunicação tecnológica, com foco em gerar uma economia melhor e mais sustentável, bem como uma melhor qualidade de vida para todos os cidadãos, sendo divididas, essencialmente, em seis dimensões *"smart"*: economia, mobilidade, ambiente, pessoas, vida e governo.[210]

O conceito de *smart city* está relacionado aos conceitos de *intelligent city, information city, wired city, knowledge city, ubiquitous city*, conceitos esses que compartilham algumas semelhanças, mas concentram-se em um aspecto particular do uso da tecnologia em ambientes urbanos.

Entende-se o termo *smart cities* levando-se em conta, muitas vezes, a associação imediata com questões tecnológicas. Assim, quando se fala em cidades inteligentes, muitos pensam tratar-se de cidades digitais. Todavia, as cidades inteligentes não podem se resumir à cidade digital, não obstante a necessidade desta. Na verdade, o termo cidade inteligente é mais abrangente, já que as cidades inteligentes devem abranger outros pontos. E é justamente isto que a ISO das cidades inteligentes propõe: uma análise dos indicadores em 19 áreas, que se encontram relacionadas ao desenvolvimento urbano, tais como a economia, a educação, o meio ambiente, as finanças, a saúde, a segurança e etc.[211]

Ressalta-se que a ABNT NBR ISO 37122:2020 traz indicadores que se destinam a auxiliar as cidades a orientar e avaliar o desempenho da gestão de seus serviços urbanos, bem como seu respectivo impacto na qualidade de vida. Além disso, a norma define cidade inteligente como aquela que aumenta o ritmo em que proporciona resultados de sustentabilidade social, econômica e ambiental, e que responde a desafios como mudanças climáticas, rápido crescimento populacional e instabilidades de ordem política e econômica, melhorando fundamentalmente a forma como engaja a sociedade, entre outros impactos.

---

[210] EUROPEAN PARLAMENT. *Mapping smart cities in the EU*. Disponível em: https://www.europarl.europa.eu/RegData/etudes/etudes/join/2014/507480/IPOLITRE_ET(2014)507480_EN. pdf. Acesso em: 14 jun. 2022.

[211] Em maio de 2019, foi apresentada uma nova ISO com o objetivo primordial de medir a inteligência das cidades, permitindo comparações entre municípios e até mesmo países. Ela surgiu como um complemento para a ISO 37120 e, em conjunto, pretende avaliar como as cidades estão se aproximando dos Objetivos de Desenvolvimento Sustentável (ODS) da Organização das Nações Unidas (ONU).

Para muitos, *smart cities* é sinônimo de cidade tecnológica, informatizada, porém elas vão muito além disso; estão subordinadas a cidade sustentável.

Nesse sentido, importante citar que a doutrina define a cidade inteligente, mediante o uso da tecnologia digital, como aquela que monitora e integra todas as infraestruturas críticas (estradas, pontes, túneis, aeroportos, água, grandes edifícios etc.), a fim de otimizar o uso desses recursos e, desse modo, maximizar a oferta dos serviços a todos os cidadãos. [212]

Deve-se considerar que, para que uma cidade seja considerada inteligente, ela precisa ter alguns requisitos, sendo estes:

> (...) alguns atributos comumente observados nas cidades inteligentes, a saber: 1. Utilização da tecnologia da informação e comunicação (serviços disponíveis na Internet, smartphones, redes de telecomunicações etc.) para melhorar a eficiência político-econômica e possibilitar o desenvolvimento social, cultural e urbano; 2. Ênfase no desenvolvimento urbano orientado aos negócios, ou seja, favorecimento de espaços urbanos neoliberais que fomentem a atração de novos negócios; 3. Disponibilização de serviços públicos que se beneficiam do uso da TIC e inclusão social dos cidadãos para que todos tenham acesso aos mesmos; 4. Enfoque no setor de alta tecnologia e nas empresas criativas para estimular o crescimento urbano de longo prazo. Segundo os autores, a presença de uma força de trabalho criativa e competente nas economias globalizadas e intensivas no uso de conhecimentos, pode ser um dos fatores determinantes para o sucesso das cidades; 5. Atenção ao papel do capital social e relacional no desenvolvimento urbano, pois as pessoas precisam ser capazes de utilizar a tecnologia e se beneficiar dela; 6. Promoção da sustentabilidade social e ambiental, assegurando que a exploração dos recursos ocorra de forma segura e que permita a renovação da herança natural.[213]

Cidade inteligente, portanto, é aquela que sabe fazer o bom uso das tecnologias para aplicá-las em prol da sociedade, melhorando a entrega dos serviços públicos, a fim de torná-los mais eficientes.

Conforme entendimento demonstrado por Lijing, Yanrong e Jianhua, uma cidade inteligente tem a criação de um ambiente que

---

[212] HALL, Robert E. et al. *The vision of a smart city*. Brookhaven National Lab., Upton, NY (US), 2000, p. 03.

[213] SILVA, André Koide da. *Cidades inteligentes e sua relação com a mobilidade urbana*. Universidade de São Paulo: São Paulo, 2013. Disponível em: https://edisciplinas.usp.br/pluginfile.php/1918002/mod_folder/content/0/Artigo%20Mobilidade%20Inteligente.pdf?forcedownload=1. Acesso em: 09 jun. 2022.

incentive a inovação como seu principal objetivo. Um ambiente que possibilite a integração, de maneira inteligente, de todos os setores que envolvem a cidade.[214]

Na sequência do raciocínio, os autores se manifestam, ainda, no sentido de que a essência da cidade inteligente também envolve a participação inteligente dos seus habitantes e o desenvolvimento sustentável local, de maneira que uma cidade inteligente tem que, por fim, melhorar a ampla prestação de serviços usando as TICs.

3.1.3.1 Confrontando conceitos

Com o objetivo de delimitar melhor a definição de "cidades inteligentes", diferenciando-as de outras expressões similares, consideramos a necessidade de um tópico, especificamente para analisar e traçar um comparativo.

Posto isso, confrontando os conceitos, uma cidade é considerada *sustentável* quando se desenvolve a partir de um intercâmbio saudável, respeitável e ponderável entre o meio ambiente e a geografia natural, e é *inteligente* quando, além disso, faz uso da tecnologia no seu cotidiano com a finalidade de solucionar suas questões diárias, integrando nelas os seus cidadãos.[215]

Quando apenas digital, o conceito era compreendido como acesso a computadores e implantação de internet no espaço urbano. Já inteligente, refere-se aos processos informatizados sensíveis ao contexto, lidando com um incomensurável volume de dados (Big Data), redes em nuvens e comunicação autônoma entre diversos objetos e sujeitos (Internet das Coisas).

A inteligência, nessa conjuntura, é sinônimo de uma cidade sensível ao meio ambiente e que lida com um grande número de informações em tempo real.[216] Uma das principais diferenças está na capacidade das cidades inteligentes de resolver problemas; a capacidade

---

[214] LIJING, Zhang.; YANRONG, Pang; JIANHUA, Huang. The Development Strategy for the Tourism in Hebei under the Background of Smart City Based on Data Mining. *7th international conference on intelligent computation technology and automation*. Anais, 1, 2014, p. 991- 994.

[215] RIOS NETO, José Vieira; GIMENEZ, Edson Josias Cruz. Cidades inteligentes: sua contribuição para o desenvolvimento urbano sustentável. *VII Seminário de Redes e Sistemas de Telecomunicações (SRST)*. Instituto Nacional de Telecomunicações (INATEL). Disponível em: https://goo.gl/PAik9W. Acesso em: 23 jun. 2022.

[216] LEMOS. André. Cidades inteligentes. *GVexecutivo*, v. 12, n. 2, p. 46-49, 2013.

marcante das cidades digitais está na oferta de serviços através da comunicação digital.

A cidade digital não é necessariamente inteligente, contudo, ela possui componentes digitais disponíveis para gerar subsídios inteligentes.

Esse processo de "*smartização*" das cidades norteará as tomadas de decisões de empresas, governos e pessoas, com o fito de tornar as atividades urbanas mais eficientes e sustentáveis nas esferas econômica, social, ecológica e política.[217]

A partir dos conceitos acima, verifica-se que o critério tecnológico está intrinsecamente ligado às cidades inteligentes, enquanto a questão da sustentabilidade permeia a definição de cidade sustentável; porém, como visto, também compõe o conceito das *smart cities*.

Conclui-se que, com a junção desses dois conceitos (cidades sustentáveis e cidades digitais) é possível construir um terceiro, a cidade inteligente, na medida em que a sustentabilidade e a inovação urbana utilizam cada vez mais ferramentas das TICs.

Nessa toada, uma cidade digital necessariamente também será sustentável? Ou seja, são sinônimos?

3.2 Cidades digitais e cidades sustentáveis: sinônimos?

Para Abdala *et al.*, as *smart cities* contribuem com as cidades sustentáveis quando a tecnologia é usada de forma inteligente, não só nas relações entre pessoas, mas também entre essas e meio ambiente, não se restringindo apenas aos interesses do mercado e devendo ser considerada sob uma perspectiva mais holística, descentralizada, integradora e participativa. Para que essa tecnologia seja utilizada a partir dessa visão, os autores ressaltam a importância da educação orientada para a sustentabilidade como umas das principais iniciativas a serem buscadas.[218]

Diante deste contexto é perceptível que o conceito de *smart cities* engloba não só o uso de tecnologias da informação, como também o de governança, além do capital humano e social, na busca por um desenvolvimento econômico e sustentável.

---

[217] *Ibid.*
[218] ABDALA, Lucas Novelino *et al.* Como as cidades inteligentes contribuem para o desenvolvimento de cidades sustentáveis? Uma revisão sistemática de literatura. *Int. J. Knowl. Eng. Manag*, v. 3, n.5, p. 98-120, 2014.

Nesse mesmo sentido se manifesta Nicos Komninos, para quem as cidades inteligentes ou digitais passaram a ser definidas como "territórios com alta capacidade para aprender e inovar, baseando-se na criatividade da população, em suas instituições de criação de conhecimento, em sua estrutura digital e de comunicação",[219] demonstrando o padrão de cidades que integram não só as melhores tecnologias digitais, como também o capital humano, a governança e a sustentabilidade.

Pelo exposto, fica clara a necessidade premente de novas formas de se pensar a governança nas cidades, uma tendência, que tem sido vista em todo o mundo, de comprovar a efetividade na solução dos problemas metropolitanos, reduzindo congestionamentos e a poluição ambiental, por exemplo, além de favorecer projetos que promovem a competitividade sistêmica das cadeias produtivas.[220]

As pessoas evoluem, a sociedade evolui, e consequentemente as cidades precisam acompanhar as novas necessidades sociais, o que, por sua vez, requer novas estratégias de governança a fim de solucionar, ou ao menos mitigar, os problemas que surgem. Uma cidade inteligente precisa, desse modo, de uma governança de igual forma inteligente.

Um estudo publicado pelo Centro de Ciência Regional da Universidade de Tecnologia de Viena revela que uma *smart city* é uma cidade que possui bom desempenho em seis áreas-chave do desenvolvimento urbano, construída com base na combinação "inteligente" de habilidades e atividades de cidadãos autoconfiantes, independentes e conscientes.[221]

Todavia, o relatório da TUWIEN demonstra que há uma distinção na forma pela qual alguns eixos são considerados. O relatório demonstra, por exemplo, que questões pertinentes a vida, economia e mobilidade têm um peso relativamente maior do que as referentes a pessoas, ambiente e governo, como se pode compreender pelos seis subitens transcritos:

> 1- Economia inteligente (15 pontos): espírito inovador (3 pontos); empreendedorismo (3 pontos); imagem da cidade (2 pontos); produtividade

---

[219] KOMNINOS, Nicos. The architecture of intelligent cities: integrating human, collective and artificial intelligence to enhance knowledge and innovation. *The IEEE 2nd IET International Conference on Intelligent Environments*, p. 13-20, Atenas. 2006, p. 13.
[220] KLINK, Jeroen. *Regionalismo e reestruturação urbana:* uma perspectiva brasileira de governança metropolitana. Porto Alegre, 2009, p. 223.
[221] EUROPEANS MARTCITIES 4.0. *The smart city model*. 2015. Disponível em: http://www.smart-cities.eu/?cid=2&ver=4. Acesso em: 14 jun. 2022.

(3pontos); mercado de trabalho (3 pontos); integração internacional (2 pontos); 2- Ambiente Inteligente (10 pontos): qualidade do ar (4 pontos); consciência ecológica (4 pontos); gestão sustentável de recursos (2 pontos); 3- Governo Inteligente (10 pontos): consciência política (3 pontos); serviços públicos e sociais (3 pontos); administração eficiente e transparente (4 pontos); 4- Vida Inteligente (31 pontos): instalações culturais e de lazer (6 pontos); condições saudáveis (5 pontos); segurança individual (3 pontos); qualidade de habitação (4 pontos); instalações de educação (4 pontos); atratividade turística (5 pontos); coesão social (4 pontos). 5- Mobilidade Inteligente (13 pontos): sistema local de transporte (2 pontos); acessibilidade nacional e internacional (1 ponto); infraestrutura de tecnologias da informação e comunicação (4 pontos); sistema de transporte sustentável (6 pontos); 6- Pessoas Inteligentes (11 pontos): educação (1 ponto); aprendizado ao longo da vida (2 pontos); pluralidade étnica (3 pontos); mente aberta (5 pontos).[222]

Corsini, Rizzi e Frey explicam, a esse respeito, que uma *smart city* observa uma gestão racional de recursos naturais, com aplicação adequada de investimentos e infraestrutura de transportes, bem como um compromisso com o desenvolvimento e o uso de produtos e serviços ligados a tecnologias de informação e comunicação.[223]

Em igual teor, Hollands ensina que nesses modelos de cidades dá-se a utilização adequada da infraestrutura disponível, com o escopo de aprimorar a eficiência econômica e política a fim de permitir maior desenvolvimento social, cultural e urbano.[224]

Uma das características das cidades digitais ou inteligentes reside, portanto, na sua preocupação e no seu foco na sustentabilidade, que lhes possibilita gerar maior valor econômico-social por meio da redução do consumo de recursos, entre outras coisas. Com esse propósito, as *smart cities* são geridas com vistas à produção de menor quantidade de energia e de lixo, na busca por assegurar serviços mais duráveis em longo prazo.

---

[222] CASTRO, Mariane Silva. O estatuto da cidade frente ao novo paradigma das *smart cities*. Dissertação de Mestrado Científico. Mestrado em Ciências Jurídico-Políticas. Lisboa, 2019, p. 59.
[223] CORSINI, Filippo; RIZZI, Francesco.; FREY, Marco. Analysing smart-ness in European cities: a factor analysis based on resource efficiency, transportation and ICT. *International Journal of Global Environmental Issues*, v. 15, n. 3, p. 235-254, 2016.
[224] HOLLANDS, Robert. Will the real smart city please stand up? *City*, 12(3), 303-320. Retrieved, 2008. Disponível em: https://www.researchgate.net/publication/248930334_Will_the_Real_Smart_City_Please_Stand_Up. Acesso em: 29 jan. 2021.

Nesses termos, as cidades digitais se destacam como espaços de otimização da infraestrutura disponível, com o fim de aprimorar sua eficiência político-econômica.

Elas estão fundamentadas em fatores como: uma economia mais competitiva que estimula o empreendedorismo, a produtividade e a flexibilidade do mercado de trabalho no aspecto internacional; no capital social e humano com pluralidade social e étnica, dotados de criatividade e crescente nível de qualificação; na maior qualidade de vida das pessoas em virtude da melhoria das condições de saúde, educação e segurança; em uma governança participativa e transparente; na preocupação com o uso adequado dos recursos naturais visando à redução dos impactos ambientais com a diminuição do consumo de energia e dos níveis de poluição em todos os seus aspectos e, por fim, na busca por assegurar melhor mobilidade, por meio de sistemas de transporte seguros e sustentáveis.

A *World Commission ors Environment and Development* (Comissão Mundial para o Meio Ambiente e Desenvolvimento) apresentou um dos conceitos mais aceitos e propagados a respeito do desenvolvimento sustentável, segundo o qual este "satisfaz a necessidade do presente sem comprometer a capacidade de as gerações futuras satisfazerem suas próprias necessidades".[225]

O postulado da sustentabilidade surgiu quando o mundo passou a se conscientizar a respeito de suas aptidões para a autodestruição e, em decorrência disso, da extrema necessidade de mudanças de rumo, através da conscientização acerca da situação vivenciada e da consequente adoção de um novo comportamento com o objetivo de preservar o meio ambiente e, como efeito, a dignidade da pessoa humana. É nesse aspecto que surge a sustentabilidade – como uma espécie de direito--dever do Poder Público e, também, da própria sociedade, buscando uma forma de preservar o meio em que vive.

A sustentabilidade surge de uma percepção acerca da finitude dos recursos sociais e da forma abusiva e inadequada pela qual esses recursos são utilizados. Uma percepção que conduz para a constatação da necessidade de mudanças de atitudes em prol da preservação da própria espécie humana.

Tal conceito, todavia, alcançou uma dimensão muito maior e passou a englobar questões outras como o uso adequado de recursos

---

[225] WCED. *World Commission on Environment and Development. Our common future*. Oxford: Oxford University Press, 1987, p. 54.

naturais, a preservação da qualidade de vida da pessoa humana e, ainda, a utilização das chamadas "tecnologias limpas", tais como energia sustentável, e demais medidas urbanas que possam conter, de certa forma, o avanço da degradação social – entre elas, as *smart cities* ou cidades digitais.

Apesar de a literatura internacional reconhecer uma forte ligação entre as *smart cities* e a sustentabilidade, é possível verificar a presença de alguns desafios, como os métodos que deverão ser utilizados para mensuração do quanto uma cidade inteligente é, de fato, sustentável, além da criação de estratégias que possam fortalecer as competências da administração pública e aperfeiçoar seus modelos de governança a fim de favorecer esse desenvolvimento sustentável.

Cruz e Ferrer apresentam a sustentabilidade como um fator de transformação social, um processo que busca consolidar um novo estágio do Direito mediante a identificação de novos valores fundamentais, com todos os seus riscos e especificidades.[226]

Diante deste contexto apresentado, Barreira Filho e Sampaio identificam algumas premissas que direcionam a questão do desenvolvimento sustentável, quais sejam: a de que se trata de algo que busca diminuir a desigualdade, razão pela qual pode ser considerado socialmente justo, além de ser economicamente viável, em virtude da possibilidade de melhor distribuição de renda e, por fim, de se tratar de algo que é ecologicamente correto, posto ter por escopo a preservação do meio ambiente.[227]

Não se pode afirmar, contudo, que o desenvolvimento sustentável configura um estado permanente de harmonia entre o homem e a natureza, mas, certamente, consiste em um processo de mudança de atitudes e comportamentos sociais baseados nas necessidades presentes e futuras de todo planeta terrestre.

Nesses termos, fica claro que não se trata de expressões sinônimas, apesar de fortemente relacionadas, tendo em vista que toda cidade sustentável busca proporcionar melhores condições de vida para a sociedade, integrando o planejamento e a administração do ambiente urbano, buscando melhor aproveitar os benefícios oferecidos sem prejudicar os recursos para as futuras gerações.

---

[226] CRUZ, Paulo Márcio; FERRER, Gabriel Real. Direito, sustentabilidade e a premissa tecnológica como ampliação de seus fundamentos. *Revista da Faculdade de Direito da UFRGS*, n. 34, p. 276-307, ago. 2016. p. 289.

[227] BARREIRA FILHO, Edenilo Baltazar; SAMPAIO, José Levi Furtado. Sustentabilidade ambiental: discutindo o lugar. *Mercator*, Fortaleza, v. 3, n. 6, nov. 2008. p. 89-94. Disponível em: http://www.mercator.ufc.br/mercator/article/view/129. Acesso em: 08 jul. 2022, p. 90.

Uma cidade sustentável requer a integração e a compreensão de temas como economia, sociedade e meio ambiente, a fim de promover a igualdade e a inclusão social, de assegurar uma economia produtiva com respeito à natureza e em harmonia com o meio ambiente, com o objetivo de resguardá-lo.

Nesta senda, há um bom tempo que a sustentabilidade se tornou o grande alvo de todos os países que integram as Nações Unidas (ONU). Para tanto, foram publicados os Objetivos do Desenvolvimento Sustentável (ODS), que, divididos em 17 itens, encontram suas bases nos chamados 5 (cinco) "Ps": Pessoas (na busca pelo fim da pobreza e da fome mundiais); Planeta (revelando compromisso com a preservação do meio ambiente, estimulando o consumo, a gestão e a produção sustentáveis); Prosperidade (na busca pela realização pessoal de todos os indivíduos inseridos na sociedade, contribuindo, desse modo, para o progresso econômico, social e tecnológico) e, finalmente, Paz e Parceria entre as nações, governos, empresas, cidadãos e demais instituições sociais.

O entendimento de Leite e Awad é no sentido de que as cidades nunca abrigaram tantas pessoas, o que, por sua vez, resulta em maior consumo dos recursos naturais, de modo que urge o estabelecimento de um equilíbrio adequado entre o aumento da população social e o uso dos recursos disponíveis no meio ambiente. Para tanto, é possível pensar em cidades sustentáveis, que sejam capazes de atender a essas necessidades atuais sem prejudicar as necessidades futuras, observando um desenvolvimento mais equânime e inclusivo.[228]

A ideia de uma cidade digital ou inteligente perpassa a questão de planejamento, de gestão organizada, de urbanismo organizado e planejado, com o intuito de assegurar a todas as pessoas, sem quaisquer discriminações, uma vida digna.

Para José Pilati, a observância da função social da propriedade da própria cidade requer que as mesmas se assentem em padrões de produção e de consumo compatíveis com o território, o meio ambiente e a qualidade de vida das pessoas que abarcam esse meio.[229]

É nesse sentido que um dos objetivos de desenvolvimento sustentável previstos na Agenda 2030 busca "tornar as cidades e os assentamentos humanos inclusivos, seguros, resilientes e sustentáveis" por

---

[228] LEITE, Carlos. AWAD, Juliana Di Cesare Marques. *Cidades sustentáveis, cidades inteligentes*: desenvolvimento sustentável num planeta urbano. Porto Alegre: Ed. Bookman, 2012. p. 40.

[229] PILATI, José Isaac. *Planejamento urbano:* o povo constitucional e a tarefa teórica de resgate do coletivo. *Revista Sequência*, n. 54. p. 107-122, jul. 2007. p. 117.

meio da garantia de habitação segura, adequada e a preço acessível, de acesso a transportes seguros, acessíveis e sustentáveis e de um meio ambiente mais seguro, limpo e com qualidade de vida para todos.[230]

Dessa forma, as cidades digitais contribuirão de maneira mais eficiente e eficaz por assegurar a sustentabilidade, otimizando o ambiente urbano frente às maiores e principais necessidades sociais, através de soluções mais precisas e, deste modo, mais úteis.

Pode-se afirmar, portanto, que uma *smart city* busca utilizar as tecnologias de informação e comunicação para assegurar a sustentabilidade e, dessa forma, pode ser considerada uma importante ferramenta em prol da promoção do desenvolvimento sustentável.

Essa tendência tecnológica com foco na infraestrutura urbana encontra previsão, ainda, nas normas ISO: 37100, 37120, 26000, 17742, 39001, 39002, 24510.

No mesmo sentido, o estudo resultante dos debates acerca do Projeto nº 976/21, que pretende implementar a Política Nacional das Cidades Inteligentes (PNCI), apresenta como "eixos estruturadores":[231]

a) Uma sociedade inovadora e altamente qualificada mediante a capacitação dos próprios munícipes através de duas frentes principais: a qualificação para o uso das ferramentas digitais, buscando a alfabetização digital tão necessária e, ainda, a criação de uma nova mão de obra qualificada para essa economia digital;

b) Uma economia baseada em conhecimentos através da integração de serviços e da geração de negócios visando, sempre, o benefício das cidades e da população, tomando por base estudos e análises estatísticas de comportamentos;

c) O uso de tecnologias inteligentes e sensitivas, adequando a infraestrutura necessária para a eficaz e eficiente interconexão das redes, dos equipamentos e dos sensores, com o escopo de melhorar a oferta dos serviços e, consequentemente, a qualidade de vida.

d) A sustentabilidade integral, buscando projetos e orçamentos perenes com vistas ao desenvolvimento de respostas mais assertivas às necessidades atuais da sociedade, que estejam

---

[230] IPEA. *Objetivos de Desenvolvimento Sustentável nº 11*. Disponível em: https://www.ipea.gov.br/ods/ods11.html. Acesso em: 04 abr. 2022.

[231] BRASIL, Câmara dos Deputados. *Centro de Estudos e Debates Estratégicos*. Consultoria Legislativa, 2021, p. 44.

em equilíbrio com o meio ambiente, diminuindo o uso dos recursos naturais.

e) Uma governança mediada por tecnologia e participação cidadã, com a garantia de um verdadeiro engajamento por parte das pessoas, desde o processo de planejamento até a implementação, sem olvidar a sua participação na manutenção dos projetos implementados.

É possível, assim, afirmar que toda cidade sustentável busca se tornar cada vez mais inteligente ou digital, já que uma cidade digital possui (através do uso das tecnologias da informação e comunicação, da conscientização e do capital humano empregado) melhores condições de se tornar cada vez mais sustentável.

Com isso, compreende-se que é através da aplicação de políticas públicas voltadas para esses seis eixos que ocorre a construção das *smart cities*. Ressalta-se que somente quando houver a interligação de projetos referentes ao desenvolvimento social, econômico e ambiental é que se poderá falar em uma cidade integrada, inclusiva e, por fim, inteligente.

3.3 Como funciona uma cidade digital e qual o seu impacto na vida social?

Como pode ser observado, o principal escopo de uma cidade digital reside na soma de esforços tecnológicos e humanos, com o intuito de melhorar a qualidade dos serviços públicos ofertados e, dessa forma, assegurar melhor qualidade de vida a toda população mediante o eficiente respeito aos direitos humanos fundamentais.

Destarte, serviços que são considerados como críticos, na atualidade (tais como educação, saúde, transporte, proteção do meio ambiente e da segurança social), poderão ser aprimorados pelo do uso das novas tecnologias e da participação mais efetiva dos indivíduos que compõem a sociedade, de uma forma interconectada, eficiente e inteligente.

Os principais agentes na promoção das cidades digitais são os próprios cidadãos, responsáveis por moldar todos os padrões sociais, de maneira que insta buscar desenvolver as capacidades necessárias para soluções em rede, que possibilitarão a criação de comunidades com forte capacidade de atuação frente aos problemas sociais que forem se apresentando, aliados às instituições locais e à administração pública.

Assevera a doutrina que esse "empoderamento" das pessoas revela importante forma de apoiar a tomada de decisões, com base nas opiniões dos mesmos, de modo a resguardar processos mais participativos e com maiores condições de alcançar as necessidades sociais com eficiência e eficácia.[232] Isso porque apenas o uso de tecnologias demonstrou insuficiente para o desenvolvimento e a manutenção de uma cidade verdadeiramente inteligente, e a atuação responsiva dos cidadãos restou comprovadamente fundamental para o sucesso da criação e do desenvolvimento das *smart cities*.

A inserção dos indivíduos que compõem a sociedade por meio do compartilhamento de informações constantes a respeito dos projetos sociais a serem desenvolvidos, e tudo o mais que se pretenda implementar na cidade buscando seu engajamento ativo em todas as iniciativas apresentadas na busca por atender as reais necessidades das pessoas é, desse modo, extremamente necessário.

Lado outro, para que essa participação se dê de forma eficaz, necessário se faz investir na qualificação pessoal quanto ao uso adequado dessas novas tecnologias, com vistas a assegurar que líderes e servidores aprendam as melhores maneiras de resolver problemas públicos, tornando essa educação disponível para todos, democratizando o acesso a essa espécie de aprendizagem. Ensinar as pessoas a projetar e a liderar essas transformações sociais é indispensável.

Identifica-se, assim, frente às considerações apresentadas, a necessidade da presença de alguns requisitos para caracterizar uma cidade como digital ou inteligente. Em primeiro lugar, é preciso que a cidade tenha uma visão holística, ou seja, global. O processo deve refletir em todos os setores e assuntos locais.

Além disso, importa salientar que ser inteligente não consiste em um fim em si mesmo, mas em um meio para se alcançar os objetivos pretendidos de maneira mais ágil e eficaz.

Dessa forma, é preciso reconhecer que ser uma cidade inteligente é, na realidade, um instrumento para atingir o fim maior, que consiste na observância e na devida proteção dos direitos humanos fundamentais de toda pessoa, através da oferta de melhores condições de vida em sociedade, mediante, por exemplo, do incremento do setor produtivo local (na busca por torná-lo mais competitivo e atrativo para investidores) entre outras políticas públicas a serem adotadas com o intento de proporcionar um ambiente devidamente sustentável.

---

[232] PAPA, Rocco, GALDERISI, Adriana; GARGIULO, Carmela. Towards an urban planners' perspective on Smart City. *TeMa, Journal of Land Use, Mobility and Environment*, 6(1). Retrieved july 1, p. 5-18, apr. 2013. Disponível em: https://www.researchgate.net/publication/236595219_Towards_an_urban_planners'_perspective_on_Smart_ City. Acesso em: 08 fev. 2022.

Outro requisito que merece especial atenção, neste caso, consiste no reconhecimento da tecnologia como fator de disrupção, que possibilita a coleta, o compartilhamento, enfim, o tratamento de uma grande quantidade de dados pessoais, em tempo real, com a finalidade de gerar valor para a coletividade.

O uso da tecnologia pode facilitar diversos serviços oferecidos na cidade, possibilitando seu aprimoramento e sua oferta de forma mais eficiente, por meio do uso de sensores, redes e análise de dados.

No entanto, cumpre lembrar que essas novas tecnologias não alcançarão seus objetivos se não houver uma forte mudança de pensamento e valores através da conscientização de que as *smart cities* envolvem uma nova forma de viver, de gerir, de consumir e de fazer uso dos serviços disponibilizados em todo o ambiente urbano.

Por fim, o surgimento de uma economia colaborativa, como uma nova forma de relacionamento social, através da participação ativa das pessoas, bem como o desenvolvimento (como consequência) de políticas públicas mais ágeis e transparentes também configura um requisito a ser considerado.

O *crowdsourcing* e o *crowdlaw* são alguns exemplos do envolvimento e da colaboração sociais na gestão pública.[233]

Por meio do *crowdsourcing* são recrutados conhecimentos coletivos e voluntários, através da internet, com vistas a solucionar problemas comunitários, bem como promover o desenvolvimento de novas tecnologias, criando conteúdo ou provendo serviços.

Por sua vez, a *crowdlaw* consiste em uma tecnologia utilizada para engajar cidadãos em todas as etapas do processo de elaboração de políticas e leis, consistindo, assim, no uso da inteligência coletiva em processos legislativos.

Outra forma de uso das tecnologias de informação e conhecimento resta configurada no uso da chamada inteligência de instrumentação, que busca o aperfeiçoamento da infraestrutura da cidade por meio da coleta de dados em tempo real, fazendo uso da inteligência artificial para realizar uma análise preditiva da cidade.

Impende ressaltar que ainda não possuímos uma cidade que possa ser considerada totalmente configurada e encaixada na definição

---

[233] NOVECK, Beth Simone. *Crowdlaw*: Colletive Intelligence and Lawmaking (Inteligência coletiva e processos legislativos). Tradução: Christiana Freitas, Samuel Barros e Sivaldo Pereira da Silva. *Revista Esferas*. UnB. p. 80-98. Brasília. n. 14. 2019. Disponível em:https://portalrevistas.ucb.br/index.php/esf/article/view/10887/6338. Acesso em: 18 mar. 2022.

de uma *smart city*. O que existe, por ora, é um modelo ideal a ser buscado, e que já se encontra em constante construção.

Nesse aspecto, necessário se faz conhecer os diversos âmbitos em que se encontram esmiuçadas as cidades inteligentes, tomando por base seus diferentes focos de atenção.

A União Europeia separou o conceito de *smart cities* em seis áreas – a saber, *smart governance, smart economy, smart mobility, smart environment, smart people* e *smart living*. E com base nessa divisão do Parlamento Europeu, o Centro de Inovação do Setor Público de PwC e IE *Business School* (localizados em Madri, na Espanha) propôs uma mudança a fim de dividir a área *smart living* em duas: "segurança" e "saúde".

Nestes termos, analisar-se-á, brevemente, cada uma dessas área:

a) *Smart mobility* (Mobilidade) – a tecnologia é inserida para o desenvolvimento e aprimoramento de um sistema de logística e transporte integrado, que demonstre real eficácia, somado a um baixo impacto ambiental que, assim, permitam que o cidadão possa mudar a modalidade de transporte utilizada, priorizando opções consideradas "limpas", posto que não motorizadas. O diferencial compreende, ainda, no *feedback* dado pelos cidadãos, em tempo real, que possibilita melhor planejamento e avaliação do sistema, facilitando seu aprimoramento.

b) *Smart living 1* (Segurança) – a tecnologia é utilizada com vista a gerar espaços seguros, que possam proteger as infraestruturas sociais, permitindo uma reação com mais eficácia e agilidade frente às emergências que se apresentarem. Para tanto, são incorporados serviços de vigilância através de sistemas de segurança com uso de câmeras, centros de comando e controle, para facilitar a gestão em caso de emergências, sistemas tecnológicos de localização por meio de GPS, soluções de videovigilância aplicados à proteção do patrimônio, além do fortalecimento e aprimoramento da segurança cibernética, com a finalidade de proteção dos dados pessoais e, via de consequência, de todo o sistema informatizado, principalmente os que asseguram os serviços públicos essenciais.

c) *Smart living 2* (Saúde e sanidade) – o uso da tecnologia neste setor proporciona o incremento de oportunidades para o que vem sendo chamado de gestão inteligente da demanda assistencial, possibilitando melhor controle da informação para fins de minimizar o tempo máximo de espera nos atendimentos médicos, a melhor oferta de centros assistenciais, a facilitação dos agendamentos de consultas e cirurgias e a melhor gestão de incidentes, queixas e sugestões, entre outros.

d) Smart people (Educação) – o uso de ferramentas digitais (*tablets*, *smartphones*, *notebooks*) poderá favorecer a oferta da educação através de cursos *online* abertos, em plataformas educativas, que permitem a inclusão e o desenvolvimento crescente das habilidades profissionais, colaborando para o aprimoramento da formação social.

e) Smart government (Governo) – a tecnologia vem possibilitando, como já mencionado, a participação cada vez mais ativa dos cidadãos, que exigem maior transparência e acessibilidade, de maneira que um governo inteligente e integrado poderá ofertar à sociedade serviços mais adequados. Um governo inteligente, desse modo, implica colaboração não apenas entre os indivíduos que compõem a sociedade, como também entre os governos e, ainda, por meio de parcerias público-privadas, com o intuito de compartilhamento de objetivos, necessidades e soluções para otimizar os diversos âmbitos sociais.

f) Smart environment (Meio Ambiente) – neste aspecto a tecnologia configura importante instrumento para assegurar a sustentabilidade ambiental, mediante controle de consumo de água, energia e matérias-primas, por exemplo, sem falar do controle de geração de resíduos e contaminação. O planejamento urbano sustentável também merece destaque, bem como a reutilização e reciclagem de recursos, a prestação inteligente de serviços de iluminação pública e o controle do ciclo de água.

g) Smart economy (Economia) – novas formas de produção e de entrega de serviços surgem mediante o uso de tecnologias que proporcionam novas oportunidades de negócios digitais e de empreendedorismo, focados na interconexão global que maximizam o lucro.

3.4 Como estão as cidades digitais no Brasil? Uma análise comparativa com relação às cidades digitais mundiais

As cidades brasileiras convivem com uma imensa desigualdade social decorrente da urbanização irregular e da carência de oferta dos serviços públicos. No entanto, a transformação digital configura uma das maiores tendências mundiais e, como tal, não pode ser desconsiderada. Por isso, o Brasil precisa se articular com vistas a não perder espaço diante da acelerada mudança social que a evolução digital vem proporcionando.

Relatório divulgado pelo IBGE (Instituto Brasileiro de Geografia e Estatística) revela que o Brasil possui 5.570 municípios e uma população estimada em pouco mais de 214 milhões de habitantes, sendo que as 200 maiores cidades do Brasil concentram metade da população total.[234]

Dezessete dessas maiores cidades contêm mais de um milhão de habitantes, entre elas, São Paulo, com 12.396.372 de habitantes, e Rio de Janeiro, com aproximadamente 6.775.561 pessoas.[235]

Importa salientar, ainda, que até o início da década de 1960 a população brasileira era predominantemente rural (pouco mais de 54%), e na década seguinte, essa proporção já se inverteu, com aproximadamente 56% da população em território urbano.

Em 2016 foi publicado o Decreto nº 8.638, que trata das estratégias do e-gov e que permaneceu em vigor até 2019. Por meio desse decreto o governo brasileiro se comprometeu a tornar as políticas públicas mais eficientes e econômicas através do uso de tecnologias. Como reflexo, diversos aplicativos foram disponibilizados aos cidadãos, a fim de facilitar o cuidado com a saúde e o controle de sua aposentadoria, entre outros.

Pouco mais adiante, em 22 de junho de 2019, por meio da resolução CIT nº 19, o Ministério da Saúde criou uma série de aplicativos com o fim de facilitar o acesso a informações referentes à saúde, entre eles menciona-se o "Meu digiSUS" (que permite ao cidadão acesso às diversas funcionalidades do SUS, facilitando o agendamento de consultas e o acompanhamento de resultados de exames) e o "Meu INSS".

A Lei nº 10.257, de 2001 (conhecida como Estatuto das Cidades ou Lei de Desenvolvimento Urbano), ampliou o conceito de urbanização, regulamentando os artigos 182 e 183 da Constituição da República brasileira, para estabelecer princípios básicos que devem nortear as ações da política urbana para o aprimoramento dessas políticas, na busca por uma oferta de melhor qualidade de vida nas cidades.

---

[234] IBGE. *Divisão Urbano Regional*. Disponível em: https://www.ibge.gov.br/geociencias/ cartas-e- mapas/redes-geograficas/15777-divisao-urbano-regional.html?edicao=32556&. Acesso em: 11 jan. 2022.

[235] IBGE. *Cidades e Estados:* Rio de Janeiro. Disponível em: https://www.ibge.gov.br/cidades-e-estados/rj/rio- de-janeiro.html Acesso em: 11 jan. 2022.

Nos dias atuais não são poucas as cidades brasileiras que fazem uso da tecnologia para promover um desenvolvimento urbano mais assertivo através do uso de aplicativos que permitem a colaboração social e de instrumentos de monitoramento e de câmeras, que proporcionam o desenvolvimento dessa governança participativa.

No final de 2020, o Governo brasileiro publicou a Carta Brasileira para Cidades Inteligentes, lançada durante o *Smart City Session*, que ocorreu entre os dias 7 e 12 de dezembro.

Considerada um verdadeiro marco no tocante à regulamentação das *smart cities*, a carta foi coordenada pelo Ministério do Desenvolvimento Regional, Ministério da Ciência, Tecnologia e Inovações e o Ministério das Comunicações, e começou a ser elaborada em agosto de 2019, mediante um verdadeiro esforço coletivo através da colaboração de universidades, institutos de pesquisa, empresas, demais representantes da sociedade civil organizada e outros setores da sociedade.

Para confecção da referida carta, o Brasil contou, ainda, com a cooperação do governo alemão, no âmbito do projeto de cooperação técnica "Apoio à Agenda Nacional de Desenvolvimento Urbano Sustentável no Brasil (ANDUS)", que foi implementado pela *Deutsche Gesellschaft für Internationale Zusammenarbeit* – GIZ, uma agência de cooperação alemã.

Em outubro de 2020, uma minuta foi disponibilizada para consulta pública e recebeu mais de duzentas contribuições, que foram analisadas e consolidadas a para formatação do texto final.

Entre suas maiores preocupações está a acessibilidade social às tecnologias e, ainda, a garantia de sistemas transparentes e seguros, que respeitem a privacidade de cada indivíduo inserido na sociedade.

Logo no início, em suas apresentações, o texto da Carta brasileira para as cidades inteligentes informa:

> A Carta Brasileira para Cidades Inteligentes é resultado de um amplo processo de construção colaborativa, que oportunizou o engajamento de diversos segmentos da sociedade brasileira, envolvidos notadamente com os temas do desenvolvimento urbano, meio ambiente e de tecnologias, bem como com a formulação e a implementação de políticas públicas e ações de desenvolvimento local. Durante meses de trabalho, por meio de diferentes fóruns, atrizes e atores deram suas contribuições, agora sistematizadas neste documento nacional de referência, que se apresenta como uma "agenda pública para a transformação digital nas cidades brasileiras". Frente a um contexto altamente dinâmico, caracterizado pelas tecnologias da informação e comunicação (TICs), a construção da Carta Brasileira para Cidades Inteligentes foi assumida

como uma prioridade pela SMDRU. A Secretaria e os seus parceiros entendem que a apropriação adequada da transformação digital no território e do conceito de cidades inteligentes pelas cidades pode contribuir significativamente para a redução de desigualdades socioterritoriais e melhorar as condições de vida nas cidades.[236]

Pouco mais à frente, ao expressar as razões que levaram à confecção da mencionada carta, o Decreto 9.612/2018 especificou que o programa de cidades digitais seria substituído pelo "Programa de Cidades Inteligentes", a ser desenvolvido em consonância com o Decreto nº 9.854/2019, que instituiu o Plano Nacional de Internet das Coisas e estabeleceu a criação de câmaras temáticas, entre elas, a Câmara das Cidades 4.0, onde se encontra o grupo de trabalho responsável pela criação e o desenvolvimento da Carta para cidades inteligentes.

Conforme informação disponibilizada no sítio eletrônico do Ministério do Desenvolvimento Regional, a meta da carta constitui alcançar um público abrangente através de mais de 160 recomendações, apoiadas em oito objetivos estratégicos, tais como integrar a transformação digital nas políticas, programas e ações de desenvolvimento urbano sustentável; proporcionar acesso equitativo à internet de qualidade; estabelecer sistemas de governança de dados e tecnologias com transparência, segurança e privacidade, além de adotar modelos inclusivos de governança urbana, de modo a fortalecer o papel do poder público como gestor dos impactos dessa transformação digital pela qual as cidades vêm passando e fomentar o desenvolvimento econômico local neste contexto, entre outros mais.[237]

Uma cidade, de fato, inteligente deve, pelo já exposto, proporcionar melhores condições de vida para todos, garantindo o pleno desenvolvimento de sua personalidade com dignidade.

3.4.1 As cidades digitais no Brasil

E no tocante às cidades digitais, quais as suas finalidades e como elas têm contribuído para o maior desenvolvimento no Brasil?

---

[236] BRASIL. *Carta brasileira para cidades inteligentes*. Disponível em: https://www.gov.br/mdr/pt-br/assuntos/desenvolvimento-urbano/carta-brasileira-para-cidades-inteligentes. Acesso em: 07 jan. 2022.
[237] BRASIL. *Carta brasileira para cidades inteligentes*. s. d.

No que concerne às cidades digitais brasileiras, o ranking *Connected Smart Cities*[238] de 2021 apontou a cidade do Rio de Janeiro como a 7ª entre as mais inteligentes do País e a 1ª no que se refere à tecnologia e inovação.[239]

A primeira posição no *ranking* pertence à cidade de São Paulo, e a segunda, à cidade de Florianópolis (SC), seguida de Curitiba (PR).

Em quarto lugar está a capital brasileira (Brasília-DF), e em quinto, a cidade de Vitória, no Espírito Santo. Na sequência vêm São Caetano do Sul e Campinas (ambas no Estado de São Paulo), seguidas por Niterói (RJ) e, em décimo lugar, a capital baiana, Salvador.

O *ranking* é resultado de um estudo elaborado pela Urban Systems, em parceria com a empresa Necta, que mapeia 677 municípios com mais de 50 mil habitantes, com o escopo de definir as cidades com maior potencial de desenvolvimento no Brasil.

O estudo de 2021 contou com 75 indicadores, entre eles: urbanismo, mobilidade, meio ambiente, tecnologia e inovação, economia, segurança e empreendedorismo.

No que concerne à cidade do Rio de Janeiro, vencedora na categoria "Tecnologia e Inovação", e que ficou com o 7º lugar na colocação geral do *ranking*, foram instaladas mais de 100 (cem) mil lâmpadas LED, nos últimos sete meses, gerando uma economia de 80% do consumo de energia; além disso, a expansão do centro de operações irá trazer mais de dez mil câmeras, cinco mil pontos de *wi-fi*, mais de nove mil sensores georreferenciados, sem falar na criação do CORLab, um espaço destinado às *startups*, para a criação de soluções que busquem mitigar problemas decorrentes do crescimento demográfico acelerado, tais como a poluição atmosférica, os problemas de inundações e deslizamentos, além das dificuldades de mobilidade urbana.

Dentre as políticas públicas adotadas pelo município do Rio de Janeiro, e que fazem uso das tecnologias da informação, cita-se o uso do serviço 4G com 100% de cobertura, além de 6 (seis) operadoras de

---

[238] O *Connected Smart Cities* é a principal iniciativa do setor de cidades inteligentes e mobilidade urbana do Brasil e um dos maiores eventos da América Latina. É realizado pela Necta e a Urban Systems e envolve empresas, entidades e governos. O evento faz parte da Plataforma *Connected Smart Cities*, que tem por missão encontrar o DNA de inovação e melhorias para cidades mais inteligentes e conectadas umas com as outras, sejam elas pequenas ou megacidades. (CONNECTED SMART CITIES. *Ranking Connected Smart Cities 2021 aponta Rio de Janeiro em 7º lugar entre as cidades mais inteligentes do país e 1º em Tecnologia e Inovação*. set. 2021. Disponível em: https://evento.connectedsmartcities.com.br/releases/ranking-connected-smart-cities-2021-aponta-rio-de-janeiro-em-7o-lugar-entre-as-cidades-mais-inteligentes-do-pais-e-1o-em-tecnologia-e-inovacao/. Acesso em: 10 jan. 2022).
[239] *Ibid.*

banda larga com cerca de 99,8mbps de velocidade média nas conexões que são contratadas.

Importa citar, ainda, o sistema de bilhete eletrônico no transporte coletivo, os semáforos inteligentes, o cadastro imobiliário informatizado, o monitoramento de áreas de risco e o sistema de iluminação inteligente como outros exemplos do uso da tecnologia da informação para a entrega de serviços públicos mais aprimorados e qualificados.

Em São Paulo diversos aplicativos são disponibilizados com o intuito de simplificar o acesso à saúde, tais como o "Agenda fácil" e o "Aqui tem remédio", sem falar no portal de dados da prefeitura, que busca assegurar a transparência na promoção do governo aberto e outros mais, com finalidades diversas como estimular a economia criativa (Tech Sampa) ou a preservação do meio ambiente (Limpa Rápido e Calçada Verde), além da busca por melhor segurança pública (SP + Segura e City Câmeras) – entre outros.

Belo Horizonte também apresenta soluções tecnológicas, como o Centro de Operações da Prefeitura, que reúne os principais serviços municipais, além de também estar introduzindo o padrão LED para as luminárias. Ponto importante e que merece destaque, nesta cidade, reside na qualificação pessoal para o trabalho com a tecnologia da informação através, por exemplo, do Centro de Qualificação em TI.

Procedimento similar é identificado em Goiânia, através do "Qualifica", do "Mutirão Tech" e do "Ciência Pop", que visam a preparação do cidadão para o uso da economia digital e, ainda, o "Alvará+fácil" e outros aplicativos que buscam incentivar o empreendedorismo.

No tocante às regiões brasileiras, o estudo aponta, ainda, que a região sudeste é a que concentra maior número de cidades inteligentes e conectadas: em meio às dez primeiras apontadas no *ranking*, seis são encontradas na região sudeste.

O Estado de Mato Grosso possui dois municípios entre os cem mais inteligentes e conectados, conforme o *ranking Connected Smart Cities*.

O município de Cuiabá está em 39º do *ranking* (nacional), enquanto Primavera do Leste ocupa o 79º lugar.

Considerando apenas a região Centro Oeste do Brasil, Cuiabá aparece em 4º lugar, perdendo para Brasília, Campo Grande e Goiânia, enquanto Primavera do Leste aparece em 7º lugar.

Em um total de 70 pontos, atribuídos com base nos critérios já informados, a capital do Estado de Mato Grosso obteve 32,87 pontos, e o município de Primavera do Leste marcou 30,76 pontos.

Importante ressaltar que São Paulo (município melhor pontuado no Brasil) registrou um total de 37,58 pontos.[240]

O presidente da Urban Systems afirmou, recentemente, que:

> A edição 2021 do *Ranking*, mesmo com as alterações de indicadores, trazendo alguns que refletem as soluções já implantadas, apontou que algumas cidades permanecem em posições de destaque, mostrando que estas estão no caminho de trazer qualidade de vida aos seus habitantes, enquanto outras, mesmo com alteração no estudo, permanecem distante das posições ideais e precisam olhar com atenção ao planejamento da cidade.[241]

Cita-se, ainda, a criação da *smart city* Laguna, que vem sendo considerada a primeira cidade inteligente inclusiva do mundo e está sendo construída em São Gonçalo do Amarante, nas proximidades de Fortaleza (CE). Idealizada pela empresa *Planet Smart City*, Laguna possui cerca de 50 soluções inteligentes nas áreas de tecnologia, meio ambiente, inovação social, arquitetura e planejamento, conforme informação constante no *site* da empresa.

A cidade possui biblioteca, campo de futebol, bicicleta compartilhada, academia que gera energia cinética, câmeras de videomonitoramento das áreas comuns, cinema gratuito, coleta seletiva de lixo, cozinha compartilhada, pontos de recarga para carros elétricos, estacionamento inteligente, iluminação pública inteligente entre outras soluções inteligentes integradas.

Além disso, por meio de um aplicativo de celular gratuito (o *Planet Smart City*) é possível monitorar a própria residência, controlando seu consumo de água e de energia, bem como consultando a qualidade do ar, acompanhando as notícias e acessando os diversos outros serviços digitais disponíveis, como, por exemplo, uma funcionalidade SOS que compartilha a localização com contatos previamente selecionados, em caso de emergência.

Laguna *Smart City* já conta com 300 casas, construídas em quatro diferentes modelos (que vão de 57 a 85m2), projetados de forma inteligente, prontas para morar e com preços bem acessíveis.

---

[240] URBAN SYSTEMS. *Ranking geral*. Disponível em: https://app.powerbi.com/view?r=eyJrIjoiMWJjYTgzZGUtNGZkOC00YmM1LTljMDgtODU1ZmQ4NDlmN TRiIiwidCI6IjA0TcxZThlLTUwZDMtNDU1ZC04ODAzLWM3ZGI4ODhkNjRiYiJ9&embedImagePlaceh older=-true&pageName=ReportSection. Acesso em: 12 jan. 2022.

[241] CONNECTED SMART CITIES, 2021.

A *Planet Smart City* está construindo, ainda, outras cidades inteligentes no Ceará (Aquiraz), em Natal e no Rio Grande do Norte, e possui um projeto de construção de quatro condomínios inteligentes nos bairros paulistas de Bela Vista, Itaquera, Jabaquara e Freguesia do Ó.[242]

Um estudo conduzido pelo BNDS, em 2018, apresentou uma estimativa de que, para 2025, apenas no âmbito da IoT (*Internet of things*) poderiam ser acrescidos cerca de 50 a 200 bilhões de dólares à economia brasileira; dentre esse valor, cerca de 1,7 bilhões seriam provenientes das cidades inteligentes.

As Universidades brasileiras também têm dado sua contribuição por meio de estudos e debates a respeito do tema. Nesse contexto, a Universidade de São Paulo (USP), por exemplo, contribuiu, através da Escola Politécnica, realizando a importação e adequação das normas internacionais sobre cidades inteligentes, como a ISO TC 268/2013, que foi internalizada como ABNT CEE 268/2015.

Outra Instituição de ensino superior que apresentou sua contribuição através da estruturação de um laboratório voltado para estudos sobre as *smart cities* (o LabCHIS – Laboratório Cidades Humanas, Inteligentes e Sustentáveis) foi a Universidade Federal de Santa Catarina.

A Universidade de Caxias do Sul também contribuiu por meio do projeto do Observatório Brasileiro de Desenvolvimento Baseado em Conhecimento, que possibilita a análise de indicadores sociais de uma cidade usando como referência a ODS (Desenvolvimento Sustentável) e a ISO 37122.

Além dessas e de diversas outras instituições de ensino no Brasil, é possível citar, ainda, a contribuição do terceiro setor, como o observatório mantido pela Organização Social Centro de Gestão e Estudos Estratégicos (CGEE), com o objetivo de criar um banco de soluções urbanas estratégicas em prol da melhoria da oferta dos serviços públicos, sem olvidar da Rede Brasileira de Cidades Inteligentes, que atua na orientação dos municípios e possui participação na Frente Parlamentar

---

[242] BRASIL. *Planet smart city*. Disponível em: https://www.planetsmartcity.com.br/?utm_medium=ppc&keyword=Institucional&utm_campaign=Search%20Institucional%20%5BBR%5D&utm_term=planet%20smart%20city%20laguna&utm_source=adwords&hsa_acc=8209606839&hsa_cam=13322032308&hsa_grp=121810466046&hsa_ad=524905992210&hsa_src=g&hsa_tgt=kwd-1185462696220&hsa_kw=planet%20smart%20city%20laguna&hsa_mt=p&hsa_net=adwords&hsa_ver=3&gclid=Cj0KCQjw8amWBhCYARIsADqZJoWWChIrDhLXbTJIoW8obclzvCBpb_qhYr0lDN95iqfLDBze7l B_hS4aAqUKEALw_wcB. Acesso em: 10 jan. 2022.

Mista em Apoio às Cidades Inteligentes e Humanas, bem como no Conselho Nacional de Ciência e Tecnologia da Presidência da República.

No que concerne à iniciativa da Rede Brasileira de Cidades Inteligentes e Humanas (RBCIH), destaca-se o modelo de abordagem conhecido por "cinco camadas", por meio do qual a implantação de uma cidade digital ou inteligente precisa observar (como bem explicita o nome da abordagem) cinco camadas essenciais: 1) Pessoas – através da criação de um plano mestre mediante a oitiva da população e de todos os envolvidos no processo; 2) Subsolo –através da montagem de um plano diretor de subsolo com galerias técnicas e implantação de sensores; 3) Solo – por meio da reurbanização da cidade mediante o conceito *"live, learn and play"*, que consiste em moradia, trabalho, educação e diversão; 4) Infraestrutura tecnológica – pela interligação da iluminação inteligente através do uso de fibra óptica, de maneira a centralizar a gestão e a prestação do serviço; por fim, 5) Plataforma de Internet das Coisas (IoT) – mediante o processamento de todos os dados necessários para gestão de todo o complexo urbano, com a inclusão, por exemplo, de semáforos, saúde, educação, segurança e etc.

O interessante (que precisa ser ressaltado nesta abordagem) consiste em iniciar o planejamento ouvindo os verdadeiros interessados, ou seja, os cidadãos. O foco está nas pessoas, e não nas tecnologias a serem utilizadas.

Em março de 2022 a cidade de São José dos Campos foi a primeira cidade brasileira a ser reconhecida e certificada, pela ABNT, como uma cidade inteligente (apenas 79 municípios, em todo o mundo, possuem essa certificação). A certificação utilizou uma metodologia com 276 indicadores que se dividem em setores, como serviços urbanos e qualidade de vida, de acordo com as normas ISO 37120 (qualidade de vida e sustentabilidade), a 37122 (tecnologia) e a 37123 (resiliência – ou seja, capacidade de prevenção e ação diante de desastres naturais), e a cidade brasileira obteve certificação nas três normas ISO.[243]

Alguns desafios, porém, ainda precisam ser superados, no Brasil, no que concerne à evolução das cidades inteligentes. A diversidade cultural existente em um país com extensa dimensão, a complexidade tributária, o excesso de burocracia (que demanda o aprimoramento da

---

[243] BRASIL PAÍS DIGITAL. *São José dos Campos é certificada como a primeira cidade inteligente do Brasil*. Disponível em: https://brasilpaisdigital.com.br/sao-jose-dos-campos-e-certificada-como-a-primeira- cidade-inteligente-do-brasil/. Acesso em: 28 jun. 2022.

legislação no que se refere à interação público-privada), a rigidez no tocante às normas de contratação da administração pública (que muitas vezes proporcionam o chamado "apagão das canetas"), a necessidade de uma normatização que preveja todas as necessidades decorrentes da economia da informação, a falta de mão de obra qualificada, o alto índice de aversão ao risco, sem mencionar outros fatores histórico-culturais, impactam fortemente na decisão dos gestores pela implementação dessas cidades digitais a fim de que possam ser reconhecidas, de fato, como cidades inteligentes.

A ausência de estabilidade política, econômica e até mesmo jurídica também influencia na tomada de decisão em longo prazo, diante das incertezas apresentadas.

A evolução tecnológica, todavia, é uma realidade que tende a crescer exponencialmente e pode trazer milhares de benefícios, possibilitando uma entrega mais eficiente e eficaz das políticas públicas por parte do Governo, garantindo, dessa forma, os direitos fundamentais de toda pessoa.

Para o êxito desse objetivo é preciso, porém, planejamento. Cidades digitais ou inteligentes buscam transportes públicos mais ágeis, sem abrir mão da segurança; redes de iluminação e esgoto mais eficientes, sem maiores ônus; distribuição de água com melhor gerenciamento dos recursos hídricos locais, enfim, uma entrega justa, equilibrada, que atenda as necessidades fundamentais da sociedade sem acarretar a degradação do meio ambiente.

Em reportagem publicada na revista Exame, o presidente do Banco Interamericano de Desenvolvimento, Maurício Claver-Carone, declarou que serão necessários cerca de 20 bilhões de dólares de aporte para que o Brasil possa alcançar os níveis de conectividade previstos pela OCDE.

No dia 24 de março de 2022, o Congresso Nacional brasileiro deu mais um passo rumo à melhor estruturação das cidades digitais no Brasil com o lançamento da "Frente Parlamentar para o Desenvolvimento das Cidades Inteligentes".

Com a finalidade de unir os membros integrantes do Congresso Nacional e as organizações públicas e privadas nesta busca por soluções que incrementem a governança nessas novas cidades, através do bom uso das tecnologias da informação e comunicação, sem olvidar da importância da sustentabilidade, o grupo, liderado pelo vice-presidente da Câmara dos Deputados, Dep. Marcelo Ramos, tem como frente o aprofundamento dos debates no Congresso, no qual tramita o Projeto de Lei nº 976/21.[244]

O Projeto nº 976/21 visa instituir a Política Nacional de Cidades Inteligentes (PNCI) e elenca alguns princípios e orientações necessários para que os cidadãos digitais possam ter os seus direitos observados com mais eficácia e eficiência.

Assinado pelo Deputado José Priante e mais onze parlamentares que fizeram parte do Centro de Estudos e Debates estratégicos da Câmara dos Deputados (CEDES), em 2020, o projeto resultou de diversos debates ocorridos nesse grupo, que deu origem a um estudo estratégico, publicado com o título "Cidades Inteligentes – uma abordagem humana e sustentável"[245] e encontra-se, agora, na Comissão de Finanças e Tributação.

Nesta mesma senda, em 29 de março de 2021 foi publicada a Lei nº 14.129, que dispõe sobre princípios, regras e instrumentos para o Governo Digital e para o aumento da eficiência pública,[246] trazendo, logo em seu primeiro artigo, princípios, regras e instrumentos essenciais para aumentar a eficiência da administração pública "especialmente por meio da desburocratização, da inovação, da transformação digital e da participação do cidadão",[247] além de evidenciar os destinatários da mesma, ou seja, a quem ela se aplica: órgãos da administração pública direta federal, entidades da administração pública indireta federal e administrações direta e indireta dos demais entes federados, "desde que adotem os comandos desta lei por meio de atos normativos próprios".[248]

Importante ainda ressaltar que, no parágrafo 1º do artigo 2º da Lei supramencionada, consta a determinação de que esta lei não se aplica a empresas públicas e sociedade de economia mista, suas subsidiárias e controladas "que não prestem serviço público", ou seja, com exceção dos casos em que não há prestação de serviço público, a lei obriga toda a administração pública a transformar-se em uma

---

[244] BRASIL. Câmara dos Deputados. *Projeto de Lei nº 976/2021*. Disponível em: https://www.camara.leg.br/proposicoesWeb/prop_mostrarintegra?codteor=1977843. Acesso em: 02 maio. 2022.

[245] BRASIL, Câmara dos Deputados. Centro de Estudos e Debates Estratégicos – Consultoria Legislativa. 2021.

[246] BRASIL, *Lei nº 14.129 de 29 de março de 2021*. Disponível em: http://www.planalto.gov.br/ccivil_03/_ato2019-2022/2021/lei/l14129.htm. Acesso em: 27 de jun. 2022. Altera a Lei nº 7.116, de 29 de agosto de 1983, a Lei nº 12.527, de 18 de novembro de 2011 (Lei de Acesso à Informação), a Lei nº 12.682, de 9 de julho de 2012, e a Lei nº 13.460, de 26 de junho de 2017.

[247] *Ibid.*, Art. 1º.

[248] *Ibid.*, Art. 2º, III.

administração pública digital e determina que compete aos Estados, Municípios e Distrito Federal estabelecerem o mesmo através de seus próprios atos normativos.

Por princípios e diretrizes do Governo Digital e da eficiência pública, a Lei nº 14.129/21 elenca, no seu terceiro artigo, entre outras coisas, a desburocratização, a modernização, o fortalecimento e a simplificação da relação do poder público com toda a sociedade, através da oferta de serviços acessíveis, inclusive, por dispositivos móveis, a disponibilização do acesso a informações por meio de uma plataforma única e integrada, a transparência na execução dos serviços públicos e no monitoramento da qualidade destes, de maneira a incentivar a participação social no controle e na fiscalização da administração pública.[249]

No capítulo II, a lei aborda a digitalização da administração pública, além da prestação digital de serviços públicos, regulamentando sua funcionalidade, e o artigo 14 prevê, inclusive, a obrigatoriedade de se observar meios de tecnologia de amplo acesso pela população de baixa renda ou residente em áreas rurais ou isoladas, "sem prejuízo do direito do cidadão a atendimento presencial", demonstrando sua preocupação com a inclusão digital.

A lei menciona, também, a possibilidade de criação de "Redes de Conhecimento" entre os poderes, a fim de compartilhar conhecimento e experiências, bem como de discutir a respeito dos desafios que enfrentarem, entre outras questões mais, na busca por maior amadurecimento cultural no que se refere a este atendimento digital.

Em seus artigos finais, a lei aborda a governança, a gestão de riscos, o controle e a auditoria, reconhecendo a importância do monitoramento e não apenas da implementação do governdo digital, para alcançar, de fato, a eficiência que se busca. Contudo, não faz menção à premente necessidade de uma segurança cibernética que possa proteger os documentos digitalizados, evitar vazamentos e invasões, a fim de resguardar os direitos das pessoas por meio da proteção de seus dados pessoais.

Em suma, a Lei do Governo Digital se baseia nos princípios da desburocratização, da modernização, do fortalecimento e simplificação do relacionamento entre poder público e sociedade civil, da plataforma digital única de serviços públicos, sem prejuízo do atendimento presencial, da transparência, do uso da tecnologia para otimizar a

---

[249] BRASIL, *Lei nº 14.129*, de 29 de março de 2021, 2021, Art. 3º.

entrega dos serviços, da atuação integrada dos serviços públicos, do compartilhamento dos dados pessoais nos termos da Lei nº 13.709/2018 (Lei Geral de Proteção de Dados Pessoais). Ficou definido no normativo legal que o CPF (cadastro de pessoas físicas) e o CNPJ (cadastro de pessoas jurídicas), ambos da Receita Federal, são as credenciais que identificarão os usuários para acesso aos serviços no portal gov.br.

Um governo digital é um grande passo rumo ao avanço tecnológico, pelo que se faz necessário o desenvolvimento de políticas públicas que objetivem a inclusão digital, a educação digital e a segurança cibernética, sob pena da ação governamental produzir maior exclusão social, real exposição dos usuários despreparados aos riscos dos ambientes digitais relacionados ao furto de identidade, de dados e paralização dos serviços públicos ofertados por causa de ataques cibernéticos.

Os desafios, como se pode perceber, ainda são imensos, mas necessário se faz reconhecer que a evolução tecnológica é um caminho sem volta, e o País precisa se adequar e capacitar a população a fim de extrair dela os maiores e melhores benefícios possíveis para o bem-estar da sociedade.

3.4.2 As cidades digitais no mundo

As cidades digitais tem se espalhado, rapidamente, por todo o mundo, e, como vimos, enquanto algumas têm sido adaptadas, outras são planejadas como uma cidade inteligente desde a sua concepção, sempre buscando melhores ofertas de serviço para a população.

Consoante o IDC (*International Data Corporation*), o objetivo final de uma *smart city* consiste em melhorar a qualidade de vida dos cidadãos, assegurando o crescimento econômico sustentável.[250]

Dados publicados pela *Smart City Strategy Index 2019* indicaram que o maior crescimento de cidades inteligentes, no mundo, deu-se na América do Norte, Europa e Ásia, sendo que aproximadamente 41% dessas cidades encontram-se na região europeia, 27% estão na Ásia, 24% na América do Norte e 8% nos demais continentes.[251]

---

[250] IDC. *Smart cities benchmark*. International Data Corporation. Portugal, 2015. Disponível em: https://docplayer.com.br/36805174-Smart-cities-benchmark-portugal-2015.html. Acesso em: 08 jul. 2022, p. 13.

[251] ROLAND BERGER. *Smart city strategy index:* Vienna and London leading in worldwide ranking. 2019. Disponível em: WWW.rolandberger.com/en/Publications/Smart-City-Strategy-Index-Vienna-and-London- leading-in-worldwide-ranking. Acesso em: 10 jan. 2022.

Um estudo publicado em 2012 apresentou 143 projetos de cidades digitais no mundo, sendo 35 na América do Norte, 11 na América do Sul, 47 na Europa, 40 na Ásia e 10 na África e no Oriente Médio.[252]

De acordo com o estudo mencionado acima, as iniciativas apresentadas nas regiões da Ásia e do Oriente Médio se referem à construção das *smart cities* desde o início, ou seja, na criação, propriamente falando, das mesmas. Como exemplo, cita-se as cidades de Masdar (Emirados Árabes) e de Songdo (Coréia do Sul).

Em 2006 o governo de Abu Dhabi publicou o projeto de construção da *smart city* Masdar, uma cidade sustentável, neutra em carbono, alimentada por energia renovável, que custaria, inicialmente, cerca de U$22 bilhões para sua construção. Uma verdadeira "eco cidade inteligente".[253] Em 2019, apenas 10% aproximadamente da cidade havia sido construído.[254]

Existe uma lacuna considerável entre o projeto idealizado e o realizado até o presente momento, e as críticas apresentadas se referem ao fato de que a ideia de desperdício zero é impossível de ser alcançada, se considerada a lei da termodinâmica. Além disso, percebe-se que a observância voluntária dos cidadãos no que se refere às restrições quanto ao consumo de determinados recursos, além da necessidade de sacrificar alguns confortos básicos que impulsionam o consumo convencional, é essencial para o progresso dessas cidades. Sem a participação social colaborando com o andamento do projeto de sustentabilidade, ainda que sejam usadas tecnologias de ponta, não será possível observar total eficiência e eficácia. Por isso a conscientização é tão importante.

Um estudo realizado em 2018 pela Universidade de Harvard, denominado *Phantom Urbanism*, apresentou algumas evidências que demonstram que fracassos em iniciativas de criação de cidades inteligentes ou digitais, entre elas a cidade de Masdar, deram-se pelo

---

[252] LEE, Jung Hoon; HANCOCK, Marguerite Gong e CHIH HU, Mei. Towards a framework for Smart Cities: A Comparison of Seoul, San Francisco & Amsterdam. *Revista Science Direct*. v. 89, novembro de 2014. p. 80-99. Disponível em: https://www.sciencedirect.com/science/article/abs/pii/S0040162513002187?via%3Dihub. Acesso em: 08 jul. 2022.

[253] FORUM ECONOMICO MUNDIAL. *Economia circular nas cidades:* Evoluindo o modelo para um futuro sustentável, Fórum Econômico Mundial em colaboração com a PwC, 2018. Disponível em: https://www3.weforum.org/docs/White_paper_Circular_Economy_in_Cities_report_2018.pdf. Acesso em: 08 jul. 2022.

[254] WOETZEL, Jonathan; REMES, Jaana *et al. In:* Mckinsey Global Institute. *Cidades inteligentes:* soluções digitais para um futuro mais habitável, jun. 2018. Disponível em: https://www.mckinsey.com/business-functions/operations/our-insights/smart-cities-digital-solutions-for-a-more-livable-future. Acesso em: 08 jul. 2022.

forte enfoque dado às tecnologias da informação e comunicação sem considerar o aspecto humano.

Masdar custou mais de 20 bilhões de dólares em investimentos aos cofres públicos para abrigar pouco mais de 300 habitantes, quando a estimativa inicial era de cerca de 50 mil.

O plano diretor de Songdo, na Coreia do Sul, por sua vez, foi inspirado na cidade de Nova York e teve um custo inicial previsto em U$40 bilhões de dólares; todavia, sua ocupação inicial representou pouco mais que 45% da previsão inicial.

Esse menosprezo (ou ao menos subestimação) pelo aspecto humano e pelas dinâmicas sociais e culturais que fundamentam uma cidade somado à falta de conscientização e preparo das pessoas com relação aos benefícios decorrentes da oferta disponível por meio das cidades inteligentes configuram importantes desafios que necessitam ser superados. Ter acesso a tecnologias de ponta não significa afirmar que o seu uso e aplicabilidade se darão, necessariamente, da maneira adequada e eficaz.

Para a Nova Agenda Urbana da Organização das Nações Unidas (2017), as cidades inteligentes configuram uma forma de impulsionar o crescimento econômico sustentável, possibilitando o aprimoramento da prestação de serviços públicos através do uso de tecnologias e energias consideradas "limpas".[255]

Nesta mesma senda, a OCDE (Organização para Cooperação e Desenvolvimento Econômico) também considera as *smart cities* como instrumentos de aprimoramento, com vistas a alcançar maior eficiência dos serviços urbanos, e que tornam evidente a importância da colaboração social, por demonstrar a importância do envolvimento dos diversos atores que compõem a sociedade na busca por encontrar soluções frente a todos os problemas urbanos.[256] O modelo europeu de cidade digital considera fatores tecnológicos (como infraestrutura física, tecnologias móveis e virtuais inteligentes e redes digitais disponíveis), fatores humanos (como a infraestrutura humana e o capital social), bem como fatores institucionais, como a governança e a política, além da regulação. As soluções ofertadas para os problemas urbanos são avaliadas e consideradas, contudo, a ênfase reside no modo pelo qual se dá a gestão da política pública, além da participação

---

[255] ONU. *Nova agenda urbana 2017*. 2017. Disponível em: WWW.habitat3.org/wp-content/uploads/NUA- Portuguese-Brazil.pdf. Acesso em: 10 jan. 2022.

[256] OCDE. *Working Party on Urban Policy*. 2019. Disponível em: www.one.oecd.org/document/CFE/RDPC/URB(2019)1/REV1/en/pdf. Acesso em: 10 jan. 2022.

da sociedade em pontos que necessitam de maior atenção por parte das cidades inteligentes brasileiras: gerenciamento e colaboração. Em Portugal muitas cidades procuram promover o desenvolvimento e a produção de soluções inovadoras, com foco na estruturação da oferta e na valorização dos mercados internacionais. Dentre essas cidades cita-se Cascais, Porto, Aveiro e Coimbra.[257]

Lisboa, por sua vez, foi escolhida pela União Europeia como referência neste contexto de *smart cities*.[258]

Já em Amsterdã, a estruturação das cidades digitais iniciou em 2009 e conta, atualmente, com diversos projetos que usam plataforma interconectada com dispositivos sem fio, com o intento de aprimorar a tomada de decisões no que concerne à administração pública, em tempo real. O escopo dos projetos consiste na redução do tráfego, na economia de energia e na melhoria da segurança pública.[259]

A cidade de Copenhague, na Dinamarca, ocupa a 6ª posição no *ranking Cities in Motion*, publicado pela IESE *Business School*, que traz o rol das cidades mais inteligentes no mundo. Com uma proposta arrojada, que busca reduzir as emissões de carbono e com mais da metade da população adepta do uso de bicicletas como principal meio de transporte (o que, obviamente, só é possível em virtude de uma excelente e eficiente infraestrutura cicloviária), Copenhague tomou a iniciativa de estabelecer a ambiciosa meta de se tornar a primeira capital do carbono neutro até 2025.[260]

Gdynia, cidade da Europa Oriental (Polônia), foi a primeira a receber o certificado ISO 37120. Ela possui sistema inteligente de gerenciamento de tráfego (TRISTAR) e figura ao lado de cidades como Barcelona e Londres como exemplos de cidades inteligentes.[261]

---

[257] WORLD TRADE CENTER LISBOA. *Smart cities em Portugal:* Lisboa, Almada, Cascais, Aveiro e Vila Nova de Gaia são referências em termos de inteligência urbana e estratégias inteligentes. Publicado em 14 Dez. 2020 em Empreendedorismo & Inovação Lifestyle & cultura. Disponível em: https://businessclub.wtclisboa.com/2020/12/14/smart-cities-em-portugal-lisboa-almada-cascais-aveiro-e-vila-nova-de-gaia-sao-referencias-em-termos-de-inteligencia-urbana-e-estrategias-inteligentes/. Acesso em: 10 jan. 2022.

[258] *Ibid.*

[259] CUNHA, Maria Alexandra *et al. Smart cities* – transformação digital em cidades. São Paulo: Programa Gestão Pública e Cidadania – PGPC, 2016, p. 67.

[260] IESE. *IESE cities in motion index – 2020.* Disponível em: https://blog.iese.edu/cities-challenges-and-management/2020/10/27/iese-cities-in-motion-index-2020/. Acesso em: 10 jan. 2022.

[261] SMART CITIES COUNCIL. *Gdynia, why quality of life is the main smart city strategy for this Polish city.* Disponível em: https://www.smartcitiescouncil.com/article/gdynia-why-quality-life-main-smart-city- strategy-polish-city. Acesso em: 13 jan. 2022.

Outro exemplo de boas práticas internacionais que merece menção se encontra na cidade espanhola Santander, que se tornou uma espécie de protótipo de cidade inteligente.

A cidade possui mais de 10 mil sensores que conectam edifícios, infraestrutura, transporte e demais utilidades, monitorando os níveis de poluição, ruído, tráfego e estacionamento, contribuindo para a sustentabilidade local;[262] no entanto, não priorizou a segurança pública, por ser considerada uma cidade segura, com menor a taxa de criminalidade da Espanha.[263]

O cidadão de Santander, contudo, possui acesso livre e gratuito aos dados públicos, por meio de aplicativos de celular. Essa transparência, portanto, é o que tem assegurado a posição da cidade como uma cidade modelo quando se trata de *smart cities*.

Cita-se, ainda, a título de exemplo e boas práticas, a cidade de Estocolmo (Suécia), que é sustentada pelo sistema de fibra escura *Stokab* (empresa de infraestrutura de TI local), que fornece uma rede de fibra óptica universal. Além disso, o programa *Green IT* funciona com o objetivo de reduzir o impacto ambiental, com o apoio da tecnologia da informação em edifícios com eficiência energética, monitoramento de tráfego e o aprimoramento de serviços digitais (com vistas a reduzir o consumo de papel). A região faz uso do sistema de tripla hélice, por meio do qual as universidades e as indústrias trabalham ao lado do governo, de maneira conjunta e com o objetivo de aprimorar a oferta dos serviços essenciais para os cidadãos.[264]

O que se percebe pela análise realizada é que o mundo caminha em prol da melhor aplicabilidade das tecnologias de informação e comunicação nas cidades, com vistas a reduzir os impactos não apenas econômicos, como também os socioambientais – e, dessa forma, assegurar melhor os direitos das pessoas.

Para tanto, algumas cidades têm optado por aproveitar sistemas já existentes na busca por iniciar o projeto de *smart city*, e, em um aspecto

---

[262] WHOW. *Tecnologia. Santander:* uma cidade inteligente no norte da Espanha. Disponível em: https://www.whow.com.br/tecnologia/santander-cidade-inteligente-espanha/. Acesso em: 13 jan. 2022.

[263] BAYO, Jaime Gutiérrez. *Estudios de casos internacionales de ciudades inteligentes.* Espanha: Santander, 2016. Disponível em: https://publications.iadb.org/publications/spanish/document/Estudios-de-casosinternacionales-de-ciudades-inteligentes-Santander-Espa%-C3%B1a.pdf. Acesso em: 13 jan. 2022.

[264] SCANDINAVIAN WAY. *Inovação urbana:* Estocolmo é eleita a cidade inteligente de 2019. 2019. Disponível em: https://scandinavianway.com.br/inovacao-urbana-estocolmo-e-eleita-a-cidade-inteligente-de- 2019/. Acesso em: 13 jan. 2022.

geral, é possível identificar que uma das maiores preocupações, em todo mundo, tem sido com a mobilidade urbana e com a segurança.

Lazaroiu e Roscia ensinam que o futuro dessas cidades digitais ou inteligentes tende a se mostrar desafiador frente à necessidade desses novos modelos de sociedade, por meio dos quais a tecnologia serve às pessoas, na busca por um cenário econômico mais satisfatório que possa melhorar a qualidade de vida de todos. E os autores chamam a atenção, ainda, para o fato de que essas necessidades, que são geradas por cidades com um nível considerável de processos inteligentes, via de regra, movimentam toda a economia e desenvolvem *stakeholders* regionais de tal maneira, que se tornam necessárias ações com vistas a aprimorar o desenvolvimento e o trânsito das informações locais, a fim de capitalizar as oportunidades que possam surgir e, desse modo, intensificar esse panorama empreendedor que compõe as *smart cities*.[265]

No que concerne à segurança, importa ressaltar que em meio a essa economia de dados é imperioso cuidar não só da segurança física, como também (e principalmente) da segurança cibernética, mormente nestes tempos em que os ataques nesta área vêm crescendo de maneira exponencial.

Não se pode olvidar, ainda, da participação da sociedade como fator de sucesso para uma cidade digital. A participação ativa dos cidadãos é imprescindível para o êxito deste modelo de cidade, todavia, essa participação precisa caminhar juntamente com um planejamento dinâmico que busque analisar a prioridade local em cada momento, considerando toda a dinâmica sociourbana.

---

[265] LAZAROIU, George Cristian; ROSCIA, Mariacristina. Definition methodology for the smart cities model Energy, *Elsevier*, v. 47, n. 1, p. 326-332, 2012.

CAPÍTULO 4

A SEGURANÇA CIBERNÉTICA – UM DIREITO FUNDAMENTAL E UM DEVER DE TODOS

Nos capítulos anteriores demonstrou-se, como consequência da Revolução Digital, dos avanços tecnológicos, da evolução da inteligência artificial e do aprendizado das máquinas, fenômeno que os sociólogos denominam de sociedade da informação. Uma sociedade hiperconectada globalmente, onde o conhecimento e as informações se tornaram mercadorias estratégicas e, portanto, de extremo valor.

Sidney Guerra, já em 2004, chamava a atenção para o fato de que "(...) a arma dos tempos modernos não é a bomba, mas a informação. Quem detém a informação tem o poder".[266]

Por conseguinte, por se tratar da base da informação, os dados pessoais passaram a ser, mais do que desejados, necessários e essenciais para toda espécie de relacionamento, seja pessoal ou profissional, de maneira que não só a sociedade, mas a própria economia passou a girar em torno desses dados.

Angélica Ferreira Rosa alerta para o fato de que as interações sociais entabuladas neste meio digital (que já são amplas e ainda estão sendo expandidas em decorrência deste novo contexto social gerado pela pandemia) passam por um crescimento que proporciona reflexos nas áreas consumeristas e civis e, portanto, necessitam receber a tutela do Estado.[267]

---

[266] GUERRA, Sidney Cesar Silva. *O direito à privacidade na internet*: Uma discussão da esfera privada no mundo globalizado. Rio de Janeiro: América Jurídica, 2004, p. 01.
[267] ROSA, Angélica Ferreira; NUNES, Táis Zanini de Sá Duarte e ASSUNÇÃO, Nicolle Oliveira. Do direito à privacidade: análise da proteção de dados ante o advento da Lei 13.709/2018. *In: Revista Conhecimento e Diversidade.* v. 13, n. 30, p. 192-205. Mai/ago. 2021. Niterói-RJ. p. 205.

O mundo hoje, digitalmente globalizado, necessita de dados pessoais. Sem esses dados, nada funciona!

Cientes dessa importância e de que quanto mais dados se detém, maior é o conhecimento alcançado e, consequencialmente, maior é o poder de, inclusive, gerenciar o apetite de risco disposto a assumir, toda pessoa, física ou jurídica, de direito público ou privado, viu-se despertada para a necessidade cada vez maior de tratar dados pessoais.

Todos buscam obter o maior número de informações possível, e essa verdadeira "caça" aos dados encetou, também, a atenção de criminosos (ou cibercriminosos), que percebendo o crescente valor desses dados (comparados ao petróleo e, atualmente, à energia solar), bem como a facilidade atual de obtê-los (diante da pouca cultura de proteção de dados ainda existente), acrescidos do ainda insuficiente conhecimento técnico e do pouco investimento dispensado na proteção de dados, voltam sua atenção para os lucros que esses dados podem lhes assegurar, fazendo uso da engenharia social para impulsionar ataques (cada vez mais sofisticados) contra instituições públicas ou privadas.

Não é à toa que as notícias sobre ataques cibernéticos (não apenas no Brasil, como em todo o mundo) têm se tornado cada vez mais frequentes, e se sua constância já não surpreende mais ninguém, a evolução dos métodos e das espécies de ataques tem impactado a sociedade e gerado uma onda de insegurança. Perder dados pessoais significa, sob a ótica da economia atual (cada vez mais dependente da informação), um risco real, que precisa ser tratado, pois possui capacidade de provocar relevantes e consideráveis prejuízos.

Túlio Vianna assevera, a esse respeito, que a informação é o meio de produção da própria informação e, importa reiterar, o produto de maior valor nessa economia pós- industrial, tendo em vista que toda economia está direcionada, estrategicamente, à produção de mais informação como instrumento do poder para subjugar a espécie humana.[268]

Outro não é o motivo, portanto, pelo qual se vislumbra, diariamente, notícias acerca de ataques de *ransomware* (*software* malicioso que sequestra dados pessoais e exige resgate para devolvê-los), *phishing* (uso da engenharia social para "pescar", literalmente, os dados de uma pessoa ao despertar, nela, um senso de urgência ou de curiosidade

---

[268] VIANNA, Túlio Lima. *Transparência p ública, opacidade privada:* o direito como instrumento de limitação do poder na sociedade de controle. Rio de Janeiro: Revan, 2007, p. 46

que a faça clicar em um *link* que abrirá as portas de seus sistemas para os invasores), ataques de negação de serviços distribuídos (DdoS) e diversos outros ataques cibernéticos que despertam, nas organizações, a necessidade premente de implementação de um sistema de monitoramento e resposta de segurança que seja capaz de responder, a contento, a essas diversas ameaças cibernéticas sem, contudo, obter grandes êxitos.

Corroborando o raciocínio supraexposto, o relatório de riscos do Fórum Econômico Mundial de 2020 constatou que os ataques cibernéticos e o comprometimento de infraestruturas de informação estão entre os dez maiores riscos globais, em termos de impacto.[269]

Considerando que a proteção de dados, no Brasil, é um direito fundamental, posto que a Emenda Constitucional nº 115/2022 (decorrente da PEC nº 117/2019) foi publicada recentemente (dia 10 de fevereiro de 2022) e, como tal, foi erigida à condição de cláusula pétrea, necessário se faz pensar em metodologias que favoreçam essa proteção de dados e, ao menos, mitigue esses constantes ataques, proporcionando o resgate da confiança social.

Considerando ainda que, em se tratando de proteção de dados e segurança digital, é preciso voltar o olhar para todo o mundo, já que se está diante do que os sociólogos chamam de "realidade cosmopolita transnacional", onde as ações devem ser tomadas de maneira compartilhada e cooperada, o presente capítulo busca analisar a questão da segurança cibernética primeiramente em todo mundo (a fim de analisar as boas práticas) para, na sequência, voltar o olhar para as ações tomadas pelo Brasil.

Para tanto, busca-se compreender, primeiro, em que consiste a Segurança Cibernética e, nesse aspecto, necessário se faz diferenciá-la da "Segurança da Informação".

Na sequência, buscou-se analisar a relação entre a segurança cibernética e a proteção de dados pessoais para, então, traçar um olhar crítico a respeito do problema da educação digital, da desinformação e do surgimento desta nova casta de excluídos, os analfabetos digitais, que impactam na conscientização adequada e, como consequência, na própria proteção de dados.

Ainda no que concerne ao tema da segurança cibernética como direito fundamental, o capítulo aborda a tecnologia quântica

---

[269] WEFORUM. *Global Risks Report*. 2020. Disponível em: http://www3.weforum.org/docs/WEF_Global_Risk_Report_2020.pdf . Acesso em: 22 fev. 2022.

e suas promessas referentes ao assunto, para, ao final, reconhecer a importância do *compliance* também para a eficácia e eficiência da cibersegurança.

O reconhecimento da segurança cibernética como um direito fundamental e dever de todos (proposta deste capítulo) requer, ainda, algumas considerações a respeito das possíveis colisões entre este e o direito à privacidade, mormente em se tratando da nova ordem econômica acrescida da tendência à dependência mundial da tecnologia.

Considerando que o direito à segurança (que inclui a segurança da informação e, por consequência, a segurança cibernética) configura importante instrumento para resguardar os demais direitos fundamentais, em havendo colisão com outros direitos – como o direito à privacidade e à intimidade, por exemplo –, necessário se faz observar o núcleo principal para que, dessa maneira, seja possível adequá-los, tomando por base o princípio da proporcionalidade.

Nesse sentido, citamos o posicionamento dos nossos tribunais, entre eles o Supremo Tribunal Federal, bem como de renomados doutrinadores que defendem, inclusive, a necessidade de estabelecer parâmetros mais seguros para que o uso do bom senso possa ser aplicado, sem olvidar o princípio da dignidade da pessoa humana.

Nesse aspecto, Ferrajoli atenta para o fato de que a colisão entre direitos fundamentais é sempre possível, todavia, necessário que ocorra sob o aspecto da excepcionalidade, posto que os direitos fundamentais devam gozar da máxima compatibilidade.

A elaboração e publicação de políticas e boas práticas podem auxiliar no direcionamento e na ponderação do uso do bom senso, necessário nesse exercício de ponderação, mitigando maiores problemas em prol do equilíbrio entre os direitos colidentes. Essa é a proposta deste capítulo.

4.1 O que se compreende por segurança cibernética? Breves definições

Para entender o que está compreendido na expressão "segurança cibernética" é preciso, primeiramente, traçar algumas definições básicas a respeito de segurança e, também, da própria palavra "cibernética". Por segurança se compreende:

> Situação do que está seguro; afastamento de todo perigo: viajar com segurança.

Demonstração de certeza, de convicção ou comportamento repleto de firmeza, de autoconfiança; confiança: falou com segurança.
O que se oferece como garantia; caução: a hipoteca constitui uma segurança real, a caução uma segurança pessoal.
Instrumento ou qualquer objeto usado para evitar um dano, prejuízo.
(Militar) Conjunto de dispositivos que permitem a uma força militar evitar a surpresa, fornecendo ao comando a liberdade de ação, indispensável na condição da batalha.
(...)
Segurança nacional. Conjunto de dispositivos e medidas que visam manter a ordem estabelecida e preservar a integridade nacional.[270]

A palavra "segurança" não é unívoca e cotidianamente é utilizada com diversos sentidos, a depender do contexto. No entanto, em regra, ela nos remete à ideia de certeza, de uma espécie de blindagem contra riscos e perigos, de defesa, de confiança.

Não à toa, essa palavra aparece na Constituição da República brasileira em seu preâmbulo e também no *caput* do artigo 5º, que prevê os direitos e garantias fundamentais, no artigo 6º, que trata dos direitos sociais, e especificamente, tratando da segurança pública, no artigo 144, como sendo um dever do Estado e um direito e responsabilidade de *todos*:

> PREÂMBULO
> Nós, representantes do povo brasileiro, reunidos em Assembleia Nacional Constituinte para instituir um Estado Democrático, destinado a assegurar o exercício dos direitos sociais e individuais, a liberdade, a segurança, o bem- estar, o desenvolvimento, a igualdade e a justiça como valores supremos de uma sociedade fraterna, pluralista e sem preconceitos, fundada na harmonia social e comprometida, na ordem interna e internacional, com a solução pacífica das controvérsias, promulgamos, sob a proteção de Deus, a seguinte CONSTITUIÇÃO DA REPÚBLICA FEDERATIVA DO BRASIL.
>
> **Art. 5º** Todos são iguais perante a lei, sem distinção de qualquer natureza, garantindo-se aos brasileiros e aos estrangeiros residentes no País a inviolabilidade do direito à vida, à liberdade, à igualdade, à segurança e à propriedade, nos termos seguintes: (...)

---

[270] DICIONÁRIO ONLINE. *Segurança*. Disponível em: https://www.dicio.com.br/seguranca/. Acesso em: 26 abr. 2022.

Art. 6º São direitos sociais a educação, a saúde, a alimentação, o trabalho, a moradia, o transporte, o lazer, a segurança, a previdência social, a proteção à maternidade e à infância, a assistência aos desamparados, na forma desta Constituição. (Redação dada pela Emenda Constitucional nº 90, de 2015) (...)

Art. 144. A segurança pública, dever do Estado, direito e responsabilidade de todos, é exercida para a preservação da ordem pública e da incolumidade das pessoas e do patrimônio, através dos seguintes órgãos: (...).[271]

Tomando por base o próprio texto constitucional, e analisando a palavra "segurança" sob um contexto de proteção de algo que se encontra guardado e, portanto, seguro com relação a riscos e perigos, percebe-se que diversas são as espécies de segurança sociais. Nesse sentido, uma sociedade deve possuir seguranças: internacional, nacional, pública, privada, corporativa e pessoal. Hoje se fala, também, em segurança ambiental, e dentro do contexto deste estudo, uma das maiores necessidades sociais atuais reside, justamente, na segurança cibernética.

Ademais, a segurança não se encontra prevista apenas no texto constitucional brasileiro, transcrito acima. Por sua importância, o direito à segurança é reconhecido universalmente.

A Declaração Universal dos Direitos do Homem estabelece, em seu artigo 3º, que "todo indivíduo tem direito à segurança de sua pessoa" e, em seguida, no artigo 7º, assevera que "todos têm o direito de proteção".[272]

No mesmo diapasão, a Convenção Americana sobre os Direitos Humanos (Pacto de São José da Costa Rica, de 1969), ratificada no Brasil por meio do Decreto nº 678 de 06 de novembro de 1992, reconhece, em seu artigo 7º, o direito à segurança pessoal como um direito da pessoa humana.[273]

Desse modo, compreende-se que, apesar de sua forte especificidade, frente ao potencial destrutivo de sua falha a segurança cibernética integra o conceito de segurança da informação, e ambas fazem parte do

---

[271] BRASIL. *Constituição da República Federativa do Brasil de 1988*. Disponível em: http://www.planalto.gov.br/ccivil_03/constituicao/constituicao.htm. Acesso em: 26 abr. 2022.
[272] ORGANIZAÇÃO DAS NAÇÕES UNIDAS. *Declaração Universal dos Direitos Humanos*, 1948.
[273] BRASIL. *Convenção Americana sobre Direitos Humanos*. Disponível em: http://www.planalto.gov.br/ccivil_03/decreto/d0678.htm. Acesso em: 26 abr. 2022.

direito de segurança contido na Carta Magna brasileira, portanto, um direito fundamental, bem como configuram, universalmente como um direito humano, indispensável para que a pessoa possa desenvolver sua personalidade com dignidade e, ainda, aperfeiçoar seus relacionamentos e sua vida na sociedade em que se encontra inserida.

Na sequência do raciocínio, cumpre analisar o que se entende por cibernética e como surgiu essa definição. No dicionário, encontrou-se a seguinte definição de cibernética: "Ciência que estuda os mecanismos de comunicação e de controle nas máquinas e nos seres vivos".[274]

Em se tratando dessa temática, necessário se faz destacar a importância do papel de um renomado professor de matemática, do Instituto de Tecnologia de Massachusetts (MIT), Norbert Wiener, que foi reconhecidamente uma das primeiras pessoas a pesquisar e tratar da "ideia de um universo contingente". Norbert explica, em sua obra intitulada "Cibernética e Sociedade: o uso humano de seres humanos", que:

> Desde o fim da Segunda Guerra Mundial, venho trabalhando nas muitas ramificações da teoria das mensagens. Além da teoria da transmissão de mensagens da engenharia elétrica, há um campo mais vasto que inclui não apenas o estudo da linguagem mas também o estudo das mensagens como meios de dirigir a maquinaria e a sociedade, o desenvolvimento de máquinas computadoras e outros autômatos que tais, certas reflexões acerca da psicologia e do sistema nervoso, e uma nova teoria conjetural do método científico. Esta mais vasta teoria das mensagens é uma teoria probabilística, uma parte intrínseca do movimento que deve sua origem a Willard Gibbs (...).
>
> Até recentemente, não havia palavra específica para designar este complexo de ideias e, para abarcar todo o campo com um único termo, vi-me forçado a criar uma. Daí *"Cibernética"*, que derivou da palavra grega *kubernetes*, ou "piloto", a mesma palavra grega de que eventualmente derivamos nossa palavra "governador". Descobri casualmente, mais tarde, que a palavra já havia sido usada por Ampère com referência à ciência política e que fora inserida em outro contexto por um cientista polonês; ambos os usos datavam dos primórdios do século XIX.[275]

Dando sequência ao raciocínio, o professor explana que ao definir cibernética, inseriu a palavra na mesma classe de "comunicação" e

---

[274] DICIONÁRIO ONLINE. *Cibernética*. Disponível em: https://www.dicio.com.br/cibernetica/ Acesso em: 12 fev. 2022.

[275] WIENER, Norbert. *The Human use of humen being*. Tradução: José Paulo Paes: Cibernética e Sociedade: O uso humano de seres humanos. 2. ed. São Paulo: Ed. Cultrix, 1954, p. 13.

de "controle", tendo em vista que quando se comunica com outra pessoa está-se transmitindo uma mensagem, que é replicada contendo informação. Sua tese versava na ideia de que a sociedade só poderia ser compreendida através do estudo das mensagens, que, no futuro, desempenhariam um papel cada vez mais importante.[276]

De acordo com Wiener, o propósito da Cibernética consiste em desenvolver uma linguagem, bem como técnicas suficientes, para capacitar a resolver a questão do controle e da comunicação, de modo a classificar suas manifestações sob a rubrica de conceitos determinados.

Wiener teve, desse modo, um importante papel no que se refere ao reconhecimento da importância da informação e sua transmissão seja entre homens, seja entre estes e as máquinas (ao que ele chama de "autômatos").

Isso porque, no seu entendimento e no de diversos outros estudiosos do controle e difusão da informação, a medida da informação se encontra no que eles chamam de "entropia", que consiste no grau de indeterminação que uma coisa possui, e está fortemente vinculada à quantidade de informação, de maneira que quanto maior a informação propagada, maior será (em idêntica proporção) a desordem, ou seja, maior será a entropia, e, lado outro, quanto menor informação, diante da menor probabilidade de escolha, menor a entropia.

Isso possibilita quantificar o grau de certezas e, obviamente, de incertezas que se encontram envolvidas na ciência da comunicação e que impactam consideravelmente a precisão da transmissão da informação do emissor até o seu receptor – sejam eles humanos, sejam máquinas.

Nesse aspecto, Shannon afirma que "o problema fundamental da comunicação é reproduzir em um dado ponto, exata ou aproximadamente, uma mensagem produzida em outro ponto".[277]

Ao explicar o porquê da escolha da palavra "cibernética", Wiener aduz:

> Após muita ponderação, concluímos que toda a terminologia existente apresentava uma propensão demasiado grande para um ou outro lado e não poderia servir tão bem quanto deveria ao futuro desenvolvimento do campo; e como acontece com muita freqüência com os cientistas, fomos forçados a cunhar pelo menos uma expressão artificial neo

---

[276] Ibid., 1954, p. 14.
[277] SHANNON, Claude E.; WEAVER, Warren. *The mathematical theory of communication*. Urbana IL: University of Illinois Press, 1949. Disponível em: https://pure.mpg.de/rest/items/item_2383164/component/file_2383163/content. Acesso em: 08 fev. 2022, p. 11.

grega para preencher a lacuna. Decidimos designar o campo inteiro da teoria da comunicação e controle, seja na máquina ou no animal, com o nome de Cibernética, que formamos do grego kubernétes, ou timoneiro. Ao escolher esse termo, quisemos reconhecer que o primeiro trabalho significativo sobre mecanismos de realimentação foi um artigo sobre reguladores, publicado por Clerk Maxwell em 1868 16, 17, já que governor (regulador) é derivado de uma corruptela latina de kubernétes. Desejávamos também referir-nos ao fato de que os engenhos de pilotagem de um navio são na verdade uma das primeiras e mais bem desenvolvidas formas de mecanismos de realimentação.[278]

William Ross Ashby, psiquiatra britânico, talvez seja o segundo maior nome no que se refere à origem e propagação da palavra "cibernética". Ao seu lado, importa citar, também, o filósofo e cientista político Karl Wolfgang Deutsch, que em 1951 divulgou um estudo a respeito das implicações da Cibernética sobre a mente.

Ashby, inclusive, é quem apresenta uma definição de cibernética no sentido de se tratar "do estudo dos sistemas abertos à energia, mas fechados à informação e ao controle: sistemas que são 'impermeáveis à informação' (*information-tight*)".[279]

De acordo com Ashby, a cibernética é uma "teoria das máquinas" que, porém, não aborda coisas, e sim, "modos de comportar-se".[280] Segundo o próprio Ashby, é exatamente nesses termos que Wiener define a cibernética: como "a ciência do controle e da comunicação, no animal e na máquina", como a "arte do comando".[281]

Na visão de Wiener, a partir da segunda metade do século XX a ciência estaria voltada para a informação, que se tornaria o cerne de toda a sociedade, uma sociedade da informação.

Assim, o que diferencia a cibernética das demais teorias relacionadas seria a sua ênfase no controle e na comunicação, não apenas em máquinas projetadas e sistemas artificiais, mas também em sistemas naturais e evoluídos, tais como sociedades que criam os seus objetivos próprios e não são simplesmente controladas por seus criadores.

Outros estudiosos também apresentaram suas definições a respeito da palavra "cibernética". Gordon Pask, por exemplo, fez uso da

---

[278] WIENER, 1954, p. 13.
[279] ASHBY, W William Ross. *Uma introdução à cibernética*. São Paulo: Ed. Perspectiva, 1970, p. 4.
[280] *Ibid.*, p. 1.
[281] WIENER, Norbert. *Cibernética*: ou controle e comunicação no animal e na máquina. Tradução: Gita K. Ghinzberg. São Paulo: Polígono, 1970.

definição de Warren McCulloch, segundo o qual é "a esse controle dos seres vivos e suas sociedades ou nos dispositivos que imitam a vida que se chama agora Cibernética", e com base nesse conceito, apresentou sua própria definição de cibernética como sendo a ciência que se preocupa com a manutenção da estabilidade por meio de mecanismos de controle.[282]

Consoante os ensinamentos de Pask, a cibernética estuda "todo sistema, quer artificialmente construído, quer resultante da abstração da estrutura física de um sistema natural, que revele interações entre as suas partes".[283]

Pangaro,[284] contudo, talvez tenha sido o que melhor definiu a origem dessa palavra. Em sua obra *"Cybernetics – A definition"*, Paul Pangaro explica que se tornou necessário, em determinado momento, nomear uma disciplina nova, que, apesar de separada, encontrava estreita ligação com todas as disciplinas já criadas. E com esse intuito adaptou-se a palavra grega *kybernetes*, que significa piloto, para denominar a interação de objetivos, prognósticos, ações, retroações e resposta em sistemas de todas as espécies.

Ele diferencia a cibernética da inteligência artificial, dentre outras coisas, pelo fato de que para a inteligência artificial o conhecimento se trata de algo passível de ser armazenado em uma máquina, enquanto a cibernética, por sua vez, com uma visão mais construtivista, foca o conhecimento como sendo um atributo decorrente da interação. Pangaro alerta, ainda, para o fato de que a grande possibilidade de aplicações da palavra cibernética dificulta a elaboração de um conceito claro e preciso.

Francis Heylighen apresenta a seguinte definição de cibernética:

> *Cybernetics is the science that studies the abstract principles of organization in complex systems. It is concerned not so much with what systems consist of, but how they function. Cybernetics focuses on how systems use information, models, and control actions to steer towards and maintain their goals, while counteracting various disturbances. Being inherently transdisciplinary, cybernetic reasoning can be applied to understand, model and design systems of any kind: physical, technological, biological, ecological, psychological, social, or any combination of those. Second-order cybernetics in particular studies*

---

[282] PASK, G. *An approach to cybernetics*. Londres: Hutchinson, 1961. p. 11

[283] *Ibid.*, p. 11.

[284] PANGARO, Paul. *Cybernetics – A Definition*. 1991. Disponível em: https://www.pangaro.com/person/publications.html. Acesso em: 08 fev. 2022.

the role of the (human) observer in the construction of models of systems and other observers.[285]

Na concepção de Heylighen, a cibernética é a ciência que estuda os princípios abstratos da organização em sistemas complexos. Ela se preocupa não tanto com em que os sistemas consistem, mas com a forma como eles funcionam: como os sistemas usam informações, modelos e ações de controle para orientar e manter seus objetivos enquanto neutralizam vários distúrbios. Por ser transdisciplinar, o raciocínio cibernético pode ser aplicado para entender, modelar e projetar sistemas de qualquer tipo, propondo fecundos diálogos entre os diversos campos do saber.

No contexto atual, a palavra cibernética encontra-se em franca e expansiva utilização e remete à ideia de computadores, internet, meios de comunicação e informação.

O prefixo *cyber* ou ciber (em português) pode ser amplamente encontrado, no mundo hodierno, em inúmeros outros termos, como cibercafé, cibercultura e, até mesmo, ciberespaço, e sua origem é, de certa forma, recente, tendo sido difundida em diversos trabalhos científicos, entre eles, a *"A mathematical theory of communication"* ou "Teoria matemática da informação", de Claude Elwood Shannon (1948).

Uma vez compreendido o que se encontra abrangido na definição de "cibernética", cumpre voltar o olhar para o que consiste no objeto, de fato, do presente capítulo: a segurança cibernética.

Em que consiste a segurança cibernética?

Da mesma forma como se percebe, no que concerne à definição de "cibernética", não existe um consenso mundial a respeito do que estaria compreendido na expressão "segurança cibernética".

Conforme os padrões estabelecidos pela ISO/IEC 27032:2012,[286] essa expressão corresponde a proteção dos pilares da segurança da informação, quais sejam: a confidencialidade, a integridade e a disponibilidade (CID) de todas as informações que transitam no ciberespaço.

---

[285] HEYLIGHEN, Francis. Cybernetics and Second-Order Cybernetics. *In*: R. A. Meyers (ed.), *Encyclopedia of Physical Science & Tecnology*. 3 ed. Academica Pres: New York, 2001, p. 1-24, p. 2.
[286] BRASIL. ABNT – Associação Brasileira de Normas Técnicas. *ISO 27032*. 2012. Disponível em: https://www.target.com.br/produtos/normas-tecnicas/43726/nbriso-iec27032-tecnologia-da-informacao-   tecnicas-de-seguranca-diretrizes-para-seguranca-cibernetica. Acesso em: 09 fev. 2022.

Na concepção da União Europeia, a segurança cibernética consiste em salvaguardas e ações, as quais "podem empregar para proteger o domínio cibernético, tanto no âmbito civil quanto militar, frente às ameaças vinculadas com suas redes interdependentes e sua infraestrutura de informação, ou que possam afetar a estas".[287]

Por sua vez, a UIT/ITU (União Internacional das Comunicações), um órgão da ONU, define "segurança cibernética" como uma coleção de ferramentas, de políticas, conceitos e salvaguardas de segurança, orientações, abordagens de gestão de risco, ações, treinamentos,

melhores práticas que podem ser usados para a proteção do ambiente cibernético contra riscos relevantes nesse ambiente.[288]

Evidente a estreita ligação entre a segurança cibernética e a segurança da informação, de tal modo que não é raro se deparar com confusões entre os dois termos que, no entanto, não podem ser considerados sinônimos, por suas especificidades. Como já salientado no primeiro capítulo deste estudo, a segurança da informação é mais ampla e abrange a segurança cibernética.

Consoante o disposto na norma ISO/IEC 27032,[289] a segurança cibernética está inserida no âmbito da segurança da informação, que abrange, ainda, a segurança e a proteção das suas infraestruturas críticas, de modo que é possível perceber que a segurança cibernética está presente na segurança das redes, da internet e dos sistemas (das aplicações).

Dessarte, a segurança cibernética abrange um conjunto de ações com escopo de proteger pessoas, sistemas e dispositivos contra ataques em um espaço não físico – o espaço cibernético –, de maneira que é possível tornar-se a afirmar que a segurança cibernética configura um ramo da segurança da informação.

Importa esclarecer, ainda, que a segurança aqui tratada não tem por escopo final a segurança "do" espaço cibernético, e sim dos usuários,

---

[287] EUROPEAN DATA PROTECTION SUPERVISOR. *Cyber Security Strategy of the European Union: an Open, Safe and Secure Cyberspace*. 14 jun. 2013 Disponível em: https://edps.europa.eu/data-protection/our-work/publications/opinions/cyber-security-strategy-european-union-open-safe-and_en. Acesso em: 09 fev. 2022.

[288] INTERNATIONAL TELECOMMUNICATIONS UNION. *Series X:* Data Networks, Open System Communications and Security – Telecommunication Security – Overview of cybersecurity (Recommendation UIT-T X.1205). Telecommunication Standardization Sector of ITU (ITU-T), abril 2008. Disponível em: https://www.itu.int/rec/T-REC-X.1205-200804-I. Acesso em: 09 fev. 2022.

[289] TARGET. *NBR ISO/IEC 27032:* as diretrizes para segurança cibernética. Disponível em: https://www.target.com.br/produtos/materias-tecnicas/2015/07/01/3708/nbr-iso-iec-27032-as-diretrizes-para- seguranca-cibernetica.

sistemas e informações que nele se encontram e interagem, de ameaças e ataques que possam causar danos. Nesse sentido se manifestam Andrew Puddephatt e Lea Kaspar:

> Entre a sociedade civil e grupos de interesse público, no entanto, ainda há no momento pouco engajamento ou mesmo pesquisa sobre este assunto [da segurança cibernética] – algo que desbalanceia o debate e insere a segurança cibernética como algo para os sistemas, em vez de para as pessoas. Mas a segurança cibernética é intrinsecamente sobre pessoas. Como uma área da política interessada na regulamentação do comportamento *online*, o modo como ela é definida implementada terá – e já está tendo – implicações profundas para direitos humanos essenciais como a privacidade e a liberdade de expressão.
> (...) Acima de tudo, precisamos lutar por uma abordagem aberta, inclusiva e multissetorial da elaboração de políticas. Em uma sociedade democrática, a implementação da segurança cibernética demanda o consentimento informado da população – o que significa garantir que vozes fora das agências de segurança estejam envolvidas no debate.
> (...) A segurança cibernética é uma questão que chega na própria essência do que é a internet. A internet nunca foi, no fim das contas, feita para ser segura – por design ela é interoperável, multijurisdicional e horizontal, qualidades que raramente conduzem à segurança. Mas são estas qualidades que a tornam valiosa e fazem valer a pena lutar por ela. Se queremos que ela continue desta maneira, esse é um debate que não podemos nos dar o luxo de evitar.[290]

A definição do Reino Unido, por sua vez, insere a noção de alguns elementos específicos de riscos, danos e impactos vinculados a atividades maliciosas, por fazer menção à proteção dos sistemas interligados, tais como *hardwares*, *softwares* e demais infraestruturas e dos dados neles contidos, contra acessos não autorizados ou uso indevido, inclusive no que se refere a prejuízos causados (intencionalmente ou não) pela inobservância dos procedimentos.[291]

---

[290] PUDDEPHATT, Andrew; KASPAR, Lea. Cybersecurity is the new battleground for human rights. *OpenDemocracy*, 18 novembro 2015. Disponível em: https://www.opendemocracy.net/wfd/andrew- puddephatt-lea-kaspar/cybersecurity-is-new-battleground-for-human-rights. Acesso em: 09 fev. 2022.
[291] HM GOVERNMENT. *Estratégia Nacional de Segurança Cibernética – 2016-2021*. Disponível em: https://assets.publishing.service.gov.uk/government/uploads/system/uploads/attachment_data/file/643428/Br azilian_Portuguese_translation_-_National_Cyber_Security_Strategy_2016.pdf. Acesso em: 09 fev. 2022, p. 9.

De acordo com o Relatório de cibersegurança, de 2020, publicado pelo Banco Interamericano de Desenvolvimento e a OEA,[292] a Colômbia é o país que possui, dentro do grupo da América Latina, a segurança cibernética mais desenvolvida, e compreende a cibersegurança como uma capacidade do Estado de mitigar os riscos aos quais a sociedade encontra-se exposta.

Interessante observar que a definição aqui apresentada não apenas inclui o cidadão como elemento central para o qual se volta a cibersegurança, como também reconhece o Estado como o principal agente facilitador e provedor dessa segurança.

Em 2016 a Colômbia adotou sua segunda política nacional de segurança cibernética (cinco anos após a adoção da primeira), cujo objetivo reside no fortalecimento da capacidade do Estado para a devida reação em relação às ameaças de segurança e a defesa cibernética do país. E, com esse fim, criou a função de Coordenador Nacional de Segurança Digital.

Voltando o olhar para o Brasil, o Glossário de Segurança da Informação, disponível na página do Gabinete de Segurança Institucional do portal do Governo brasileiro, apresenta como definição de segurança cibernética:

> ações voltadas para a segurança de operações, visando garantir que os sistemas de informação sejam capazes de resistir a eventos no espaço cibernético, capazes de comprometer a disponibilidade, a integridade, a confidencialidade e a autenticidade dos dados armazenados, processados ou transmitidos e dos serviços que esses sistemas ofereçam ou tornem acessíveis;[293]

Pela definição brasileira supraexposta, é possível constatar, portanto, que de modo diferente do que se dá na União Europeia e na Colômbia, não há qualquer menção ao papel do indivíduo no que se refere à segurança cibernética.

---

[292] BANCO INTERAMERICANO DE DESENVOLVIMENTO (BID) e OEA. Cibersegurança – riscos, avanços e o caminho a seguir na América Latina e Caribe. Disponível em: https://publications.iadb.org/publications/portuguese/document/Relatorio-de-Ciberseguranca-2020-riscos-avancos-e-o-caminho-a-seguir-na-America-Latina-e-Caribe.pdf. Acesso em: 09 fev. 2022.

[293] BRASIL. Gabinete de Segurança Institucional. *Glossário de segurança da informação*. Disponível em: https://www.gov.br/gsi/pt-br/assuntos/dsi/glossario-de-seguranca-da-informacao-1. Acesso em: 09 fev. 2022.

Restando compreendida a definição de "segurança cibernética", impende reiterar e ressaltar (em decorrência da grande confusão existente) que esta não é uma expressão sinônima de "segurança da informação". Não se trata da mesma coisa, apesar da forte ligação entre elas.

A segurança cibernética (é preciso reforçar) aplica-se *a uma parte da segurança da informação*, com a finalidade de garantir-lhe a proteção adequada frente aos riscos e vulnerabilidades digitais, que podem causar perdas e prejuízos consideráveis, como já apresentado.

A segurança da informação é mais ampla, posto não estar restrita ao meio digital, e compreende os meios técnicos e administrativos necessários para a proteção de toda espécie de informação e comunicação, inclusive por meio físico.

Desse modo é possível afirmar que a segurança da informação consiste em um gênero que abrange a proteção do ambiente físico de uma organização (tudo o que se encontrar armazenado e arquivado de forma física), bem como a proteção do seu ambiente digital, de forma a impedir acessos não autorizados e vazamento de dados armazenados eletronicamente. *Segurança cibernética é, portanto, uma categoria, uma espécie da segurança da informação.*

4.2 A segurança cibernética e a proteção de dados

A ligação entre a segurança cibernética e a proteção dos dados pessoais é nítida, posto que aquela é instrumento essencial para que esta seja observada.

Conforme ensinamentos apresentados por Ekaterina Drozdova, consiste na capacidade de um indivíduo de controlar o tratamento de dados pessoais disponibilizados em formato eletrônico ou acumulados durante o uso da internet.[294]

A autora recorda, ainda, que a privacidade não é um valor absoluto, bem definido ou uniformemente protegido, e que indivíduos, organizações e sociedades têm tradicionalmente sacrificado alguma privacidade em troca de maior segurança, ganho econômico ou conveniência.

---

[294] DROZDOVA, Ekaterina A. *Civil liberties and security in cyberspace*. (Tradução: Liberdades Civis e Segurança no Ciberespaço. Resumo de Políticas). Stanford-CA: CISAC. p. 9, ago 2000. Disponível em: https://cisac.fsi.stanford.edu/publications/civil_liberties_and_security_in_cyberspace. Acesso em: 01 mar. 2022.

Como já demonstrado nos tópicos e capítulos anteriores, os ataques cibernéticos possuem como alvo os dados pessoais tratados pela empresa ou organização. Quanto mais dados possui, maiores são as informações, e quanto maiores as informações, maior é o poder concentrado nas mãos de quem as detém, inclusive para direcionar essas informações.

Aquele que detém o maior número de informações (não necessariamente o maior número de conhecimento) não só sobre si mesmo, como também sobre os concorrentes, parceiros etc., possui maior probabilidade de criar padrões, de infundir ou inspirar desejos e direcionar os negócios, sejam eles públicos, sejam privados. Esse é o motivo pelo qual a temática referente a dados (e a busca incessante pelo controle do maior número deles) vem ganhando espaço na academia e em todos os âmbitos sociais.

Em obra publicada por este autor em 2021, destaca-se, a esse respeito, que a "tecnologia proporcionou um maior alcance para a curiosidade alheia e a vida íntima e privada do indivíduo se transformou em mercadoria para alguns que, desavisadamente, invade a privacidade das pessoas com o intuito de exploração comercial".[295] E na sequência do raciocínio, alerta para o fato de que os problemas relacionados a privacidade não se encontram mais restritos ao binômio "exposição/recolhimento", razão pela qual o papel do Estado irrompe em prol de proporcionar maior respeito à vida privada dos indivíduos.[296]

Nesta busca desenfreada por dados, em meio ao que tem sido denominado de "sociedade de vigilância", a privacidade da pessoa humana resta prejudicada e, por diversas vezes, desconsiderada, de modo que a proteção dos dados se tornou imperiosa para assegurar não só a privacidade, como também o direito à liberdade das pessoas.

Por meio de uma segurança cibernética eficiente e eficaz é possível aumentar o nível da proteção dos dados contra vazamentos e, principalmente, contra as temidas invasões, que podem colocar em risco não só a situação econômica da organização, como, principalmente, a sua reputação social. Sem falar nos riscos provenientes dos danos à privacidade, à liberdade e à intimidade do próprio titular dos dados pessoais, como já esboçado.

---

[295] MACIEL, Moises. *Os Tribunais de Contas e a nova Lei de Proteção de Dados Pessoais:* uma análise acerca da função dos Tribunais de Contas e sua relação com a proteção de dados. Belo Horizonte: Ed. Forum, 2021, p. 171.
[296] *Ibid.*, p. 21

Importa considerar, ainda, os riscos que podem ser causados a todo o sistema judiciário brasileiro no tocante à confiança social e garantia de acesso à justiça, em decorrência da possibilidade de invasão dos seus sistemas para fins de modificar decisões judiciais ou suprimir documentos processuais. Para ilustrar essa preocupação, cita-se o suposto ataque, ocorrido em abril de 2022, no *site* do sistema da Justiça Federal brasileira (PJe), por meio do qual um *hacker* modificou a sentença de um processo em ele era parte e havia sido condenado.[297]

Desse modo, as estratégias nacionais de segurança cibernética, publicadas, contribuirão, não só de forma direta, como também indiretamente, para que a proteção de dados seja observada de maneira mais eficaz, assegurando, consequentemente, os demais direitos fundamentais do cidadão digital.

A Lei Brasileira de Proteção de Dados Pessoais, a LGPD, expressa em seu artigo 6º o princípio da segurança como sendo a "utilização de medidas técnicas e administrativas aptas a proteger os dados pessoais de acessos não autorizados e de situações acidentais ou ilícitas de destruição, perda, alteração, comunicação ou difusão".[298] E a LGPD não para por aí. Demonstrando a preocupação do legislador frente ao reconhecimento de que a segurança cibernética é um instrumento, ou seja, um meio pelo qual se alcança a eficaz e eficiente proteção de dados pessoais, ainda traz prevista expressamente em seus artigos 46 e 48 a exigência de que as instituições venham a adotar medidas técnicas e administrativas de segurança para proteção contra incidentes que, caso ocorram, necessitarão ser comunicados não só à Autoridade Nacional, como também ao titular dos dados comprometidos.

Aliás, é importante ressaltar, neste aspecto, que a LGPD traz um capítulo inteiro (capítulo VII) para regulamentar a segurança e as boas práticas no tocante ao tratamento de dados pessoais, com vistas a incentivar o investimento cada vez maior na segurança não apenas física dos dados, mas, também, digital.

Nesse mesmo sentido, portanto, é que a lei de proteção de dados brasileira dispõe, no parágrafo 1º do artigo 52, "a adoção reiterada e

---

[297] DIREITO NEWS. *Hacker invade sistema da Justiça Federal e muda sentença em processo que havia sido condenado*. Notícia divulgada em 11 abr. 2022. Disponível em: https://www.direitonews.com.br/2022/04/hacker-invade-justica-muda-sentenca-processo.html. Acesso em: 13 abr. 2022.

[298] BRASIL. *Lei nº 13.709*, de 14 de agosto de 2018. Lei Geral de Proteção de Dados Pessoais – LGPD. Disponível em: http://www.planalto.gov.br/ccivil_03/_ato2015-2018/2018/lei/l13709.htm. Acesso em: 16 fev. 2022.

demonstrada de mecanismos e procedimentos internos capazes de minimizar o dano, voltados ao tratamento seguro e adequado de dados" como critério passível de mitigar a aplicação das sanções.

É fato que uma das formas de resguardar a segurança digital consiste na vigilância, e diversos países têm investido na vigilância em massa – para fins legítimos ou não. Para a eficiência da vigilância digital é necessária a coleta de dados, e a LGPD, no Brasil, bem como as demais legislações de proteção de dados no mundo vêm regulamentar os limites para a atuação dessa vigilância, de maneira a possibilitar que ela cumpra o seu papel em prol de uma maior segurança, sem atingir a privacidade de cada pessoa e, consequentemente, sem anular seu direito fundamental à privacidade, para efetivar o direito fundamental à segurança cibernética.

Recentemente, a proteção de dados foi erigida à categoria de Direito Fundamental. Além disso, a Constituição brasileira prevê em seu art. 5º, *caput* (portanto, também em seu rol de direitos fundamentais), o direito à segurança, e mais à frente, nos artigos 6º e 144, também assegura o direito à segurança em diversos outros aspectos.

Nesse sentido é possível perceber que se a proteção de dados foi alçada ao *status* de direito fundamental, consequentemente a segurança cibernética consiste, obrigatoriamente, em uma garantia fundamental.

O reconhecimento da segurança cibernética como garantia fundamental, portanto, é imprescindível e urgente para o desenvolvimento de uma política nacional que envolva todos os níveis de governo, as corporações e a sociedade em geral. Além disso, é necessário que as agências governamentais responsáveis por liderar esse processo tenham autonomia administrativa, orçamentária e financeira para desenvolver a execução dos trabalhos.

Dando sequência ao raciocínio esposado acima, ainda chamando a atenção para a importância da segurança cibernética no que concerne à proteção dos dados pessoais, a LGPD explicita, nos incisos VI e VII do artigo 55-J, que compete à ANPD (Autoridade Nacional de Proteção de Dados Pessoais) a disseminação do conhecimento acerca das normas e políticas públicas referentes à proteção de dados pessoais, bem como das medidas de segurança aplicadas, com vista a conscientizar a sociedade a respeito.

A educação digital deve configurar, de acordo com a LGPD, uma prioridade na busca por uma cultura de proteção de dados mais vigorosa, considerando o fato de que a proteção de dados constitui o fundamento para a preservação de direitos humanos fundamentais,

tais como a dignidade da pessoa humana, o exercício da cidadania e, atualmente, a própria salvaguarda dos dados pessoais, e, também, que a responsabilidade por essa segurança não é exclusividade do Poder Público, cabendo a cada um de nós estarmos atentos e vigilantes diariamente.

Sem falar que somente por meio da disseminação de uma cultura de proteção de dados e de segurança cibernética é que será possível despertar a sociedade para a importância da proteção desses dados que, por ora, vêm sendo tratados em larga escala e sem muito controle pelas organizações, além de serem disponibilizados, livremente, nas redes sociais.

Nesta senda, é importante frisar que o incentivo à pesquisa, à inovação e, principalmente, ao desenvolvimento da cultura de proteção de dados e à educação neste sentido, é de considerável relevância para a existência de uma sociedade cuja preocupação com a dignidade da pessoa humana e o senso de responsabilidade social na construção e manutenção deste mundo cada vez mais digital, ultrapassa o campo teórico e se revela verdadeiramente prático.

Uma boa estratégia de segurança cibernética, portanto, precisa conciliar a vigilância necessária, com a proteção dos dados pessoais, com vistas a observar e proteger a liberdade e a privacidade dos titulares dos dados.

4.2.1 A transformação da natureza jurídica da ANPD como garantia do direito fundamental à proteção de dados pessoais

Neste ponto, em especial, entende-se por necessário abrir um pequeno parêntese a fim de traçar algumas considerações acerca da Autoridade Nacional Brasileira de Proteção de Dados: a ANPD.

Criada mediante a publicação da Lei nº 13.853, de 2019, que alterou partes do texto legal da LGPD com o escopo de assegurar a implementação, a fiscalização e o monitoramento da proteção de dados no Brasil, a ANPD brasileira adquiriu, em 13 de junho de 2022, a autonomia necessária para o exercício eficiente de suas funções, ao ser transformada em autarquia especial através da publicação da Medida Provisória nº 1.124, de 13 de junho de 2022.

Importa salientar que, desde o início do projeto da lei de proteção de dados, havia a expectativa de que a Autoridade brasileira fosse criada em forma de autarquia federal, devidamente vinculada ao Ministério da Justiça e com independência administrativa, estabilidade, autonomia financeira e sem vínculos de subordinação e hierarquia. Essa era a proposta inicial, apresentada no Projeto de Lei Complementar nº 53, de 2018.

Vetada pelo, então, presidente Michel Temer, a proposta não logrou êxito diante da justificativa de conter "vício de iniciativa", ou seja, o Poder Legislativo não tem competência para criar órgãos que gerem despesas e gastos ao orçamento público para o Poder Executivo. Tal criação deveria ser uma prerrogativa específica do Poder Executivo, portanto.

Nesses termos, a saída encontrada para não ficar sem uma Autoridade Fiscalizadora foi a publicação de uma nova lei, a Lei nº 13.853, de 2019, que instituiu a ANPD como um órgão da Administração Pública Federal vinculado e subordinado à Presidência da República, com certa autonomia técnica, contudo, dependente do orçamento previsto pelo Executivo, o que, com certeza, limitava consideravelmente sua autonomia e liberdade de atuação.

Assim, em virtude da Lei nº 13.853/19, foi inserido na LGPD (Lei nº 13.709/18) o artigo 55-A, segundo o qual "fica criada, sem aumento de despesa, a Autoridade Nacional de Proteção de Dados (ANPD), órgão da administração pública federal, integrante da Presidência da República".

O parágrafo primeiro do referido artigo, porém, já trazia a previsão acerca da transitoriedade dessa natureza jurídica da ANPD, determinando a possibilidade de sua conversão em "entidade de administração pública federal indireta, submetida a regime autárquico especial e vinculada à Presidência da República", e o parágrafo subsequente já expressava que a avaliação no tocante a essa transformação deveria se dar dentro de um prazo de até 02 (dois) anos a contar da data da entrada em vigor da estrutura regimental da ANPD.[299]

A estrutura regimental supra referida foi criada em 26 de agosto de 2020,[300] mediante a publicação do Decreto nº 10.474, e entrou em vigor, conforme disposto em seu art. 6º, na data de publicação da nomeação do Diretor-Presidente da ANPD no Diário Oficial da União, que se deu em 06 de novembro de 2020.

---

[299] BRASIL. *Lei nº 13.709*, de 14 de agosto de 2018, art. 55-A, §§1º e 2º.
[300] BRASIL. *Decreto nº 10.474*, de 26 de agosto de 2020. Disponível em: https://www.in.gov.br/en/web/dou/-/decreto-n-10.474-de-26-de-agosto-de-2020-274389226. Acesso em: 02 abr. 2022.

Nesses termos, o prazo para a referida avaliação acerca da transformação da ANPD em uma autarquia encerra em 06 de novembro de 2022, e com o escopo de cumprir o disposto no §1º do art. 55 da LGPD, foi publicada, em 13 de junho de 2022, a Medida Provisória nº 1.124, que alterou o texto legal da LGPD no que se refere à natureza jurídica de sua Autoridade fiscalizatória.

Logo em seu primeiro artigo, a MP nº 1.124/22 já informa:

> Art.1º Fica a Autoridade Nacional de Proteção de Dados – ANPD transformada em autarquia de natureza especial, mantidas a estrutura organizacional e as competências e observados os demais dispositivos da Lei nº 13.709, de 14 de agosto de 2018.[301]

Consoante o texto legal, a estrutura regimental da ANPD (como órgão que integra a Presidência da República) permanecerá como está, até que entre em vigor a Estrutura regimental nova, como autarquia de natureza especial (art. 4º da MP), que se encontra na dependência da publicação do decreto específico (art. 3º da MP).

A Medida Provisória traz nova alteração ao artigo 55-A (já mencionado acima), que passa, então, a vigorar com o seguinte texto: "Art. 55-A. Fica criada a Autoridade Nacional de Proteção de Dados – ANPD, autarquia de natureza especial, dotada de autonomia técnica e decisória, com patrimônio próprio e com sede e foro no Distrito Federal".[302]

Importa salientar que em decorrência do seu poder de zelar e assegurar a proteção dos dados do cidadão digital, as Autoridades de Proteção de dados configuram como os principais agentes, na execução de políticas públicas de privacidade, de fiscalização e de conscientização sociais.

Insta corroborar todo o raciocínio já apresentado repisando a importância da temática nos dias atuais, e para tanto faz-se uso das palavras de Hoffman-Riem, segundo o qual o "principal fenômeno da ubiquidade da tecnologia da informação é o desequilíbrio de poderes entre o indivíduo e os organismos que processam os dados pessoais e a consequente perda de controle individual sobre o fluxo de seus dados".[303]

---

[301] BRASIL. *Medida Provisória nº 1.124*, de 13 de junho de 2022. Disponível em: https://www.in.gov.br/en/web/dou/-/medida-provisoria-n-1.124-de-13-de-junho-de-2022-407804608. Acesso em: 13 jun. 2022.

[302] BRASIL. *Medida Provisória nº 1.124*, de 13 de junho de 2022.

[303] HOFFMANN-RIEM, Wolfgang. Der grundrechtliche Schutz der Vertraulichkeit und Integrität eigengenutzter informationstechnischer Systeme. Juristen Zeitung 21, 2008, p. 1010,

Nesta senda, sem uma autoridade supervisora dotada de força e autonomia suficientes, não é possível firmar uma cultura sólida de proteção de dados. Esse é o raciocínio defendido por Bennet e Raab, com base no mundo real, segundo o qual a existência de uma autoridade supervisora robusta é condição *sine qua non* para a proteção à privacidade de maneira adequada, considerando que as leis não são autoimplementáveis; necessitam de uma cultura da privacidade que, por sua vez, só pode ser de fato estabelecida mediante a atuação e o patrocínio de uma autoridade fortemente atuante.[304]

É importante ressaltar, ainda, que a Carta de Direitos Fundamentais menciona as autoridades independentes como essenciais para a eficiente proteção de dados pessoais.[305] Trata-se de requisito que assegura a efetividade da proteção de dados, tendo em vista que sem uma fiscalização, um monitoramento, por parte de uma autoridade independente não há que se falar em proteção de dados eficiente, eficaz e efetiva.

No mesmo sentido trata a Convenção nº 108 do Conselho Europeu:

> *Supervisory authorities (Article 15):*
> *Building on Article 1 of the additional protocol, the modernized Convention complements the catalogue of the authorities' powers with a provision that, in addition to their powers to intervene, investigate, engage in legal proceedings or bring to the attention of the judicial authorities violations of data protection provisions, the authorities also have a duty to raise awareness, provide information and educate all players involved (data subjects, controllers, processors etc.). It also allows the authorities to take decisions and impose sanctions. Furthermore, it is recalled that* the supervisory authorities should be independent in exercising these tasks and powers.[306] (Grifo nosso.)

---

apud MENDES, Laura Schertel. *Privacidade, proteção de dados e defesa do* consumidor – linhas gerais de um novo direito fundamental. São Paulo: Saraiva, 2014, p. 79.

[304] BENNETT, Colin; RAAB, Charles. *The governance of privacy:* policy instruments in global perspective. Cambridge: The MIT Press, 2006, p 134.

[305] UNIÃO EUROPEIA. *Carta dos Direitos Fundamentais da União Europeia.* 2016/C 202/02. Jornal Oficial da União Europeia. "Artigo 8. Proteção de dados pessoais: 1. Todas as pessoas têm direito à proteção dos dados de caráter pessoal que lhes digam respeito. 2. Esses dados devem ser objeto de um tratamento leal, para fins específicos e com o consentimento da pessoa interessada ou com outro fundamento legítimo previsto por lei. Todas as pessoas têm o direito de aceder aos dados coligidos que lhes digam respeito e de obter a respetiva retificação. 3. O cumprimento destas regras fica sujeito à fiscalização por parte de uma autoridade independente". Disponível em: https://eur-lex.europa.eu/legal- content/PT/TXT/PDF/?uri=CELEX:12016P/TXT&from=FR. Acesso em: 02 abr. 2022, p. 7

[306] UNIÃO EUROPEIA. Conselho Europeu. *The modernised Convention 108: novelties in a nutshell*: "Autoridades Supervisoras (Artigo 15). Com base no artigo 1º do protocolo adicional, a

Entre os atributos presentes nas Autoridades Supervisoras da União Europeia, percebe-se autonomia administrativa e financeira, liberdade decisória e a presença de um conselho consultivo transparente. Como fonte de inspiração para a Autoridade Brasileira, é possível citar a Autoridade Argentina, que até 2017 configurava um órgão vinculado ao Ministério da Justiça e, após a vigência do RGPD, foi transformada na *Agencia de Acceso a la Información Pública*, funcionando sob regime de autarquia, desse modo, com a independência e autonomia necessárias para sua atuação eficiente e eficaz.

Estudo publicado em 2019 pelo IDEC considerou, a respeito, que:

> Necessário pontuar, também, os malefícios dos membros da autoridade serem de livre nomeação e exoneração pelo Presidente da República. Apesar da autoridade colombiana ter personalidade jurídica própria – sendo, pois, da administração indireta – o fato dos membros serem indiretamente73 nomeados pelo Presidente (tal como no Uruguai) foi apontado como fator que prejudica a neutralidade dos cargos da autoridade. Por conta desse desenho, corre-se o risco de as posições deixarem de ser técnicas, para serem utilizadas com finalidades políticas. Tendo em vista estes exemplos, fica evidente que a vinculação da autoridade à administração direta e a livre nomeação dos membros pelo Presidente da República, sem participação da oposição, influencia sua eficácia e dificulta a concretização da independência enquanto órgão fiscalizador, em que pese na letra fria da lei estar disposta a autonomia do órgão.
>
> Por outro lado, o melhor modelo é aquele cuja autoridade possua personalidade jurídica própria, estando desvinculada da administração direta, e a nomeação de seus membros passem pelo crivo da oposição, como no Congresso, ou admita a participação da sociedade civil nesta escolha. Vale destacar, nesse sentido, o processo de nomeação da autoridade argentina, em que é realizada uma audiência pública, possibilitando participação na decisão a todos os interessados. Tal modelo parece ter repercussões práticas, sendo o diretor da autoridade argentina bastante elogiado pelos entrevistados.[307]

Convenção modernizada complementa o catálogo de poderes das autoridades com uma disposição que, além dos seus poderes para intervir, investigar, iniciar processos judiciais ou levar à atenção das autoridades judiciais violações das disposições de proteção de dados, as autoridades também têm o dever de conscientizar, fornecer informações e educar todos os atores envolvidos (titular dos dados, controladores, processadores etc.). Também permite que as autoridades tomem decisões e imponham sanções. Além disso, lembra que *as autoridades de supervisão devem ser independentes no exercício de suas funções e poderes*". (Tradução livre e grifo nosso). COUNCIL OF EUROPE. *The modernised Convention 108:* novelties in a nutshell. Disponível em: https://rm.coe.int/16808accf8. Acesso em: 02 abr. 2022.

[307] SIMÃO, Bárbara; OMS, Juliana e TORRES, Livia. Autoridades de proteção de dados na América Latina: um estudo dos modelos institucionais da Argentina, Colômbia e Uruguai. *IDEC – Instituto Brasileiro de Defesa do Consumidor.* 2019. Disponível em: https://www.

É fato que a LGPD foi publicada no Brasil, entre outras coisas, por estímulo do disposto no RGPD, segundo o qual os países da União Europeia só negociarão com outros países que demonstrarem ter uma lei de proteção de dados robusta e resiliente.

A LGPD brasileira ainda era considerada uma lei de nível moderado, e entre as razões para isso estava a natureza jurídica da Autoridade Nacional brasileira, que se encontrava subordinada, administrativa e financeiramente, à Presidência da República.

As DPAs (*Data Protection Autorities*) europeias não possuem vínculo com qualquer órgão público, e o Brasil precisava de uma Autoridade que observasse esse mesmo desenho. O artigo 52 do Regulamento Geral europeu assim determina, acerca das DPAs:

> Art. 52 GDPR – INDEPENDÊNCIA
> 1. Cada autoridade de supervisão deve agir com total independência no desempenho das suas funções e no exercício dos seus poderes nos termos do presente regulamento.
> 2. O membro ou os membros de cada autoridade de supervisão devem, no desempenho das suas funções e no exercício dos seus poderes nos termos do presente regulamento, manter-se isentos de influências externas, diretas ou indiretas, e não solicitar nem aceitar instruções de ninguém.
> 3. O membro ou os membros de cada autoridade de supervisão devem abster-se de qualquer ato incompatível com as suas funções e não podem, durante o seu mandato, exercer qualquer atividade incompatível, remunerada ou não.
> 4. Cada Estado-Membro deve assegurar que cada autoridade de supervisão dispõe dos recursos humanos, técnicos e financeiros, das instalações e das infraestruturas necessárias ao desempenho efetivo das suas funções e ao exercício das suas competências, incluindo as que devem ser desempenhadas no âmbito da assistência mútua, cooperação e participação no Conselho.
> 5. Cada Estado-Membro deve assegurar que cada autoridade de controlo escolha e disponha do seu próprio pessoal, que estará sujeito à orientação exclusiva do ou dos membros da autoridade de controlo em causa.
> 6. Cada Estado-Membro deve assegurar que cada autoridade de supervisão esteja sujeita a um controlo financeiro que não afete a sua independência e que tenha orçamentos públicos anuais separados, que podem fazer parte do orçamento geral do Estado ou do orçamento nacional (tradução livre).[308]

---

legiscompliance.com.br/images/pdf/idec_relatorio_autoridade_protecao_de_dados_na_america_latina.pdf. Acesso em: 02 abr. 2022, p. 38.

[308] UNIÃO EUROPEIA. *General Data Protection Regulation (GDPR)*. Disponível em: https://gdpr-info.eu/. Acesso em: 18 jun. 2022

No tocante à criação das autoridades de controle, o Considerando nº 117 do Regulamento Europeu determina, ainda, que a criação de autoridades de controle que sejam habilitadas para desempenhar suas funções com independência é um componente primordial para a proteção das pessoas, de maneira que cabe aos Estados estabelecer mais do que uma autoridade de controle para refletir a sua estrutura constitucional, organizacional e administrativa.[309]

O Considerando nº 120 dispõe que as autoridades supervisoras europeias devem dispor de recursos financeiros e humanos, além das instalações e infraestruturas necessárias para o desempenho eficaz das suas funções, entre elas, a assistência mútua e a cooperação com as demais autoridades de supervisão. Além disso, o Considerando nº 120 determina também que cada autoridade supervisora deve ter um orçamento público anual separado, que pode fazer parte do orçamento geral do Estado ou nacional.

É certo que a ANPD brasileira ainda integra a Administração Indireta, mas agora está muito mais próxima dos conceitos das Agências Reguladoras, como a ANATEL e a ANAC, por exemplo, com autonomia orçamentária e administrativa. Importa, agora, aguardar a regulamentação de sua estrutura administrativa.

O Considerando nº 121 do Regulamento Geral da União Europeia traz algumas determinações nesse sentido, que devem ser ponderadas pelo Decreto brasileiro:

> As condições gerais para o membro ou membros da autoridade de controlo devem ser estabelecidas por lei em cada Estado-Membro e devem, nomeadamente, prever que esses membros sejam nomeados, através de um procedimento transparente, pelo parlamento, governo ou o chefe de Estado do Estado-Membro com base numa proposta do Governo, de um membro do Governo, do Parlamento ou de uma câmara do Parlamento, ou por um órgão independente confiado pela legislação do Estado-Membro. A fim de assegurar a independência da autoridade de fiscalização, o membro ou membros deve agir com integridade, abster-se de qualquer ato incompatível com as suas funções e não exercer, durante o seu mandato, qualquer atividade incompatível, remunerada ou não. A autoridade supervisora deve ter seu próprio pessoal, escolhido pela autoridade supervisora ou por um órgão independente estabelecido pela legislação do Estado-Membro, que deve estar sujeito à direção exclusiva do membro ou membros da autoridade supervisora.[310]

---

[309] Ibid.
[310] UNIÃO EUROPEIA. *General Data Protection Regulation (GDPR)*, s.d.

Importa observar, também, que não é pelo fato de ter se tornado uma Autarquia de natureza especial que a ANPD não sofre ou poderá sofrer fiscalização. Como toda autarquia e todo órgão que integra a Administração Pública, a ANPD estará sujeita ao disposto no artigo 70 da Constituição da República brasileira.[311]

No mesmo teor se manifesta o Considerando nº 118 do RGPD, segundo o qual a "independência das autoridades de supervisão não deve significar que as autoridades de supervisão não possam estar sujeitas a mecanismos de controlo ou de acompanhamento das suas despesas financeiras ou de recurso judicial".[312]

Impende que o novo Decreto, a regulamentar a estrutura da ANPD como Autarquia Especial, reconheça também poderes de investigação, posto que a ANPD, consoante o disposto na LGPD atual, possui tão somente os poderes consultivo (orientativo) e deliberativo (entre eles o sancionatório), mas não é dotada de poder de polícia, como já explicou o seu presidente, Waldemar Gonçalves, em reportagem publicada em fevereiro de 2021.[313]

Ainda é preciso aguardar as novas regulamentações a respeito, mas um importante passo rumo a uma legislação de proteção mais robusta com uma Autoridade Fiscalizadora independente já foi dado.

Nesse mesmo sentido, insta buscar uma Agência fiscalizadora da segurança cibernética com essa mesma autonomia administrativa, orçamentária e decisória – necessária para garantir uma segurança cibernética resiliente no Brasil.

---

[311] BRASIL. *Constituição da República Federativa do Brasil de 1988*, 1988: "Art. 70. A fiscalização contábil, financeira, orçamentária, operacional e patrimonial da União e das entidades da administração direta e indireta, quanto à legalidade, legitimidade, economicidade, aplicação das subvenções e renúncia de receitas, será exercida pelo Congresso Nacional, mediante controle externo, e pelo sistema de controle interno de cada Poder. Parágrafo único. Prestará contas qualquer pessoa física ou jurídica, pública ou privada, que utilize, arrecade, guarde, gerencie ou administre dinheiros, bens e valores públicos ou pelos quais a União responda, ou que, em nome desta, assuma obrigações de natureza pecuniária."

[312] UNIÃO EUROPEIA. *General Data Protection Regulation (GDPR)*, s.d.

[313] CONVERGÊNCIA DIGITAL. *ANPD não tem poder de polícia para investigar vazamentos*. Notícia divulgada no dia 23/02/2021, por Luís Osvlado Grossman. Disponível em: https://www.convergenciadigital.com.br/Seguranca/ANPD-nao-tem-poder-de-policia-para-investigar-vazamentos-56185.html?UserActiveTemplate=mobile%2Csite. Acesso em: 21 jun. 2022.

4.3 A segurança cibernética e a educação digital – o problema da desinformação e do analfabetismo digital

As mudanças tecnológicas decorrentes da 4ª Revolução Industrial iniciaram e tiveram um desenvolvimento tão rápido e sutil, que dificulta sua percepção de forma clara e precisa. Não houve um choque, um embate, um marco inicial que pudesse identificar a mudança de comportamento.

Tudo aconteceu de maneira contínua, e quando a sociedade se atentou aos fatos é que se deu conta de como tudo havia mudado, e do quão envolvida já estava a maioria da população nas práticas deste mundo pós-analógico – também conhecido como mundo digital, mundo cibernético, cibermundo.

No que se refere especificamente à segurança cibernética, o Fórum Econômico Mundial publicou, neste ano de 2022, a sua 17ª edição do Relatório de Riscos Globais (*The Global Risks Report – WEF*), e com base na pesquisa de percepção de riscos globais, destacou que, hoje, os riscos cibernéticos são riscos de negócio. Dentre os principais riscos analisados é impactante constatar o resultado apresentado com relação às vulnerabilidades cibernéticas, que indica que 95% dos problemas de segurança cibernética podem ser atribuídos à falha humana. O resultado do relatório demonstra que não basta investir em tecnologias e sistemas de ponta, se não houver um efetivo investimento na educação e conscientização do cidadão com relação à nova realidade evidenciada.

Os problemas não serão solucionados apenas com investimentos em tecnologias. Deve haver uma espécie de despertar dos indivíduos para o fato de que se vive em uma sociedade imersa em informações (e desinformações), sendo, por isso, importante aprender não só a lidar com elas, como ainda, e principalmente, a categorizá-las, classificá-las e analisá-las criticamente, a fim de saber como fazer o melhor uso dessas informações para o próprio benefício e para o benefício social.

Não bastam os elevados investimentos tecnológicos se não forem ofertados treinamentos e capacitações pessoais que possibilitem o enfrentamento, com eficácia e eficiência, desses novos desafios que a revolução tecnológica vem trazendo. Corroborando esse raciocínio, tem-se a doutrina de Lia Camurça:

> Investigar os limites da privacidade na era dos novos negócios digitais, em que as técnicas de monitoramento do usuário são parte essencial da movimentação econômica e personalização da experiência *on-line*,

revelam reflexos na capacidade de decisão e escolha do cidadão. Apesar da importância dos dados para o comércio, o valor para o fornecimento de informações pelo usuário é ínfimo, por vezes consistindo em mero cadastro para ganhos de descontos, ou até mesmo a mera juntada de pontuações em estabelecimentos. É possível comparar a ausência de conscientização do que se faz com os dados pessoais dos cidadãos ao não se saber a diferença de valor entre uma nota de dois reais (dar a informação por descontos) e uma nota de cem reais (receber a informação e tratá-la consoante quaisquer parâmetros). Enquanto para o fornecedor cidadão o incômodo de fornecer a informação é ínfimo para obter um benefício supostamente maior, para aqueles que a recebem e sabem utilizá-la, ela é transformada para muito além do que receberam, podendo enquadrá-la em perfis comportamentais. Com isso, de forma invisível, mas curiosamente sem transparência, sustentam-se reinados dos detentores da informação, que além da simples posse possuem a possibilidade de tratá-la de mais variadas formas, sem limite aparente de armazenamento, graças ao *big data*.[314]

É preciso atentar para o fato de que a segurança da informação (que inclui a segurança cibernética) se baseia em três pilares: tecnologia, processo e pessoas.

Essa "nova realidade", que se apresenta como mais um desafio para as políticas públicas de educação, exige novas posturas, nova linguagem e nova compreensão. A imposição dessa nova cultura tecnológica não respeitou um necessário período de aprendizado, e diante desse contexto surge um relevante fato social que vem sendo denominado de "Analfabetismo Digital", que criou uma nova e numerosa classe de excluídos sociais.

Dados publicados no portal *Internet World Stats* indicam que até março de 2021, 88% da Europa e 75,6% da América Latina e Caribe tinham acesso à internet, demonstrando um aumento de, respectivamente, 600% e mais de 2.000% de acessos entre os anos 2000 a 2021. Em contrapartida, apenas 43,2% da população africana vive conectada, e a evolução, nesse sentido, no mesmo período de 2000 a 2021, foi de, apenas, 13%.[315]

Essa desigualdade no acesso não apenas à internet, como a todas as tecnologias de comunicação e informação, denomina-se, atualmente,

---

[314] CAMURÇA, Lia Carolina Vasconcelos. *Sociedade de vigilância, direito à privacidade e proteção de dados pessoais:* uma análise sobre a influência de técnicas de publicidade comportamental na Internet no consumidor-usuário. Dissertação (Mestrado em Direito). Universidade Federal do Ceará. Fortaleza, 2020, p. 15.

[315] INTERNET WORLD STATS. *Internet Usage Statistics* – The Internet Big Picture. Disponível em: https://www.internetworldstats.com/stats.htm. Acesso em: 28 fev. 2022.

de exclusão digital. E apesar da intensa e crescente comercialização de dispositivos eletrônicos com acesso à internet, a exclusão digital persiste.

O elevado valor dos dispositivos mais modernos acrescido da ausência de conhecimento sobre como fazer o bom uso desses dispositivos talvez contribuam para a permanência desta situação. Devido a isso, estudiosos da área têm classificado as espécies de exclusão digital em três categorias: exclusão de acesso (abarca diferenças socioeconômicas e requer investimento e infraestrutura adequados), exclusão de uso (refere-se à falta de competência digital e domínio da tecnologia) e, por fim, a exclusão de qualidade de uso (diz respeito àqueles que, apesar das competências digitais adquiridas, não possuem o conhecimento adequado para fazer uso da internet de uma forma mais proveitosa).

Um estudo publicado pela UIT (União Internacional das Telecomunicações) constatou que o número estimado de pessoas que se conectou à internet, em 2021, sofreu um aumento de 4,9 bilhões; todavia, apesar desse número, o mesmo relatório identificou que 2,9 bilhões de pessoas continuam sem qualquer acesso à internet, e destas, 96% vive em países em desenvolvimento. Tal constatação confirma que, apesar da evolução digital e das transformações que essa evolução vem causando na sociedade atual, a desigualdade social permanece, e o crescimento nesse sentido continua desigual, a ponto de Antônio Guterres, secretário geral da ONU, denominar de *"Grand Canyon"* de conectividade.[316]

Dentre as nefastas consequências da exclusão digital cita-se a ausência de comunicação e o isolamento, as barreiras com relação ao acesso e a aquisição do conhecimento, que impacta diretamente nos índices de desenvolvimento humano, aprofundando as desigualdades sociais.

Todavia, neste contexto digital no qual a evolução se dá a passos largos, e tudo muda em um piscar de olhos, não é suficiente a mera alfabetização digital, que consiste basicamente na habilidade de ler e de escrever informações digitais, inerente a todos os que possuem um mínimo, pelo menos, de conhecimento a respeito dos recursos digitais disponíveis. O "alfabetizado digital" sabe, por exemplo, como acessar a internet e fazer pesquisas na rede mundial de computadores. Ele usa as redes sociais, assiste a vídeos, acessa *sites*, tem um bom conhecimento tecnológico, mas seu discernimento a respeito de como esse novo

---

[316] NAÇÕES UNIDAS BRASIL. *2,9 bilhões de pessoas nunca acessaram a internet*. Disponível em: https://brasil.un.org/pt-br/161450-29-bilhoes-de-pessoas-nunca-acessaram-internet. Acesso em: 28 fev. 2022.

universo funciona ainda é limitado, razão pela qual sua atuação é sempre básica e limitada.

Na sociedade contemporânea "ciberglobalizada" é preciso mais do que isso, porque o mero "alfabetizado digital" ainda está propenso a cometer erros, a se expor excessivamente e a fazer o uso incorreto das ferramentas digitais.

No mundo hodierno – o mundo do metaverso, das criptomoedas, dos *blockchains*, dos grandes (e cada vez mais evoluídos) ciberataques – é preciso muito mais. É preciso "letramento digital", que consiste basicamente em um conjunto de competências que possibilitam ao indivíduo a compreensão e o uso da informação gerada na internet de forma crítica e, até mesmo, estratégica, apreendendo o conhecimento adquirido a fim de utilizá-lo para influenciar todo o seu contexto sociocultural.

O "letrado digital" sabe como explorar adequadamente os recursos e ferramentas deste novo mundo, selecionando o que é útil do que é somente bom, a fim de obter o melhor aproveitamento possível e, desse modo, transformar toda a informação disponibilizada livremente, e em larga escala, em conhecimento.

O letrado digital sabe fazer uso do sistema, em meio a toda essa gama de informações, para gerar conhecimento passível de conduzi-lo à sabedoria, com decisões cada vez mais assertivas e conscientemente úteis. Ele confronta, de forma crítica, todas as informações que lhe são apresentadas, a fim de solidificar o que aprendeu.

Letramento digital, portanto, não consiste em uma capacidade passiva; pelo contrário, reflete uma capacidade tipicamente ativa, posto que o indivíduo não só aprende a usar a tecnologia e o meio digital, como também aprende a fazer uso desses para seu melhor proveito.

O indivíduo com letramento digital possui conhecimento mais amplo e consegue interagir com os ambientes digitais. Ele não só sabe pesquisar, como também sabe pesquisar da melhor forma, selecionar as melhores informações obtidas e encontrar e fazer uso das melhores e mais confiáveis fontes. Ele faz uso das ferramentas digitais disponíveis não só para seu próprio entretenimento, mas também como forma de interação social, como aquisição de conhecimento, como meio para divulgação de informações e, inclusive, para relacionamentos e troca de experiências profissionais.

Na concepção de Antônio Carlos dos Santos Xavier, ser letrado digital consiste em mudar o modo de ler e de escrever para abranger não somente palavras, mas códigos, sinais verbais e não verbais (imagens e desenhos), tendo em vista ser dessa forma que as informações se encontram dispostas na internet e nas telas.[317]

O letramento digital, portanto, envolve um conhecimento muito mais aprofundado do que o mero alfabetismo e, como aduz a doutora em educação Maria Tereza Freitas, é como estudar um discurso totalmente diferente, como aprender um novo idioma, uma vez que a forma pela qual as informações se encontram dispostas difere, em muito, do método tradicional que nos é apresentado nas escolas.

Inúmeras, obviamente, são as vantagens do letramento digital: favorece a carreira profissional, promove a inclusão social, auxilia no raciocínio crítico e lógico e, principalmente, na transição entre a chamada sociedade da informação para a sociedade do conhecimento. E justamente neste aspecto, outra vantagem consiste no desenvolvimento da capacidade de comunicação, possibilitando a amplitude das possibilidades de interações, que por sua vez incentiva o trabalho colaborativo e as relações interpessoais, não mais restritas ao espaço físico, ao idioma ou à cultura, que se tornaram (neste mundo cibernético) praticamente unificados em um código único e universal.

No Brasil, a Comissão de Ciência e Tecnologia está analisando o Projeto de Lei nº 4513, de 2020, que busca instituir a Política Nacional de Educação Digital[318] e alterar a Lei de Diretrizes e Bases da Educação Nacional (LDB) através de maior apoio aos excluídos digitais, à qualificação de trabalhadores, à especialização em tecnologias para melhoria da empregabilidade e à pesquisa digital para novos conhecimentos.

A deputada Ângela Amim, autora do projeto de lei, entende que só a educação digital pode melhorar a segurança cibernética do país e diminuir o número de vazamentos de informações e de golpes pela internet, que atingem principalmente a população mais vulnerável.[319]

Nesse contexto, uma nova problemática surgiu, aumentando a desigualdade social: a exclusão digital. No sítio eletrônico da União Internacional das Telecomunicações (UIT) encontra-se a seguinte informação:

---

[317] XAVIER, Antonio Carlos dos Santos. *O hipertexto na sociedade da informação:* a constituição do modo de enunciação digital. Tese de Doutorado. Campinas: Unicamp, 2002.

[318] BRASIL. Câmara dos Deputados. *Projeto de Lei nº 4513/2020.* Disponível em: https://www.camara.leg.br/proposicoesWeb/fichadetramitacao?idProposicao=2262422. Acesso em: 25 fev. 2022.

[319] CRYPTOID. *Angela Amin acredita que só a educação digital pode melhorar a segurança cibernética.* 06 dez. 2021. Disponível em: https://cryptoid.com.br/banco-de-noticias/angela-amin-acredita-que-so-a-educacao-digital-pode-melhorar-a-seguranca-cibernetica/. Acesso em: 25 fev. 2022.

Globalmente:
Mais de 1 bilhão de novos usuários da Internet foram adicionados nos últimos cinco anos. No entanto, menos da metade da população mundial (3,7 bilhões) não usa a Internet. Muitos deles vivem em países menos desenvolvidos (LPCs), países em desenvolvimento sem litoral (LLDCs) e pequenos estados insulares em desenvolvimento (SIDS).
De acordo com os dados mais recentes da UIT, 87% das pessoas estão usando a Internet nos países desenvolvidos, em comparação com 44% nos países em desenvolvimento.
Embora praticamente todas as áreas urbanas do mundo sejam cobertas por uma rede de banda larga móvel, lacunas preocupantes na conectividade e no acesso à Internet persistem nas áreas rurais. Globalmente, 72% das famílias nas áreas urbanas têm acesso à Internet em casa, quase o dobro do que nas áreas rurais (38%).
As lacunas da conectividade nas áreas rurais são especialmente graves nos LDCs, onde 17% da população rural vivem em áreas sem cobertura móvel e 19% da população rural é coberta apenas por uma rede 2G.[320]

Tem-se que a pandemia instaurada pelo Covid-19 levou os governos a adotarem medidas sanitárias de isolamento social, e com isso a internet se tornou uma ferramenta indispensável em vários segmentos da sociedade produtiva, conectando empresas e empregados, estudantes e instituições de ensino, famílias, amigos etc. E foi neste período que toda essa desigualdade se tornou ainda mais evidente e extremamente prejudicial para todos os que não tinham acesso digital.

Reconhecendo se tratar de um problema global, a União Europeia tem se manifestado no sentido de que o combate à exclusão digital deve ter, como princípio fundamental, a solidariedade entre todos os países, que, por sua vez, necessitam priorizar os investimentos em favor da educação digital.[321]

A educação digital deveria fazer parte de uma lista de competências essenciais para o eficaz enfrentamento dos desafios que se apresentam hodiernamente, e diversos países já vêm se atentando para isso. No entanto, a ausência de inclusão da disciplina "Educação Digital" na grade curricular obrigatória (que acaba deixando a critério

---

[320] INTERNATIONAL TELECOMMUNICATION UNION. *Digital inclusion of all.* Disponível em: https://www.itu.int/en/mediacentre/backgrounders/Pages/digital-inclusion-of-all.aspx. Acesso em: 25 fev. 2022.
[321] EUROPEAN COMMISSION. *Annual report lays out the challenges of protecting fundamental rights in the digital age.* Disponível em: https://ec.europa.eu/commission/presscorner/detail/en/ip_21_6699. Acesso em: 25 fev. 2022.

de cada instituição decidir a oferta ou não) e o foco mais voltado para a formação pessoal técnica, sem se atentar para a formação pessoal no sentido de ensinar como ser, fazer e conviver no mundo digital, configuram desafios que ainda precisam ser superados.

Reconhecendo a importância da educação digital no contexto atual, a União Europeia publicou, em 2019, o "Relatório Eurydice" com vistas a avaliar a oferta da educação digital nas escolas europeias.[322] Conforme informações contidas no *site* da União Europeia, o relatório analisa o desenvolvimento das competências digitais relevantes tanto para alunos como para os próprios professores e, também, o uso pedagógico das tecnologias para a melhoria e a transformação do processo de ensino/aprendizagem. Nesse intento, o relatório aborda diversas áreas da educação digital, iniciando com uma análise panorâmica dos currículos escolares e dos resultados de aprendizagem no tocante à competência digital. Por fim, oferece uma perspectiva das estratégias e políticas até então apresentadas, no tocante à educação digital nas escolas, contendo anexos que trazem informações específicas por país.

Outro desafio a ser enfrentado consiste na necessidade de o gestor público observar a educação digital como um investimento estratégico e relevante, em vez de considerá-la como apenas mais um gasto ordinário.

É importante salientar que a educação digital é pressuposto lógico da inclusão digital, sendo que, nesse contexto, a inclusão sem a educação só irá majorar a situação das vulnerabilidades digitais.

Um estudo liderado pela PwC em conjunto com o Instituto Locomotiva constatou a dificuldade brasileira no que se refere à formação digital e apresentou as seguintes constatações:

> O Brasil tem um dos dez piores desempenhos no mundo em matemática e um fraco resultado em leitura no exame Pisa, a avaliação mundial da educação feita pela OCDE (Organização para a Cooperação e Desenvolvimento Econômico) com 79 países. A pandemia piorou o quadro da educação no país. Em 2021, 10 de cada 25 crianças brasileiras não sabiam ler e escrever (eram 6 em 2019). Além disso, estudo feito pela OCDE com base nos resultados do Pisa mostra que 67% dos estudantes de 15 anos no Brasil não conseguem diferenciar fatos de opiniões na leitura de textos. O *ranking* de alfabetização digital do índice "*The Inclusive Internet 2021*", publicado pela revista britânica *The Economist*, mostra

---

[322] UNIÃO EUROPEIA. *Serviços de publicações da União Europeia*. A educação digital nas escolas da Europa. Disponível em: https://op.europa.eu/pt/publication-detail/-/publication/d7834ad0-ddac-11e9-9c4e-01aa75ed71a1. Acesso em: 05 mar. 2022.

também uma situação pouco animadora: o Brasil ocupa a 80ª posição, entre 120 países. O resultado desse quadro é o uso limitado dos recursos da tecnologia e da internet para conseguir explorar plenamente as oportunidades que o ambiente on-line oferece em termos de educação, exercício da cidadania e inserção no mercado de trabalho.[323]

O estudo realizado constatou, ainda, que "no Brasil, 81% da população com 10 anos ou mais usam a internet, mas somente 20% têm acesso de qualidade à rede". E como razões dessa desigualdade de acesso estão "deficiências da infraestrutura de conexão – que incluem problemas de amplitude, qualidade e distribuição do sinal, além de custo do acesso e dos equipamentos; limitações de acesso a *hardware*; e deficiências do sistema educacional".[324]

A pesquisa também apontou que a crise sanitária trouxe à baila o preocupante "*gap*" digital existente entre o ensino público e o ensino privado no Brasil: "enquanto 88% das escolas privadas realizaram aulas a distância por meio de videoconferência, o percentual das escolas públicas que teve acesso a esse recurso foi de 59%".[325] E essa dificuldade persiste com relação aos professores: "No total, 89% não tinham experiência anterior em ensino remoto e a maioria não recebeu formação para usar tecnologia digital".[326]

Por fim, não é demais reiterar que a educação digital não consiste apenas na oferta de cursos técnicos que possam capacitar os profissionais para o trabalho nesta seara, mas, principalmente, na oferta de cursos que ensinem a pessoa comum a viver neste mundo digital e hiperconectado, com condições de realizar análises críticas das inúmeras informações que chegam (a todo instante, de vários lugares e de diversas formas), estando apta a discernir quais lhe permitem agregar conhecimento ou auxiliar em tomadas de decisões.

A educação digital deve ensinar como agir e se relacionar no mundo digital e, principalmente, como se proteger e/ou reagir diante das ameaças que se apresentarem frente às tantas mudanças ocorridas de uma forma tão veloz, que acabaram por se tornar imperceptíveis.

Há pouco tempo, invasão de privacidade significava afirmar que alguém, sem permissão, entrou em local não permitido ou observou a

---

[323] PWC. *O abismo digital no Brasil*. Disponível em: https://www.pwc.com.br/pt/estudos/preocupacoes-ceos/mais-temas/2022/o-abismo-digital-no-brasil.html. Acesso em: 18 abr. 2022.
[324] *Ibid.*
[325] *Ibid.*
[326] *Ibid.*

intimidade de outrem sem autorização. Hoje a ideia permanece, mas com um potencial maior, visto que esse acesso a local não permitido e essa intimidade violada se dão em um ambiente digital, que ainda não se encontra devidamente regulamentado e não possui limites temporais ou geográficos, podendo ocasionar danos potencialmente maiores e mais destrutivos.

Nesse sentido é que a educação digital configura importante instrumento para mitigar não só esses danos, proporcionando uma maior consciência dos riscos que o espaço cibernético traz, como também para a redução das novas distinções sociais existentes, sem prejudicar a segurança na internet, contribuindo para a disseminação de uma cultura de proteção de dados, auxiliando na eficácia do amadurecimento da segurança cibernética, de modo a resguardar, de fato, os direitos fundamentais dos cidadãos em todo o mundo.

4.4 A segurança cibernética e a tecnologia quântica

Dentro desse contexto de rápida evolução das tecnologias de comunicação e informação (TICs) e de desigualdade social e, ainda, na busca por respostas a respeito de como aprimorar a segurança cibernética preservando a confiança social e possibilitando uma evolução digital mais coesa e segura, o foco, agora, volta-se para uma tecnologia emergente, que vem sendo considerada revolucionária: a tecnologia quântica.

Em que consiste a tecnologia quântica? Ela pode, de fato, mudar o mundo? Como ela pode impactar a questão da segurança cibernética? São alguns questionamentos que se buscará responder neste tópico, ainda que de forma sucinta.

Um estudo realizado pela consultora Mckinsey Digital, cujo relatório foi publicado com o título "Um plano de jogo para computação quântica", afirma que a tecnologia quântica impactará consideravelmente todos os setores da sociedade e prevê que até 2030 já existam cerca de dois a cinco mil computadores quânticos em operação no mundo.[327]

Mas em que consiste essa tecnologia tão poderosa e com um desempenho tão superior, a ponto de conferir à tecnologia que se conhece hoje?

---

[327] MÉNARD, Alexandre; OSTOJIC, Ivan; VOLZ Daniel. Um plano de jogo para computação quântica. *Revista McKinsey Digital*. Mckinsey Global Institute. 06 fev. 2020. Disponível em: https://www.mckinsey.com/business-functions/mckinsey-digital/cur-insigths/a-game-plan-for-quantum- computing Acesso em: 01 mar. 2022.

David Matos explica que os computadores existentes atualmente possuem algumas limitações referentes à potência ou velocidade de processamento, que já não são mais suficientes, por exemplo, para suportar uma Inteligência Artificial avançada. "Dessa forma surgiu a necessidade da criação de um computador alternativo dos usuais que resolvesse problemas de IA, ou outros como a fatoração de números primos muito grandes, logaritmos discretos e simulação de problemas da Física Quântica".[328] Nesse sentido, ele continua a explanar:

> Nos últimos anos a computação desenvolveu-se com grande velocidade. Constantemente vemos empresas como Intel e AMD lançarem processadores cada vez mais velozes. Para isso é necessário manipular porções cada vez menores de matéria. Porém existe um limite para isso. Quando os transistores começam a ser fabricados com apenas algumas moléculas, fica difícil reduzir ainda mais o seu tamanho e assim ampliar a capacidade de nossos aparelhos eletrônicos.
>
> As Leis da Física para objetos menores do que átomos são um pouco diferentes daquelas a que estamos acostumados em nosso dia a dia. No mundo subatômico, as partículas ganham ou perdem energia de maneira quantizada, em pequenos "pacotes" de energia. Um único pacote é chamado de *quantum* e vários pacotes são *quanta* (plural de quantum). Um quantum de luz, por exemplo, é chamado de fóton, a menor porção possível de energia luminosa. Podemos comprar uma lâmpada que forneça 67,579 Watts de potência. Mas um átomo nunca vai fornecer ½ fóton, apenas múltiplos de 1 fóton: 2 fótons, 3 fótons, etc.
>
> Outra propriedade das partículas subatômicas é que elas podem assumir estados diferentes simultaneamente até que um observador determine o seu estado atual. Os nossos computadores baseados na Física Clássica trabalham essencialmente com dois estados, representados por 0 e 1. Cada um desses algarismos, 0 ou 1, são chamados de bits. Em um computador quântico, uma partícula poderia assumir o valor 0, 1, ou ambos! Esses valores são chamados *qubits*. O simples uso dos qubits pode aumentar exponencialmente a capacidade de processamento de um dispositivo.
>
> Portanto, a Computação Quântica é a ciência que estuda o uso da Mecânica Quântica para realização de processamento computacional.[329]

---

[328] MATOS, David. *Como a computação quântica vai revolucionar a inteligência artificial, machine learning, e big data*. 2021. Disponível em: https://www.cienciaedados.com/como-a-computacao-quantica- vai-revolucionar-a-inteligencia-artificial-machine-learning-e-big-data/. Acesso em: 28 fev. 2022.

[329] *Ibid*.

Desse modo, um computador quântico consiste em uma máquina com capacidade de solucionar problemas que, hoje, são considerados extremamente difíceis, com uma agilidade surpreendente. Outra definição extremamente clara a respeito é apresentada por Pedro Cipoli:

> A terceira geração de processadores Intel Core, codinome Ivy Bridge, já apresenta uma litografia impressionantemente pequena de 22 nm – só para se ter uma ideia, isso significa que cada transistor mede 1/4 do tamanho do vírus da gripe, que tem 80 nm. Por conta do tamanho super reduzido, a empresa teve que construir seus chips com a nova tecnologia de Transistores 3D para normalizar o comportamento dos elétrons e aumentar a eficiência energética dos processadores, já que nessa escala de grandeza não seria possível construir objetos tão pequenos com a tecnologia de transistores planares que é utilizada há anos.
>
> Muitas soluções foram propostas para substituir o silício como principal componente, indo do grafeno à computação quântica, e esta segunda já começou a apresentar resultados bastante promissores. Os processadores atuais podem ser entendidos como lâmpadas extremamente pequenas onde o "apagado" representa 0 e o "aceso" representa 1. Essas pequenas lâmpadas são os transistores e a velocidade e quantidade com que eles alteram seu estado é o que permite que nosso computador realize os cálculos com os quais estamos acostumados.
>
> Na computação, os "bits quânticos", ou qubits, não possuem apenas dois estados, mas sim uma infinidade deles entre 0 e 1. Basta uma pequena variação para se conseguir uma mudança de estado, então mais operações podem ser efetuadas de uma vez só, de forma que computadores equipados com os futuros processadores quânticos possuem o potencial de serem milhões de vezes mais poderosos que os mais modernos supercomputadores que vemos atualmente.[330]

Consoante ensinamento de Pandey, o computador quântico é um computador que faz uso das leis da mecânica quântica e, devido a isso, pode solucionar problemas com mais agilidade do que o mais rápido e moderno computador, prometendo uma capacidade de processamento extremamente poderosa.[331]

Para David Matos, um computador quântico pode ser definido como "uma máquina capaz de solucionar problemas computacionais

---

[330] CIPOLI, Pedro. O que é computação quântica? *Canaltech*. 01 jun. 2012. Disponível em: https://canaltech.com.br/hardware/O-que-e-computacao-quantica/. Acesso em: 28 fev. 2022.

[331] PANDEY, Abhishek; RAMESH, Vamanan. Quantum computing for big data analysis. *Indian Journal of Science*, v. 14, n. 43, p. 98-104, 2015, p. 103.

muito difíceis de forma incrivelmente ágil", mas alerta para o fato de que "(...) *qubits* precisam ser sincronizados usando um efeito quântico conhecido como entrelaçamento, o que Albert Einstein chamou de uma 'ação fantasma à distância'".[332]

David Matos ensina que tal qual se deu com os primeiros computadores digitais, a tecnologia quântica traz uma possibilidade infinitamente maior de praticidade e utilidade para o mundo moderno.

Em artigo publicado em 2019, Ronan Damasco define a computação quântica como "uma nova forma de computação, baseada em fenômenos da mecânica quântica"[333] e ensina que o conceito de computação quântica é atribuído ao prof. Richard Feynman, um físico do Instituto de Tecnologia da Califórnia que, em 1985, afirmou que "calcular a evolução de um sistema quântico usando computação clássica é ineficiente e demanda um computador da mesma natureza do problema, ou seja, um computador quântico".[334]

Trata-se, segundo o autor, de uma computação rápida e eficiente que, para solucionar os problemas, faz uso de fenômenos da mecânica quântica, como:

a) A superposição (baseia-se na afirmação de que uma partícula pode – ou tem a probabilidade de – estar em vários estados ao mesmo tempo, o que só será percebido após devidamente observado). É interessante atentar-se para o fato de que essa superposição confere o chamado paralelismo quântico, que, segundo explicação fornecida por Ronan Damasco, é melhor compreendido usando a analogia da solução de um labirinto: em vez de testar cada uma das possibilidades de caminhos possíveis para encontrar a saída, a computação quântica testa todos de uma só vez, usando a superposição.

b) A medição do estado quântico, por sua vez, é um fenômeno que destrói a superposição quântica, porque faz com que a partícula assuma o seu estado definitivo. Sua unidade de processamento é o *bit* quântico ou *QUBIT*, que, de modo diferente do *bit* clássico (que só pode assumir os valores do "0" ou "1"), pode assumir uma quantidade infinita de valores ou probabilidades, até que seja medido, quando, então, assumirá

---

[332] MATOS, 2021.
[333] DAMASCO, Ronan. Computação quântica. *Revista LIFT papers (Revista do laboratório de inovações financeiras e tecnológicas)*. 2. ed. v. 2. n. 2, p. 374-382, maio 2020. Disponível em: https://revista.liftlab.com.br/lift/article/view/45/37. Acesso em: 28 fev. 2022, p. 376
[334] *Ibid.*, p. 376

o valor "0" ou "1". As probabilidades do *QUBIT*, portanto, são muito maiores do que do *bit* clássico;
c) O entrelaçamento é o último fenômeno a ser observado. Duas partículas estão entrelaçadas quando agem como se estivessem se comunicando (segundo o autor, como se fossem irmãs gêmeas), de modo que quando uma das partículas é medida, permite que se saiba que a outra se encontra em estado análogo, ainda que em outro canto do universo. O entrelaçamento pode se dar naturalmente ou pode ser provocado mediante o uso de algumas técnicas.[335]

A principal característica desta nova tecnologia consiste, portanto, na possibilidade de superposição coerente de zeros e uns (os dígitos do sistema binário sobre os quais todo sistema de computação se baseia), de maneira que, através da tecnologia quântica, um *qubit* pode ser zero e um ao mesmo tempo e em diferentes proporções.

Grandes potências da tecnologia como a IBM, a Microsoft e o Google buscam vencer a disputa do pioneirismo na disponibilização comercial do computador quântico, mas, por ora, ainda esbarram no desafio de manter a estabilidade dos *bits* quânticos (que são extremamente sensíveis) diante de impactos gerados pela exposição, por exemplo, a determinados ruídos como os eletromagnéticos e, até mesmo, a variação de temperatura.

Ronan Damasco ensina que "os computadores quânticos em desenvolvimento no momento são mantidos em ambientes muito controlados, com temperaturas da ordem de *milli- Kelvins*, o que é aproximadamente cem vezes mais frio que o espaço sideral".[336]

Isso porque os *qubits* são mais suscetíveis a erro e para manter a estabilidade e evitar que os mesmos saiam do seu estado quântico, é preciso mantê-los debaixo de uma temperatura extrema e absurdamente fria.

Apesar da dificuldade ainda existente na produção de computadores quânticos, a tecnologia quântica já está disponível há algum tempo. E embora ainda se encontre limitada a poucas dezenas de *qubits*, algumas ferramentas de desenvolvimento já têm sido aplicadas:

O Quantum Development Kit da Microsoft (Microsoft. Disponível em: https://www.microsoft.com/en-us/quantum/development-kit)

---

[335] DAMASCO, 2020.
[336] *Ibid.*, p. 378.

por exemplo, está disponível desde 2017. Esse kit de desenvolvimento disponibiliza a linguagem Q#, que pode ser instalada na popular ferramenta aberta Visual Studio Code (Visual Studio Code. Disponível em: https://code.visualstudio.com/). A Microsoft investe na computação quântica com uma abordagem arrojada e inovadora, que pode ser encontrada em: https://cloudblogs.microsoft. com/quantum/2018/09/25/microsoft-advances-quantum-computing-vision-and-helpstackle-real-world-challenges/.[337]

Muito já se evoluiu (como é possível perceber) em matéria de tecnologia quântica, e com certeza ainda há muito que se evoluir.

Explicando a importância da aplicação da tecnologia quântica em uma das áreas que vêm se destacando (o uso de sensores), Ronan ensina, ainda, que na área médica os sensores poderão permitir, por exemplo, exames de ressonância quarenta vezes mais rápidos, com um custo de um quarto do preço dos atuais equipamentos. Ressalta ainda que na área militar o *ghost imaging*, que faz uso dos fótons entrelaçados, possibilita observar o que acontece em um campo de batalha a uma distância de 2km, conforme teste realizado em 2013.[338]

Nesse sentido, David Matos alerta que os computadores quânticos permitirão modelar variações de reações químicas, que irão possibilitar a descoberta de novos medicamentos, desenvolver tecnologias de imagem para a indústria de saúde com vistas a detectar doenças, além de impactar consideravelmente o processamento de dados, se formos tomar por base a grande quantidade de dados necessária para que a Inteligência Artificial e o *Machine learning* possam surtir efeito de maneira eficiente e efetiva.[339]

A tecnologia quântica é capaz de solucionar toda espécie de problema, apesar de ainda enfrentarmos algumas dificuldades frente ao que o autor chama de "modelagem matemática" necessária para resolver os problemas de maneira quântica.

No que se refere especificamente à segurança cibernética, algoritmos virtualmente inquebráveis podem ser desenvolvidos por meio da tecnologia quântica – favorecendo-a consideravelmente. Por esse motivo, a encriptação quântica já vem sendo utilizada por grandes potências, que buscam torná-la cada vez mais prática e usual.[340]

---

[337] *Ibid.*
[338] DAMASCO, 2020, p. 379.
[339] MATOS, 2021.
[340] DAMASCO, *op. cit.*, p. 380: "Em 1994, Peter Shor, pesquisador da Bell Laboratories e hoje professor do MIT, demonstrou um algoritmo quântico capaz de encontrar com muita

A comunicação, portanto, é outra área que pode ser bem beneficiada pela tecnologia quântica. Isso porque não é possível a clonagem de um *bit* quântico, em virtude da destruição do estado quântico pela medição.

Desse modo, a comunicação realizada por meio de tecnologia quântica conta com uma proteção especial: ela não é passível de ser interceptada ou copiada, uma vez que destruiria, automaticamente, a mensagem originalmente enviada, o que possibilita afirmar que, teoricamente, as comunicações quânticas são 100% seguras, e os ataques só poderiam se dar com relação aos equipamentos de transmissão.

Por outro lado, apesar de garantir maior segurança nas comunicações, a tecnologia quântica, como já visto, tem a possibilidade de realizar, simultaneamente, uma diversidade de cálculos, o que, por sua vez, potencializa as chances de quebrar os sistemas clássicos de criptografia existentes nos dias de hoje.

Isso significa dizer que a tecnologia quântica oferece uma segurança maior para as comunicações, mas também coloca em risco o sistema atual que, desse modo, precisará urgentemente ser substituído.

Diversos testes vêm sendo realizados para verificar a segurança da tecnologia quântica. Em 2004 foram realizados testes de transferências financeiras na Áustria usando algoritmos com base em fenômenos quânticos. Em 2007, parte das eleições da Suíça foi transmitida por meio de redes quânticas, e, ainda, em 2018, foi realizado um teste de transmissão quântica, via satélite, entre Áustria e China, batendo o recorde de distância nessa espécie de transmissão: 7.600 km.[341]

A tecnologia quântica permitirá uma evolução consideravelmente segura no uso de tecnologias de ponta, e o seu uso vem sendo estudado para aplicação no *machine learning* e no *deep learning* e nas demais áreas que envolvem inteligência artificial. Não se trata de mais uma tecnologia interativa com possibilidade de melhorias, mas de uma tecnologia transformadora, disruptiva, tão potente que pode emergir a uma velocidade inesperada e causar impactos muito difíceis de serem previstos.

---

rapidez o período de uma função. Esse algoritmo cria uma solução rápida para o problema de fatoração de grandes números primos, que é a base da criptografia. O trabalho do professor Shor despertou a necessidade da criação de novos algoritmos de criptografia que seriam resistentes à computação quântica, a chamada criptografia pós-quântica".

[341] POPKIN, Gabriel. Satélite quântico da China atinge "ação assustadora" a distância recorde. Resultado abre caminho para comunicações quânticas à prova de *hack*. *Revista Science*. Notícia publicada em 15 de jun. 2017. Disponível em: https://www.science.org/content/article/china-s-quantum-satellite-achieves-spooky-action-record-distance. Acesso em: 01 mar. 2022.

Mélissa Rossi, uma especialista em criptografia da Agência Nacional de Cibersegurança da França, afirmou que "a maturidade dos algoritmos quânticos não deve ser superestimada". Segundo a pesquisadora, ainda existem muitos aspectos que se encontram em estudo.[342]

O Brasil possui vários núcleos de pesquisa voltados para a computação quântica, que pertencem a Instituições de Ensino superior, dentre eles pode-se citar o LNCC (Laboratório Nacional de Computação Científica),[343] que é formado por orientadores de projetos de iniciação científica, mestrado e doutorado.

A China, porém, ganhou relevância com o desenvolvimento do supercomputador *Zuchongzhi*, que tem sido considerado um marco histórico na computação quântica.[344] Com notável *performance*, o *Zuchongzhi* conseguiu realizar uma tarefa de referência (que de acordo com os cientistas envolvidos no projeto, poderia ser realizada pelo tempo médio de 8 anos) em aproximadamente 70 minutos, o que possibilitou que a China reivindicasse a supremacia quântica, tão almejada, hoje, pelas grandes potências.

O *Zuchongzhi* possui 66 *qubits* (*bits* quânticos) e usou 56 deles para realizar um problema extremamente complexo, envolvendo amostragem da distribuição de saída de circuitos quânticos aleatórios, uma atividade que foi considerada cem a mil vezes mais complexa do que a realizada pelo *Google Syncamore* (computador quântico do Google), que possui 54 bits e, até então, gozava da supremacia quântica.

Outro fator importante a ser mencionado, com relação a esses supercomputadores, consiste no fato de que enquanto o chinês usa circuitos ópticos e fótons para gerenciar e processar seus *qubits*, o americano se baseia em elétrons e supercondutores, o que gera diferenças na forma pela qual os resultados são calculados e medidos.

Mais recentemente foi divulgada a notícia de que pesquisadores chineses haviam desenvolvido a primeira rede de comunicação quântica do mundo, com 4.600 quilômetros de extensão, ligando Pequim a

---

[342] CASTELVECCHI, Davide. A corrida para salvar a internet de *hackers* quânticos. *Revista Nature Online*, 08 fev. 2022. Disponível em: https://www.nature.com/articles/d41586-022-00339-5. Acesso em: 01 mar. 2022.

[343] BRASIL. Ministério da Ciência, Tecnologia e Inovações. *Laboratório Nacional de Computação Científica*. Disponível em: https://www.gov.br/lncc/pt-br. Acesso em: 28 fev. 2022.

[344] UOL. *Supercomputador chinês pode ter alcançado novo marco na computação quântica*. Disponível em: https://www.uol.com.br/tilt/noticias/redacao/2021/07/15/supercomputador-chines-inaugura-novo-marco-na-computacao-quantica.htm. Acesso em: 28 fev. 2022.

Xangai, consolidando a posição da China com relação à supremacia quântica.

A importância das redes quânticas reside, entre outros fatores, na impossibilidade de ser *hackeada* ou interceptada (qualquer intervenção na rede entre transmissor e receptor gera uma alteração em toda a cadeia de caracteres, que possibilita a rápida identificação da invasão), o que assegura um fluxo de comunicação extremamente confidencial.

Ainda assim, a constante e vertiginosa evolução das TICs (tecnologias da informação e comunicação) e a frenética busca pela supremacia quântica (que acaba por incentivar as pesquisas por tecnologias cada vez mais avançadas) ensejaram um temor nesta área, que vem sendo chamado, por alguns, de "apocalipse quântico", e por outros, de "Dia Q", e diz respeito à possibilidade de abertura e revelação dos arquivos criptografados – ou o dia em que os computadores quânticos quebrarão a internet.

Rússia, EUA, China e Reino Unido são alguns exemplos de países que vêm investindo fortemente nas pesquisas a respeito da tecnologia quântica que, se por um lado podem assegurar um encriptamento mais seguro, por outro, podem quebrar facilmente a criptografia até então realizada, expondo dados bancários, mensagens trocadas, dados de saúde, enfim, tudo o que tem sido coletado e armazenado nos dias atuais, causando um verdadeiro apocalipse quântico.

Importa abrir breves parênteses, aqui, para distinguir os chamados "supercomputadores" dos computadores quânticos. Embora estes não deixem de ser, também, supercomputadores, o poder da computação quântica é muito superior, permitindo o processamento, em apenas poucos minutos, de algoritmos que um supercomputador, ainda que extremamente potente, levaria anos para resolver.

Se os computadores quânticos alcançarem a sua escala completa, conseguirão quebrar algoritmos de criptografia rapidamente, de modo que, se por um lado consistem em uma esperança de maior segurança e proteção, por outro, geram temor pela possibilidade de exposição e abertura que poderão proporcionar.

Em um verdadeiro "paradoxo digital" (que só poderia existir nessa sociedade imersa e dependente de informações e dados e, consequentemente, exposta a riscos) máquinas que sequer ainda foram criadas já colocam em risco não apenas as comunicações futuras, como também as existentes no momento e, inclusive, as que já se encontram no passado.

Com esse objetivo é que, paralelamente às pesquisas em prol do desenvolvimento de uma tecnologia quântica mais acessível e segura, já vêm sendo também empreendidos estudos sobre o que tem se chamado de tecnologia "pós-quântica", que consistem em novas formas de criptografia que, espera-se, sejam à prova de *quantum*.

O que se espera é uma tecnologia suficientemente segura a ponto de proteger a indústria, o governo, enfim, toda a infraestrutura de mercado, contra os riscos proporcionados pelo "apocalipse quântico".[345]

Nesta senda, estudiosos da Universidade *Ritsumeikan*, no Japão, têm defendido a tese de que a solução para evitar o apocalipse quântico estaria na "teoria do caos" ou na criptografia baseada no caos.

Esse método de criptografia à prova de computadores quânticos se baseia no conceito de "caos" para a matemática, que consiste em uma propriedade de sistemas dinâmicos que lhes confere uma sensibilidade extrema às condições iniciais, de modo que, apesar de aleatórios, eles mantêm uma evolução constante e tão complexa, que torna praticamente impossível qualquer tentativa de previsão do seu estado de longo prazo, já que erros de arredondamento das condições iniciais, ainda que pequenos, irão produzir resultados divergentes.

Com base nessa certeza, a equipe de Koshiro Onuki desenvolveu um método que consiste em três primitivas criptográficas baseadas em modelos matemáticos de caos que, segundo os pesquisadores, é extremamente segura e resistente a ataques e espionagem, considerando que é matematicamente impossível sincronizar o próprio oscilador do pretenso invasor com os do remetente ou os do receptor.[346] O coordenador da equipe japonesa, professor Takaya Miyano, afirmou:

> A maioria dos sistemas criptográficos baseados no caos pode ser quebrada por ataques usando computadores clássicos em um tempo curto na prática. Em contraste, nossos métodos, especialmente o de troca de chaves secretas, parecem ser robustos contra esses ataques e, mais importante, ainda difíceis de quebrar mesmo usando computadores quânticos. (...)

---

[345] GARDNER, Frank. O que é apocalipse quântico e existe razão para preocupação? *BBC News Brasil*. Artigo publicado em 29 jan. 2022. Disponível em: https://www.bbc.com/portuguese/geral-60156277. Acesso em: 01 mar. 2022.

[346] INOVAÇÃO TECNOLÓGICA. *Criptografia baseada no caos pode evitar apocalipse quântico*. Notícia publicada em 11 fev. 2022. Disponível em: www.inovacaotecnologica.com.br/noticias/noticia.php?artigo=criptografia-baseada-caos-evitar-apocalipse-quantico. Acesso em: 08 mar. 2022

Os custos de implementação e funcionamento do nosso sistema criptográfico são notavelmente baixos em comparação com os da criptografia quântica. Assim, nosso trabalho fornece uma abordagem criptográfica que garante a privacidade das comunicações diárias entre pessoas de todo o mundo na era pós-quântica.[347]

Enquanto isso, segue-se na busca por uma segurança cibernética eficiente e eficaz.

4.5 A segurança cibernética e o *compliance*

Em março de 2022 a empresa automobilística Toyota teve suas fábricas paralisadas por um dia inteiro, em decorrência de um ataque cibernético a um de seus fornecedores. Foi o suficiente para gerar preocupação com a vulnerabilidade em sua cadeia de suprimentos.

A Kojima Industries Corp, responsável pelo fornecimento de peças plásticas e componentes eletrônicos para a Toyota, informou terem descoberto um erro em um de seus servidores de arquivos, e que após ter reiniciado esse servidor ficou constatada a existência de um vírus e uma "mensagem ameaçadora", escrita em inglês, em um comunicado separado.

A GMB Corp 7214.T, fabricante de bombas de água e outras peças automotivas, também declarou que seus sistemas foram alvo de acesso não autorizado, com a suspeita de *ransomware*.

Um poderoso *malware* denominado "*Emotet*" tem sido utilizado para obter acesso ao computador das vítimas e baixar um *software* que bloqueia o computador em um processo com consequências semelhantes ao que se dá nos ataques *ransomware*.

A grande empresa automobilística japonesa informou que poderia retomar suas operações mediante o acesso a uma rede de *backup* entre ela e o fornecedor e que precisaria de duas semanas para restaurar seu sistema completamente.[348]

Alguns dias antes, no final do mês de janeiro de 2022, o grupo Americanas passou por problema similar quando, sob a suspeita de invasão dos seus sistemas, precisou suspender os servidores,

---

[347] Ibid.
[348] CNN. *Ataque cibernético fechou todas as fábricas da Toyota no Japão por um dia*. Reportagem publicada em 01 mar. 2022. Disponível em: https://www.cnnbrasil.com.br/business/ataque-cibernetico- fechou-todas-as-fabricas-da-toyota-no-japao-por-um-dia/. Acesso em: 02 mar. 2022.

que ficaram fora do ar por quatro dias, acarretando um prejuízo de aproximadamente R$3,5 bilhões em valor de mercado, sem falar dos danos reputacionais que possuem imenso peso neste mercado extremamente competitivo do *e-commerce*.[349]

Diversas outras situações similares aconteceram, impactando grandes empresas e, por consequência, toda a economia. Dados publicados pela Revista Forbes demonstraram o quanto esses ataques custam para o mercado:

> Um levantamento da Cybereason, empresa de segurança cibernética, revelou que 31% das empresas norte-americanas vítimas de ransomware acabam fechando as portas. Nos Emirados Árabes Unidos e no Reino Unido, esse índice é ainda maior: 42% e 34% respectivamente. A grande maioria dessas companhias vivenciou um impacto negativo substancial nos negócios devido ao ataque, incluindo perda de receita, danos à marca, cortes imprevistos de pessoas e até o encerramento das atividades. As empresas da França (22%), Alemanha (21%) e Singapura (21%) tiveram taxas de fechamento muito semelhantes. Na Espanha, o índice foi bem menor: apenas 5%.[350]

Diante dessa vulnerabilidade mundial que vem sendo diariamente exposta, em larga escala, para toda a sociedade e com frequência cada vez maior, é premente a necessidade de reconhecer a importância do *compliance* digital ou cibernético, sem o qual os investimentos realizados em medidas de segurança, *softwares*, *hardwares* e outras ferramentas similares não lograrão o êxito almejado.

Para a Associação Brasileira dos Bancos Internacionais (ABB) e a Federação Brasileira de Bancos (FEBRABAN), o *compliance* possui o objetivo de:

> Assegurar, quanto a: Leis – aderência e cumprimento; Princípios Éticos e Normas de Conduta – existência e observância; Regulamentos e Normas – implementação, aderência e atualização; Procedimentos e Controle Interno – existência e observância; Sistemas de Informações

---

[349] ISTO É DINHEIRO. *Depois de prejuízo de R$ 3,5 bilhões, site da Americanas volta ao ar*. Reportagem publicada em 23 fev. 2022. Disponível em: https://www.istoedinheiro.com.br/depois-de-prejuizo-de-r35- bilhoes-site-da-americanas-volta-ao-ar/. Acesso em: 02 mar. 2022.

[350] FORBES TECH. *Ataques de ransomwares podem provocar fechamento de mais de 30% dos negócios em alguns países*. Reportagem publicada em 13 de julho de 2021. Disponível em: https://forbes.com.br/forbes-tech/2021/07/ataques-de-ransomwares-podem-provocar-fechamento-de-mais-de- 30-dos-negocios-em-alguns-paises/. Acesso em: 02 mar. 2022.

– implementação e funcionalidade; Planos de Contingência – implementação e efetividade, por meio de testes periódicos; Segregação de funções – adequada implementação a fim de evitar o conflito de interesses; Relatório do sistema de controles internos (Gestão de *compliance*) – avaliação dos riscos e dos controles internos – elaboração com base nas informações obtidas junto às diversas áreas da instituição, visando apresentar a situação qualitativa do sistema de controles internos; Políticas Internas – que previnam problemas de não conformidade com leis e regulamentações.[351]

Além de configurar um dever ético cada vez mais cobrado pela sociedade e de resguardar a confiança social, o sistema de *compliance* protege a integridade da empresa prevenindo, detectando (ou reprimindo) e reportando às esferas competentes eventuais irregularidades cometidas por seus executivos, que deverão responder, pessoalmente, por seus atos irregulares.

Nos ensinamentos de Marcos Assis, implementar um programa de *compliance* requer observar determinados deveres, tais como os de prevenção e de análise de riscos, através da promoção de uma cultura corporativa ética e transparente, que identifique as funções e as responsabilidades, devidamente normatizadas e documentadas.[352]

Imprescindível, desse modo, a existência do *compliance* como ferramenta tecnológica que possibilita avaliar os riscos e tomar as medidas preventivas necessárias, evitando situações que possam vir a prejudicar a reputação e a credibilidade institucional perante a sociedade.

Nesta senda, a manutenção de um programa de *compliance* digital como instrumento de tecnologia de gestão possibilitará a criação e manutenção de um ambiente mais seguro, transparente e confiável.

Para tanto, necessária se faz a observância das normas técnicas internacionais, como a ISO 27001 e 27002, bem como a 27701/2019, que elencam os controles necessários para a adequada proteção de dados pessoais nos ambientes organizacionais, gerando evidência de *compliance* digital.

A ISO 27001 é integrada por dois componentes. No primeiro, vislumbra a definição das regras e os requisitos para o cumprimento da norma, tais como o contexto da organização, a liderança (que

---

[351] FEDERAÇÃO BRASILEIRA DE BANCOS. *Função de compliance*. Disponível em: http://www.febraban.org.br/7rof7swg6qmyvwjcfwf7i0asdf9jyv/sitefebraban/funcoescompliance.pdf. Acesso em: 02 mar. 2022.

[352] ASSIS, Marcos. *Compliance*: como implementar. São Paulo: Trevisan Editora, 2018, p. 91.

abrange comprometimento, políticas, estabelecimento de funções e responsabilidades), o planejamento (incluindo da avaliação de riscos e seu tratamento), questões referentes a suporte (recursos, competência, conscientização, evidências ou documentos e comunicação), a operacionalização do que foi planejado, a avaliação de desempenho (monitoramento, medição, análise, auditoria interna e revisão por parte dos gestores) e melhorias como formas de ação corretiva para os casos previamente identificados de não conformidade.

O segundo componente da ISO 27001 é o ANEXO A, composto por um conjunto de controles que devem ser adotados pelas organizações no que se refere a questões como políticas de segurança, organização da segurança da informação, segurança de recursos humanos, gestão de bens, controle de acessos, criptografia, segurança física e ambiental, segurança de operações e comunicações, aquisição, desenvolvimento e manutenção de sistemas, relação com fornecedores, gestão de incidentes de segurança da informação e conformidade.

A seção 15 da ISO 27002, por sua vez, trata especificamente da conformidade focando principalmente os requisitos legais. Nesta seção encontram-se controles que indicam ações de adequação às legislações referentes aos direitos de propriedade intelectual, proteção e privacidade das informações pessoais. Além disso, a sessão trata, ainda, de questões pertinentes à auditoria de sistemas de informação. Todavia, por se tratar de uma norma referencial, ou seja, uma norma de "boas práticas" que traz um padrão internacional, as normas ISO não descrevem como fazer, ou seja, o *how-to*, mas apenas sugere controles que vêm sendo considerados mundialmente convenientes e oportunos, agregando valor à organização e assegurando respeito e confiabilidade.[353]

O *compliance* digital pressupõe, desse modo, uma gestão proativa, essencial em tempos de evolução técnico-científica e ameaças cibernéticas, onde tudo se transforma em uma velocidade exponencial. Quanto maior a possibilidade de prevenção, menor é o risco a ser exposto.

Consiste, assim, na união entre as competências jurídicas e tecnológicas em busca da conformidade. Um instrumento que poderá proporcionar a prevenção, tão necessária, através da governança adequada e da análise e gestão de riscos, a fim de obter o máximo de segurança, preservando o direito a proteção de dados e, consequentemente,

---

[353] BRASIL. Associação Brasileira de Normas Técnicas. *Tecnologia da informação – Técnicas de segurança – Código de prática para a gestão da segurança da informação*. ABNT NBR ISO/IEC 27002. Rio de Janeiro. 2005.

à privacidade dos titulares, sem falar na questão da reputação institucional, tão valorizada neste mundo de incertezas geradas pela sociedade da informação.

Já existem diversas regras de *compliance* no que concerne à proteção da segurança e da privacidade dos dados, dentre elas cita-se, a título meramente exemplificativo: o HIPAA (*Health Insurance Portability and Accountability*), o Basileia (*Basel Committee on Banking Supervision*) e o CCAR ou *Comprehensive Capital Analysis and Review*, que está relacionado a risco de capital.

Em 2013, um médico em férias teve seu *notebook* furtado; nesse computador havia uma planilha com dados de pacientes carregados em um servidor em nuvem não compatível. O crime resultou na exposição dos IPs de mais de 7.000 pacientes da *Oregon Health and Science University* e gerou, para a Universidade, uma multa de US$2,7 milhões da HIPAA, por ausência de implementação de uma análise de risco passível de detectar a tempo – e evitar – essa espécie de incidente.[354]

Como forma de assegurar o *compliance* organizacional, a propagação de uma cultura de proteção de dados aliada a políticas de segurança da informação, como uso de antivírus atualizado, regularidade do *backup*, cuidados com os *emails* e aplicativos de mensagens instantâneas, cautela (e até mesmo proibição) no acesso a redes sociais dentro da instituição consistirão em algumas medidas a serem, necessariamente, observadas.

4.6 A segurança cibernética como Direito Fundamental

Diante de tudo o que já foi exposto, alguns questionamentos se mostram pertinentes: a segurança cibernética, como uma espécie de segurança que é, pode ser considerada um Direito Fundamental? Ou seria, na realidade, uma garantia fundamental? Mais do que isso, diante de sua abrangência e relevância, a segurança cibernética pode ser considerada um direito humano?

Nesse sentido, é importante analisar os impactos decorrentes da ausência ou das falhas da segurança cibernética nos direitos da pessoa humana.

---

[354] FRÜHLINGER, Josh. HIPAA Explicou: definição, conformidade e violações. *CSO United States*. Artigo publicado em 25 jan. 2021. Disponível em: https://www.csoonline.com/article/3602903/hipaa-explained- definition-compliance-and-violations.html#tk.rss_all. Acesso em: 03 mar. 2022.

Além disso, insta ainda considerar se em prol de uma maior segurança, inclusive cibernética, deve-se sacrificar as liberdades civis, o direito de privacidade. Essas são algumas das premissas que direcionam o presente estudo.

4.6.1 A colisão entre Direitos Fundamentais: direitos da personalidade x direito à segurança cibernética x direito à proteção de dados

Antes de passar à análise desses questionamentos, a fim de buscar elucidá-los, cumpre recordar primeiramente as definições de Direito Fundamental e Direitos Humanos.

De acordo com os ensinamentos ministrados por Luigi Ferrajoli, os Direitos Fundamentais devem estar, em primeiro lugar, formulados em uma Constituição e consistem nos direitos subjetivos que correspondem, de maneira universal, a todos os seres humanos enquanto dotados do *status* de "pessoa".[355]

José Sebastião de Oliveira ensina, no que diz respeito à definição de Direitos Fundamentais, que compete ao Estado oportunizar os meios para que o ser humano possa viver em paz e, desse modo, desenvolver todo o seu potencial, "sendo vedadas máculas à sua individualidade, uso da pessoa como meio para a consecução de fins pessoais ou estatais, entre outros referenciais de vultosa relevância".[356]

Seguindo esse raciocínio é possível afirmar que por Direitos Humanos compreende-se os direitos fundamentais que são representados por uma espécie de transposição, para fora dos limites internos de cada país, alcançando, ou melhor, permitindo sua defesa em esferas transnacionais.

No que se refere aos direitos fundamentais, vislumbram-se ainda, especificamente, aqueles que apesar de se encontrarem positivados no âmbito infraconstitucional, também integram o rol constitucional e, além disso, decorrem de igual forma do princípio chave, que é o princípio da dignidade da pessoa humana, quais sejam: os direitos da personalidade.

---

[355] FERRAJOLI, Luigi. *Derechos y garantías:* La ley del más débil. Ed. Trotta: Espanha, 2016, p. 37.
[356] OLIVEIRA, José Sebastião de; SANTOS, Diego Prezzi. Dignidade, direitos fundamentais e direitos da personalidade: uma perspectiva garantista para a democracia substancial. *Revista Jurídica Unicuritiba*. Curitiba. v. 02, n. 59, p. 343-358, abr./jun., 2020, p. 07.

Por direitos da personalidade se compreende aqueles que decorrem, automaticamente, da aquisição da personalidade, considerada, neste ponto, como "as qualidades mínimas a serem preservadas para o respeito ao ser humano".[357] Desse modo, compreendem, os direitos da personalidade, todos os elementos considerados essenciais para que a existência humana se dê com a dignidade devida.

Nesses termos é que se percebe, neste trabalho, os direitos da personalidade como parte dos direitos fundamentais, reconhecendo sua fundamentalidade e importância. Consoante os ensinamentos de José Sebastião Oliveira, a dignidade da pessoa humana configura fonte não só dos direitos fundamentais, como também dos direitos da personalidade, "e dela, em sua instância, depende a democracia material e o sentido forte de Estado".[358]

Ainda usando como referência os ensinamentos de José Sebastião Oliveira, os direitos da personalidade são "direitos essenciais do ser humano para garantir o gozo e o respeito ao seu próprio ser".[359]

Corroborando esse raciocínio tem-se o posicionamento de Carlos Alberto Bittar, segundo o qual existe uma dicotomia, dentre os direitos da personalidade, de modo que, de um lado há os direitos fundamentais da pessoa natural, que configuram objeto de direito público por seu escopo de proteção contra arbitrariedades praticadas pelo Estado (direito à vida, à integridade física, à liberdade e etc), e de outro encontram-se os direitos da personalidade propriamente ditos, ou seja, aqueles que regulamentam relações entre particulares.[360]

Consoante tais argumentações é possível perceber que se tratam, basicamente, dos mesmos direitos, contudo, mediante diferentes prismas. E se considerarmos a teoria da eficácia horizontal dos direitos fundamentais, não há qualquer obstáculo para o reconhecimento dos direitos da personalidade como direitos, também, fundamentais. Wolfgang Hoffmann-Riem, inclusive, ensina:

---

[357] DIAS, Felipe da Veiga; REIS, Jorge Renato dos. Os direitos de personalidade e a hermenêutica constitucional: uma abordagem (a partir do giro linguístico ontológico) acerca dos limites comunicativos na sociedade da informação. *Revista Eletrônica Direito e Política*, Programa de Pós-Graduação *Stricto Sensu* em Ciência Jurídica da UNIVALI, Itajaí, v. 7, n. 2, p. 1491-1521. 2º quadrimestre de 2012. Disponível em: www.univali.br/direitoepolitica. Acesso em: 03 mar. 2022, p. 1498.
[358] OLIVEIRA; SANTOS, 2020, p. 354.
[359] OLIVEIRA, José Sebastião de; MENOIA, Regina Cristina da Silva. Aspectos dos direitos da personalidade como direito constitucional e civil. *Revista Jurídica Cesumar* – Mestrado, v. 9, n. 2, p. 505-525, jul./dez.2009, p. 510.
[360] BITTAR, Carlos Alberto. Os direitos da personalidade e o projeto de Código Civil brasileiro. *Revista de Informação Legislativa*. Brasília, nº 60, out/dez 1978, p. 107

> No direito constitucional alemão, foi reconhecido durante muitas décadas que, além da sua função de direitos de defesa contra o Estado, as normas de direitos fundamentais contêm instruções objetivas e juridicamente fundamentadas ao Estado para especificar a possibilidade de uso da liberdade e proteger a liberdade, também em relação às ameaças de particulares (o chamado efeito perante terceiros ou horizontal dos direitos fundamentais). Estes mandados são dirigidos a todos os detentores do Poder Público no âmbito dos seus respectivos campos de responsabilidade e também ao legislador, que pode e, se necessário, deve criar disposições no sistema jurídico para a proteção efetiva dos direitos fundamentais, inclusive no efeito horizontal. Para este efeito horizontal dos direitos fundamentais (ou seja, seu efeito diretamente entre os particulares), os seguintes fatores desempenham um papel decisivo: o desequilíbrio entre as partes contrárias, o significado social de certos serviços ou o poder social de um dos lados.[361]

Isso porque, segundo o próprio Hoffman-Riem, a transformação digital ampliou o rol de possibilidades de atuação das empresas privadas, permitindo atualmente, por exemplo, o monitoramento e o controle do comportamento humano, tendo em vista seus próprios interesses, que, por sua vez, podem impactar de forma considerável as liberdades dos indivíduos. Algo que, segundo o autor, pode ser "funcionalmente comparável" ao poder exercido pelas instituições estatais,[362] razão pela qual demanda maior proteção.

Com vistas a fortalecer a argumentação nesse sentido, necessário se faz citar o posicionamento de Gregorio Peces-Barba, segundo o qual, por direitos fundamentais se entende todos os que apresentem os requisitos: a) pretensão moral justificada; b) tecnicamente incorporável a uma norma; c) ser uma realidade social.[363] Considerando os direitos da personalidade – como, por exemplo, nome, identidade, imagem, honra – é possível constatar que todos se encaixam, perfeitamente, nos requisitos apresentados, de maneira a possibilitar sua configuração, também, como direitos fundamentais.

Todavia, não dá para afirmar que todos os direitos fundamentais são, também, direitos da personalidade. Com esse intuito é importante citar o ensinamento do professor José Sebastião de Oliveira:

---

[361] HOFFMANN-RIEM, 2022, p. 49.
[362] *Ibid.*, p. 48.
[363] MARTÍNEZ, Gregorio Peces-Barba. *Curso de derechos fundamentales:* teoria general. Madrid: Universidad Carlos III, 1999.

É preciso, entretanto, fazer enxergar que o terreno dos direitos humanos ou fundamentais é, de fato, mais largo. Os bens personalíssimos neles são encontrados, mas não são os únicos que ali estão compreendidos. Muitos são fundamentais frente ao Estado, por conveniência política ou legislativa. Mas nem todos os direitos fundamentais são da personalidade. Porque se é o sujeito, e não o conteúdo ou substância que são similares, a pedra de toque da distinção, compreensível é que algumas prerrogativas asseguradas como fundamentais (frente ao Estado) não careçam de igual tutela diante do particular. A irredutibilidade dos salários, por exemplo, é um direito fundamental, mas não é personalíssimo. A garantia da nacionalidade é outro exemplo. Não se opõe aos particulares, nem haveria finalidade ou meios para isso, porque deflui do Estado, único que a declara e a chancela. Também os direitos políticos, apenas oponíveis ao Estado. Daí serem fundamentais e não personalíssimos.[364]

Realizadas as devidas considerações acerca dos Direitos Fundamentais e dos direitos da personalidade, cumpre agora identificar a relação entre esses, a segurança cibernética e a proteção de dados.

Não é segredo, tampouco novidade, que o uso indevido e até mesmo abusivo de dados pessoais viola direitos inerentes à personalidade humana como os direitos à privacidade e à intimidade. Mas a violação pode se verificar até mesmo de maneira imperceptível, como se dá, por exemplo, com as sugestões de notícias fornecidas pelas mídias sociais com base no estudo do perfil do usuário e, portanto, da análise e constatação de suas preferências, e, ainda, com as sugestões de filmes nas plataformas de *streaming*.

Algo que inicialmente aparenta um grande benefício, por conceder aquilo que exatamente se deseja, pode violar a liberdade de escolha, posto que, como já abordado neste trabalho, isso acaba por ofertar mais da própria pessoa (mais do mesmo), impossibilitando o acesso ao novo e ao diferente, de modo a violar, sim, seu direito a liberdade, já que o exercício do direito de livre escolha culmina, de certa forma, viciado pelo sugestionamento.

Isso posto, mister se faz constatar que a proteção dos dados pessoais é imprescindível para a proteção dos direitos da personalidade e, consequentemente, dos direitos fundamentais. Todavia, para que seja possível falar em proteção de dados pessoais, necessário se faz abordar outros direitos: o direito à segurança e, mais especificamente, o

---

[364] OLIVEIRA; MENOIA, 2009, p. 517.

direito à segurança cibernética, tendo em vista que sem um sistema de segurança cibernética que se mostre efetivamente resiliente, não há como reconhecer qualquer proteção de dados.

Nesse sentido é imperioso reconhecer que a proteção dos dados pessoais exige uma segurança cibernética robusta e resiliente, ou seja, uma segurança cibernética que se adeque às necessidades, que seja capaz de se reconfigurar, persistir e perseverar diante da evolução tecnológica e, via de consequência, dos ataques que ocorrem neste meio.

É nesse sentido que a presente tese compreende a segurança cibernética como um direito e, mais do que isso, uma garantia fundamental, sem a qual não há como assegurar a proteção necessária aos direitos fundamentais.

Nesta busca pela proteção dos direitos fundamentais, diversas vezes depara-se com situações em que é preciso analisar a prevalência entre dois direitos que convergem, como acontece, por exemplo, com o direito à segurança e o direito à privacidade. Como garantir a segurança sem prejudicar a privacidade? Como preservar a privacidade sem prejudicar a segurança?

Em se tratando de segurança cibernética, especificamente, a proteção à privacidade está umbilicalmente ligada àquela, e junto encontra-se a proteção de dados, que requer guarida no tocante a ataques não só estatais, como também não estatais, além do comprometimento de não adotar políticas que possam, de alguma forma, aumentar as vulnerabilidades e os riscos a esses direitos.

Em sua obra *"Nothing to hide"*, Daniel J. Solove afirma que a ideia de ter que sacrificar liberdades civis em tempos de crise é muito comum e cita as palavras do Juiz da Suprema Corte dos EUA, Robert Jackson, segundo o qual "A Constituição não é um 'pacto de suicídio'", e desse modo não há prejuízos em mitigar determinados direitos em tempos de crise, já que esses serão, segundo ele, frequentemente restaurados em tempos de paz.

No mesmo sentido, Amitai Etzioni aduz que restrição de direitos em tempos de crise não configura ameaça à democracia constitucional; pelo contrário, na sua concepção, significa a capacidade de resposta de uma democracia aos medos públicos.

Daniel Solove denomina essa ideia de "argumento do pêndulo", ou seja, durante tempos de crise, o pêndulo irá oscilar em prol da segurança e pela mitigação de direitos individuais como os da privacidade e da intimidade, por exemplo; em contrapartida, em tempos de bonança e paz, o pêndulo retorna para a preservação da liberdade dos direitos de privacidade e intimidade, que, desse modo, são devidamente restaurados.

No entanto, ao apresentar essas ideias o autor expressa que, na sua concepção, o argumento do pêndulo significaria um retrocesso, já que seria justamente em tempos de crise que os direitos à liberdade e a privacidade deveriam estar ainda mais protegidos; isso porque os custos não são suportados de forma isonômica por todos na sociedade, e, muitas vezes, aqueles que defendem o sacrifício temporário de direitos em tempos de crise estão sacrificando direitos alheios ao invés dos seus próprios.

O autor embasa suas argumentações constatando que as restrições de liberdade que ocorreram no passado, em tempos de crise, causaram imensos prejuízos a milhares de cidadãos inocentes: *"The Japanese internment deprived countless people of their freedom. The McCarthy-era Hunt for Communists during the 1950s resulted in many people being fired from their Jobs and blacklisted from employment for years"*.[365]

Diante dessa contestação, assevera que é preciso evitar que tais erros aconteçam, posto que o que se espera é que o pêndulo vá balançar oferecendo pouco consolo para aqueles cujas liberdades são infringidas, e que a maior necessidade de salvaguardar a liberdade surge durante momentos em que menos se quer protegê-la, em virtude de o medo obscurecer o julgamento de cada um.[366]

Na sequência do seu raciocínio, Daniel passa a analisar a questão da segurança nacional e questiona se essas devem receber tratamento especial, alegando que por inúmeras vezes a justificativa de se tratar de "segurança nacional" tem sido utilizada como pano de fundo para vigilância social e até mesmo para violação de liberdades civis do cidadão.

Até onde os atos praticados pelos Governos podem ser legitimados sob a alegação de se tratar de proteção à segurança nacional? Como fica o Estado de Direito frente a esse capitalismo de vigilância que se instaurou sob a argumentação de proteção à segurança? Frente a essa quantidade imensa de informações, disponibilizadas pelos próprios titulares, conscientes ou não?

---

[365] "O aprisionamento japonês privou inúmeras pessoas de sua liberdade. A caça aos comunistas na era McCarthy durante os anos 1950 resultou em muitas pessoas sendo demitidas de seus empregos e colocadas na lista negra por anos" (Tradução livre). (SCHRECKER, Ellen. *The age of McCarthyism*: a brief history with documents 76–86 (1994); see also Seth F. Kreimer, Sunlight, Secrets, and Scarlet Letters: The Tension between Privacy and Disclosure in Constitutional Law, 140 *U. Pa. L. Rev.* 1, 13–71 (1991), apud SOLOVE, Daniel. *Nothing to Hide*: The false tradeoff between privacy and security. Yale University Press, 2011, p. 59.

[366] *Ibid.*, 2011, p. 61.

Hospitais e farmácias possuem dados a respeito da saúde da população, medicamentos que costumam comprar, exames realizados (e os resultados, inclusive), médicos já consultados (e a periodicidade dessas consultas), licenças (porventura já tiradas), atestados obtidos etc. Empresas de *streaming* possuem registros a respeito das preferências, *sites* de *e- commerce*; bancos possuem registros de compras; *sites* de pesquisa possuem registros a respeito dos temas que têm despertado o interesse. Não bastasse isso, o próprio titular dos dados alimenta todo esse banco de dados, diariamente, por meio das redes sociais, com uma série de informações a seu respeito: rotina, local de trabalho, existência de filhos, animais de estimação, endereço residencial, lugares que frequenta habitualmente, amigos etc.

Como se não bastasse, em favor de maior segurança, câmeras privadas são instaladas por todos os lados, além de ser permitida ainda a instalação de câmeras para monitoramento público, com o fulcro de possibilitar políticas públicas mais adequadas às necessidades da coletividade.

E, apesar de tudo isso, a segurança está cada vez menor, pois toda essa facilidade com que os dados pessoais são expostos tem possibilitado ataques, no campo digital, cada vez mais assertivos; e cada ataque bem-sucedido funciona como mola propulsora para indivíduos mal intencionados, que percebem o nicho criado com a velocidade (cada vez maior) da evolução tecnológica, em um contraponto com a lentidão pela qual os indivíduos procuram atualizar os seus conhecimentos a respeito desse novo mundo cibernético em que vive grande parte da humanidade.

Em meados de 2021 a ONU publicou uma informação de que havia uma preocupação com relação a relatos de que o *software* Pegasus estava sendo utilizado para espionar jornalistas, defensores dos direitos humanos e políticos e, desse modo, solicitou que fosse regulamentada a venda, o uso e a transferência de tecnologia de vigilância para que, dessa forma, a sua supervisão e autorização pudesse ser assegurada.[367] Em outras palavras, solicitou a regulamentação da venda de tecnologia de vigilância para que esta possa ser vigiada.

Outro caso que se tornou imensamente famoso em todo mundo e que ilustra muito bem o raciocínio apresentado, pelo impacto e

---

[367] ESPANHA. *ONU – Ciberseguridad / derechos humanos*. Notícia veiculada em 20 jul. 2021. Disponível em: https://www.dsn.gob.es/es/actualidad/seguridad-nacional-ultima-hora/onu-%E2%80%93-ciberseguridad- derechos-humanos. Acesso em: 09 mar. 2022.

repercussão que causou, inclusive no Brasil, é o caso de Edward Snowden, que revelou, em 2013, ser um espião treinado trabalhando infiltrado, no exterior, para o governo dos Estados Unidos. Em virtude dessa revelação, Snowden foi acusado, por Washington, de vazar informações secretas e precisou de asilo político na Rússia, onde permanece atualmente.

A revelação bombástica de Edward Snowden causou um sério mal-estar nos relacionamentos entre os Estados Unidos e alguns de seus aliados, como o Brasil e a Alemanha, em face da informação de que Washington espionava conversas de líderes mundiais, como Dilma Rousseff (na época, presidente do Brasil) e a chanceler alemã Ângela Merkel.

Em um documentário disponível no canal *YouTube*, denominado *Citzenfour*, Snowden faz algumas reflexões importantes, a transcrever: "os meios de comunicação dão enfoque na personalidade, e quanto mais focamos nisso, mais eles usarão isso como distração"; em seguida, ele afirma: "para mim, tudo se resume ao poder do Estado contra a capacidade das pessoas de se oporem significativamente a esse poder. Estou sendo pago para projetar métodos para amplificar esse poder".[368]

Pouco mais à frente, Snowden informa que existe uma infraestrutura que a NSA construiu em cooperação com outros governos, que intercepta cada comunicação digital e, também, cada comunicação analógica que contenha sensores detectáveis. Desse modo, a maioria das comunicações humanas é capturada de imediato, e sem qualquer orientação, o que permite acesso a dados pessoais bem como à intimidades das pessoas; permite, ainda, analisar o passado, ou seja, se algum tema ou assunto já foi tratado por um pessoa antes, além de permitir configurar para ser notificado em casos em que determinados temas ou assuntos venham a ser tratados por essa pessoa em algum momento no futuro. Uma tentativa de controlar a vida privada em nome da segurança nacional. E, neste ponto, Edward Snowden questiona: "pode uma organização controlar as informações desta forma, sem o risco de ocorrer uma revelação sem controle?".[369]

Snowden afirma, ainda, que o GHCQ (agência do Reino Unido) possui um programa, chamado TEMPORA, que é muito mais invasivo

---

[368] SDM NOTÍCIAS. *Citizenfour 2014. Filme completo legendado PT sobre Ed. Snowden.* 2019. Disponível em: https://www.youtube.com/watch?v=WHsZC6lva7A&t=2795. Acesso em: 11 de mar. 2022.

[369] *Ibid.*

do que o PRISM, programa de vigilância mantido pela NSA. Segundo ele, o TEMPORA é o sistema de interceptação mais completo do mundo, que inclui conteúdo e metadados para tudo.

No documentário supramencionado somos alertados para o fato de que a Lei Patriota, publicada nos EUA após o ataque de 11 de setembro, conferia amplos poderes para o governo obter dados pessoais em decorrência de certo nível de suspeita, mas que a ordem não está sendo dirigida dessa forma. Não estavam, segundo Snowden, interceptando conversas de alguém que fosse suspeito de ter cometido alguma espécie de crime, ou que fizesse parte de algum grupo terrorista. Estavam coletando registros telefônicos de todos os clientes da Verizon (empresa de telecomunicações estadunidense) de maneira indiscriminada e abrangente. Um programa criado pelo governo para coletar dados de todos os americanos, não apenas de pessoas suspeitas.

Reportagem publicada pelo *The Washington Post*, em 04 de dezembro de 2013, traz o título "*NSA tracking cellphone locations worldwide, Snowden documents show*".[370] Conforme reportagem, a agência de segurança nacional americana estaria coletando, à época, cerca de cinco bilhões de registros, por dia, a respeito do paradeiro de telefones celulares em todo o mundo. As informações publicadas tiveram por base os documentos ultrassecretos (fornecidos por Edward Snowden) e as entrevistas fornecidas por funcionários de inteligência dos EUA.[371] Não existe mais privacidade neste mundo hiperconectado e dependente da tecnologia.

Outra reportagem, dessa vez publicada no G1 em 05 de setembro de 2013, informava:

> A Agência Nacional de Segurança dos Estados Unidos (NSA, na sigla em inglês) e o GCHQ, o serviço de inteligência britânico, teriam capacidade para quebrar a segurança de boa parte das comunicações transmitidas

---

[370] THE WASHINGTON POST. *NSA tracking cellphone locations worldwide* (NSA rastreando localizações de celulares em todo o mundo, mostram documentos de Snowden. Tradução livre). Notícia divulgada em 4 dez. 2013. Disponível em: https://www.washingtonpost.com/world/national-security/nsa-tracking-cellphone-locations-worldwide-snowden-documents-show/2013/12/04/5492873a-5cf2-11e3-bc56- c6ca94801fac_story.html. Acesso em: 12 de mar. 2022.

[371] *Ibid*: "Um dos principais componentes dos dados de localização, e por que eles são tão sensíveis, é que as leis da física não permitem que você os mantenha em sigilo", disse Chris Soghoian, principal tecnólogo da União Americana das Liberdades Civis. As pessoas que valorizam sua privacidade podem criptografar seus e-mails e disfarçar suas identidades *online*, mas "a única maneira de ocultar sua localização é desconectar do nosso moderno sistema de comunicação e viver em uma caverna".

pela internet. A informação está em documentos vazados ao jornal "*The Guardian*" por Edward Snowden, ex-colaborador terceirizado da NSA. Além do "*The Guardian*", o jornal "*New York Times*" e o site "ProPublica" também publicaram artigos sobre as revelações contidas nos documentos. De acordo com o "*The Guardian*", oficiais de inteligência pediram aos jornais que o artigo não fosse publicado. Em resposta, alguns trechos teriam sido removidos das reportagens.

Os documentos revelam que a NSA e o GCHQ trabalham juntos em um programa que tem custado US$250 milhões (R$581 milhões) por ano e que tem como objetivo decodificar dados protegidos com criptografia, procedimento que impede a leitura de informações interceptadas.

O programa teria sido criado após o fracasso da NSA em garantir que todas as tecnologias de criptografia tivessem uma "porta dos fundos" para o uso da agência.

O programa é composto por iniciativas de quebra dos algoritmos de segurança com o uso de supercomputadores. É uma área conhecida como "criptoanálise".[372]

Os documentos apresentados por Snowden demonstraram, ainda, que a NSA travava uma competição, nesta área, com duas outras grandes potências: a China e a Rússia. É a busca pela supremacia cibernética, que se mantém nos dias atuais e tende a se fortalecer no futuro, o que demanda uma proteção maior dos direitos da pessoa humana.

No documentário *Citzenfour*, depara-se com uma importante reflexão acerca da privacidade. Como ter um diálogo livre e aberto, se não tivermos proteção à privacidade? Adianta ter livre expressão sem a devida proteção, no sentido de ser possível discordar do posicionamento da maioria, por exemplo? É preciso se atentar ao poder paralisante que isso possui.

Quando se perde a privacidade, o direito à liberdade e a representatividade acaba por sofrer forte mitigação, considerando que o direito de dizer o que se pensa acaba sofrendo uma certa mitigação. A sociedade está sob vigilância constante mediante a argumentação de que se trata de uma vigilância positiva; no entanto, em que consiste a vigilância, se não no exercício do controle?[373]

---

[372] "A NSA não pode saber, de antemão, qual pequena fração de 1% dos registros pode precisar, então ela coleta e guarda o máximo que pode – 27 *terabytes*, por uma conta, ou mais que o dobro do conteúdo de texto da cópia impressa da Biblioteca do Congresso." G1. *NSA teria capacidade de quebrar criptografia usada na web, diz jornal*. Notícia publicada em 05 set. 2013. Disponível em: https://g1.globo.com/tecnologia/noticia/2013/09/nsa-teria-capacidade-de-quebrar-criptografia-usada-na-web-diz-jornal.html. Acesso em: 12 mar. 2022.
[373] SDM NOTÍCIAS, 2019.

O documentário mencionado e as notícias divulgadas a respeito do escândalo trazido à tona por Edward Snowden nos faz questionar, ainda hoje, os limites para garantir a segurança nacional e, dentre eles, a segurança cibernética.

Ed Snowden publicou um livro, mais recentemente, provocando mais reflexões, dentre as quais importa citar:

> De tempos em tempos, a classe política dos EUA se mostra disposta a tolerar, inclusive a gerar, vazamentos que atendam a seus próprios objetivos. A CIA frequentemente anuncia seus sucessos, independentemente de sua confidencialidade e das consequências. Em nenhum lugar na história recente isso foi mais aparente que nos vazamentos relacionados ao assassinato extrajudicial do clérigo extremista estadunidense Anwar al-Aulaqi no Iêmen. Ao divulgar ao *The Washington Post* e ao *The New York Times*, esbaforido, seu ataque com drones a al-Aulaqi, o governo Obama admitiu tacitamente a existência do programa de drones da CIA e sua *disposition matrix*, ou lista de mortes, sendo que ambos eram oficialmente ultrassecretos. Além disso, o governo estava implicitamente confirmando que se envolvia não apenas em assassinatos direcionados, mas em assassinatos direcionados de cidadãos estadunidenses. Esses vazamentos, realizados na forma coordenada de uma campanha de mídia, foram chocantes demonstrações da abordagem situacional do Estado ao sigilo: algo que deve ser mantido para que o governo aja com impunidade, mas que pode ser quebrado sempre que ele pretenda reivindicar créditos.
>
> (...) Ele perdoou vazamentos não autorizados quando resultaram em benefícios inesperados, e esqueceu vazamentos autorizados quando causaram danos. (...) O que torna uma revelação permissível e outra não? A resposta é poder. A resposta é controle. Uma revelação é considerada aceitável somente se não desafiar as prerrogativas fundamentais de uma instituição.[374]

Como proteger os direitos fundamentais na era da informação e em meio a esse capitalismo de vigilância? Ou, mais especificamente, como proteger os direitos à privacidade e à intimidade em meio ao capitalismo de vigilância instaurado?

O termo capitalismo de vigilância ou *Surveillance Capitalism* foi usado pela primeira vez por uma acadêmica norte-americana, Shoshana

---

[374] SNOWDEN, Edward. *Eterna vigilância:* como montei e desvendei o maior esquema de espionagem do mundo. São Paulo: Ed. Planeta, 2019.

Zuboff,[375] para descrever uma espécie de mutação do capitalismo, que faz uso de uma quantidade imensurável de dados (fornecidos "gratuitamente" por usuários de redes sociais e por empresas de tecnologia), que são transformados em matéria-prima até chegarem a um produto final quem vem trazendo lucro alto e certo.

De acordo com Zuboff, o capitalismo de vigilância consiste em uma nova ordem econômica, que considera a experiência humana como um material bruto e gratuito, para práticas comerciais imperceptíveis de extração, predição e venda, na busca por direcionar e manipular o comportamento humano em favor de interesses econômicos.

Vive-se em um capitalismo de vigilância. Isso é um fato. Mas é possível viver, atualmente, sem televisão por assinatura, sem compras pela internet, sem aparelhos celulares, *notebook*, computadores? É possível viver sem ter conta bancária e cartão de crédito (que podem ser usados para rastrear as compras)? Sem fazer consultas médicas ou ir a um hospital? Sem procurar emprego (entregando currículo contendo dados pessoais)?

Reitera-se, portanto, que se a privacidade, a intimidade e a liberdade são direitos fundamentais e humanos de relevância, que se encontram hoje deveras ameaçados, não se pode afirmar diferente com relação à segurança (direito previsto expressamente no *caput* do art. 5º e no art. 6º da Constituição da República brasileira).[376]

Ademais, o art. 144 da Constituição Federal de 1988 prescreve agora, no tocante especificamente à segurança pública, que esta é dever do Estado e direito e responsabilidade de todos, devendo ser exercida para a preservação da ordem pública e da incolumidade das pessoas.[377] O que nos permite extrair que, por se tratar de uma espécie de segurança, a segurança no ciberespaço, ou seja, a segurança cibernética, também consiste em um direito (ou, como defendem alguns, uma garantia) fundamental e também serve como base para assegurar a dignidade da pessoa humana.

Nesse sentido é que, frisa mais uma vez, o direito à segurança cibernética possui um alcance transfronteiriço, ou seja, global.

---

[375] ZUBOFF, Shoshana. Big Other: Surveillance Capitalism and the Prospects of Information Civilization. *Journal of Information Technology* 30, p. 75-89 2015. Disponível em: https://journals.sagepub.com/doi/pdf/10.1057/jit.2015.5. Acesso em: 13 mar. 2022.

[376] BRASIL. *Constituição da República Federativa do Brasil de 1988*, 1988.

[377] *Ibid.*

Assim, é preciso reconhecer que, mais do que um direito fundamental, o direito à segurança cibernética consiste, também, em uma garantia fundamental e um direito universal.

Nas palavras de Wolfgang Hoffmann-Riem, os riscos da segurança cibernética não afetam apenas os indivíduos, mas também as autoridades públicas, razão pela qual necessário se faz reconhecer que a segurança cibernética não se restringe a um problema nacional, mas também, e especialmente, a um problema trans e internacional.[378]

Desse modo, havendo colisão entre direitos fundamentais, a resposta para "qual deles deverá prevalecer" vai depender da análise de cada caso concreto.

Basta recordarmos, para tanto, de diversas situações que se tornaram famosas e que envolviam esse tipo de conflito, como por exemplo: os casos envolvendo adeptos da religião "testemunhos de Jeová" e a questão da transusão de sangue; o caso da atriz Daniella Cicarelli, que colocou toda a sociedade se questionando a respeito do que deveria prevalecer – se o direito à informação ou o direito à intimidade.

Há casos em que a própria Constituição da República concede uma espécie de liberdade de conformação, possibilitando ao legislador ordinário regulamentar determinado direito fundamental de maneira a restringir e delimitar o seu conteúdo. Nesses casos, é preciso buscar o núcleo principal do direito para uso do princípio da proporcionalidade.

Nesse aspecto insta salientar as considerações de Souza Neto e Sarmento acerca do princípio da proporcionalidade, segundo os quais:

> A ideia de proporcionalidade como proibição de proteção deficiente (*Untermassverbot*) desenvolveu-se no direito constitucional germânico a partir da concepção de que os direitos fundamentais não são meros direitos subjetivos negativos, mas possuem também uma dimensão objetiva, na medida em que tutelam certos bens jurídicos e valores que devem ser promovidos e protegidos diante de riscos e ameaças originários de terceiros. (...)
>
> Daí decorre que o princípio da proporcionalidade também pode ser manejado para controlar a observância pelo Estado deste dever de proteção, de forma a coibir a sua inação ou atuação deficiente.[379]

---

[378] HOFFMANN-RIEM, 2022, p. 147.
[379] SOUZA NETO, Cláudio Pereira de; SARMENTO, Daniel Sarmento. *Direito constitucional:* teoria, história e métodos de trabalho. Belo Horizonte: Fórum, 2012, p. 428.

E nesse sentido os autores chegam a destacar, pouco mais à frente, a observância deste posicionamento pelo Supremo Tribunal Federal:

> A Corte empregou esta faceta do princípio da proporcionalidade em julgamento em que se discutia eventual extinção da punibilidade em crime de estupro praticado contra menor impúbere, que posteriormente passara a conviver maritalmente com o autor do ilícito. Foi rejeitada, no caso, a aplicação analógica do dispositivo penal que prevê a extinção da punibilidade nos crimes sexuais pelo casamento do criminoso com a sua vítima. No voto proferido pelo Ministro Gilmar Mendes, aludiu-se a ideia de um "garantismo positivo", que obrigaria o Estado a não se abster de punir condutas altamente reprováveis, que atentassem gravemente contra bens jurídicos relevantes, como aquela ocorrida no caso. De acordo com o voto, se o garantismo negativo pode ser associado à proporcionalidade na sua faceta mais tradicional, de vedação do excesso, o garantismo positivo poderia ser conectado à proporcionalidade como proibição de proteção deficiente.[380]

Na concepção de Novelino, no tocante à proporcionalidade em caso de colisão de direitos fundamentais, a proibição de excesso tem o poder de regular a intervenção do Estado, de maneira a impossibilitar sua atuação para além do que for necessário para o caso concreto, enquanto que, por outro lado, a proibição de proteção insuficiente "visa a impedir que medidas constitucionalmente exigidas para a proteção e promoção dos direitos fundamentais fiquem aquém do necessário".[381]

A questão, contudo, continua a encontrar suas bases na necessidade de bom senso, como já ensinava, há tempos, Robert Alexy na teoria da ponderação, segundo a qual, "quanto maior é o grau de não cumprimento ou prejuízo de um princípio, tanto maior deve ser a importância do cumprimento do outro".[382]

Por esse motivo, Souza Neto e Sarmento entendem que a "ponderação é, no mínimo, um mal necessário para o equacionamento dos casos difíceis do Direito Constitucional"[383] e, para tanto, defendem a necessidade de se estabelecer parâmetros para que as decisões possam se dar com equidade e de maneira universal, reduzindo a

---

[380] *Ibid.*, p. 429.
[381] NOVELINO, 2016, p. 296.
[382] ALEXY, Robert. *Teoria dos direitos fundamentais*. Tradução: Virgílio Afonso da Silva. São Paulo: Malheiros, 2015, p. 146.
[383] SOUZA NETO; SARMENTO, 2012, p. 465.

probabilidade de erros, estabelecendo, ainda, uma espécie de proteção contra arbitrariedades judiciárias.[384]

No entendimento do ministro do STF Gilmar Mendes, em eventual colisão de direitos fundamentais que requeira a aplicação da ponderação, é preciso considerar os valores que decorrem do princípio da dignidade da pessoa humana, como, por exemplo, "inviolabilidade da pessoa humana, respeito à sua integridade física e moral, inviolabilidade do direito de imagem e da intimidade".[385]

De acordo com o ministro, "fica evidente aqui que, também no Direito brasileiro o princípio da dignidade humana assume relevo ímpar na decisão do processo de ponderação entre as posições em conflito".[386]

Colisão entre direitos fundamentais, nestes termos, poderá existir, mas é preciso ponderar que sua existência deve ser considerada sempre excepcional, já que, como bem preleciona Ferrajoli, entre os Direitos Fundamentais deve haver uma máxima compatibilidade.[387]

A solução para essas colisões excepcionais, contudo, não demanda uma resposta objetiva, pronta e unívoca, mas depende, por suas características próprias, da análise de cada caso concreto, e para tanto é imprescindível que o julgador exerça, sem qualquer parcimônia, o seu bom senso ao sopesar os princípios conflitantes e aplicar a proporcionalidade necessária, sempre tomando por base a questão da sustentabilidade e, principalmente, da proteção da dignidade da pessoa humana.

Esse é o raciocínio que deve nortear o julgador em observância da manutenção de um verdadeiro Estado Democrático de Direito. O problema social está, justamente, na falta de ponderação e de bom senso coletivo ou, talvez, na relatividade do que poderia estar compreendido no conceito de bom senso. Daí a necessidade das leis pontuando e delimitando as ações sociais.

O Brasil já vem caminhando nesse sentido com a publicação de leis como a Lei nº 9.983/00, que tipificou a inserção de dados falsos em sistemas de informações, a Lei do Crime Cibernético (Lei nº 12.737/12), o Decreto nº 7.962/2013 (que regulamentou o comércio eletrônico), o Marco Civil da Internet (Lei nº 12.965/14), a LGPD (Lei nº 13.709/18)

---

[384] Ibid.,
[385] MENDES, Gilmar Ferreira. Limitações dos direitos fundamentais. In: MENDES, Gilmar Ferreira; BRANCO, Paulo Gustavo Gonet. Curso de direito constitucional. 12. ed. rev. e atual. São Paulo: Saraiva, 2017, p. 215.
[386] Ibid., p. 221.
[387] FERRAJOLI, 2016.

e diversas outras que buscam regulamentar o uso das tecnologias da informação.

Todavia não é difícil constatar que direitos que assegurem, de fato, a segurança cibernética, estão longe de se tornarem uma realidade nacional, quem dirá global. Porém, importa destacar a importância da Carta Portuguesa de Direitos Humanos na Era Digital (Lei nº 27/2021), que traz normas de intensidades variadas tratando dos direitos no ambiente digital, da liberdade de expressão, do direito de proteção contra a desinformação, do direito à privacidade no ambiente digital, do direito à cibersegurança, do direito à proteção contra a geolocalização abusiva, dos direitos digitais em face da Administração Pública e outros mais.[388]

O uso das tecnologias existentes, e mesmo as emergentes, deve assegurar segurança e confiança para seus usuários. Não se trata (e nem pode se tratar) de uma troca do tipo "ou se protege a privacidade individual ou a segurança nacional". É preciso equilibrar ambos os direitos adequadamente.

As políticas voltadas para a segurança cibernética precisam considerar os direitos individuais, mas, acima de tudo, precisam ter os direitos humanos como uma espécie de norte, de direcionamento. A violação da intimidade individual afeta todo o coletivo e aumenta a desconfiança social.

Desse modo é imprescindível que as políticas de segurança cibernética se baseiem em evidências, em análises de risco, em avaliações de impacto com relação aos direitos humanos envolvidos. Sem falar no comprometimento com princípios como os da necessidade (quanto menos dados forem coletados, melhor será), da transparência e da responsabilidade e no reforço às respostas aos ataques, que precisam se tornar mais rápidas e precisas.

A adoção de regulamentações e de fiscalizações que sejam harmônicas no âmbito internacional poderá acarretar uma redução considerável dos custos de conformidade. A cooperação transfronteiriça é uma necessidade e possibilita que as melhores práticas sejam replicadas em todos os setores mundiais. Cibercriminosos não conhecem fronteiras, razão pela qual o combate a essa criminalidade global requer medidas de alcance também global. É preciso que haja uma colaboração e uma cooperação de todos os países, sem descuidar da educação individual.

---

[388] PORTUGAL. *Carta Portuguesa de Direitos Humanos na Era Digital*. Lei nº 27 de 17 de maio de 2021. Disponível em: https://files.dre.pt/1s/2021/05/09500/0000500010.pdf. Acesso em: 12 mar. 2022.

A vulnerabilidade de países de baixa renda no que se refere à exposição aos riscos cibernéticos é reconhecidamente maior, necessitando da ajuda cooperada entre os países, até mesmo porque essa vulnerabilidade pode atingir, indiretamente, outros países, considerando que "a proliferação de ameaças cibernéticas em um determinado país deixa o resto do mundo menos seguro". Nesse aspecto, a abordagem dessas deficiências vai exigir a colaboração de diversos órgãos normativos, além das autoridades regulatórias nacionais, supervisoras, associações, setor privado, organizações internacionais e demais instituições que trabalham para o desenvolvimento das capacidades.[389]

4.6.2 Segurança cibernética – a quem compete legislar?

O reconhecimento do direito à segurança cibernética como um direito fundamental, decorrente de mutação constitucional, que necessita ser devidamente regulamentado é a defesa basilar deste estudo. Um direito que exsurge como consequência dos avanços tecnológicos, da propagação da sociedade da informação e da era da economia de dados, acrescidos e potencializados pela globalização e pela hiperconexão mundial vivenciada no momento.

Apesar de a segurança ser um direito fundamental previsto no art. 6º, da CF/88, neste momento, não há políticas públicas efetivas que possibilitem à população o exercício do direito à segurança cibernética a partir de uma efetiva prestação estatal.

É essencial que os poderes de vigilância e de intervenção nas comunicações sejam regulados de forma objetiva e rigorosa, com base nas normas internacionais de direitos humanos e observando os princípios da adequação, da necessidade e da proporcionalidade, principalmente (sem descurar dos demais), e de maneira direcionada e especificada (porque o controle massificado, em regra, viola as liberdades fundamentais). Mas a quem compete legislar sobre segurança cibernética? Qual a natureza dessa competência?

O modelo federativo de Estado existente no Brasil se caracteriza pela autonomia dos entes da federação, e no intuito de assegurar essa autonomia a Constituição da República brasileira atribui determinadas

---

[389] ELLIOT, Jennifer; JENKINSON, Nigel. O risco cibernético é a nova ameaça à estabilidade financeira. *FMI – International Monetary Fund*. Artigo publicado em 07 dez 2020. Disponível em: https://www.imf.org/pt/News/Articles/2020/12/07/blog-cyber-risk-is-the-new-threat-to-financial-stability. Acesso em: 13 mar. 2022.

competências não só legislativas como, ainda, administrativas para esses entes federados.

Dessa forma, a Carta Magna estabeleceu os limites temáticos de atuação, determinando quais temas podem ser legislados pela União, pelos Estados e pelo Distrito Federal, bem como quais temas podem ser legislados pelos Municípios, seja de forma privativa, concorrente, residual ou suplementar, a depender do caso e tomando por base o expresso nos artigos 21 a 24 da Constituição da República brasileira.

No artigo 22, especificamente em seu inciso XXVIII, está estabelecido que compete privativamente à União legislar sobre "defesa territorial, defesa aeroespacial, defesa marítima, defesa civil e mobilização nacional".[390]

Na sequência, o artigo 23 da Constituição Federal trata dos casos em que a competência para legislar é comum entre a União, os Estados, o Distrito Federal e os Municípios.

O artigo 24, por sua vez, trata da competência concorrente; nesses casos, a União se limitará a traçar as regras gerais, cabendo aos Estados e ao Distrito Federal exercerem a suplementação. Todavia, o §3º desse artigo permite que os Estados exerçam a competência legislativa plena sobre os assuntos elencados em seus incisos quando inexistir lei federal a respeito, com o fim de atender às suas peculiaridades.

Nenhum dos artigos supramencionados contém expressa e detalhada menção à defesa e à segurança cibernética, todavia, considerando a temática e o alcance global da segurança cibernética – considerando, ainda, sua potencialidade de impactar as principais infraestruturas sociais críticas, em todos os níveis da federação –, a proposta que parece se apresentar mais correta, neste caso, é a da competência legislativa comum.

Insta ainda considerar que a segurança cibernética está fortemente vinculada à proteção de dados pessoais (apesar de não estar restrita a estes) e, portanto, é necessário ressaltar que a Emenda Constitucional nº 115, promulgada em 10 de fevereiro de 2022, além de inserir a proteção de dados no rol dos direitos fundamentais, determinou expressamente (ao inserir o inciso XXVI no artigo 21 da Constituição Federal de 1988) que compete à União "organizar e fiscalizar a proteção e o tratamento de dados pessoais, nos termos da lei",[391] além de determinar que compete,

---

[390] BRASIL. *Constituição da República Federativa*. Art. 22. Disponível em: http://www.planalto.gov.br/ccivil_03/constituicao/constituicao.htm. Acesso em: 06 set. 2022.

[391] BRASIL. *Constituição da República Federativa*. 1988. Art. 22. Disponível em: http://www.planalto.gov.br/ccivil_03/constituicao/constituicao.htm. Acesso em: 06 set. 2022.

privativamente, à União, legislar a respeito da proteção e do tratamento de dados pessoais no Brasil (art. 22, XXX).

Diante do exposto, todas as legislações estaduais referentes à temática de proteção de dados pessoais, inclusive no que se refere à segurança no mundo cibernético, devem ser compatíveis com a Constituição Federal e, também, precisam conversar com o disposto na LGPD (Lei nº 13.709/2018) e na Estratégia Nacional de Segurança Cibernética (Decreto nº 10.222 de 2020). Além disso, seria importante considerar, de certa forma, as diretrizes, os regulamentos e orientações baixados pela Autoridade Nacional de Proteção de Dados Pessoais (ANPD), apesar de se defender a necessidade de uma Agência fiscalizadora específica para a Segurança Cibernética, considerando se tratar de um tema que, apesar de relacionado, possui um campo de atuação maior do que o regulamentado pela LGPD e fiscalizado pela ANPD, tendo em vista que a Segurança Cibernética visa a proteção de toda e qualquer informação que venha a transitar no ambiente cibernético, o que pode envolver dados pessoais e, inclusive, dados não pessoais (como dados de pessoas jurídicas, por exemplo).

Nesse aspecto, é importante reiterar, aqui, que não se deve confundir segurança cibernética com segurança da informação. Diversas são as Políticas já existentes que buscam regulamentar a segurança da informação, todavia, quando se fala em segurança cibernética tem-se em vista uma atuação mais específica, já que ela se refere apenas às informações que são transportadas através dos meios cibernéticos.

Assim, a segurança da informação cuida de toda e qualquer informação, seja no meio digital, seja no meio físico, seja de forma verbal, seja de forma escrita. A segurança cibernética, por sua vez, se aplica apenas a uma parte da segurança da informação: aquela que se dá no ambiente cibernético.

Nesta senda, a Proposta de Emenda Constitucional (PEC) nº 03/2020, de iniciativa do Senado Federal, possui como ementa:

> Altera o inciso XXVIII do art. 22 e acrescenta dispositivos aos arts. 23 e 24 da Constituição Federal, para dispor sobre o regime de competência para legislar sobre defesa e segurança cibernética e fixar a competência comum dos entes federados para zelar pela segurança cibernética dos serviços públicos.[392]

---

[392] BRASIL. Senado Federal. *Proposta de Emenda Constitucional – PEC nº 03/2020*. Disponível em https://www.congressonacional.leg.br/materias/materias-bicamerais/-/ver/pec-3-2020. Acesso em 08 set. 2022.

A PEC mencionada foi encaminhada no dia 18 de fevereiro de 2021 à Secretaria de Apoio à Comissão de Constituição, Justiça e Cidadania, para apreciação do então relator Senador Rodrigo Pacheco, que, por não pertencer mais aos quadros da comissão, deverá ser redistribuída. Desse modo, esta é a situação até o momento: "aguardando designação do Relator", conforme informação extraída do *site* do Congresso Nacional.[393]

Infere-se, portanto, que a competência para legislar sobre segurança cibernética compete não apenas à União (considerando se tratar de tema de interesse estratégico no que se refere à proteção da soberania nacional), como também aos Estados, ao Distrito Federal e aos Municípios, que deverão ter a liberdade de legislar a respeito de suas próprias estruturas críticas cibernéticas bem como sobre suas responsabilidades, não olvidando das questões orçamentárias.

Igual raciocínio deve se dar no que se refere ao âmbito administrativo, posto que os ataques cibernéticos possuem o potencial de afetar todo o sistema de infraestrutura crítica nacional e, desse modo, todos os entes da federação. Ressalta-se, aqui, que tais ataques podem impactar o fornecimento de serviços públicos essenciais, como energia, água, transporte, saúde e educação etc. Algo de responsabilidade de todas as unidades da federação que, mais uma vez, fortalece a argumentação a respeito da necessidade de uma atuação integrada e cooperada.

Importa reiterar, ainda, que a segurança cibernética não deve ser confundida com a defesa cibernética. O decreto nº 9637, de 26 de dezembro de 2018, abrange, no conceito de segurança da informação, a segurança cibernética, a defesa cibernética, a segurança física e a proteção de dados organizacionais, bem como as ações destinadas a assegurar a disponibilidade, a integridade, a confidencialidade e a autenticidade da informação (art. 2º),[394] e nesses termos é perceptível se tratar de termos distintos. A defesa cibernética está ligada especificamente à abordagem militar, configurando uma ação tática, uma estratégia nesta seara, enquanto que a segurança cibernética, propriamente falando, consiste na proteção de sistemas, redes e programas, de possíveis ataques digitais.

---

[393] *Idem.*
[394] BRASIL. Presidência da República. *Decreto nº 9.637*, de 26 de dezembro de 2018. Disponível em http://www.planalto.gov.br/ccivil_03/_Ato2015-2018/2018/Decreto/D9637.htm#art22. Acesso em: 09 de out. 2022.

Aproveitando o ensejo – e não esquecendo do fato de que tudo o que envolve ações praticadas no ambiente virtual deve ser analisado sob uma ótica global –, a adesão do Brasil à Convenção de Budapeste, por meio do Decreto Legislativo nº 255/2021, já configurou um importante passo, que, contudo, não é suficiente. Impende ainda considerar o disposto na Diretiva de Segurança das Redes e Sistemas de Informação da União Europeia,[395] mormente no que se refere à cooperação entre os Estados-membros, posto que a Diretiva determina o estabelecimento de reporte de incidentes de segurança cibernética entre os Estados, chamando a atenção para a importância da cooperação nos diversos níveis.

Nesse sentido é que o Gabinete de Segurança Institucional (GSI) se pronunciou, em março de 2022, a respeito da pretensão de formular uma proposta de legislação federal para a segurança cibernética, por meio da qual se pretende determinar o "tratamento setorial das equipes de tratamento e resposta aos incidentes cibernéticos (ETIR)", além da criação de um Conselho Nacional formado por ministérios e representantes da iniciativa privada com caráter colaborativo, a fim de estabelecer uma governança em termos de coordenação. De acordo com as informações prestadas em março de 2022, a minuta do projeto está aguardando manifestações de outras pastas, para ser encaminhada para o Congresso.[396]

Outra menção relevante, e que não poderia ser esquecida, refere-se à Recomendação nº 34, publicada em 08 de setembro de 2022 pelo Governo Federal. A Recomendação foi elaborada pelo Centro de Prevenção, Tratamento e Resposta a Incidentes Cibernéticos de Governo (CTIR.Gov) através de uma parceria com a Secretaria do Governo Digital (SGD) e com o Serviço Federal de Processamento de Dados (SERPRO), com o escopo de traçar algumas orientações sobre boas práticas que podem reduzir os riscos cibernéticos e, com isso, ratifica o Ofício Circular nº 01/2022, publicado no dia 07 de fevereiro de 2022.

---

[395] UNIÃO EUROPEIA (UE). Parlamento e Conselho Europeu. *Diretiva 2016/1148*, de 06 de julho de 2016. Relativa a medidas destinadas a garantir um elevado nível comum de segurança das redes e da informação em toda a União. Disponível em: https://eur-lex.europa.eu/legal-content/PT/TXT/?uri=celex%3A32016L1148. Acesso em: 08 set. 2022.

[396] BRASIL. Convergência Digital. *Projeto de lei para segurança cibernética exige times setoriais de resposta a incidentes*. Matéria publicada em 24.03.2022. Disponível em: https://www.convergenciadigital.com.br/Seguranca/Projeto-de-lei-para-seguranca-cibernetica-exige-times-setoriais-de-resposta-a-incidentes-59812.html?. Acesso em: 08 set. 2022.

Todo o exposto corrobora com a competência comum para legislar sobre matéria envolvendo segurança cibernética, considerando as particularidades de cada ente e a importância da garantia, nos dias atuais, como um direito fundamental assegurador de direitos fundamentais. Essa é a razão pela qual se defende a premente necessidade de ampliar as garantias legais atualmente previstas, no tocante à segurança, de maneira a alcançar e proteger todo o ambiente cibernético.

Esses são passos importantes a serem dados e exigem urgência. No entanto, regulamentar e conscientizar, apenas, não é suficiente. A segurança cibernética eficiente exige a adoção de mecanismos de controle, de transparência e de avaliações constantes, e nesses quesitos importa considerar a relevante implementação de *compliance* cibernético, ações de educação corporativas só direcionadas à segurança cibernética. No âmbito do setor público, os controles internos e os Tribunais de Contas podem contribuir com o aprimoramento da gestão dos riscos de segurança cibernética.

CAPÍTULO 5

UMA BREVE ANÁLISE DO PANORAMA DAS PRINCIPAIS POLÍTICAS PÚBLICAS DE SEGURANÇA CIBERNÉTICA DO DIREITO COMPARADO

Dando sequência ao raciocínio, no que concerne a importância das políticas, boas práticas e demais regulamentações com vistas a traçar limites objetivos e direcionar as decisões na busca por uma cibersegurança cada vez mais robusta e resiliente, o capítulo em comento analisa a proposta da tecnologia 5G tanto na União Europeia quanto no Brasil, considerando as vantagens e os desafios a serem enfrentados para sua efetiva e eficaz implantação.

Em seguida, apresenta alguns pontos referentes à segurança cibernética no mundo – especificamente na China, Rússia, em Portugal, nos Estados Unidos, no Reino Unido e na Estônia –, nesta busca pela conquista da soberania cibernética mundial, finalizando com algumas constatações a respeito da segurança cibernética no Brasil, entre elas, a de que é imprescindível a elaboração, publicação e conscientização de uma Política Nacional de Segurança Cibernética, capaz de avaliar, em tempo hábil, os riscos existentes e emergentes. Uma necessidade que requer, é preciso reconhecer, elevados investimentos em ferramentas de prevenção, treinamento de capital humano, monitoramento, repressão e boa dose de resiliência.

Todavia, a situação atual exige ação rápida, além do reconhecimento de que a segurança cibernética é, também, dever do Estado, considerando sua importância para resguardar, neste mundo interligado tecnologicamente, toda a infraestrutura social e política, sob constante ameaça de invasões por *hackers*, que poderão acarretar suspensão de serviços necessários para assegurar o bem-estar da coletividade, impactando o exercício de seus direitos. Essa é a reflexão proposta neste capítulo.

5.1 A importância da segurança cibernética na atualidade e a responsabilidade por coordená-la – normas e boas práticas de segurança cibernética no Brasil e no mundo

A preocupação com relação ao que os famosos "algoritmos" são capazes de fazer no que se refere a vigilância, controle e disseminação de informações e, consequentemente, violações da privacidade da pessoa humana não é recente. Países como Portugal, por exemplo, possuem legislação específica para a proteção de dados pessoais desde a década de 1970, e muitos outros países já vêm se movimentando, há tempos, no sentido de buscar traçar alguns limites para o uso dos dados pessoais.

Não se trata, contudo, de uma tarefa fácil diante do interesse mundial pelas informações provenientes desses dados, mormente após a disseminação das redes sociais e a descoberta de como elas podem auxiliar nessas estratégias de (des)informação.

Obviamente que todo esse interesse por dados pessoais (e pelas informações que estes podem gerar), por sua importância e valor, não atraiu a atenção apenas de países, organizações internacionais e grandes e pequenas empresas na busca pelo controle do poder que este acesso às informações pode gerar. Toda essa movimentação despertou também a atenção de criminosos, que vêm se especializando em toda espécie de delitos na seara digital, neste "mundo cibernético", razão pela qual receberam o nome de cibercriminosos.

Essa nova categoria de criminosos identificou que o mundo cibernético é uma fonte valorosa de lucro. Todo o mundo está convergindo para o meio digital, em uma conectividade cada vez mais crescente (hiperconectividade), que vem gerando uma verdadeira dependência global tecnológica.

O mundo se tornou dependente da tecnologia: homem digital, cidade digital, corporação digital, governo digital. Metaverso.

Apesar disso, porém, poucos têm sido (proporcionalmente falando) os investimentos em uma internet mais segura. Não se fala muito em segurança cibernética, apesar do vertiginoso avanço tecnológico.

Tudo isso, acrescido da parca consciência pessoal acerca dos riscos que a tecnologia pode proporcionar mediante, inclusive, a tática de distração dos usuários e da manipulação de suas ideias e desejos, tem gerado um campo fértil para a atuação de infratores digitais. Além disso, toda velocidade e proporção da evolução tecnológica não nos permitiu acompanhar culturalmente.

Aprecia-se as benesses que a tecnologia nos proporciona: lâmpadas e aparelhos eletrônicos que podem ser manipulados à distância, programas de televisão que identificam as preferências, máquinas de café que podem ser programadas para iniciar o preparo automaticamente. Tudo isso proporciona inúmeras facilidades. No entanto, a falta de uma cultura de proteção de dados impede que os fabricantes, por exemplo, desses produtos exercitem o que se denomina, hoje, de *privacy by design*, pensando na segurança desses desde o seu projeto inicial, desde a sua concepção. Como consequência, essas tecnologias por um lado facilitam a vida, por outro, funcionam como uma porta aberta para *hackers* e demais indivíduos mal intencionados.

Como se não bastasse, a tecnologia continua a evoluir e, com isso, naturalmente tais ataques (tecnológicos que são) também evoluem, tornando-se cada vez mais incrementados e potentes.

Por esse motivo, incumbe à população mundial volver o olhar para o necessário e premente investimento no aprimoramento da segurança cibernética global, de modo a tornar todo o mundo mais preparado para os ataques cibernéticos.

Ataques cibernéticos (ou ciberataques) configuram tentativas de uso abusivo de informações com fins de roubá-las, destruí-las ou, simplesmente, ostentá-las. Seu objetivo é interromper ou destruir sistemas e redes de computadores.

Por sua especificidade e pelo seu imenso potencial destrutivo (tanto no aspecto econômico quanto no aspecto social e dimensional), a segurança cibernética não pode ser tratada de modo similar à segurança comum. Apesar de se tratar de uma espécie de segurança, a segurança cibernética necessita de uma atenção mais acurada, principalmente no momento atual, em que o olhar de todo o mundo está voltado para a busca do domínio das informações.

Dentre os casos mais famosos de ataques cibernéticos cita-se o ataque ocorrido em 2017, por meio da variação de um *malware* denominado *WannaCry*, que afetou os sistemas de uma imensa quantidade de computadores em 74 países (entre eles, o Brasil), incluindo hospitais públicos do Reino Unido e grandes corporações espanholas. Rússia, Ucrânia, Índia e Taiwan foram alguns dos mais afetados.

Tem-se que montante superior a 200 mil computadores foi infectado por meio desse ataque, o que evidencia a necessidade de sistemas de segurança cibernética adequados para evitar esse tipo de situação. O fato é que arquivos foram encriptados e bloqueados, impedindo qualquer acesso pelos usuários. Milhares de empresas foram impedidas de exercer suas atividades em decorrência desse *ransomware* – programa malicioso que captura os dados do sistema e os bloqueia, de modo que a empresa perde o acesso aos mesmos. Nesses ataques *ransomware,* os responsáveis se comprometem a devolver o acesso aos dados capturados após o pagamento de resgate, razão pela qual vêm sendo chamados de "sequestro de dados".[397]

Em 2008 um programa de *worm* de grande complexidade conseguiu descobrir algumas vulnerabilidades do *Windows*, invadiu seus sistemas e infectou cerca de 10 (dez) milhões de equipamentos, em cerca de 190 países, com uma velocidade alarmante, a ponto de chegar a ser catalogado como uma ameaça de nível militar.[398]

A concorrência comercial também vem fazendo uso dessa espécie de ataque sem se atentar para o fato de que pode estar estimulando-os ainda mais.

No Brasil, um exemplo recente se deu com o ataque sofrido pelas Lojas Americanas e redes a ela coligadas. O *site* da empresa ficou fora do ar por quatro dias (segundo informações publicadas pela empresa, em decorrência de um acesso não autorizado). Ainda não se sabe bem o que motivou o ataque, que causou a queda de aproximadamente 6,6% no valor das ações da companhia e um prejuízo financeiro de mais de R$2 bilhões, segundo dados da Refinitiv[399] – e reitera-se, para destacar, tudo isso em um período de apenas quatro dias.

Como se não bastasse esse prejuízo, a empresa ainda se tornou alvo de provocações da concorrência, que, aproveitando da situação,

---

[397] UOL. *Ciberataque que sequestra dados atingiu milhares de empresas em 74 países*. Notícia publicada em 12 maio 2017. Disponível em: https://www.uol.com.br/tilt/noticias/redacao/2017/05/12/ciberataque-gigante-afeta-sistema-de-saude-e-empresas-da-europa-e-asia.htm. Acesso em: 03 mar. 2022.

[398] TECHTARGET. *Computer Weekly.com*. Disponível em: https://www.computerweekly.com/news/1345748/How-to-stop-the-spread-of-the-W32-Conficker-worm. Acesso em: 03 mar. 2022.

[399] CNN. *Americanas perde mais de R$ 2 bilhões em valor de mercado com sites fora do ar*. Disponível em: https://www.cnnbrasil.com.br/business/americanas-perde-mais-de-r-2-bilhoes-em-valor-de-mercado-com-sites-fora-do-ar/. Acesso em: 24 fev. 2022.

começou a divulgar, nas redes sociais, a seguinte mensagem: "Caiu aí? Aqui a queda é só nos preços! Mi-lha-res de produtos com até R$ 2.000 OFF = 10x sem juros". Finalizando a postagem com a *hashtag* #Rindocomrespeito.

A postagem da concorrente, apesar de ter acarretado a necessidade de uma retratação frente à forte reação social, reflete o jogo de controle e poder no qual a sociedade está inserida.

Importa reiterar, ainda, que a hipervalorização das informações decorrente dos dados pessoais proporcionou um elevado crescimento e uma monumental evolução dos ataques cibernéticos, tornando translúcida a constatação de que o mundo não está preparado para essa espécie de ataque.

Uma notícia divulgada em maio de 2021 informou que, com a pandemia instaurada pelo coronavírus, os crimes digitais tiveram um aumento consideravelmente preocupante. De acordo com a reportagem, só no Estado de São Paulo foi identificada uma alta, no ano de 2020, de 265%![400]

Uma rede de segurança cibernética é crucial, mas, por ora, é eficiente apenas para mitigá-los ou dificultá-los, não possuindo, ainda, forças para impedi-los.

De toda sorte, ferramentas de segurança cibernética possibilitam deter muitas dessas ameaças e, o que é ainda mais importante, permitem detectar com maior rapidez esses ataques, possibilitando uma ação mais eficiente, protegendo o usuário onde quer que ele se encontre.

Perceptível, portanto, que a sociedade da informação colocou o mundo frente a novos e imensos desafios referentes à segurança, posto que tal problemática tem como ponto principal justamente o valor da informação.

De acordo com dados fornecidos pelo Parlamento Europeu, o *Indice Digital Economy and Society* ou *DESI* de 2019 evidenciou que preocupações referentes à segurança cibernética geravam limitações, ou mesmo impedimentos, do exercício de atividades *online* de cerca de 50% dos usuários. Esse mesmo índice, no ano seguinte, ou seja, em 2020, detectou que 39% dos cidadãos europeus tiveram problemas relacionados à segurança cibernética.

---

[400] R7. *Crimes digitais têm forte alta em vários estados; saiba como prevenir*. Notícia publicada em 05 maio 2021. Disponível em: https://noticias.r7.com/tecnologia-e-ciencia/crimes-digitais-tem-forte-alta-em-varios- estados-saiba-como-prevenir-05052021. Acesso em: 13 abr. 2022.

Consoante estimativas da McAfee, o custo anual do cibercrime, em 2020, chegou a U$945 bilhões, que corresponde a pouco mais de 1% do PIB global.[401]

A Accenture divulgou pesquisa realizada em novembro de 2019, intitulada *"Cost of cybercrime"*, segundo a qual o custo estimado dos crimes cibernéticos para o mundo, por volta de 2025, alcançará o valor de 10,5 trilhões de dólares. A pesquisa demonstrou que um único ataque de *malware* em 2018 custou mais de 2,6 milhões de dólares para as empresas.[402]

Um resumo do relatório da pesquisa realizada pela Accenture, disponível em seu *site*, informa que os ataques cibernéticos vêm mudando por diversas circunstâncias, entre elas:

- Alvos em evolução: O roubo de informações é a consequência mais cara do crime cibernético e também a que mais cresce. Mas dados não são os únicos alvos. Sistemas essenciais, como controles industriais, estão sendo hackeados numa perigosa tendência para causar rupturas e destruir.
- Impacto em evolução: Apesar de dados continuarem sendo um alvo, nem sempre o roubo é o desfecho. Uma nova onda de ataques cibernéticos não mais simplesmente copia informações, mas também as destrói – ou até mesmo as altera numa tentativa de gerar desconfiança. Atacar a integridade de dados – ou melhor, impedir a sua toxinfecção – é o próximo campo de batalha.
- Técnicas em evolução: Os criminosos cibernéticos estão adaptando seus métodos de ataque. Eles focam no elemento humano – o elo mais fraco na proteção cibernética – através do aumento de *ransomware* e *phishing* e de ataques de engenharia social como um caminho de entrada. Uma evolução interessante é quando Estados-nação e seus grupos de ataque associados usam esses tipos de técnicas para atacar empresas

---

[401] SMITH, Zhanna Malekos; LOSTRI, Eugenia. The hidden costs of cybercrime – Report. Mcafee. Diretor de Projetos: James A. Lewis. Disponível em: https://www.mcafee.com/enterprise/en-us/assets/reports/rp-hidden- costs-of-cybercrime.pdf. Acesso em: 24 dez. 2021.

[402] PORTEOUS, Chris. *O crime cibernético pode custar ao mundo US $ 10,5 trilhões anualmente até 2025 – Não deixe sua empresa se tornar vítima de ataques violentos*. Artigo publicado em 24 fev. 2021. Disponível em: https://www.entrepreneur.com/article/364015. Acesso em: 23 dez. 2021.

comerciais. Estão sendo realizadas tentativas de categorizar os ataques provenientes dessas fontes como "atos de guerra" no intuito de limitar acordos de seguradoras de segurança cibernética.[403]

As pesquisas identificaram, ainda, que o crime cibernético está crescendo, e o tempo para solucioná-lo (que envolve custos indiretos) tem aumentado em igual proporção, tornando essa espécie de crime cada vez mais onerosa para as organizações.

No primeiro trimestre de 2020, com o aumento da adoção do *home office* em decorrência da pandemia causada pelo Covid-19, restou identificado que quase três milhões de ataques cibernéticos ocorreram apenas na América Latina, e que neste mesmo período o número de vírus de computador sofreu um aumento de 131% comparado a 2019.[404]

Segundo essa pesquisa, Brasil e Venezuela foram os dois países com maior incidência de ataques de *phishing*, que acabam por tornar os usuários suscetíveis a diversos outros ataques, como o *ransomware*, por exemplo. E por falar em *ransomware*, a pesquisa identificou, ainda, que o Brasil também foi, na América Latina, o país com mais ataques dessa espécie: quase 46,7% dos usuários infectados, seguido pelo México (22,6% aproximadamente) e pela Colômbia (com cerca de 8%).[405]

Priorizar tecnologias de segurança cibernética pode, conforme indica o relatório da pesquisa acima mencionado, reduzir consideravelmente as consequências do cibercrime e, com isso, proporcionar valor futuro, melhorando os níveis de confiança e a reputação institucional.

Desenvolver uma segurança cibernética robusta e eficaz requer o aporte de investimentos relevantes, todavia, se compararmos o montante desse valor a ser investido com toda espécie de prejuízos que os ataques cibernéticos têm causado ao mundo corporativo público e privado, bem como à população em geral, chegará à conclusão de que tais investimentos devem ser realizados com urgência.

---

[403] ACCENTURE. *Nono estudo anual sobre o custo do crime cibernético*. Relatório da pesquisa. 06 mar. 2019. Disponível em: https://www.accenture.com/br-pt/insights/security/cost-cybercrime-study. Acesso em: 23 dez. 2021.

[404] RAMOS, Luciano. Entendendo os impactos da LGPD com treinamento e conscientização. *IDC Vendor Spotlight – Patrocinado pela Kaspersky*. jul. 2021. Disponível em: https://go.kaspersky.com/rs/802-IJN-240/images/FINAL_BR21003_IDC%20Brazil%20Vendor%20Spotlight_Entendendo%20os%20impactos%2 0da%20LGPD_2021Kaspersky.pdf. Acesso em: 24 dez. 2021, p. 5.

[405] RAMOS, 2021.

Importante salientar que "há diversas formas de o Estado de Direito atuar como instrumento regulador e protetor das pessoas, mas o intuito é manter sempre uma sociedade justa e equilibrada".[406]

Uma pesquisa realizada pela IBM *Security* em parceria com o Instituto Ponemon[407] constatou que o custo médio de uma violação de dados vem aumentando cerca de quase 10% a cada ano; em 2021 sofreu a maior elevação já observada, considerando os últimos sete anos. De acordo com a pesquisa mencionada, os custos de violação de dados aumentaram de US$3,86 milhões para US$4,24 milhões.

Ainda de acordo com o relatório da IBM, esses custos foram significativamente mais baixos para as organizações que apresentaram uma postura de segurança mais madura, e o inverso também se mostrou verdadeiro. Ao final, em seu relatório a pesquisa aponta algumas recomendações com vistas a minimizar os impactos financeiros de uma violação de dados, quais sejam:[408]

1. Investir em uma segurança de informação e automação, com vistas a melhorar o tempo de detecção dos ataques e, consequentemente, o tempo de resposta que, de acordo com a pesquisa, dura uma média de 286 dias;
2. Adotar um modelo de segurança de confiança zero, que limite o acesso aos dados, com vistas a evitar os acessos não autorizados a dados confidenciais (isso porque o resultado do estudo realizado demonstrou que apenas 35% das organizações implementou uma segurança "confiança zero", e que os que já possuem essa boa prática amadurecida tiveram um custo médio de US$1,76 milhões a menos, comparados com as organizações sem a estratégia da "confiança zero");
3. Realizar testes periódicos de incidentes de violação, para fins de avaliar o tempo de respostas e, dessa forma, otimizar sua capacidade de respostas rápidas e eficazes (o estudo demonstrou que o custo médio foi US$2,46 milhões menor em organizações com planos de resposta rápida);

---

[406] DIAS, Jossiani Augusta Honório; BERNARDINELI, Muriana Carrilho. Da almejada boa governança e o vilipêndio aos direitos fundamentais em decorrência da corrupção. *In: O bom governo e o combate à corrupção*: seminários de Salamanca. ALENCAR, Alisson Carvalho de (Org.); ISHIKAWA, Lauro e MATSUSHITA, Thiago Lopes (Coord.). São Paulo: Ed. Liquet, 2020, p. 131-148.

[407] IBM SECURITY. *How much would a data breach cost your business?* Disponível em: HTTPS://www.ibm.com/security/data-breach. Acesso em: 14 fev. 2022.

[408] *Ibid.*

4. Investir em governança, gestão de riscos e programas de conformidade, que pode ajudar de forma exponencial na tomada de decisões no processo de alocação de recursos;
5. Adotar uma arquitetura de segurança aberta (com ferramentas que possibilitem o compartilhamento de dados entre sistemas diferentes, de forma segura) e um provedor de serviços com segurança gerenciada;
6. Proteger os dados confidenciais em ambientes de nuvem, mediante o uso de criptografia, adotando, ainda, boas práticas da segurança de informação como testes de penetração e *red teaming*, por exemplo, que, se não evitam os ataques, ao menos auxiliam na educação e na conscientização pessoal.

Tais fatores demonstram claramente a importância atual de uma segurança cibernética robusta e resiliente em todo o mundo moderno.

A União Internacional de Telecomunicações (agência especializada da ONU) divulgou em julho de 2021 a 4ª edição do *ranking* sobre governança de segurança cibernética, e apesar de o Brasil ter subido, neste *ranking*, da 71ª posição para a 18ª, ainda há muito a ser otimizado.

Pawel Herczynski, diretor gerente de PCSD (Política Comum de Segurança e Defesa) e resposta a crises do Serviço Europeu para a ação externa, declarou a respeito da importância da cibersegurança: "O futuro de nossa segurança depende da transformação de nossa capacidade de nos proteger contra ameaças cibernéticas: tanto a infraestrutura civil, quanto o aparato militar dependem de sistemas digitais seguros".[409]

O mesmo relatório em que consta a declaração acima explica que uma resiliência cibernética sólida requer uma abordagem coletiva e abrangente, com estrutura suficiente capaz de reagir aos ataques digitais. Para tanto, torna-se imprescindível o compartilhar de ideias e boas práticas em uma cooperação estratégica global.

Não é demais considerar que falar em segurança cibernética envolve a compreensão do que é o ciberespaço e de toda a sua complexidade, decorrente de características como o fato de ser aterritorial e, ainda, de possibilitar ações praticadas no mais absoluto anonimato, o

---

[409] BANCO INTERAMERICANO DE DESENVOLVIMENTO e ORGANIZAÇÃO DOS ESTADOS AMERICANOS. *Relatório de cibersegurança 2020*: riscos, avanços e o caminho a seguir na América Latina e Caribe. A abordagem abrangente da UE para o enfrentamento das ameaças do ciberespaço. Disponível em: https://publications.iadb.org/pt/relatorio-de-ciberseguranca-2020-riscos-avancos-e-o- caminho-seguir-na-america-latina-
-e-caribe. Acesso em: 09 fev. 2022, p. 24.

que, por sua vez, gera inúmeras dificuldades, mormente no que se refere à identificação dos autores desses ataques. Sua dimensão transnacional e transfronteiriça também proporciona uma série de preocupações no tocante à amplitude do alcance dos atos nele praticados.

No que se refere às ameaças cibernéticas atualmente existentes, é possível citar, a título meramente exemplificativo: a ciberguerra, o ciberterrorismo, a ciberespionagem e o cibercrime. Práticas já bem conhecidas, mas que ganharam uma nova roupagem com a evolução da tecnologia da informação e a popularização da internet.

Nesse sentido é que, ao definir a primeira Estratégia Nacional de Segurança do Ciberespaço – ENSC-2015 – (revogada recentemente pela ENSC-2019/2023, aprovada pela Resolução do Conselho de Ministros nº 92/2019), o governo português manifestou, expressamente, sua preocupação logo no preâmbulo, onde afirma que:

> (...) é fundamental que o País disponha de uma Estratégia Nacional de Segurança do Ciberespaço, que estabeleça objetivos e linhas de ação com vista a uma eficaz gestão de crises, a uma coordenação da resposta operacional a ciberataques, a um desenvolvimento das sinergias nacionais e a uma intensificação da cooperação nacional, europeia e internacional neste domínio.[410]

É, também, nesse mesmo sentido que os países membros da OCDE têm se posicionado ao desenvolver suas estratégias com relação ao tema da segurança nesta sociedade da informação em que se vive, tomando por base princípios como: a sensibilização a respeito dos riscos existentes; a responsabilidade de avaliar e atualizar, de forma sistemática, as medidas e os procedimentos de segurança; a ação proativa e em cooperação na busca por prevenir os incidentes ou, ao menos, mitigar o seu impacto através de uma descoberta rápida; a ética e o respeito aos interesses legítimos de todos os envolvidos; a observância e o fortalecimento dos valores fundamentais de uma sociedade democrática; a avaliação dos riscos na busca por minimizar as ameaças e vulnerabilidades, facilitando a adoção de medidas de controle; a integração da segurança como elemento essencial em todo o processo de informação, com soluções inovadoras; a gestão da segurança por meio de um sistema coerente; por fim, a reavaliação a fim de identificar

---

[410] PORTUGAL. CNCS (Corte Nacional de Cibersegurança). *Estratégia Nacional de Segurança Cibernética – ENSC*. Resolução do Conselho de Ministros nº 36/2015. Disponível em: https://dre.pt/dre/detalhe/resolucao-conselho-ministros/36-2015-67468089. Acesso em: 09 fev. 2022.

e introduzir as mudanças necessárias nas políticas, medidas, estratégias e nos procedimentos.

O Reino Unido publicou, em maio de 2021, o interesse em investir aproximadamente 25 milhões de euros para auxiliar países em situação de vulnerabilidade cibernética nas regiões da África e do Pacífico, com o objetivo de evitar que a China e a Rússia (além de outros) busquem "preencher esse vácuo no ciberespaço".

Nessa divulgação, Dominic Raab afirmou que o investimento teria como foco apoiar as equipes de resposta cibernética dessas regiões e conscientizar a população a respeito da necessidade da segurança *online* em massa, além de colaborar com a Interpol para a criação de um centro de operações cibernéticas na África. Segundo ele, o escopo desse investimento consiste na garantia de um ciberespaço livre, aberto e pacífico, frente a Estados hostis que procuram minar eleições democráticas e transformar a Internet em um espaço sem lei.[411]

Importa ressaltar, ainda, que a resiliência da segurança cibernética (que consiste em acelerar e atualizar, de forma contínua, o planejamento da capacidade de prevenção, de detecção, de repressão e de recuperação da organização frente aos ataques cibernéticos) necessita, também, de uma forte normatização regulamentando a questão dos crimes que podem ser cometidos neste ambiente, além de regulamentar as sanções penais cabíveis. Um verdadeiro desafio diante da dinamicidade e da amplitude de atuação, mas um desafio que precisa ser pensado, debatido e suplantado por todos os países em um esforço compartilhado e global.

Com relação a isso, Thami Piaia, Letícia Ritter e Rafael Sangoi asseveram:

> (...) se não nos adequarmos à grande velocidade das mudanças sociais advindas da revolução tecnológica, o problema principal não será resolvido, e os princípios do Direito Digital Internacional não serão respeitados, pois em um mundo onde empresas têm o poder de formação de opinião e de manipulação tão acentuado precisa haver responsabilidades atreladas ao poder a serem arcadas pelo seu serviço, principalmente na observação dos princípios que servem de fundação para o ambiente em que operam, caso contrário, todos sairemos perdendo.[412]

---

[411] DEUTSCHE WELLE. *Reino Unido quer centro de defesa cibernética em* África. Disponível em: https://www.dw.com/pt-002/reino-unido-quer-centro-de-defesa-cibern%C3%A9tica-em-%C3%A1frica/a- 57507363. Acesso em: 05 mar. 2022.

[412] PIAIA, Thami Covatti; RITTER, Letícia Mousquer e SANGOI, Rafael Martins. Internet, Liberdade de informação e o caso das *Echo Chambers* ideológicas. *Revista da Faculdade de Direito de Minas – FDSM*, Pouso Alegre. v. 34. n. 2, p. 289-310, 2018, p. 305.

Neste ponto é importante citar a Convenção sobre o Crime Cibernético que foi celebrada em Budapeste em novembro de 2001 e que, devido a isso, tornou-se conhecida como a "Convenção de Budapeste".

A Convenção de Budapeste é um tratado internacional aprovado pelo Conselho da Europa em decorrência da preocupação "com os riscos de as redes informáticas e as informações eletrônicas também poderem ser utilizadas para a prática de crimes e de as provas dessas infrações poderem ser armazenadas e transferidas por meio dessas redes".[413]

O preâmbulo da referida Convenção menciona, ainda, que os Estados signatários se mostravam "conscientes das profundas mudanças desencadeadas pela digitalização, interconexão e contínua globalização das redes informáticas".[414]

O Brasil, contudo, somente formalizou sua adesão à Convenção supramencionada no ano de 2021, por meio da publicação do Decreto nº 37.

É preciso amadurecer a normatização acerca dos crimes cibernéticos e estabelecer sanções rígidas e que sejam passíveis de ser aplicadas em todo o espaço cibernético. Importa pensar na competência para a aplicação dessas sanções, considerando que os crimes são praticados no espaço virtual, e estabelecer normas que possam delimitar o uso seguro deste espaço sem prejudicar os avanços da tecnologia.

Os problemas decorrentes de falhas na segurança cibernética e os crimes praticados no ambiente cibernético não podem ser tratados nos mesmos moldes que os crimes comuns, e por isso precisam ser resolvidos com a máxima urgência. Para tanto, insta reiterar que a responsabilidade não deve restar atribuída apenas ao Estado e que as ações referentes à segurança cibernética precisam ser pensadas de maneira cooperada e compartilhada entre todos os atores sociais e em todo o mundo.

Nesse sentido é que Piaia, Costa e Willers aduzem que o reconhecimento de ilícitos nesta seara revela uma mudança no sistema com relação à atuação dos Estados, bem como das pessoas (físicas e jurídicas), e em meio a esse novo cenário a única certeza possível revela ser a necessidade de adaptação do Direito para responder, adequadamente,

---

[413] UNIÃO EUROPEIA. *Preâmbulo da convenção sobre o cibercrime*. Disponível em: https://rm.coe.int/16802fa428. Acesso em: 31 de mar. 2022.
[414] *Ibid*.

às novas demandas que surgirem em consequência dessa revolução informacional e comunicacional.[415]

Diante do cenário atual e dos constantes e inúmeros ataques cibernéticos, que têm trazido a lume toda fragilidade dos sistemas de segurança em nível mundial, necessário se faz estabelecer, por meio de um projeto global e mediante a cooperação de todos os países, uma resposta mais vigorosa (tanto no aspecto técnico quanto no gerencial e normativo) no que se refere à questão da cibersegurança. Isso possibilitaria a construção de um ciberespaço aberto e seguro, que favoreceria, por sua vez, o resgate e o fortalecimento da confiança dos cidadãos.

5.1.1 A segurança cibernética na União Europeia

A União Europeia tem se posicionado fortemente a respeito, buscando proporcionar um ambiente digital de comunicação mais seguro, que permita promover a ciber-resiliência, por meio da encriptação quântica e, nesta senda, vem trabalhando em diversas frentes.[416]

Em matéria de proteção de dados e segurança digital, a União Europeia é um referencial importante. O Conselho Nacional de Proteção de Dados de Portugal, por exemplo, tem mais de vinte anos de existência, e o Parlamento Europeu já possuía regulamentação a respeito de tratamento de dados pessoais na década de 1990: a Diretiva 46/95, que foi revogada em 2018 pelo Regulamento Geral de Proteção de Dados, o RGPD, que, desde então, tem sido considerada a regulamentação mais completa a esse respeito e tem impactado fortemente todos os países do mundo, inclusive o Brasil.

As autoridades de controle e fiscalização da União Europeia são extremamente atuantes e dotadas de farta documentação e boas práticas sobre o tema, o que proporciona o amadurecimento da cultura de proteção de dados.

Nesta caminhada, a Comissão Europeia apresentou, em dezembro de 2020, uma nova Estratégia de Cibersegurança, que abrange a segurança de serviços essenciais (hospitais, redes de energia e ferrovias,

---

[415] PIAIA, Thami Covatti; COSTA, Bárbara Silva; WILLERS, Miriane Maria. Quarta revolução industrial e a proteção do indivíduo na sociedade digital: desafios para o direito. *Revista Paradigma*, Ribeirão Preto-SP. a. XXIV, v. 28, n. 1. p. 122-140, jan/abr. 2019, p.137.
[416] UNIÃO EUROPEIA. *Cibersegurança*: como a UE combate as ciberameaças. Disponível em: https://www.consilium.europa.eu/pt/policies/cybersecurity/. Acesso em: 10 fev. 2022.

por exemplo), além de proporcionar segurança cada vez maior no tocante aos objetos conectados nas residências, escritórios e fábricas.

A nova estratégia europeia de cibersegurança descreve como uma Ciberunidade conjunta pode assegurar respostas mais eficazes às ameaças cibernéticas com o uso de recursos coletivos e de conhecimentos especializados, e estabeleceu suas bases em seis eixos fundamentais: a estrutura de segurança do ciberespaço (com toda a sua complexidade e abrangência, que requerem uma liderança forte e ágil); a prevenção, educação e sensibilização; a proteção do ciberespaço (essencial tanto para o funcionamento regular do Estado quanto para a manutenção da confiança das pessoas); a resposta às ameaças e o combate ao cibercrime; a investigação, o desenvolvimento e a inovação e, por fim, a cooperação nacional e internacional (uma consequência lógica deste mundo interligado e interdependente).

Essas novas estratégias consolidam o papel de liderança da União Europeia no tocante a regras e normas internacionais pertinentes ao *cyberspace*. Para tanto, ela se comprometeu a apoiar essa nova estratégia para a segurança cibernética com investimentos sem precedentes em toda a sua transição digital.

Em junho de 2019 a Comissão Europeia publicou novo Regulamento de Cibersegurança, em que estabelece, entre outras coisas, um sistema de certificação que possui papel fundamental para assegurar padrões mais elevados de segurança cibernética para produtos, serviços e processos informáticos.

Uma certificação centralizada que evita a fragmentação anteriormente existente, em decorrência da existência de diversos sistemas de certificação que enfraqueciam o escopo regulamentar e fiscalizatório.

Com a publicação do Regulamento, a União Europeia estabeleceu um enquadramento único para a certificação em matéria de segurança cibernética, que com certeza fortalecerá a confiança social, aumentando o crescimento do mercado de cibersegurança, além de facilitar as trocas comerciais em toda a região.

O novo Regulamento Europeu renovou o mandato, agora permanente, da Agência para cibersegurança e reforçou o seu papel conferindo-lhe ainda mais recursos financeiros e humanos, que lhe permitam intensificar a cooperação operacional e a gestão de crises em toda a União Europeia.

A nova agência para cibersegurança (que adotou o mesmo acrônimo: ENISA) fornece apoio a todos os Estados-membros e demais instituições da União Europeia e interessados na luta contra os ataques cibernéticos.

Em março de 2021 o Conselho Europeu publicou suas conclusões a respeito da nova Estratégia, salientando que o fortalecimento da segurança cibernética é fundamental para a construção de uma Europa resiliente, ecológica e digital. Nessas conclusões, o Conselho Europeu destacou alguns pontos de ação para os próximos anos, dentre as quais, citamos:

> O CONSELHO DA UNIÃO EUROPEIA, Recordando as suas conclusões sobre:
> - a comunicação conjunta ao Parlamento Europeu e ao Conselho intitulada: "Resiliência, dissuasão e defesa: reforçar a cibersegurança na UE", de 20 de novembro de 2017,
> - o desenvolvimento de capacidades e competências em matéria de cibersegurança na UE,
> - a importância da tecnologia 5G para a economia europeia e a necessidade de atenuar os riscos de segurança a ela associados,
> - os esforços complementares para aumentar a resiliência e combater as ameaças híbridas,
> - o reforço da resiliência e a luta contra as ameaças híbridas, incluindo a desinformação no contexto da pandemia de COVID-1911, – a ciberdiplomacia,
> - um quadro para uma resposta diplomática conjunta da UE às ciberatividades maliciosas ("instrumentos de ciberdiplomacia"),
> - uma recuperação que promova a transição para uma indústria europeia mais dinâmica, resiliente e competitiva,
> - a cibersegurança dos dispositivos conectados,
> - o reforço do sistema de ciberresiliência da Europa e a promoção der uma indústria de cibersegurança competitiva e inovadora,
> - a sua resolução sobre encriptação – Segurança através da encriptação e segurança apesar da encriptação
> - e a declaração dos Estados-Membros, de 15 de outubro de 2020, intitulada "Construir a computação em nuvem da próxima geração para as empresas e o setor público na UE".[417]

O objetivo da União Europeia consiste em alcançar uma autonomia estratégica sem deixar de preservar uma economia aberta. Para tanto, vem trabalhando em duas propostas legislativas: uma diretiva, voltada para a melhor proteção das redes e sistemas de informação; outra voltada para a resiliência das entidades críticas.

---

[417] UNIÃO EUROPEIA. *Projeto de conclusões do Conselho sobre a Estratégia de Cibersegurança da UE para a década digital.* Disponível em: https://data.consilium.europa.eu/doc/document/ST-6722-2021- INIT/pt/pdf. Acesso em: 10 fev. 2022.

A internet unificou as regiões, e as ameaças atuais não consistem mais em algo localizado. Ameaças cibernéticas envolvem o chamado ciberespaço, que, por sua vez, possui alcance global. Nesse sentido, toda estratégia de segurança cibernética precisa, necessariamente, focar alguns pontos cruciais, como: prevenção (é importante estar sempre se antecipando aos possíveis ataques por meio de estudos e pesquisas desenvolvidos e executados por pessoas com *expertise* na área de segurança da informação) e cooperação (quanto mais unificados os países se encontrarem na busca por consolidar uma segurança cibernética que seja de fato resiliente, mais eficiência e eficácia terão nos resultados). Assim já tem se manifestado o Conselho Europeu:

> A estratégia descreve como a UE pode aproveitar e fortalecer todas as suas ferramentas e recursos para ser tecnologicamente soberana. Também *estabelece como a UE pode intensificar a sua cooperação com parceiros de todo o mundo que partilham os nossos valores de democracia, Estado de direito e direitos humanos.*
>
> A soberania tecnológica da UE deve basear-se na resiliência de todos os serviços e produtos conectados. Todas as quatro cibercomunidades – aquelas preocupadas com o mercado interno, com a aplicação da lei, diplomacia e defesa – precisam trabalhar mais estreitamente para uma *conscientização compartilhada das ameaças*. Eles devem estar prontos para responder coletivamente quando um ataque se materializar, para que a UE possa ser maior do que a soma de suas partes.
>
> A estratégia abrange a segurança de serviços essenciais, como hospitais, redes de energia, ferrovias e o número cada vez maior de objetos conectados em nossas casas, escritórios e fábricas. A estratégia visa construir capacidades coletivas para responder a grandes ciberataques. *Também descreve planos para trabalhar com parceiros em todo o mundo para garantir a segurança internacional e a estabilidade no ciberespaço*. Além disso, descreve como *uma Unidade Cibernética Conjunta pode garantir a resposta mais eficaz* **às** *ameaças cibernéticas*, utilizando os recursos coletivos e os conhecimentos especializados à disposição dos Estados- Membros e da UE (grifos nosso).[418]

Com essa visão, a União Europeia estabelece os objetivos principais da sua estratégia, que focam em três áreas de ação: a resiliência, a soberania tecnológica e a liderança; a capacidade operacional para prevenir, dissuadir e responder e, ainda, a cooperação para o avanço de um ciberespaço digital e aberto.

---

[418] UNIÃO EUROPEIA. *A estratégia de segurança cibernética*. Disponível em: https://digital-strategy.ec.europa.eu/en/policies/cybersecurity-strategy. Acesso em: 10 fev. 2022.

Em busca de colocar a estratégia em prática, em 12 de janeiro de 2022 houve o lançamento de novas chamadas para apoiar infraestruturas de conectividade digital.[419] Como outra frente na busca da promoção de uma segurança cibernética mais resistente, e reconhecendo que os ataques cibernéticos consistem em um problema transfronteiriço (razão pela qual os países que compõem a União Europeia necessitam de órgãos governamentais fortes, com capacidade para supervisionar a segurança cibernética de seu país, mas que também trabalhe em conjunto com os demais Estados-membros, compartilhando informações), a União Europeia publicou a *Diretiva NIS*, que já foi devidamente implementada por todos os seus Estados-membros e revista no final de 2020 (Diretiva NIS2), contendo medidas que objetivam assegurar um elevado nível comum de cibersegurança.[420]

A presidente da Comissão Europeia, Úrsula Von der Leyen, ao anunciar a Lei de Resiliência Cibernética (que busca complementar a NIS2), declarou que não se pode falar em defesa sem abordar a temática da cibernética e, ademais "se tudo estiver conectado, tudo pode ser *hackeado*", observando que o número cada vez maior de dispositivos conectados impacta considerável e proporcionalmente o tamanho da vulnerabilidade dos sistemas aos ataques cibernéticos.[421]

---

[419] UNIÃO EUROPEIA. *Lançamento de novas chamadas no valor de 258 milhões de euros para apoiar infraestruturas de conectividade digital*: "A Comissão lançou os primeiros convites à apresentação de propostas no âmbito da parte digital do programa *Connecting Europe Facility* (CEF Digital). Com um orçamento previsto de 258 milhões de euros, os convites visam melhorar as infraestruturas de conectividade digital, em particular as redes *Gigabit* e 5G, em toda a União, e contribuir para a transformação digital da Europa. A Comissão cofinanciará ações destinadas a equipar as principais rotas de transporte da Europa e os prestadores de serviços essenciais nas comunidades locais com conectividade 5G, bem como ações para implantar ou atualizar redes de *backbone* baseadas em tecnologias avançadas. Os convites também incidirão na infraestrutura que liga serviços federados em nuvem, infraestruturas de *backbone* para *gateways* digitais globais, como cabos submarinos, bem como ações preparatórias para estabelecer plataformas digitais operacionais para infraestruturas de transporte e energia em toda a UE. Isso segue a adoção do primeiro Programa de Trabalho para o CEF Digital em dezembro de 2021, que destinou mais de € 1 bilhão em financiamento para o período de 2021-2023." Disponível em: https://digital-strategy.ec.europa.eu/en/news/launch-new-calls-worth-eu-258-million-support-digital-connectivity-infrastructures. Acesso em: 10 fev. 2022.

[420] UNIÃO EUROPEIA. *Proposta de diretiva relativa a medidas para um elevado nível comum de cibersegurança em toda a União*. Disponível em: https://digital-strategy.ec.europa.eu/en/library/proposal-directive-measures-high-common-level-cybersecurity-across-union. Acesso em: 10 fev. 2022.

[421] PRIVACY TECH. *Chefe da EU anuncia lei de cibersegurança para dispositivos interconectados*. Notícia publicada em 27 set. 2021. Disponível em: https://www.privacytech.com.br/protecao-de-dados/chefe-da-ue-anuncia-lei-de-ciberseguranca-para-dispositivos-interconectados,404059.jhtml. Acesso em: 03 mar. 2022.

Paralelamente, demonstrando que a cibersegurança consiste em uma das suas prioridades, principalmente frente ao elevado crescimento dos ciberataques nos últimos anos, o Plano de Recuperação da Europa, diante da retomada das atividades pós-pandemia, incluiu investimentos adicionais voltados para a segurança cibernética.

Além disso, especialistas europeus investigadores em educação e mercado de trabalho de cinco países da União Europeia alertaram, em setembro de 2020, para a importância de educar as crianças com relação à "navegação" adequada dentro do ambiente digital, a fim de desenvolver a capacidade de lidar com os desafios sociais que a transformação digital apresenta, capacitando as pessoas, desde a mais tenra idade, a pesquisar informações de confiança, a filtrar informações falsas e a construir uma identidade *online* segura, por exemplo.[422]

Reconhecendo, também, que a pesquisa e a inovação são essenciais para a construção de uma segurança cibernética mais eficiente, a União Europeia estabeleceu um programa de financiamento voltado para essa área, para o período de 2021-2027, o Horizonte Europa, que conta com um orçamento de €95,5 bilhões,[423] mediante uma parceria público-privada em segurança eletrônica, por meio da qual a União Europeia investirá US$542 milhões, e empresas de segurança eletrônica representadas pela Organização europeia de segurança cibernética (ECSO) contribuirão com investimentos que poderão alcançar até o triplo do valor investido pela UE. Essa parceria incluirá, ainda, membros do governo (nacional e local) bem como centros de pesquisa e instituições acadêmicas, que somarão esforços na busca por encontrar novas formas de aumentar a segurança no ciberespaço.[424]

Assim, a União Europeia anunciou a criação da Comunidade Europeia CISO da ECSO, uma rede intersetorial e transfronteiriça como parte de uma parceria público-privada de segurança cibernética, reconhecida em nível europeu e que facilita o compartilhamento de

---

[422] PEQUENINO, Karla. Não se nasce digital. Especialistas europeus pedem mais investimento na educação digital. Ímpar. Notícia publicada em 30 set. 2020 Disponível em: https://www.publico.pt/2020/09/30/impar/noticia/nao-nasce-digital-especialistas-europeus-pedem-investimento-educacao-digital-1933229. Acesso em: 05 mar. 2022.
[423] UNIÃO EUROPEIA. *O que é Horizonte Europa?* Disponível em: https://ec.europa.eu/info/research-and-innovation/funding/funding-opportunities/funding-programmes-and-open-calls/horizon-europe_en. Acesso em: 10 fev. 2022.
[424] APOLITICAL. *Europa cria força-tarefa de segurança cibernética de US$ 1,9 bilhão.* Disponível em: https://apolitical.co/solution-articles/pt/governos-ensino-superior-parceiro-incentivo-ciberseguranca. Acesso em: 05 mar. 2022.

informações estratégicas a respeito da segurança cibernética e de boas práticas nesse sentido.[425]

Outros programas de financiamento também têm sido utilizados nesse sentido: o "Mecanismo Interligar a Europa (CEF)", que financia investimento em infraestruturas e busca dar suporte para equipes de resposta a incidentes de segurança digital, o "Programa Europa Digital", que visa investir de €1,9 bilhão em capacidade de segurança cibernética, e, ainda, para implantação de infraestruturas e ferramentas de cibersegurança em toda a região da União Europeia, o "InvestEU", que usa o investimento público para assegurar mais investimentos para o setor privado.[426]

Ainda na busca de promover e assegurar um ambiente digital mais seguro e confiável, a União Europeia traçou, entre suas diretrizes de política, o estabelecimento de um Plano de resposta coordenada para o caso de grandes ataques cibernéticos, por meio do qual estabelece os objetivos e os modos de cooperação entre os Estados-membros e demais instituições para esses casos.

Na sequência foi apresentada, também em junho de 2021, uma proposta de criação de uma Ciberunidade Conjunta, que funcionará como uma plataforma para os casos de resposta coordenada em incidentes de grande escala e, também, para fornecer as orientações e demais informações necessárias na recuperação desses ataques.

A implementação segura das redes 5G por meio do "*EU Toolbox on 5G*" (que traz medidas que fortalecem os requisitos de segurança das redes e aplica restrições para fornecedores considerados de alto risco) e um olhar voltado para a garantia do processo eleitoral por meio de recomendações, além do estímulo ao desenvolvimento de competências em cibersegurança, por meio da oferta de cursos universitários e profissionais, também configuram estratégias e diretrizes de política da Comissão europeia na busca pelo fortalecimento da segurança cibernética.

Mais recentemente, em janeiro de 2022, a ENISA, por meio de um trabalho conjunto com o CERT-UE, publicou a nona edição do relatório *ENISA Threat Landscape* (ETL), um relatório anual sobre o

---

[425] SECURITY MAGAZINE. ECSO lança comunidade europeia de CISOs. Notícia publicada em 22 maio 2021. Disponível em: https://www.securitymagazine.pt/2021/05/22/ecso-lanca-comunidade-europeia-de- cisos/. Acesso em: 05 mar. 2022.

[426] UNIÃO EUROPEIA. *Políticas de segurança cibernética*. Disponível em: https://digital-strategy.ec.europa.eu/en/policies/cybersecurity-policies. Acesso em: 10 fev. 2022.

status do cenário de ameaças à segurança cibernética que identifica as principais ameaças e, também, as principais tendências nesse sentido, descrevendo, ainda, medidas para mitigar os riscos – uma espécie de guia de melhores práticas com recomendações para melhorar a postura da segurança cibernética e sua resiliência a essa espécie de ataques.[427]

De acordo com esse guia (que não segue uma ordem específica e sugere que as próprias organizações analisem quais deverão priorizar), para uma melhor segurança cibernética é preciso: certificar-se a respeito da autenticação multifator (MFA), tal como serviços VPN, portais corporativos externos e acessos a e-mail, devendo-se evitar o uso de SMS e chamadas por voz, além da implementação de *phishing tokens* resistentes, tais como chaves de segurança e cartões inteligentes; certificar-se de que os usuários não façam uso de senhas (os ataques cibernéticos geralmente fazem uso de credenciais de acesso obtidas por meio de violações de dados anteriores, como nomes de usuário e senhas, porque há um costume de reutilizar combinações); certificar-se de que todo *software* esteja devidamente atualizado; controlar o acesso de terceiros à rede e aos sistemas internos; assegurar especial atenção para o fortalecimento do sistema em nuvens (recomendam separar o gerenciamento do sistema em nuvem do gerenciamento do sistema local); revisar as estratégias de *backup* de dados e usar a abordagem da regra 3-2-1, que consiste em guardar três cópias completas dos seus dados, com dois deles em armazenamento local, mas em mídias diferentes, e ao menos uma cópia armazenada fora do local.

Devido à alta frequência de ataques *ransomware*, o guia recomenda, entre outras coisas, aumentar a frequência de *backups* de dados considerados críticos. Recomenda, ainda, alterar todas as credenciais padrão e desabilitar os protocolos que não suportam autenticação multifator, além de empregar uma segmentação de rede apropriada com restrições de acesso e realizar treinamentos regularmente, a fim de conscientizar sobre as técnicas comuns de engenharia social.

O guia considera como boas práticas, também, o monitoramento atento e frequente do uso indevido de ferramentas e a criação de um ambiente de segurança de e-mail resiliente, por meio da ativação de filtragem *antispam*, adicionando um *gateway* de e-mail seguro, configurado para seguir automaticamente as políticas testadas, com vistas a impedir que e-mails maliciosos cheguem às caixas de correio.

---

[427] EUROPEAN UNION AGENCY FOR CYBERSECURITY. *Cenário de Ameaças*. 2021. Disponível em: https://www.enisa.europa.eu/publications/enisa-threat-landscape-2021. Acesso em: 15 fev. 2022.

Importante salientar, ainda, que a ENISA (agência de cibersegurança europeia) não está sozinha nesse contexto, mas atua mediante a cooperação e colaboração de outras instituições, como os ISAC ou "Centros de Compartilhamento e Análise de Informações", o CCI "Centro Comum de Investigação", que inclusive desenvolveu uma taxonomia[428] de segurança cibernética com vistas a alinhar a terminologia utilizada na segurança cibernética, possibilitando uma melhor compreensão de todos a respeito do tema; as equipes de resposta e emergências informáticas ou CERT, que lidam com incidentes e riscos de segurança cibernética na prática e cooperam entre si e ainda realizam um trabalho conjunto com o setor privado, mediante o monitoramento nacional dos incidentes cibernéticos, além de uma análise dinâmica dos riscos observados e de fornecerem alertas e outras informações quando necessário; a ECSO (organização europeia para cibersegurança), que atua como contraparte da Comissão Europeia em uma parceria público-privada que engloba, inclusive, o projeto Horizonte 2020 (já mencionado), sem falar da *Women4Cyber*, que destaca o papel das mulheres na comunidade da segurança cibernética e busca talentos femininos que possam auxiliar nesse sentido.[429]

E demonstrando a importância da cooperação internacional, a União Europeia não para por aí; ainda coopera com outros países reforçando suas capacidades de defesa cibernética por meio do desenvolvimento de diversos programas e um conjunto de instrumentos de ciberdiplomacia.

De acordo com informações extraídas do *site* do Parlamento Europeu, o objetivo é alcançar 4,5 milhões de euros de investimento no âmbito do "Centro de Competências em cibersegurança e da rede de centros de coordenação". A comissão pretende reforçar as capacidades industriais e tecnológicas da União Europeia em todo o domínio da segurança cibernética.

O representante da União Europeia para os negócios estrangeiros e a política de segurança, Josep Borrel, emitiu declaração segundo a qual:

> A segurança e a estabilidade internacionais dependem mais do que nunca de um ciberespaço a nível mundial aberto, estável e seguro, onde

---

[428] UNIÃO EUROPEIA. *Taxonomia Europeia de Cibersegurança*. Disponível em: https://ec.europa.eu/jrc/en/science-update/european-cybersecurity-taxonomy. Acesso em: 10 fev. 2022.
[429] UNIÃO EUROPEIA. *Políticas de segurança cibernética*. s. d.

sejam respeitados o Estado de direito, os direitos humanos, as liberdades e a democracia. Graças à estratégia que hoje apresentamos, a UE intensifica os seus esforços para proteger os seus governos, os seus cidadãos e as suas empresas contra as ciberameaças mundiais e para assumir um papel de liderança no ciberespaço, garantindo que todos possam tirar partido dos benefícios da Internet e da utilização das tecnologias.[430]

A proposta da Diretiva SRI2 tem o objetivo de aprimorar o atual regime de segurança cibernética por meio de medidas que buscam aumentar a supervisão e a execução das regras de cibersegurança, a introdução de multas de natureza administrativa (*coimas*) e a ampliação do âmbito de aplicação da Diretiva, a fim de incluir mais setores e mais serviços, como os serviços postais, da administração pública, de produtos farmacêuticos e médicos etc. A Diretiva SRI entrou em vigor em 2016 e teve importante papel em toda a União Europeia na busca por assegurar um maior preparo para a era digital e seus desafios.

O regulamento sobre Cibersegurança da União Europeia, por sua vez, em vigor desde 2019, favoreceu para certificações de cibersegurança de produtos, serviços e processos em toda a região, além de reforçar o mandato da Agência da União Europeia para a Cibersegurança, a ENISA.

5.1.1.1 A tecnologia 5G na União Europeia diante da problemática da segurança cibernética

Ainda no tocante à questão da segurança cibernética, os Estados membros, com o devido apoio da Comissão e da própria ENISA, criaram uma abordagem mais abrangente com base em avaliação de riscos e o auxílio de um conjunto de instrumentos para esse fim.

Ao lado de todas essas providências, a União Europeia tem desenvolvido, ainda, uma política internacional potente, abordando este conteúdo em prol de um espaço cibernético aberto, mas que, contudo, garanta maior segurança e estabilidade, em respeito e observância aos valores fundamentais europeus, com base no Estado de Direito.

---

[430] CONSELHO EUROPEU. *Declaração do alto representante Josep Borrell, em nome da UE:* resposta da União Europeia para promover a segurança e a estabilidade internacionais no ciberespaço. Publicada em 30 jul. 2020. Disponível em: https://www.consilium.europa. eu/pt/press/press-releases/2020/07/30/declaration-by-the-high-representative-josep-borrell-on-behalf-of-the-eu-european-union-response-to-promote- international-security-and-stability-in-cyberspace/. Acesso em 07 jul. 2022.

Nesse sentido, a segurança cibernética é, sem dúvidas, a prioridade que encontra reflexo, inclusive, em orçamento de longo prazo da União Europeia, previsto para 2021 a 2027.[431] Em resumo, a nova estratégia para cibersegurança da União Europeia foca três pilares principais: o desenvolvimento de soluções para reforçar a segurança da internet em uma escala mundial, a garantia de maior segurança da Internet das Coisas (IoT) e, ainda, assegurar um nível mais elevado de segurança virtual e de segurança da informação perante os seus órgãos.

Salienta-se novamente que a ideia de criar um "Escudo para a Cibersegurança" e uma espécie de "Ciberunidade Conjunta" também faz parte dessa nova estratégia europeia com vistas a fomentar as iniciativas mencionadas acima.

Em 2020, a presidente da Comissão Europeia, Ursula Von der Leyen, anunciou o apoio à comunidade escolar da União Europeia, no sentido de aumentar as competências digitais, alinhadas ao Plano de Ação para a Educação Digital do período de 2021 a 2027, que por sua vez define a visão desta Comissão em prol de uma educação digital de alta qualidade, que seja inclusiva e acessível para toda a Europa, através do fortalecimento de competências e de aptidões digitais.

Nesta senda, em março de 2021 o Parlamento Europeu publicou uma Resolução ou Diretiva (2021/C 494/01)[432] definindo a política para a educação digital, e diversas resoluções já foram publicadas, no sentido de regulamentar e coordenar a educação digital em toda a comunidade Europeia (Resolução de 11/12/2018, sobre educação na era digital; Resolução de 12/06/2018, sobre a modernização da educação na UE; Resolução de 14/09/2017, sobre a Nova Agenda de Competências para a Europa), além de outras recomendações publicadas pelo Conselho Europeu.

Mantendo o padrão das normatizações europeias, a Resolução publicada em 2021 traz uma lista com 24 "Considerandos", dentre os quais destaca-se:

---

[431] UNIÃO EUROPEIA. *Nova estratégia da UE para a Cibersegurança*. 16 dez. 2020. Disponível em: https://ec.europa.eu/commission/presscorner/detail/pt/ip_20_2391. Acesso em: 20 dez. 2021.

[432] UNIÃO EUROPEIA. Resolução do Parlamento Europeu. *Jornal Oficial da União Europeia*. 25 mar. 2021. Definição da política para a educação digital. Disponível em: https://eur-lex.europa.eu/legal- content/PT/TXT/PDF/?uri=CELEX:52021IP0095&from=EN. Acesso em: 27 abr. 2022.

A. Considerando que uma educação de qualidade inclusiva, equitativa e devidamente financiada é um motor fundamental das transições digital e ecológica; considerando que a educação é um investimento no nosso futuro comum, que contribui para a coesão social, o crescimento económico sustentável, a criação de emprego e, assim, para uma sociedade justa; considerando que a educação é um instrumento determinante no desenvolvimento e na realização pessoal do indivíduo e aumenta a participação na vida democrática;

(...)

C. Considerando que as tecnologias digitais estão a redefinir a sociedade, tornando as competências digitais básicas e a literacia digital agora indispensáveis para todos os cidadãos;

(...)

G. Considerando que a transformação digital está a moldar o mercado de trabalho e que, de acordo com as estimativas da Comissão (15), cerca de 90

% dos postos de trabalho em várias categorias de emprego exigirão alguma forma de competências digitais no futuro; considerando que se espera que 65

% das crianças que frequentam a escola primária atualmente deverão trabalhar em empregos que ainda não existem; considerando que existe uma elevada procura de competências digitais avançadas, que, provavelmente, será mais acentuada nas áreas de estudo STEAM;

(...)

Q. Considerando que o desenvolvimento de infraestruturas e tecnologias digitais no setor da educação exige um investimento público significativo, nomeadamente em pessoal informático nos estabelecimentos de ensino; considerando que o investimento privado também contribui substancialmente para o desenvolvimento de soluções de aprendizagem eletrónica;

(...)

X. Considerando que a educação é um investimento no futuro e um instrumento determinante para o desenvolvimento e a realização pessoal do indivíduo; considerando que a educação digital pode ajudar a fazer face a desafios como a desinformação, a radicalização, a usurpação de identidade e de dados, o ciberassédio e as fraudes em linha; considerando que a educação, a formação e a aprendizagem ao longo da vida desempenharão um papel essencial na transição justa para a economia digital;[433]

---

[433] UNIÃO EUROPEIA. Definição da política para a educação digital, 2021.

Apesar disso, porém, em dezembro de 2021 a base de dados do Consulado Geral de Angola foi alvo de um ataque cibernético que afetou diversos serviços essenciais, o que demonstra a necessidade extrema de capacitação técnica nesta área para o desenvolvimento de uma ação cada vez mais preventiva.

Diante deste cenário, e cientes de que a tecnologia 5G (desenvolvida em todo o mundo) possibilitará a conexão simultânea de múltiplos dispositivos, a preocupação com a segurança alcança um valor ainda mais elevado e deve nortear as pesquisas e a implementação no que se refere a essa nova tecnologia, diante da possibilidade de invasões e de acessos não autorizados a dados pessoais.

Políticas que prevejam os conteúdos que poderão ser compartilhados ou transferidos, *softwares* que fortaleçam a segurança nesse sentido precisam ser pensados, e novamente a conscientização se mostra de crucial importância. Com a implementação desta tecnologia, a velocidade de tráfego dos dados será ainda maior, e consequentemente a abrangência dos danos possíveis também aumentará proporcionalmente.

As vantagens são grandes: prestação de serviços de maneira mais veloz e, portanto, com mais eficiência, maior produtividade diante da maior agilidade das conexões. A baixa latência (atraso no tempo de resposta de aparelhos, aplicativos ou *sites*) também é uma vantagem esperada, que possibilitará uma resposta mais rápida da rede e, consequentemente, comunicações mais eficientes. Além disso, o 5G trará ainda a possibilidade de conectar muito mais dispositivos em uma única antena de transmissão, favorecendo o uso da IoT.

No entanto, devido a isso a área de alcance do 5G é menor do que a do 4G, razão pela qual haverá a necessidade de mais antenas, ou seja, de uma demanda maior nesse sentido, o que poderia gerar problemas maiores para pequenos municípios e áreas rurais sem a infraestrutura necessária, contribuindo para o aumento da desigualdade social digital. A instalação de redes 5G privadas poderia sanar, ao menos temporariamente, esses problemas.

Os benefícios desta nova tecnologia alcançam inúmeras áreas da sociedade mundial: o transporte pode ser melhorado com veículos que conseguem perceber a proximidade de outros automóveis e com a melhoria da sinalização das vias, além da possibilidade de ofertar serviços de entretenimento mais eficientes nos transportes públicos; o meio ambiente pode ser mais bem protegido com sensores que identifiquem, por exemplo, o despejo de resíduos de modo ilegal; haverá possibilidade de melhor vigilância e gerenciamento das subestações de energia elétrica, favorecendo o controle; a agricultura poderá ser incrementada mediante monitoramento do local do plantio, com controle mais eficaz das plantações; até mesmo o turismo poderá possibilitar, por exemplo, visitação de locais por realidade aumentada ou por vista remota.

Lado outro, toda essa eficiência prometida só poderá de fato, restar comprovada, mediante o fortalecimento das redes de segurança cibernética. Isso porque com a tecnologia 5G a conectividade entre as pessoas – e entre estas e as coisas – aumentará consideravelmente e, devido a isso, a possibilidade de *hackers* encontrarem caminhos ou "portas abertas" para invasões também aumentará em igual proporção.

Diante da possibilidade de acelerar a conexão e, com isso, aumentar os relacionamentos no mundo digital, diversos países vêm se desdobrando no sentido de implementar essa nova tecnologia; todavia, tal implementação tem se mostrado onerosa e trabalhosa e, desse modo, a cooperação e a atuação compartilhada têm sido realçadas como importantes soluções.

Importa salientar, ainda, que o Regulamento Geral da União Europeia (RGPD) trouxe em, seu bojo, como influência da Diretiva 95/46/EC, o conceito de *privacy by design*, no artigo 25, como forma de chamar a atenção para a necessidade de que a proteção de dados seja pensada desde o início da criação da tecnologia.[434]

A União Europeia tem publicado orientações e recomendações na procura por auxiliar os países membros nesse sentido. Dentre as recomendações publicadas cita-se:

> Recomendação 1 – Promover a implantação uniforme e atempada das redes 5G na UE. A Comissão deve:
> a) em conjunto com os Estados-Membros, desenvolver uma definição comum da qualidade de serviço esperada das redes 5G, designadamente os requisitos de desempenho que estas devem oferecer em termos de velocidade mínima e latência máxima;

---

[434] UNIÃO EUROPEIA. *Regulamento Geral sobre a proteção de dados*. "ARTIGO 25. Proteção de dados desde a conceção e por defeito. Tendo em conta as técnicas mais avançadas, os custos da sua aplicação, e a natureza, o âmbito, o contexto e as finalidades do tratamento dos dados, bem como os riscos decorrentes do tratamento para os direitos e liberdades das pessoas singulares, cuja probabilidade e gravidade podem ser variáveis, o responsável pelo tratamento aplica, tanto no momento de definição dos meios de tratamento como no momento do próprio tratamento, as medidas técnicas e organizativas adequadas, como a pseudonimização, destinadas a aplicar com eficácia os princípios da proteção de dados, tais como a minimização, e a incluir as garantias necessárias no tratamento, de uma forma que este cumpra os requisitos do presente regulamento e proteja os direitos dos titulares dos dados". Disponível em: https://gdprinfo.eu/pt- pt/pt-pt-article-25. Acesso em: 26 abr. 2022.

b) incentivar os Estados-Membros a incluir as metas da UE para 2025 e 2030 relativas à implantação das redes 5G, bem como as medidas necessárias para a sua realização, nas próximas revisões das suas estratégias para a tecnologia 5G/digital ou dos seus planos de banda larga;
c) apoiar os Estados-Membros na resposta às questões de coordenação do espetro com países terceiros vizinhos, por exemplo defendendo que o tema esteja na ordem de trabalhos de cada reunião relevante. Prazo: dezembro de 2022

Recomendação 2 – Propiciar uma estratégia concertada entre os Estados- Membros em relação à segurança das redes 5G. A Comissão deve:
a) disponibilizar mais orientações ou medidas de apoio sobre elementos- chave do conjunto de instrumentos da UE em matéria de cibersegurança das redes 5G, nomeadamente sobre os critérios para a avaliação dos fornecedores de tecnologia 5G, a sua classificação como sendo de risco elevado e considerações relativas à proteção de dados; Prazo: dezembro de 2022
b) promover a transparência das estratégias dos Estados-Membros em relação à segurança das redes 5G, através do acompanhamento e da comunicação de informações acerca da aplicação das medidas de segurança constantes do conjunto de instrumentos da UE em matéria de cibersegurança das redes 5G. Para o efeito, deve utilizar um conjunto comum de indicadores-chave de desempenho; Prazo: dezembro de 2022
c) juntamente com os Estados-Membros, avaliar quais os aspectos de segurança das redes 5G em que há necessidade de especificar requisitos com força executória e, se for caso disso, iniciar processos legislativos.
Prazo: dezembro de 2022

Recomendação 3 – Acompanhar as estratégias dos Estados-Membros em relação à segurança das redes 5G e avaliar o impacto das divergências no funcionamento eficaz do mercado único.[435]

E reconhecendo a importância de uma segurança mais robusta frente a essa nova tecnologia, afirma que os aspectos referentes à segurança das redes 5G somente agora se tornaram preocupação, e a necessidade de uma ação em toda União Europeia foi salientada pelo Conselho

---

[435] UNIÃO EUROPEIA. Tribunal de contas europeu. *Relatório Especial. Lançamento da tecnologia 5G na UE:* atrasos na implantação das redes e questões de segurança ainda por resolver. 2022. Disponível em: https://www.eca.europa.eu/Lists/ECADocuments/SR22_03/SR_Security-5G-networks_PT.pdf. Acesso em: 19 abr. 2022.

Europeu, em 2019, quando a Comissão Europeia reagiu, ao lado dos Estados- Membros, às preocupações concernentes à tecnologia 5G.

Em 2020 restou aprovado um conjunto de instrumentos referente à cibersegurança das redes 5G que, posteriormente, foi subscrito pela Comissão e pelo Conselho Europeu e, mais recentemente, foi mencionada uma nova estratégia com o intento de impulsionar ligações inteligentes, limpas e seguras nos sistemas digitais em todo mundo, como uma ferramenta para orientar os investimentos em infraestruturas digitais.[436]

A título de exemplo prático, menciona-se a atuação do Ministério de Inovação e Tecnologia da Hungria, que recorreu a uma empresa privada (PwC – *PricewaterhouseCoopers*) para auxiliar na definição de um roteiro de implantação da rede 5G. O Ministério de Inovação e Tecnologia da Hungria compreendeu que a construção e comercialização da rede 5G requerem conhecimentos e competências técnicas diversificadas, e até mesmo para regulamentar o seu uso os legisladores precisariam compreender a tecnologia e todas as suas implicações. Por esse motivo, buscou a cooperação e o auxílio da Empresa PwC, que em 2017 prestou os esclarecimentos e auxílios necessários para a configuração da "Coalizão 5G", um consórcio 5G público-privado criado para esse fim.

Como resultado, foi elaborado um plano de implementação contendo um conjunto de ações que prevê funções e responsabilidades que permitirão à Hungria adotar uma postura proativa, antecipando-se de forma eficiente no cumprimento das determinações expressas pela União Europeia no que se refere à adoção da tecnologia 5G. Consoante informações da própria PwC, dentre as ações propostas nesses termos constam:

- Promover e coordenar uma abordagem comum entre os membros da Coalizão 5G.
- Elaborar um conjunto de iniciativas para acelerar a implantação da rede 5G e garantir sua qualidade.
- Definir ações e indicadores para medir o sucesso da implementação da estratégia.[437]

---

[436] UNIÃO EUROPEIA. Tribunal de contas europeu. *Relatório Especial. Lançamento da tecnologia 5G na UE:* atrasos na implantação das redes e questões de segurança ainda por resolver. 2022. Disponível em: https://www.eca.europa.eu/Lists/ECADocuments/SR22_03/SR_Security-5G-networks_PT.pdf. Acesso em: 19 abr. 2022.

[437] PWC. *PwC ajuda a traçar uma estratégia 5G vencedora para a Hungria Auckland Transport.* Disponível em: https://www.pwc.com.br/pt/a-nova-equacao/pwc-ajuda-a-tracar-uma-estrategia-5G- vencedora-para-a-hungria.html. Acesso em: 18 abr. 2022.

- Identificar oportunidades para as empresas húngaras agregarem mais valor aos diversos tipos de uso que o 5G deve facilitar, incluindo Internet de Coisas, veículos autônomos e robótica.
- Estabelecer uma metodologia para avaliar o sucesso do plano geral.[438]

O relatório especial publicado pela União Europeia a respeito dos atrasos na implantação das redes e questões de segurança prevê uma alta probabilidade de a Hungria atingir a meta estipulada para 2025, razão pela qual se entende que a iniciativa de uma parceria público-privada para esses fins se mostra eficiente e eficaz.[439]

Recentemente, em 16 de março de 2022, a *European Unin Agency for Cybersecurity* (ENISA) publicou um relatório onde descreve a contribuição da padronização na busca pela mitigação de riscos técnicos, a fim de fortalecer a confiança e a resiliência no ecossistema 5G.[440] Nesse relatório a ENISA apresenta a análise de mais de 140 documentos e de 150 medidas de segurança e conclui, no que se refere às lacunas na padronização, que apenas as áreas de governança e risco de gestão, além da área de segurança dos recursos humanos, apresentam lacunas moderadas – e chama a atenção para a avaliação dos riscos. Nesse sentido, destaca-se:

> *Finally, this report stresses that, while the technical and organisational standards analysed can contribute to the security of 5G, they should not be treated as an exhaustive list of measures guaranteeing security. There are risks that are not covered by standards, for example residual risks whose cost is neither borne by nor attributable to a specific stakeholder, such as societal risks resulting from network malfunctions. Indeed, the complexity of 5G calls for a comprehensive vision of trust and of resilience that goes beyond standardisation. This vision should be future-proof and not dependent on the variability of assets and configurations in the network.*[441]

---

[438] Ibid.

[439] UNIÃO EUROPEIA. Tribunal de contas europeu. *Relatório Especial. Lançamento da tecnologia 5G na UE:* atrasos na implantação das redes e questões de segurança ainda por resolver, 2022.

[440] EUROPEAN UNION AGENCY FOR CYBERSECURITY. *Padrões de segurança cibernética 5G.* 16 mar. 2022. Disponível em: https://www.enisa.europa.eu/publications/5g-cybersecurity-standards. Acesso em: 28 abr. 2022.

[441] "Por fim, este relatório destaca que, embora as normas técnicas e organizacionais analisadas possam contribuir para a segurança do 5G, não devem ser tratadas como uma lista exaustiva de medidas garantidoras. Existem riscos que não são cobertos pelas normas, por exemplo, resíduos cujo custo não é suportado e nem atribuído a uma parte específica interessada, como a sociedade, riscos resultantes de mau funcionamento da rede. De fato,

Importante considerar, neste ponto, que a análise mencionada se deu no âmbito da União Europeia, que já possui uma forte e consolidada cultura de proteção de dados e já vem adotando medidas de segurança cibernética há tempos. E como anda essa questão aqui no Brasil?

5.1.1.2 A tecnologia 5G no Brasil diante da problemática da segurança cibernética

Em abril de 2021, o Tribunal de Contas da União realizou um painel de referência sobre a fiscalização do processo de licitação da tecnologia 5G, publicado pela Anatel, e enviou convite para autoridades públicas e diversos representantes do setor de telecomunicações. Os painéis realizados diziam respeito à importância do edital de 5G e o seu impacto econômico no Brasil e, também, sobre as premissas do edital.

Diversos temas foram debatidos durante a realização do evento. Dentre as considerações apresentadas por lideranças presentes no evento, Perpétua Almeida (Deputada Federal pelo Estado do Acre) declarou que o papel dos legisladores é contribuir para que essa onda de modernização siga os interesses da nação, proporcionando o desenvolvimento, e que, para tanto, é preciso garantir preços acessíveis, segurança cibernética e redução das desigualdades.

Marcos Ferrari (Presidente executivo da Conexis Brasil Digital), por sua vez, alertou para a questão do uso secundário da frequência, que, segundo ele, gera uma lacuna importante, em termos de segurança jurídica e regulatória, razão pela qual defende a importância de sinalizar como será precificado, ou seja, em quais condições esse uso secundário será realizado.[442]

Realizada a análise a respeito da implantação da tecnologia 5G no Brasil, em 25 de agosto de 2021, sob a relatoria do ministro Raimundo Carreiro,[443] o TCU apresentou diversas recomendações à Anatel e ao

---

a complexidade do 5G exige uma visão abrangente de confiança e resiliência, que vai além da padronização. Esta visão deve ser à prova de futuro e não dependente da variabilidade de ativos e configurações na rede" (Tradução livre). (EUROPEAN UNION AGENCY FOR CYBERSECURITY. *Padrões de segurança cibernética 5G*, 2022, p. 8).

[442] BRASIL. Tribunal de Contas da União. *Painel sobre leilão de 5G reúne agentes públicos e setor de telecomunicações*. Disponível em: https://portal.tcu.gov.br/imprensa/noticias/painel-sobre-lei-lao-de-5g- reune-agentes-publicos-e-setor-de-telecomunicacoes.htm. Acesso em: 27 abr. 2022.

[443] BRASIL. Tribunal de Contas da União. *Acórdão 2032/2021 – Plenário*. Min. Rel. Raimundo Carreiro. Processo nº 000.350/2021-4. Data da Sessão: 25/08/2021. Tipo de Processo: Desestatização (DES). Número da Ata: 34/2021-Plenário. Disponível em: https://pesquisa.apps.tcu.gov.br/#/documento/acordao-completo/Ac%25C3%25B3rd%25C3%25A3o%25202.032%252

Ministério das Comunicações a respeito da velocidade necessária da conexão para o uso pedagógico nas atividades voltadas para o setor da educação, sem falar do compromisso, das empresas vencedoras, de construir uma rede privativa da Administração Pública Federal com o fim de prever a transmissão de dados de telefonia móvel 5G de maneira segura para o governo.

Nas palavras do ministro relator, a análise da licitação pertinente ao edital da tecnologia 5G foi precedida de "amplo diálogo processual, por meio de inúmeras reuniões com o Ministério das Comunicações, com a Anatel e com vários interessados no seter de telecomunicações". [444]

A busca por essa tecnologia encontra justificativa nas diversas melhorias que ela pode oferecer em decorrência da maior velocidade e menor latência,[445] que permitem o uso melhor de diversas soluções tecnológicas já existentes, com menor possibilidade de *lags* (atrasos no comando).

A baixa latência trará imensos benefícios, por exemplo, para a telemedicina, para experiências com a realidade aumentada, para comunicações entre carros autônomos, para as transmissões de ensino a distância e todos os demais serviços que envolvem a inteligência artificial, podendo facilitar a entrega das políticas públicas e, com isso, a melhor observância dos direitos do homem e do cidadão digital.

Por outro lado, não se pode esquecer que todo avanço tecnológico também proporciona novas possibilidades para cibercriminosos, e desse modo o desenvolvimento e a implantação desta nova tecnologia deve se realizar paralelamente ao estudo e aplicação de uma segurança cibernética adequada. É preciso considerar o risco cibernético.

A tecnologia 5G permitirá que muito mais aparelhos de internet das coisas (*Internet of things* – IoT) estejam conectados à rede; além

---

F2021%2520%25E2%2580%2593%2520Plen%25C3%25A1rio/%2520/DTRELEVANCIA%-2520desc%252C%2520NUMACORDAOINT%2520desc/1/%2520. Acesso em: 26 abr. 2022.

[444] BRASIL. Tribunal de Contas da União. *Leilão da tecnologia 5G deverá garantir internet de qualidade para todas as escolas públicas.* Disponível em: https://portal.tcu.gov.br/imprensa/noticias/leilao-da-tecnologia-5g-devera-garantir-internet-de-qualidade-para-todas-as-escolas-publicas.htm. Acesso em: 27 abr. 2022.

[445] Por latência (ou ping), como já exposto, se compreende o tempo de demora na transferência de um pacote de dados na rede, ou seja, consiste no tempo medido em milissegundos para que um dispositivo obtenha resposta da torre de celular ou do *link* de rádio da conexão. A redução da latência é uma das melhorias almejada por toda sociedade global e trazida pela tecnologia 5G e é ela que vai possibilitar a funcionalidade desta rede de maneira completa com respostas de comando mais rápidas. (KINAST, Priscilla. O que é PING e latência? *Oficina da Net.* Disponível em: https://www.oficinadanet.com.br/internet/36379-o-que-e-ping-e-latencia. Acesso em: 08 jul. 2022.).

disso, a melhora na cobertura e na conectividade proporcionará uma localização mais precisa.[446]

Como orienta a LGPD (Lei nº 13.709/2018), ao se criar e implementar uma nova tecnologia, é preciso pensar na segurança e na proteção dos dados pessoais envolvidos desde a sua fase embrionária (Princípios da Segurança e do *Privacy by design* – art. 6º, VII e VIII). Com certeza, esse será um dos grandes desafios para a implantação eficaz da tecnologia 5G.

A rede 5G promete um novo horizonte para as novas e conectadas cidades, com previsão de uma gestão mais eficiente de energia,

---

[446] SIQUEIRA, Fernando. Pensando em segurança cibernética para a era 5G. *IBM Comunica*. Disponível em: https://www.ibm.com/blogs/ibm-comunica/seguranca-cibernetica-5g/. Acesso em: 27 abr. 2022: Nesse sentido, a IBM apresenta algumas sugestões:
- Definir um plano estratégico robusto de segurança capaz de refletir na arquitetura corporativa de modo geral, através da inclusão de tecnologias e ferramentas específicas de segurança, bem como um aumento da maturidade dos profissionais envolvidos nos temas de segurança, processos e até modelos específicos de governança.
- Antecipar verificações de possíveis integrações de elementos que irão compor qualquer sistema a ser colocado em ambiente de produção, sejam recursos em multiclouds, códigos que compõem aplicações ou até mesmo a maturidade das equipes envolvidas, sempre com foco na mitigação de riscos cibernéticos. Artifícios como o uso intenso das técnicas de autenticação, autorização e definição de diferentes privilégios, bem como o uso irrestrito de criptografia entre domínio, são sugeridos para esse princípio.
- Já que os elementos de rede virtuais serão predominantemente baseados em software, *devemos adotar técnicas abrangentes que gerenciem e suportem a segurança* em diferentes fases dos projetos que envolvam codificação, seja em momentos de desenvolvimento e implementação ou durante a execução e manutenção dos códigos de programação. O uso intenso do "Dev*Sec*Ops" nas esteiras CI/CD ("*Secure by Design*"), a adoção do gerenciamento de vulnerabilidades em todos os componentes que suportarão o sistema, APIs protegidas por autenticação e políticas robustas de Firewall são exemplos de cumprimento desse princípio.
- Manter políticas de gerenciamento de ameaças em vigor ("*threat management*"). À medida que novas ameaças surgem e evoluem diariamente, precisam ser constantemente pesquisadas ("*CyberThreat Intelligence*") e testadas ("*Penetration testing*"). Além disso, é recomendado antecipar a visibilidade aos gestores, sempre que possível, sobre possíveis impactos técnicos e de negócios que envolvam os sistemas 5G, no sentido de evitá-los. Velocidade é a palavra-chave para esse princípio.
- Sempre estar alinhado à conformidade regulatória ("*compliance*"). Requisitos regulatórios devem estar sempre presentes na evolução e no crescimento orgânico dos sistemas que compõem o 5G. Estar distante dessa conformidade pode trazer sérios problemas aos CSPs, mais cedo ou mais tarde, e inviabilizar novas iniciativas suportadas pelo 5G.
- Focar sempre em uma rede resiliente e robusta para suportar e manter o sistema 5G à prova de violações de segurança, como os ataques DoS, por exemplo. Nos casos de implementações 5G, a resiliência e a robustez podem ser originadas nos controles da postura (políticas e regras de segurança) presentes na *arquitetura de cloud* e, dessa forma, transferidas para os serviços que serão executados sobre as redes 5G.
- Utilizar intensamente os recursos de automação e orquestração mirando os aspectos de segurança no ecossistema 5G, para controlar, por exemplo, os acessos privilegiados ("*IAM – Identity and Access Management*").

com um tráfego urbano mais fluido mediante a instalação de semáforos inteligentes, com hospitais mais eficientes com sistemas mais adequados, atendimentos mais céleres e consultas e exames médicos mais assertivos, com um sistema de segurança pública melhor mediante a instalação de câmeras diretamente interligadas às delegacias de polícia, enfim, com inúmeros benefícios em prol da coletividade, mas que sem a devida atenção voltada para os seus potenciais riscos, poderá ensejar ainda mais prejuízos e danos ou, como ensina o jargão popular, "o tiro pode sair pela culatra".

Para que a tecnologia 5G possa fornecer todos os benefícios esperados, precisará estar envolvida em uma rede de segurança que precisa observar três grandes pilares: segurança dos sistemas e de toda a tecnologia de comunicação e informação; capacitação e gestão pessoal; por fim, uma normatização robusta e eficaz.

O Brasil está longe de possuir tudo isso. Dentre as legislações específicas a respeito, cita-se a Lei nº 9.472, de 1997, que regulamenta as redes de telecomunicações de forma geral e foi a norma responsável pela criação da agência nacional reguladora: a ANATEL.

Além dela, em 2015 foi publicada a Lei nº 13.116 (que se tornou conhecida como "Lei de Antenas") com a finalidade de fixar parâmetros sobre a exploração do serviço, determinando a obrigatoriedade do licenciamento prévio para a instalação da infraestrutura necessária para a exploração do serviço de telecomunicações. Apenas cinco anos depois, porém, em 2020, é que foi publicado o Decreto nº 10.480 com o escopo de regulamentar a referida Lei de Antenas.

Ainda em 2020 foi criada, na Câmara dos Deputados, uma subcomissão dentro da Comissão de Ciência e Tecnologia, Comunicação e Informática (CCTCI) com o fim de acompanhar a implementação da rede 5G, estimulando debates e estudos, ouvindo especialistas na área e elaborando normas a respeito.

Em 27 de maio de 2021 foi publicada a Lei nº 14.155, que veio alterar o Código Penal para modificar o tipo do delito de invasão de dispositivo informático, além de incluir novas formas qualificadas ao crime de furto por meio de fraude e estelionato. Também alterou o art. 70 do Código de Processo Penal no tocante à competência, fixando-a com relação ao domicílio da vítima em algumas modalidades.

A nova lei alterou o art. 154-A do Código Penal, que havia sido inserido pela Lei nº 12.737/2012 (conhecida como "Lei Carolina Dieckmann") e corrigiu uma dubiedade de interpretação existente no texto original, que previa a conduta de invasão apenas mediante violação indevida de mecanismo de segurança. As críticas se davam pelo fato de que nos casos em que a vítima fornecesse a senha ou não tivesse a devida cautela de desligar o computador ou bloquear a sua tela, possibilitando, dessa forma, que terceiros se aproveitassem da situação, não haveria crime configurado, pela inexistência de invasão. Uma brecha preocupante e que foi sanada pela Lei nº 14.155/2021.

De igual modo, a expressão "dispositivo alheio" foi corrigida para "dispositivo de uso alheio", alcançando até mesmo o uso mediante empréstimo, por exemplo, ampliando assim a sua área de proteção.

As sanções também foram aumentadas qualitativamente, passando de reclusão para detenção, e foram inseridas novas causas de aumento de pena, de modo a chamar a atenção da sociedade para a gravidade da situação.

No que concerne à regulamentação pela ANATEL, o informe nº 17, de 2021, publicado pela mesma, no tocante ao processo de nº 53500.014790/2021-79, a respeito da proposta de consulta pública para atualização dos requisitos de avaliação da conformidade técnica para inclusão de parâmetros de testes para equipamentos com a rede 5G, apresenta a seguinte contextualização:

> As comunicações sem fio têm se apresentado mais relevantes a cada geração de tecnologias. Os avanços nas telecomunicações sem fio possibilitam, atualmente, acesso à informação nas mais diversas localidades, impulsionando atividades econômicas, flexibilizando os processos de trabalho e de educação, e facilitando a comunicação entre pessoas. Segundo as informações obtidas em 12/03/2021, do portal de dados da Agência (www.gov.br/anatel/pt-br/dados), no Brasil existem cerca de 234 milhões de assinaturas de acessos móveis. Com o incremento de novas tecnologias, serviços e equipamentos ofertados ao consumidor, o número de dispositivos conectados à rede tende a crescer. A implementação de redes móveis de quinta geração (5G) com requisitos mínimos de qualidade, segurança e interoperabilidade torna-se essencial para atender essa crescente demanda, pois possuem capacidade para absorção de milhões de dispositivos operando com altas taxas de transmissão de dados (teoricamente dezenas de vezes superiores às redes 4G) e com baixa latência (teoricamente dezenas de vezes inferiores à rede 4G). Tais características tornam as redes 5G um importante vetor de transformação social e econômica, pois facilitam a acessibilidade, ampliam as áreas de cobertura e permitem a disseminação de serviços que atualmente não são viáveis nas redes de quarta geração (4G) ou inferiores, tais como: a indústria 4.0, os sistemas de transporte inteligentes (ITS) e as cidades inteligentes. A fim de garantir uma célere implantação das redes de quinta geração no país, o Conselho Diretor

da Anatel aprovou a realização de consultas públicas para os editais de leilão de faixas de frequências para o 5G e as consultas públicas com proposta de regulamento com as condições de uso das faixas de frequências destinadas ao 5G. Em junho de 2020 a Anatel, por meio da Superintendência de Outorga e Recursos à Prestação (SOR), publicou os requisitos para avaliação da conformidade de Estações Rádio Base com tecnologia NR 5G que operam na seguinte faixa de frequências definida pelo 3GPP: *Frequency Range* 1 – FR1 (410 MHz a 7125 MHz). Em janeiro de 2021 a SOR publicou a Consulta Pública nº 5, de 27 de janeiro de 2021 (CP 05/21), com a proposta de Requisitos Técnicos e Operacionais para uso da faixa de frequências de 26 GHz, que está incluída na *Frequency Range* 2 – FR2, definida pelo 3GPP por frequências entre 24,25 GHz e 52,6 GHz, também chamada de faixa de ondas milimétricas.[447]

No âmbito estadual, o Rio de Janeiro, por exemplo, publicou a Lei nº 9.151/2020, criando o Programa de Estímulo à implantação das tecnologias de conectividade móvel. No mesmo sentido, as assembleias legislativas dos Estados de Minas Gerais e de Mato Grosso vêm trabalhando, respectivamente, nos projetos de lei nº 2.538, de 2021, e nº 994/2020.

No cenário municipal, a preocupação reside em padronizar as normatizações a fim de evitar leis discrepantes, que poderiam dificultar ainda mais a implantação eficaz desta nova tecnologia. Por esse motivo, a ANATEL publicou uma carta aberta,[448] em maio de 2021, direcionada aos prefeitos e vereadores, incentivando-os a modernizar suas legislações e práticas municipais.

Dando continuidade ao processo de implantação, a ANATEL aprovou, no início de 2021, o edital com as especificações a respeito do leilão por meio do qual restará definida, entre outras coisas, as empresas responsáveis por operar em cada uma das faixas de radiofrequência, que foi objeto da fiscalização do TCU e gerou diversas recomendações, já mencionadas no início deste tópico.

As mudanças legislativas apresentadas, todavia, ainda não são suficientes para assegurar uma atuação segura, eficiente, efetiva e eficaz

---

[447] ANATEL. *Informe nº 17/2021/ORCN/SOR*. Disponível em: https://sei.anatel.gov.br/sei/modulos/pesquisa/md_pesq_documento_consulta_externa.php?eEP-wqk1skrd8hSlk5Z3rN4EVg9uLJqrLYJw_9INcO4BTPDwfHhw-ercsLKxgrJC4iSjPPBs0I3IjPhNm1_ceHsdiHAHdwFdApyh52_njWrO0ltkqriLhm9dWqCyM9hb#:~:text=Em%20junho%20de%202020%20a,410%20MHz%20a%207125%20MHz. Acesso em: 27 abr. 2022.

[448] ANATEL. *Carta aberta* às *autoridades municipais brasileiras*. Disponível em: https://sistemas.anatel.gov.br/anexar-api/publico/anexos/download/da327f137039c7c312b74d89fb3d7470. Acesso em: 27 abr. 2022.

da tecnologia 5G. É preciso investir, ainda, em capacitação e treinamento das polícias judiciárias no aprimoramento dos equipamentos de trabalho e na qualificação de todo o pessoal. Reitera-se que é necessária uma segurança cibernética robusta e resiliente, mas, para isso, insta observar os três pilares essenciais: tecnologia da informação, gestão de pessoas e normatização. Ainda há muito a ser feito.

5.1.2 A segurança cibernética na China

A "Administração do Ciberespaço da China" consiste em seu principal órgão de vigilância da internet e divulgou, no início de 2022, a aprovação de uma versão atualizada da Medida de Revisão da Cibersegurança, que determinou, entre outras coisas, a obrigatoriedade de revisão de toda a segurança cibernética dos operadores de plataformas digitais com mais de um milhão de usuários. Além disso, foi aprovada também uma regulamentação para o uso de algoritmos de recomendação para as empresas de tecnologia proibindo a "discriminação irracional" em preços, bem como outras transações baseadas nos dados coletados sobre os hábitos do usuário, que consiste em um instrumento de monetização fundamental para as plataformas de *e-commerce* não só na China, mas em todo o mundo.[449]

As ações chinesas em prol do controle do espaço cibernético, contudo, não são recentes. Em 2015 foi realizada a construção de uma infraestrutura de informação e desenvolvida uma economia de redes com forte estímulo ao desenvolvimento científico.

No mesmo sentido, legislações foram criadas para tratar da administração da internet e garantir segurança neste novo ambiente mundialmente compartilhado – sendo, a primeira delas, criada em 1994.

Desde 2014 a expressão "grande potência cibernética" aparece nas declarações dadas pelo Presidente Xi Jinping para os chineses, apesar de raramente ser proferida nas mensagens destinadas ao público externo, demonstrando a existência de uma estratégia chinesa na corrida pelo poder do controle da informação.

A título de exemplo, os autores do relatório "China como uma 'grande potência cibernética': as duas vozes de Pequim no setor de telecomunicações" citaram dois discursos proferidos no que se refere à dependência de tecnologia externa. Para o público externo, o discurso foi:

---

[449] JONES, Dow. China aprova nova segurança cibernética e regras de algoritmo. *Revista Digital Valor*, 04 jan. 2022. Disponível em: https://valor.globo.com/mundo/noticia/2022/01/04/china-aprova-nova-segurana- cibrntica-e-regras-de-algoritmo.ghtml. Acesso em: 04 mar. 2022.

As restrições impostas à Huawei violaram de forma evidente os princípios da economia de mercado e as regras de livre comércio. (Porta-voz do Ministério das Relações Exteriores, Hua Chunying, em uma coletiva de imprensa em julho de 2020); O que os EUA fizeram mostra claramente que a economia de mercado e o princípio da concorrência justa que o país afirma defender não passam de uma "folha de figueira". O comportamento dos EUA viola as regras do comércio internacional. (Porta-voz do Ministério das Relações Exteriores, Zhao Lijian, em uma coletiva de imprensa em julho de 2020); O uso da segurança [contra empresas, como a Huawei não tem base factual nem conformidade com as regras econômicas e comerciais internacionais]. (Porta-voz do Ministério das Relações Exteriores, Wang Wenbin, em uma coletiva de imprensa em novembro de 2020).

Para os chineses, porém, o presidente Xi Jinping trouxe uma mensagem bem diferente no fórum especial para segurança cibernética em 2016.[450]

A divergência proposital entre as informações divulgadas para os cidadãos e organizações externas e as disseminadas no âmbito nacional chinês faz parte da estratégia desse país neste contexto cibernético.

---

[450] DOSHI, Rush; BRUYÈRE, Emily de La et al. *China como uma "grande potência cibernética"*: As duas vozes de Pequim no setor de telecomunicações. abr. 2021. Disponível em: https://www.brookings.edu/research/china-as-a-cyber-great-power-beijings-two-voices-in-telecommunications/. Acesso em: 04 mar. 2022. Para os chineses, a mensagem foi: "A tecnologia central da Internet é nosso maior 'destino', e nosso maior perigo oculto é que a tecnologia central seja restringida por terceiros. Não importa o tamanho de uma empresa de Internet, não importa a dimensão do seu valor de mercado, se ela depender demais de países estrangeiros para conseguir componentes principais, e se a 'artéria principal' da cadeia de suprimentos estiver nas mãos dos outros, é como se ela construísse uma casa sobre os pilares de outra pessoa. Não importa o tamanho nem a beleza da estrutura: ela pode não suportar o vento e a chuva, e pode ficar tão vulnerável que desmoronará ao primeiro golpe. Por um lado, a tecnologia central é a arma mais importante do país, e a tecnologia mais essencial e central deve se basear na inovação independente e na autossuficiência. O intercâmbio de mercado não consegue nos trazer as tecnologias centrais, nem o dinheiro consegue comprar as tecnologias centrais. Não rejeitamos nenhuma tecnologia nova. Novas tecnologias são o resultado do desenvolvimento da civilização humana. Enquanto forem úteis para elevar o nível de produtividade social do nosso país e melhorar a vida das pessoas, não as rejeitaremos. O problema é descobrir quais podem ser introduzidas, mas devem ser seguras e controláveis, quais podem ser introduzidas, digeridas, absorvidas e depois renovadas, quais podem ser desenvolvidas em cooperação com terceiros, e quais devem ser inovadas independentemente por si próprias. O problema básico da tecnologia central é a pesquisa básica. Se a pesquisa básica não for bem feita, a tecnologia aplicada se tornará água sem uma fonte e uma árvore sem raízes".

O presidente chinês já chegou a declarar, a respeito da segurança cibernética, para o público interno que sem ela não se fala em segurança nacional,[451] reconhecendo sua importância, recomendando o uso de tecnologias estrangeiras que sejam passíveis de ser controladas e reforçando a necessidade de a China construir suas próprias redes "independentes e controláveis".

O presidente chinês já declarou, inclusive, que acredita na necessária fusão civil-militar em matéria de segurança cibernética e informatização.

Um artigo chinês publicado na Revista da Escola do Partido do Comitê Central do Partido Comunista da China (instituição de mais alto nível para a educação política chinesa) expressa que nessa era da informação, com diversas culturas e ideias, os países ocidentais usam as vantagens tecnológicas para realizar a penetração cultural e as infiltrações ideológicas e políticas, com objetivos políticos.[452]

No *site* da Embaixada da República Popular da China em Portugal, em notícia veiculada em 2015 consta que o diretor da Administração do espaço cibernético afirmou que o mundo vive em um espaço cibernético comum, razão pela qual o ambiente da internet só será, de fato, seguro quando cada país cuidar por administrar adequadamente suas próprias redes digitais: "Precisamos de apoio e não de intervenção, de respeito e não de acusação".[453]

Nesse sentido, a China vem capacitando suas Forças Armadas para uma adaptação progressiva a todo o contexto cibernético existente desde o início do século XXI, e em novembro de 2016 aprovou a Lei de Cibersegurança que, entre outras coisas, concede ao governo um poder maior para registrar e controlar as informações disseminadas na internet que tenham sido consideradas ilegais. Uma lei que foi bastante criticada por muitos que a consideram uma intensificação da censura, devido a previsão de que órgãos governamentais possam punir empresas que permitirem a circulação de informações consideradas ilegais pelo governo.

---

[451] IASIELLO, Emilio. China's Cyber Initiatives Counter International Pressure. *Journal of Strategic Security*, vol. 10, no. 1, p. 1–16, Mar. 2017. DOI 10.5038/1944-0472.10.1.1548. Available at:http://dx.doi.org/10.5038/1944-0472.10.1.1548. Acesso em: 04 mar. 2022.

[452] DOSHI; BRUYÈRE, 2021.

[453] PORTUGAL. *Embaixada da República Popular da China. China pede respeito mútuo no tratamento dos espaços cibernéticos.* Notícia divulgada em 10 fev. 2015. Disponível em: https://www.mfa.gov.cn/ce/cept//pot/zt/t1236194.htm. Acesso em: 04 mar. 2022.

Importante ressaltar que a China possui plataformas próprias de navegação na Internet – que equivalem às mundialmente conhecidas *YouTube, WhatsApp* e *Twitter* –, onde o controle governamental é exercido de tal maneira, que qualquer conteúdo suspeito é automaticamente bloqueado, sendo um dos motivos pelos quais o relatório *Freedom on the Net*, que analisa a liberdade nas redes, tem considerado este país, por sete anos consecutivos, como o pior ambiente para a liberdade na internet.[454]

Apesar disso, a lei traz normas relevantes sobre a segurança cibernética, regulamentando a construção de um sistema legal de cibersegurança e formalizando a necessidade de monitoramento e controle constantes das informações, além de reforçar a exigência da verificação da identidade real dos usuários.

A lei chinesa sobre segurança cibernética possui algumas características clássicas, que refletem os objetivos e as estratégias estatais, tais como a centralização da governança em órgãos vinculados ao governo central, a criação de alguns obstáculos de competitividade para empresas de tecnologia estrangeiras, um maior controle sobre o fluxo de informações, como por exemplo a exigência de armazenamento local de informação que for considerada crítica, além do estabelecimento de padrões de segurança para tecnologias, equipamentos, produtos, infraestrutura e serviços que envolvam a questão cibernética, com a previsão de sanções em caso de inobservância.

Além disso, os principais órgãos de coordenação e execução em prol da segurança e da defesa cibernética estão ligados diretamente à figura estatal, onde o Partido Comunista Chinês aparece como instituição política de maior relevância, razão pela qual, o presidente Xi Jinping detém, cumulativamente, o cargo de maior importância de dois outros organismos internos, o de Secretário Geral do Partido Comunista e o de Presidente da Comissão Militar Central, o que faz dele a autoridade máxima do País.[455]

A Comissão Central de Assuntos do Ciberespaço e sua subordinada, a Administração do Ciberespaço da China, órgãos específicos vinculados à temática da Internet, também são presididos por Xi Jinping, que conta, ainda, com a colaboração do Ministério das Relações

---

[454] SHAHBAZ, Adrian; FUNK, Allie Funk. Freedom on the net 2021 – the global drive to control high tech. *Freedom House*. Disponível em: https://freedomhouse.org/report/freedom-net/2021/global-drive-control- big-tech. Acesso em: 05 mar. 2022.

[455] BRITO, Amanda de; CASTRO, Maria Carolina de. China e Segurança Cibernética. *Rede CTIDC*. Disponível em: https://redectidc.com.br/assets/files/China-eSegurancaCibernetica.pdf. Acesso em: 04 mar. 2022.

Exteriores, o Escritório de Informação do Conselho de Estado e o Ministério da Indústria e Tecnologia da Informação.

Importante ainda salientar que, apesar de não configurar um exemplo de proteção de dados a ser seguido, a China publicou recentemente a sua lei de proteção de dados pessoais exigindo que todas as empresas classifiquem suas informações em categorias, a fim de definir a maneira pela qual essas deverão ser armazenadas e, até mesmo, compartilhadas.

A publicação da referida lei foi uma consequência de pressão por parte dos gigantes da tecnologia sob o governo chinês, mas com certeza o que lhe conferiu maior propulsão foram as preocupações com a segurança nacional diante do interesse de muitas companhias de tecnologia chinesas na expansão de seus negócios para o exterior, o que poderia acarretar (sem uma lei específica que regulamentasse devidamente) o vazamento de dados nacionais.

De acordo com a nova lei, o manuseio incorreto de dados pode ensejar sanções pesadas, como multas que poderão chegar a 10 milhões de *yuans* (aproximadamente oito milhões de reais), sem prejuízo da aplicação das sanções criminais.[456]

Além dessas leis, a China possui, ainda, a Lei da Tecnologia da Informação, conhecida como "o padrão", publicada em junho de 2017 (CSL GB/T 35273-2017), que estabeleceu, vagamente, princípios a respeito da governança cibernética.

Apesar dessa, ao menos aparente, evolução, a ausência de transparência no tratamento de dados dos cidadãos, pelo poder público, ainda configura uma característica marcante do governo chinês.

5.1.3 A segurança cibernética na Rússia

Os maiores ataques *hackers* provêm da Rússia, e isso não é e nunca foi segredo, mormente hoje, em meio à guerra total instaurada contra a Ucrânia e demais potências ocidentais, direta ou indiretamente, envolvidas no conflito.

Apesar disso, porém, Vladimir Putin sempre demonstrou preocupação com a segurança do espaço cibernético russo e há tempos

---

[456] CANALTECH. *China oficializa novas diretrizes de dados para "manter a segurança nacional"*. Notícia publicada em 01 set. 2021. Disponível em: https://canaltech.com.br/seguranca/china-oficializa-novas- diretrizes-de-dados-para-manter-a-seguranca-nacional-194574/. Acesso em: 04 mar. 2022.

vem se manifestando no sentido de criar uma arquitetura própria de rede digital com ideias similares às defendidas pelo governo chinês.

A lei de segurança cibernética da Rússia, que entrou em vigor no dia 01 de novembro de 2019, determina que o tráfego de internet seja conduzido por meio de equipamentos que foram instalados para esse fim, ou seja, direcionado para servidores dentro do país, o que assegura que a internet continue a funcionar, ainda que as operadoras locais não consigam se conectar com servidores estrangeiros, razão pela qual tem sido chamada de "lei da internet soberana".[457]

Ademais, as operadoras russas, consoante a nova lei de segurança cibernética, poderão exercer controle central sobre o tráfego de suas redes, e tal "poder" é justificado pela necessidade de identificação e combate de potenciais ameaças. O Serviço Federal de Supervisão de Comunicações, a Tecnologia Informática e o *Roskomnadsor* (mídia de massa), além da Agência de segurança interna (FSB), são os responsáveis pelo exercício desse controle.

O Estado russo, com a nova lei de cibersegurança, passa a exercer influência direta sobre as operadoras de internet, que até então podiam atuar consoante as condições normais do livre mercado.

A lei de segurança cibernética russa foi bastante criticada por sua previsão de manter um abrangente armazenamento de dados, que foi considerado como uma forma de ampliação do controle político, além de violação de direitos humanos como os de liberdade e o de livre acesso à informação, o que ensejou diversos protestos por parte dos cidadãos que temem o isolamento digital do país e a intensificação da vigilância por parte dos serviços secretos da Rússia.

Tais críticas, contudo, foram rebatidas por Dmitri Peskov, porta voz do Kremlin, segundo o qual não existe a intenção de desligar a Rússia da "*world wide web*" (www) e que o mais provável seria uma tentativa ocidental de cortar o acesso russo, razão pela qual o país buscava uma infraestrutura digital independente, a fim de assegurar uma internet autônoma ou, como defende Putin, uma "internet soberana" que, segundo eles, seria essencial para a segurança nacional.

Recentemente, até por força do conflito instaurado com a Ucrânia e a pressão mundial decorrente disso, Putin assinou uma lei que altera o Código Penal russo, intensificando a censura no País. Segundo o

---

[457] DEUTSCHE WELLE. *Entra em vigor na Rússia lei de "internet soberana"* (trad.). Notícia publicada em 01 nov. 2019. Disponível em: https://www.dw.com/pt-br/entra-em-vigor-na-r%C3%BAssia-lei-de-internet-soberana/a-51087206. Acesso em: 05 mar. 2022.

Kremlin, a finalidade do decreto consiste basicamente em combater as famosas *fakenews* e, principalmente, controlar as manifestações acerca da invasão da Rússia ao território ucraniano. De acordo com o decreto, qualquer pessoa que se refira à invasão russa com expressões como "guerra", ou mesmo "invasão", poderá ser condenada a até 15 anos de prisão, tendo em vista que, para o governo russo, o que está acontecendo na Ucrânia é uma "operação militar especial".[458]

Com a assinatura desse novo decreto, em 04/03/2022, houve a suspensão das operações de inúmeras organizações internacionais de imprensa no território Russo, entre elas: CNN, *Canadian Broadcasting Corp*, CBC, *Bloomberg News*.[459]

A Rússia determinou, ainda, o bloqueio da rede social *Facebook* e, mais recentemente, restringiu o acesso ao *Twitter*, conservando a linha de restrições já estabelecidas com relação, inclusive, a redes de comunicação estrangeiras como a BBC, a *Voice of America*, os *websites* Meduza (Letônia) e *Deutsche Welle* (Alemanha). A justificativa para tais ações consiste, segundo informações divulgadas pelo parlamento russo, na "proteção da verdade".

5.1.4 A segurança cibernética em Portugal

Apesar de já realizadas as devidas considerações a respeito da segurança cibernética na União Europeia, não se poderia deixar de tratar, mais especificamente, de Portugal.

Consoante *ranking* divulgado pela ESET, Portugal vem sendo considerado o país mais seguro nesse aspecto, o que lhe aferiu uma pontuação de 89,61.[460]

O índice nacional de segurança cibernética da *European Cybersecurity Index* (ESET) tem como objetivo fornecer informações a respeito da segurança cibernética nacional de maneira transparente, avaliando cada país através de 12 indicadores, sendo 5 (cinco) indicadores gerais, 4 (quatro) indicadores de linha de base e 4 (quatro) indicadores de gestão de incidentes e crises.

Entre os indicadores gerais, encontram-se:

---

[458] DEUTSCHE WELLE. *Putin assina lei que intensifica censura na Rússia*. Notícia publicada em 04 mar. 2022. Disponível em: https://www.dw.com/pt-br/putin-assina-lei-que-intensifica-censura-na- r%C3%BAssia/a-61024034. Acesso em: 05 mar. 2022.

[459] *Ibid*.

[460] NATIONAL CYBER SECURITY INDEX. Índice Nacional de Segurança Cibernética. 2021. Disponível em: https://ncsi.ega.ee/country/pt/. Acesso em: 04 mar. 2022.

1. O desenvolvimento de uma política de segurança cibernética (onde analisam a existência de uma unidade de política de segurança cibernética, o formato de coordenação desta política – se existe um comitê, um grupo de trabalho e etc., a existência de uma estratégia de segurança cibernética e de um plano de implementação desta estratégia, todos com as devidas evidências anexas possibilitando que qualquer pessoa acesse e confirme-as). Portugal obteve nota 7,0 (sete) neste quesito.
2. A análise e informações de ameaças cibernéticas (analisam a existência de uma unidade especializada neste setor e de relatórios que divulguem ameaças identificadas e as medidas tomadas, além da existência de um *site* de segurança cibernética). A nota de Portugal foi 5,0 (cinco).
3. A educação e o desenvolvimento profissional; neste quesito são analisados os currículos do ensino fundamental a fim de se verificar a existência de competências de cibersegurança, além de programas de segurança cibernética em nível de bacharelado, mestrado, doutorado; e, ainda, a existência de associação profissional de especialistas em segurança da informação cibernética, gerentes ou auditores. Neste quesito, Portugal obteve nota 9,0 (nove).
4. A contribuição para a segurança cibernética global, quesito em que Portugal obteve nota 6,0 (seis), em que é avaliada a existência de convenção sobre crimes cibernéticos, de representação em formatos de cooperação internacional, de organização internacional de segurança cibernética hospedada no país e de capacitação de segurança cibernética para outros países.

Nos demais quesitos é aferida a existência de legislação de proteção de dados, de resposta a incidentes cibernéticos, de combate ao cibercrime e de operações cibernéticas militares. Em todos os quesitos analisados, Portugal só não pontuou no tocante à existência de uma autoridade de supervisão competente e no monitoramento regular das medidas de segurança (onde é exigido o fornecimento de evidências da implementação da política de segurança pelo menos uma vez a cada três anos).

Em diversos outros quesitos, porém, o país obteve nota máxima, o que lhe conferiu o reconhecimento de país mais seguro da Europa.[461]

---

[461] NATIONAL CYBER SECURITY INDEX, 2021.

Além disso, Portugal ainda ocupa o 14º lugar no *ranking* do *Global Cibersecurity Index* da UIT (União Nacional das Telecomunicações).

Consoante o relatório divulgado pela UIT, as medidas legislativas e regulatórias, a estruturação e a implementação de uma equipe de resposta a incidentes, bem como a cooperação entre agências e setores, configuram os pontos fortes do programa de segurança cibernética português.

Como consequência não só das medidas técnicas e administrativas já tomadas, como também do investimento em prol da educação e do fortalecimento de uma cultura digital, restou constatado, ainda, que o número de pessoas que foram vítimas de *hacking* nas redes sociais ou de *softwares* maliciosos em Portugal é muito baixo – comparado aos demais países, inclusive da União Europeia.

O *site* do Centro Nacional de Cibersegurança de Portugal traz notícias de cursos (como o Cidadão Cibersocial) e concursos (tais como o de submissão de propostas em cibersegurança), além de divulgar as regulamentações existentes nesta área, boas práticas, recomendações técnicas entre outras coisas.[462]

Demonstrando o porquê de estar na vanguarda da busca pela proteção da segurança cibernética como um direito fundamental, Portugal publicou em 17 de maio de 2021 a "Carta Portuguesa de Direitos Humanos na Era Digital", por meio da Lei nº 27/2021, onde reconhece a internet como "instrumento de conquista de liberdade, igualdade e justiça social" e, ainda, como um "espaço de promoção, proteção e livre exercício dos direitos humanos, com vista a uma inclusão digital em ambiente digital".

O documento contendo 23 (vinte e três) artigos entrou em vigor em Junho de 2021 e expressa como direitos humanos na era digital: o direito de acesso ao ambiente digital (reconhecendo, inclusive, o dever do Estado de assegurar este direito), a liberdade de expressão e criação no ambiente digital, a garantia do acesso e uso, o direito a proteção contra a desinformação, os direitos de reunião, manifestação, associação e participação em ambiente digital, o direito à privacidade em ambiente digital, o uso da inteligência artificial e de robôs, o direito à neutralidade da internet, o direito ao desenvolvimento de competências digitais, o direito à identidade e outros direitos pessoais, o direito ao esquecimento, os direitos em plataformas digitais, o direito à cibersegurança, o direito à liberdade de criação e à proteção de conteúdos, o direito à

---

[462] PORTUGAL. *Centro Nacional de Cibersegurança*. Disponível em: https://www.cncs.gov.pt. Acesso em: 22 mar. 2022.

proteção contra geolocalização abusiva, o direito ao testamento digital, os direitos digitais face à Administração Pública, o direito das crianças. E, ainda, no artigo 21, regulamenta questões acerca da Ação Popular e prevê outras garantias.

No que concerne especificamente à cibersegurança, o artigo 15 da supramencionada Carta expressa que:

> 1. Todos têm direito à segurança no ciberespaço, incumbindo ao Estado definir políticas públicas que garantam a proteção dos cidadãos e das redes e sistemas de informação, e que criem mecanismos que aumentem a segurança no uso da Internet, em especial por parte de crianças e jovens.
> 2. O Centro Nacional de Cibersegurança promove, em articulação com as demais entidades públicas competentes e parceiros privados, a formação dos cidadãos e empresas para adquirirem capacitação prática e beneficiarem de serviços online de prevenção e neutralização de ameaças à segurança no ciberespaço, sendo para esse efeito dotado de autonomia administrativa e financeira.[463]

O direito à segurança cibernética, portanto, é reconhecido em Portugal não só como um direito essencial para a proteção dos demais direitos fundamentais da pessoa, como também como um dever, uma responsabilidade do Estado que deve propiciar todos os meios necessários para promovê-lo e mantê-lo.

5.1.5 A segurança cibernética nos Estados Unidos da América

A agência nacional de segurança americana já é bem conhecida mundialmente. Criada em 1952, a NSA (*National Security Agency*) configura o órgão que detém a maior quantidade de dados em todo o mundo. Localizada no estado americano de *Maryland*, a NSA é a responsável pela segurança de toda a nação norte-americana, e para tanto utiliza um sistema de sinais inteligentes (SIGINT) capaz de interceptar e criptografar dados em todo o mundo.[464] A NSA compõe o departamento de defesa dos Estados Unidos e é controlada pelo governo

---

[463] PORTUGAL. *Carta portuguesa de direitos humanos na era digital*. Lei nº 27 de 17 de maio de 2021, 2021.
[464] ESTADOS UNIDOS DA AMÉRICA. National Security Agency/Central Security Service (NSA). *Signals Intelligence. Collecting and Analyzing our Adversaries Moves*. Disponível em: https://www.nsa.gov/Signals-Intelligence/. Acesso em: 08 mar. 2022.

norte-americano. Em seu *site* encontra-se a seguinte informação, logo no topo da página: *"Generating foreign intelligence insights. Applying cybersecurity expertise. Securing the future. We leverage our advantages in technology and cybersecurity consistent with our authorities to strengthen national defense and secure national security systems"*.[465]

Edward Snowden, analista de sistemas que chocou toda a população mundial ao revelar informações de espionagem global fornecendo detalhes da vigilância estabelecida pelos Estados Unidos em todo o mundo, por meio de interceptações e comunicações não autorizadas, era funcionário da NSA e da CIA.

De acordo com as informações divulgadas por Snowden, o governo americano, por meio dos especialistas e técnicos da tecnologia da comunicação e informação de suas agências especializadas, criou um programa de espionagem, denominado *Echelon*, que conseguia, supostamente, monitorar cerca de 90% do conteúdo gerado pela internet e espionar diversos líderes mundiais. Essas informações, todavia, não conseguiram ser, de todo, comprovadas.

Mas a NSA possui outros sistemas de espionagem, como o PRISM (denominado posteriormente de *downstream*),[466] por exemplo, que conta com a colaboração de empresas como o *Google*, a *Microsoft*, a *Apple* e o *Facebook*, que lhe enviam dados para análise das informações.

Em abril de 2021, Joe Biden, presidente dos Estados Unidos, solicitou que o Congresso aprovasse um orçamento de US$753 milhões para cobrir as despesas com a segurança nacional para o ano de 2022.[467]

Projetos para enfraquecimento dos padrões de criptografia também estão nos planos de estudos da NSA, e recentemente foi divulgada a informação de que o governo dos Estados Unidos está treinando jovens de 12 a 18 anos, para que possam se tornar "guerreiros cibernéticos",

---

[465] ESTADOS UNIDOS DA AMERICA – EUA. National Security Agency/Central Security Service (NSA). Gerando *insights* de inteligência estrangeira. Aplicando conhecimentos de segurança cibernética. Garantindo o futuro. Alavancamos nossas vantagens em tecnologia e segurança cibernética consistentes com nossas autoridades para fortalecer a defesa nacional e proteger os sistemas de segurança nacional. (Tradução livre). Disponível em: https://www.nsa.gov/. Acesso em: 08 mar. 2022).

[466] ESTADOS UNIDOS DA AMÉRICA. National Security Agency/Central Security Service (NSA). *NSA stops Certain Section 702 "Upstream" Activities*. Disponível em: https://www.nsa.gov/Press-Room/Press-Releases-Statements/Press-Release-View/Article/1618699/nsa-stops-certain-section-702-upstream-activities/. Acesso em: 08 mar. 2022.

[467] FISHMAN, Andrew. *Futuros espiões:* NSA financia acampamento de férias para jovens que falam português. Agência de Jornalismo Investigativo. Notícia publicada em julho de 2021. Disponível em: https://apublica.org/2021/07/futuros-espioes-nsa-financia-acampamento-de-ferias-para-jovens-que-falam- portugues/. Acesso em: 08 mar. 2022.

com chances de trabalho na própria Agência de segurança americana, através de programas de acampamento de férias ministrados pela Universidade de *Washington*. O acampamento faz parte do programa *GenCyber* (Geração cibernética) da NSA.[468]

Além da NSA, o acampamento de férias da Universidade de Washington recebe financiamento da *National Science Foundation* (agência do governo americano), além de um apoio interno do Departamento de Língua portuguesa e espanhola do *Center for Global Studies*, do *Language Learning Center* e do *Center for Information Assurance and Cybersecurity*.

Na busca por uma segurança cibernética mais forte e eficiente, a CISA, Agência de Segurança Cibernética e de Infraestrutura dos Estados Unidos da América (fundada em 2018) é a responsável pela liderança dos esforços em prol de melhorias e da redução de riscos à infraestrutura física e cibernética do país (não só no setor público como, também, no privado) e funciona através de um esforço compartilhado, mediante parcerias firmadas com a indústria, a academia universitária e outros setores do governo.

Nesta senda, a CISA vem trabalhando com treinamentos, testes e diversas capacitações nesta área. Em 2020, publicou o Relatório de Governança de Segurança Cibernética, contendo uma série de casos nos Estados Unidos e vem divulgando diversas Diretrizes de Emergência (para reduzir as vulnerabilidades) e Diretrizes Operacionais.[469]

Durante a pandemia, o governo da Califórnia declarou um prejuízo de aproximadamente US$621,4 milhões; no mesmo sentido, Nova York sofreu um prejuízo de cerca de US$415,8, razão pela qual o estado de Delaware criou o mês da conscientização sobre *cybersecurity*, para alertar os cidadãos a respeito dos riscos existentes no mundo virtual.[470]

Além disso, consciente da importância do tema e da necessidade de especialistas nesta área, os Estados Unidos vêm incentivando a abertura de empresas de cibersegurança, facilitando o processo e possibilitando que empresas de todo o mundo atuem no País.

---

[468] DEPARTMENT OF SPANISH AND PORTUGUESE STUDIES EUA. *University of Washington. Gencyber. Summer Camp in Portuguese – Cybersecurity Concepts for High School Students*. Disponível em: https://depts.washington.edu/gencyber/. Acesso em: 08 mar. 2022.

[469] ESTADOS UNIDOS DA AMÉRICA. CISA – Cybersecurity & Infrastructure Security Agency. *Diretivas de Segurança Cibernética*. Disponível em: https://www.cisa.gov/directives. Acesso em: 05 mar. 2022.

[470] GLOBALFY. *Cibersegurança nos EUA:* entendemos o mercado e as oportunidades do país. Disponível em: https://companycombo.com/faq/cybersecurity-nos-eua-entenda-o-mercado-e-as-oportunidades-do-pais/Acesso em: 05 mar. 2022.

Todavia, a CISA, Agência de Segurança Cibernética dos Estados Unidos, vem enfrentando, desde o início de 2021, algumas crises, como problemas de financiamento e falta de profissionais técnicos capacitados. O elevado aumento das invasões, provenientes, principalmente, de países como a Rússia e a China, tem sobrecarregado os poucos funcionários atuantes.

A ideia inicial, quando da criação da CISA (propulsionada pela interferência russa nas eleições presidenciais de 2016), consistia na reorganização das equipes do Departamento de Segurança Interna, criando uma agência de segurança forte e dedicada, de forma exclusiva, à defesa da segurança digital, distinguindo-se, desse modo, das operações cibernéticas realizadas pela NSA e pelos militares. Questões políticas e problemas financeiros, contudo, impediram que a CISA cumprisse, pontualmente, o papel para o qual foi criada.[471]

Além da CISA, o Departamento de Segurança Diplomática dos Estados Unidos da América é responsável pela proteção dos ativos e da tecnologia de informação. Criado em 1986, o departamento expandiu seus recursos e, em maio de 2017, criou a diretoria de segurança cibernética para identificar e responder, de maneira mais adequada e assertiva, os riscos e demais ameaças cibernéticas. Entre suas principais responsabilidades, disponíveis em seu sítio eletrônico, encontra-se a resposta aos incidentes, a análise das atividades maliciosas e tentativas de invasão, a análise dos relatórios de inteligência de ameaças cibernéticas, as avaliações e testes de vulnerabilidade, a política e a conscientização cibernética e as investigações a respeito da aplicação da lei e da vigilância técnica.[472]

Em dezembro de 2021, a CISA juntamente com o FBI (*Federal Bureau of Investigation*), a NSA e outros parceiros internacionais como a *Australian Cyber Security Center*, o *Canadian Center for Cyber Security*, o *Computer Emergency Response*, além da Nova Zelândia (NZ NCSC) e Reino Unido (NSCS-UK) divulgaram um comunicado conjunto de segurança cibernética contendo detalhes técnicos com vistas à redução de vulnerabilidades encontradas em um pacote de *log* baseado no programa *Java Log4j*:

---

[471] CISO ADVISOR. *Com só 4 anos em operação, agência de cibersegurança dos EUA enfrenta crise*. Notícia publicada em 31 mar 2021. Disponível em: https://www.cisoadvisor.com.br/com-so-4-anos-em-operacao-agencia-de-ciberseguranca-dos-eua-enfrenta-sua-pior-crise/. Acesso em: 05 mar. 2022.

[472] ESTADOS UNIDOS DA AMÉRICA. U.S. Department of State. *Cyber Security*. Disponível em: https://www.state.gov/cybersecurity/. Acesso em: 07 mar. 2022.

> *CISA is working shoulder-to-shoulder with our interagency, private sector, and international partners to understand the severe risks associated with Log4j vulnerabilities and provide actionable information for all organizations to promptly implement appropriate mitigations. These vulnerabilities are the most severe that I've seen in my career, and it's imperative that we work together to keep our networks safe.*[473]

Dando sequência a essa busca por orientar e, dessa forma, fortalecer a segurança cibernética, em março de 2022 a CISA publicou um guia de planejamento de contingência, para financiamento de comunicações de emergência; e vem concentrando esforços na busca por medidas que possam reduzir o risco de ataques cibernéticos, emitindo alertas com informações atualizadas a respeito de problemas de segurança, vulnerabilidades e demais exposições a ameaças cibernéticas.

Com o objetivo de amadurecer a segurança dos dispositivos móveis, por exemplo, foi publicada a "Ordem Executiva nº 14028", no ano de 2022, exigindo que as agências civis federais estabeleçam planos com o intuito de impulsionar a adoção da chamada *"Zero Trust Architecture"*, ou "arquiteturas de confiança zero", com metas específicas até o fim do ano fiscal de 2024.

Em março de 2021 o governo americano divulgou uma série de *"sprints"* de 60 dias com vistas ao enfrentamento de ataques cibernéticos, entre eles: *"sprint ransomware"*, o *"sprint Cybersecurity Workforce"* com foco na força de trabalho especializada do departamento de segurança interna,[474] o *"sprint"* Sistemas de Controle Industrial (ICS), que foi impulsionado por uma tentativa de ataque cibernético a uma instalação de tratamento de água na Flórida, no início de 2021, o *"sprint"* de cibersegurança e transporte, o *"sprint"* de segurança eleitoral e o *"sprint International Cybersecurity"*, que conta com a cooperação de parceiros em

---

[473] EUA. *National Security Agency/Central Security Service*. "A CISA está trabalhando lado a lado com nossos parceiros interagências, setor privado e internacionais para entender os riscos graves associados às vulnerabilidades do Log4j e fornecer informações acionáveis para que todas as organizações implementem prontamente as mitigações apropriadas. Essas vulnerabilidades são as mais graves que já vi em minha carreira, e é imperativo que trabalhemos juntos para manter nossas redes seguras." (Tradução livre). (ESTADOS UNIDOS DA AMÉRICA. *CISA, FBI, NSA, and International Partners Issue Advisory to Mitigate Apache Log4J Vulnerabilities*. 22. dez. 2021. Disponível em: https://www.nsa.gov/Press-Room/Press-Releases-Statements/Press-Release-View/Article/2881834/cisa-fbi-nsa-and-international-partners-issue-advisory-to-mitigate-apache-log4j/. Acesso em: 08 mar. 2022).

[474] ESTADOS UNIDOS DA AMÉRICA. Homeland Security. *Ações do DHS*: segurança cibernética. Disponível em: https://www.dhs.gov/publication/dhs-actions-cybersecurity. Acesso em: 07 mar. 2022.

uma dimensão transnacional, demonstrando a preocupação americana com a conscientização e a educação, reconhecendo que medidas técnicas não surtem os efeitos almejados sem a capacitação da sociedade, não só para reconhecer e prevenir os ataques, como também para remediá-los, tomando as atitudes corretas de forma cada vez mais ágil, porque em se tratando de ataques cibernéticos, o tempo é um dos grandes vilões.

Além desses *sprints* supramencionados, as prioridades consistem, ainda, em consolidar a resiliência das instituições democráticas americanas, reconstruir e fortalecer a proteção das redes civis do governo federal, promover uma abordagem com base nos riscos para segurança da cadeia de suprimentos, explorar as novas tecnologias, com vistas a aumentar a resiliência e, por fim, preparar-se para os desafios estratégicos das novas tecnologias, tais como a transição para algoritmos de criptografia pós-quântica.

O departamento interno de segurança cibernética dos Estados Unidos vem desenvolvendo um plano para auxiliar na transição para a adoção da tecnologia pós-quântica. A implementação será conduzida pelo setor privado, mas será auxiliada pelo governo, e o departamento interno de segurança impulsionará esse trabalho fornecendo as orientações e realizando os monitoramentos e as avaliações necessários.[475]

Além disso, os EUA possuem normatizações que auxiliam na regulamentação em prol de uma segurança cibernética mais eficiente.

A lei federal de fraude e abuso de computadores (CFAA), por exemplo, regulamenta os crimes cibernéticos e prevê penalidades criminais e, inclusive, cíveis, proibindo o acesso não autorizado a um computador, bem como obtém informações de segurança nacional, tráfico de senhas, extorsão cibernética e etc.

Diversas regulamentações e organizações federais e estaduais disponibilizam requisitos de segurança cibernética como os que se encontram na FTC (*Federal Trade Commission*),[476] na lei de valores mobiliários (*Truth in Securities Act* ou *Federal Securities Act*), que proíbe fraudes e exige comunicação uniforme das informações e demais regulamentações trazidas pela *Securities and Exchange Commission*, por exemplo.

No âmbito estadual, por sua vez, foram aprovadas leis com regulamentação a respeito de requisitos mínimos de segurança como,

---

[475] ESTADOS UNIDOS DA AMÉRICA. Homeland Security. *Cybersecurity*. Disponível em: https://www.dhs.gov/topics/cybersecurity. Acesso em: 07 mar. 2022.
[476] ESTADOS UNIDOS DA AMÉRICA. *Federal Trade Commission* – protecting America's consumers. Disponível em: https://www.ftc.gov/ Acesso em: 08 mar. 2022.

por exemplo, a *Shield Act*, do Estado de Nova York, a CCPA (Lei de privacidade do consumidor) do Estado da Califórnia, bem como as leis de proteção de dados pessoais dos Estados de Virgínia e do Colorado, que exigem medidas de segurança apropriadas.

Em Massachusetts também já existem leis que obrigam a adoção de medidas de segurança específicas, como a lei de compartilhamento de informações de segurança cibernética.

Em maio do 2021, o presidente dos Estados Unidos, Joe Biden, assinou uma nova ordem executiva com vistas a aprimorar a cibersegurança no País, exigindo, entre outras coisas, que os fornecedores informem aos órgãos contratantes todas as brechas e falhas encontradas em seus sistemas logo que forem descobertas.[477] Apesar de muito criticada, a publicação não deixa de ser um passo rumo à melhor regulamentação em prol de um espaço cibernético mais seguro.

5.1.6 A segurança cibernética no Reino Unido

A GCHQ é a sede de comunicações do governo, uma organização de segurança e inteligência que é responsável pela inteligência de sinais e pela garantia das informações ao governo e às forças armadas do Reino Unido.

Com sede em Cheltenham, a organização está sob a responsabilidade do Secretário de Estado dos Negócios Estrangeiros e da *Commonwealth*.

No *site* da organização é possível encontrar a informação de que em 15 de dezembro de 2021 foi publicada a nova Estratégia Cibernética Nacional, cujo escopo consiste em definir como o Reino Unido irá solidificar a sua posição como potência cibernética global.

Conforme as informações divulgadas pelo governo britânico, a nova estratégia está fundamentada no progresso significativo na área da cibernética, que se deu nos últimos cinco anos proporcionando um crescimento considerável do setor de segurança cibernética, com mais de 1.400 empresas, gerando receitas de 8,9 bilhões de Euros no ano de 2020, apoiando 46.700 empregos qualificados e atraindo investimentos significativos no exterior.

---

[477] ESTADOS UNIDOS DA AMÉRICA. The White House. *Executive Order on Improving the Nation's Cybersecurity*. Disponível em: https://www.whitehouse.gov/briefing-room/presidential-actions/2021/05/12/executive-order-on-improving-the-nations-cybersecurity/. Acesso em: 08 mar. 2022.

De acordo com Steve Barclay (Chanceler do Ducado de Lancaster), a nova Estratégia Nacional de segurança cibernética transforma o modo pelo qual o Reino Unido vai promover os seus interesses nacionais no ciberespaço. Ela estabelece, segundo ele, uma visão clara para que se dê a construção de conhecimento cibernético em todas as partes do país, reforçando suas competências ofensivas e defensivas: "Queremos que o Reino Unido recupere seu *status* de superpotência científica e, ao fazê-lo, suba de nível".[478]

Na sequência, o governo anuncia uma nova plataforma de treinamento *online*, denominada *Cyber Explorers*, com a finalidade de ensinar habilidades cibernéticas para os jovens, nas salas de aula, além de tomar medidas específicas para a diversidade na força de trabalho cibernética voltada para o público adulto, com o escopo de assegurar que pessoas de todas as origens possam ter acesso a esses trabalhos de alta qualificação e alta prioridade.

Em busca dessa evolução e da inovação na indústria cibernética, o Reino Unido está investindo no esquema *Cyber Runway*, que vai ajudar no desenvolvimento de 107 negócios inovadores.

Ainda consoante às informações contidas no *site* da GCHQ, a estratégia também define o plano do Governo para manter os cidadãos seguros no ciberespaço, além de buscar reprimir o crime cibernético, por meio de medidas como o aumento do investimento da Força Cibernética Nacional, a expansão das capacidades de pesquisa do Centro Nacional de Segurança Cibernética do GCHQ, incluindo o novo centro de pesquisa aplicada em Manchester, a implementação da Lei de Segurança do Produto e Infraestrutura de Telecomunicações, para impor padrões mínimos de segurança em todos os novos produtos inteligentes de consumo, investimento na segurança cibernética do setor público com vistas a garantir que os principais serviços públicos permaneçam resilientes às ameaças em evolução e possam continuar a atender as pessoas que deles precisem.

Reconhecendo a importante participação do setor privado, a nova Estratégia estabeleceu um novo Conselho Consultivo Cibernético Nacional, que vai reunir líderes do setor privado e do terceiro setor para assegurar o apoio e as informações necessárias para a abordagem do governo em prol da segurança cibernética nacional.

---

[478] UK. *Chanceler do Ducado de Lancaster discursa no Cyber UK*. Notícia publicada em 11 maio 2022. Disponível em: https://www.gov.uk/government/speeches/chancellor-of-the-duchy-of-lancaster-speech-at- cyber-uk. Acesso em: 09 jul. 2022.

Além disso, paralelamente foi criado o Laboratório Nacional de Segurança de Tecnologia Operacional, reunindo governo, indústria e academia na busca por maior resiliência cibernética.

Consoante as informações prestadas pelo GCHQ, todos esses projetos estarão sendo apoiados através do investimento de 2,6 bilhões de euros em cibernética, que foram anunciados na revisão de gastos deste ano.[479]

O mundo volta o olhar para a necessidade premente de uma Política que promova segurança neste ambiente em constante evolução – o mundo cibernético – conferindo maior resistência e resiliência frente às ameaças emergentes e, dessa forma, protegendo os direitos básicos que asseguram à pessoa humana uma vida verdadeiramente digna.

5.1.7 A segurança cibernética na Estônia

Com pouco mais de 1,3 milhão de habitantes, a Estônia é um país extremamente digitalizado. Praticamente tudo pode ser realizado *online* e, como contrapartida necessária, o país é reconhecido, mundialmente, por seu elevado nível de segurança cibernética.

Tallinn, capital estoniana, sedia o centro de defesa cibernética da OTAN, considerado centro de excelência em defesa cibernética cooperativa.

Em parte, a posição privilegiada da Estônia em matéria de segurança cibernética se deve aos ataques russos sofridos em 2007 em decorrência de uma briga diplomática entre esses países.

A decisão da Estônia de realizar a transferência de um memorial de guerra (da era soviética) de Tallinn para um cemitério militar a transformou em um dos maiores alvos de ataques cibernéticos direcionados a um único país, a ponto de o governo estoniano classificar tais ataques como atos de guerra cibernética, atribuindo-os à Rússia, que, por outro lado, negou sua participação ou mesmo qualquer espécie de envolvimento nesse sentido.

Os ataques sofridos pela Estônia atingiram setores importantes do país, como bancos e a própria administração pública, acarretando a interrupção do serviço, e até mesmo a remoção total dos mesmos, por período superior a vinte dias. O episódio acabou por servir, desse modo, como um despertar, para o pequeno país báltico, a respeito da necessidade de fortalecer sua segurança cibernética.

---

[479] GCHQ. *Novo plano para proteger o Reino Unido de ameaças cibernéticas.* Disponível em: https://www.gchq.gov.uk/news/national-cyber-strategy-2022. Acesso em: 12 mar. 2022.

Diante do ocorrido, a Estônia adotou uma Estratégia Nacional de Segurança Cibernética que vem sendo atualizada frequentemente. Além disso, criou um *Data Center* de elevada segurança, localizado em Luxemburgo, que contém *backups* em caso de novos ataques cibernéticos ao País. Mas, sem sombra de dúvida, a atitude mais importante tomada pelo governo estoniano consistiu no sólido e amplo investimento na educação, em treinamento e capacitação pessoal, que se inicia na mais tenra idade e não descarta os idosos.

Outra ação que merece destaque consiste no incentivo do governo para que grupos de *hackers* tentem invadir os sistemas governamentais, oferecendo até prêmios para os que conseguirem lograr êxito. A finalidade é identificar, de maneira proativa, possíveis vulnerabilidades, possibilitando correções em tempo hábil.

As atuações em prol da segurança cibernética estonianas não param por aí. O *e-Estônia Briefing Center* é um centro de informações de serviços digitais e segurança cibernética, localizado na capital estoniana e custeado por financiamento público, com o objetivo de estabelecer parcerias e oferecer programas de treinamento e oficinas a delegações estrangeiras, como um verdadeiro *benchmarking*.

Florian Marcus, assessor de transformação digital do *e-Estonia Briefing Center*, explicou que no grande *Data Center* estoniano inexistem dados duplicados.

Conforme informações prestadas pelo assessor, há um único órgão com permissão para armazenar os dados coletados pelo governo, de maneira que, se os demais órgãos da administração pública necessitarem acessar dados de um cidadão, por exemplo, precisarão solicitar ao órgão responsável pelo armazenamento, que fará o encaminhamento de forma encriptada através de *blockchain*.

Obviamente que isso não lhes confere cem por cento de segurança cibernética. Trata-se de tecnologias extremamente dinâmicas e mutáveis, e a Estônia, consciente disso, mantém-se alerta em busca de inovações e pesquisas que proporcionem melhorias para seus sistemas, com o escopo de se tornar cada vez mais resiliente e proativa.[480]

Por tudo isso, ainda que todas essas providências não demonstrem ser suficientes para assegurar cem por cento de segurança, a Estônia proporciona excelente *benchmarking* para todo o mundo.

---

[480] KOTTASOVÁ, Ivana. How Russian threats in the 2000s turned this country into the GO-to experto n cyber defense. *CNN*. Notícia publicada em junho de 2021. Disponível em: https://edition.cnn.com/2021/06/18/tech/estonia-cyber-security-lessons-intl-cmd/index.html. Acesso em: 31 mar. 2022.

5.1.8 A segurança cibernética no Brasil

Pelo exposto, não restam quaisquer dúvidas de que a segurança cibernética é um dos grandes desafios existentes nesta sociedade de informação e de riscos. Uma sociedade pautada, primordialmente, em uma economia de dados onde quanto mais informação se possui, maior é o poder acumulado.

Um monitoramento realizado pela Autoridade Nacional de Proteção de Dados brasileira (ANPD) detectou, recentemente, um aumento de aproximadamente 300% da criminalidade cibernética, com a vasta expansão do uso da internet em decorrência da pandemia instaurada pelo coronavírus. Diante deste contexto, um dos seus diretores, Arthur Sabbat, asseverou que a única forma de evitar essa nova modalidade de crime é negar a esses criminosos a oportunidade de agir: "(...) não nos preocupamos com as devidas medidas de segurança ao longo de décadas. O resultado disso são os gigantescos bancos de dados compilados nos chamados megavazamentos, colocados à venda em pacotes na *deepweb*".[481]

No tocante ao Brasil, as principais estruturas brasileiras voltadas para essa segurança são os órgãos de inteligência e defesa cibernética, que estão vinculados ao Ministério da Defesa, a Polícia Federal e os grupos de tratamento de incidentes de segurança como o CERT.br (vinculado ao CGI.br), o CTIR-GOV, e outros mais específicos como o GRIS- Correios e o CSIRT CAIXA, por exemplo.[482]

As atividades referentes à segurança cibernética no Brasil ganharam força com a criação do Gabinete de Segurança Institucional da Presidência da República (GSI/PR), por meio da publicação do Decreto nº 3.505, de 2000, que, por sua vez, proporcionou o surgimento de outros órgãos, associados a este gabinete, para tratar de questões específicas referentes à defesa cibernética.

Após a criação do GSI, algumas parcerias também foram estabelecidas com alguns setores do governo – como a Controladoria Geral da União, a Petrobrás, o INSS, SERPRO, Banco do Brasil e Caixa Econômica Federal – buscando o compartilhamento de ações e informações para o fortalecimento de uma cultura voltada para a segurança da informação.

---

[481] CRYPTOID, 2021.
[482] BRASIL. Estratégia de Segurança da Informação e Comunicações e de Segurança Cibernética da Administração Pública Federal. Gabinete de Segurança Institucional, *Departamento de Segurança da Informação e Comunicações*. 10 mar. 2015. Disponível em: http://dsic.planalto.gov.br/documentos/publicacoes/4_Estrategia_de_SIC.pdf. Acesso em: 22 jan. 2016.

Além disso, o Brasil também assinou alguns acordos de "Troca de Proteção Mútua de Informações Classificadas" com países como Portugal, Espanha, Rússia, Itália, Israel e Suécia.[483]

A Agência Brasileira de Inteligência (ABIN) possui um centro de pesquisas e desenvolvimento para segurança das comunicações por meio do qual vem elaborando algumas soluções de segurança da informação e comunicações, com base em algoritmos criptográficos de Estado, além da realização de diversas pesquisas na área de segurança cibernética.

Em dezembro de 2008, o Decreto nº 6.703 aprovou a Estratégia Nacional de Defesa, definindo prioridades nos três setores estratégicos para a Defesa Nacional: Nuclear, Cibernético e Espacial.

Em 2009, o Comitê Gestor da Internet (CGI.br) publicou a Resolução nº 03, contendo os princípios para a governança e o uso da internet no Brasil, quais sejam: liberdade, privacidade e direitos humanos; governança democrática e colaborativa; universalidade; diversidade; inovação; neutralidade da rede; inimputabilidade da rede; funcionalidade, segurança e estabilidade; padronização e interoperabilidade e, ainda, ambiente legal e regulatório, com vistas a preservar a dinâmica da internet com um espaço colaborativo.[484]

Com essa publicação, o CGI.br expressou a aderência do Governo brasileiro ao disposto pela Organização dos Estados Americanos na Declaração conjunta sobre liberdade de expressão e Internet.[485]

O Decreto nº 7.411, de 29 de dezembro de 2010, dispôs, por sua vez, sobre a competência do Gabinete de Segurança Institucional da Presidência da República – GSI para planejar e coordenar a execução das atividades de Segurança Cibernética e de Segurança da Informação e Comunicações na Administração Pública Federal.

Em 20 de setembro de 2012, o Decreto Presidencial nº 7.809 incluiu na Estrutura do Exército brasileiro o Centro de Defesa Cibernética.

A Portaria Normativa nº 3.389, do Ministério da Defesa, de 21 de dezembro de 2012, aprovou a Política Cibernética de Defesa; um dos objetivos é o de desenvolver e manter atualizada a doutrina de emprego do Setor Cibernético.

---

[483] BRASIL. *Nota Técnica da sociedade civil para a CPI de crimes cibernéticos*. Disponível em: https://cpiciber.codingrights.org/seguranca-cibernetica/. Acesso em: 09 fev. 2022.
[484] COMITÊ GESTOR DA INTERNET – CGI.BR. *Resolução 2009/003*. Disponível em: https://www.cgi.br/resolucoes/documento/2009/003/. Acesso em: 31 mar. 2022.
[485] ORGANIZAÇÃO DOS ESTADOS AMERICANOS. *Liberdade de expressão e internet*. Comissão Interamericana de Direitos Humanos. 2013. Disponível em: https://www.oas.org/pt/cidh/expressao/showarticle.asp?artID=849&lID=4. Acesso em: 31 mar. 2022, p. 58.

Ainda neste contexto, em 22 de novembro de 2018 o Decreto nº 9.573 aprovou a Política Nacional de Segurança das Infraestruturas Críticas, consideradas como, segundo art. 1, parágrafo único, I do próprio Decreto: "instalações, serviços, bens e sistemas cuja interrupção ou destruição, total ou parcial, provoque sério impacto social, ambiental, econômico, político, internacional ou à segurança do Estado e da sociedade".[486]

De acordo com o Decreto supramencionado, constituem instrumentos da Política Nacional de Segurança das Infraestruturas Críticas (PNSIC): a Estratégia Nacional de Segurança de Infraestruturas Críticas, o Plano Nacional de Segurança de Infraestruturas Críticas e o Sistema Integrado de Dados de Segurança de Infraestruturas Críticas.

O Decreto define, ainda, como segurança de infraestruturas críticas, "um conjunto de medidas, de caráter preventivo e reativo, destinadas a preservar ou restabelecer a prestação dos serviços relacionados às infraestruturas críticas".[487]

Além disso, em 05 de fevereiro de 2020 foi publicado o Decreto nº 10.222, que aprovou a Estratégia Nacional de Segurança Cibernética, em observância ao disposto no art. 6º, I do Decreto nº 9.637 de 26 de dezembro de 2018 (que instituiu a Política Nacional de Segurança da Informação, além de dispor acerca dos princípios, objetivos, instrumentos, atribuições e competências de segurança da informação para os órgãos e entidades da Administração Pública Federal).

A Estratégia de Segurança Cibernética brasileira (ou E-Ciber) traz orientações acerca das principais ações de segurança cibernética planejadas pelo governo brasileiro tanto no âmbito nacional quanto no internacional (dentro do quadriênio 2020/2023) e prevê a formação de módulos que contemplam a segurança cibernética, a defesa cibernética, a segurança de infraestruturas críticas, a segurança da informação sigilosa e a proteção contra vazamento de dados.

Elaborada por mais de quarenta órgãos do governo, a E-Ciber contou ainda com a participação de organizações privadas e do setor acadêmico, sob a coordenação do Gabinete de Segurança Institucional do Presidente da República, e foi elaborada sob dois eixos temáticos principais: os eixos de proteção e segurança e os eixos transformadores.

---

[486] BRASIL. *Decreto nº 9.573*, de 22 de novembro de 2018. Disponível em: http://www.planalto.gov.br/ccivil_03/_ato2015-2018/2018/decreto/D9573.htm. Acesso em: 01 abr. 2022.

[487] BRASIL. *Decreto nº 9.573*, de 22 de novembro de 2018.

O eixo de proteção e segurança busca estabelecer estratégias direcionadas à governança da segurança cibernética, além da criação de um universo conectado e seguro, com foco principal na prevenção e na redução das ameaças estratégicas.

Por sua vez, o segundo eixo temático busca a expansão da dimensão normativa, o amadurecimento da cooperação internacional e a instituição de parcerias, fomentando o desenvolvimento, a pesquisa e a inovação tecnológica, além de uma cultura pró-segurança cibernética.

Os principais objetivos da E-Ciber consistem em tornar o Brasil mais próspero e confiável no que se refere ao ambiente digital, com o fim de aumentar a resiliência brasileira às ameaças cibernéticas e fortalecer sua atuação em segurança cibernética no cenário nacional.

Com essas providências, o Brasil saltou do 70º (em 2018) para o 18º lugar no *ranking* internacional do Índice Global de Segurança Cibernética da União Nacional de Telecomunicações, ocupando, ainda, o 3º lugar no *ranking* das Américas.[488]

O *Global Cybersecurity Index* (GCI) consiste em uma referência mundial que mensura o compromisso dos países no que se refere à questão da segurança cibernética, com vistas a aumentar a conscientização a respeito não só da importância do tema, como também das diferentes dimensões do problema em virtude do seu amplo campo de aplicação.

O índice avalia cinco pilares básicos: as medidas legais, as medidas técnicas, as medidas organizacionais, o desenvolvimento das capacidades e a cooperação – e com base nesses pilares, afere uma pontuação geral.

Para uma segurança cibernética eficiente, necessário se faz implementar um programa de governança nesse sentido, que aborde uma visão integral (que alguns têm chamado, inclusive, de "holística") e integrada, de segurança de todas as redes, sistemas e serviços, bem como das infraestruturas sociais. A E-Ciber brasileira, inclusive, faz menção a esse tipo de governança:

> A governança na área cibernética está relacionada às ações, aos mecanismos e às medidas a serem adotados com o fim de simplificar e modernizar a gestão dos recursos humanos, financeiros e materiais, e acompanhar o desempenho e avaliar os resultados dos esforços empreendidos nesse campo. Essa governança visa incorporar elevados

---

[488] INTERNATIONAL TELECOMMUNICATION UNION. *Global Cybersecurity Index*. 2020. Disponível em: https://www.itu.int/dms_pub/itu-d/opb/str/D-STR-GCI.01-2021-PDF-E.pdf. Acesso em: 16 fev. 2022.

padrões de conduta em segurança cibernética, e orientar as ações de agentes públicos e de agentes privados, ao considerar o papel que exercem em suas organizações, conforme a finalidade e a natureza de seu negócio.

Inclui, ainda, o planejamento voltado à execução de programas, de projetos e de processos, e o estabelecimento de diretrizes que irão nortear a gestão de riscos. Nesse contexto, orienta pessoas e organizações quanto à observância das normas, dos requisitos e dos procedimentos existentes em segurança cibernética.[489]

Importa salientar que a governança mencionada não está restrita apenas a uma cultura de cibersegurança ou à melhor conscientização acerca dos riscos atuais existentes. A interligação entre os temas é um fato, mas a governança cibernética exige muito mais.

A cultura e a conscientização são parte do processo que tem, como fim, a adoção de processos e mecanismos com vistas à proteção dos direitos fundamentais da pessoa humana. Além disso, reconhecer que a segurança cibernética precisa ser vista como uma responsabilidade compartilhada possibilita visualizar as oportunidades necessárias para o seu fortalecimento global.

Nesse sentido, é possível afirmar que, em se tratando de segurança cibernética, a responsabilidade não pode e nem deve estar centrada nas mãos do governo, competindo, de igual forma, a toda a sociedade civil, ao setor público, aos órgãos de defesa nacional, ao setor financeiro, à comunidade acadêmica, aos órgãos da segurança nacional, às agências reguladoras, aos órgãos responsáveis pelo combate ao cibercrime, às empresas e associações do setor privado e, ainda, aos responsáveis pela elaboração e aprovação das políticas públicas. Todos são responsáveis e devem cooperar no engajamento e no fortalecimento não só da cultura de proteção e de segurança cibernética, como no seu eficaz desenvolvimento e monitoramento – a começar por cada um de nós, individualmente.

O Brasil tem evoluído consideravelmente no campo da segurança cibernética, mas a caminhada é longa, e o amadurecimento não apenas nacional, mas também internacional, nesse sentido, ainda é um ponto de especial atenção.

---

[489] BRASIL. *Decreto nº 10.222*, de 05 de fevereiro de 2020 – Aprova a Estratégia Nacional de Segurança Cibernética. Disponível em: https://presrepublica.jusbrasil.com.br/legislacao/828477223/decreto-10222-20. Acesso em: 08 jul. 2022.

Os constantes ataques cibernéticos, principalmente a órgãos públicos (como aconteceu com o STJ em novembro de 2020 e com o Conecte SUS, a Polícia Rodoviária Federal, o Ministério da Economia e a CGU no ano de 2021), demonstram que ainda há muito a ser feito.

Em 2021 os vazamentos de informações sigilosas, sequestros de dados e invasões de sistema acarretaram uma quantia considerável de perda financeira.

Um estudo publicado pelo Instituto Igarapé identificou ao menos seis grandes desafios no que se refere à segurança cibernética no Brasil: a ausência de uma linguagem compartilhada para se referir a tais questões; a associação da segurança cibernética a responsabilidades e competências militares; o desconhecimento de riscos específicos e compartilhados entre os diferentes setores atuantes; a falta de mecanismos de compartilhamento de informações a respeito dos riscos, bem como de conhecimento técnico em segurança; a falta de alinhamento normativo, estratégico e operacional para responder aos incidentes; por fim, a existência de diferentes níveis de maturidade social a respeito da segurança cibernética.[490]

Esse mesmo documento apresenta ainda algumas recomendações, como a publicação de um relatório de monitoramento anual detalhando os avanços e desafios da implementação da E-Ciber; a criação de canais de diálogo com a sociedade civil, reconhecendo o seu importante papel no assunto e possibilitando um diálogo transparente; o aprimoramento de mecanismos de compartilhamento de informações a respeito de incidentes e a publicação de vulnerabilidades entre os setores público e privado; o aprimoramento da comunicação e interação entre o Gabinete de Segurança Institucional da Presidência da República e os demais grupos sociais; a avaliação das capacidades internas do Gabinete de Segurança Internacional frente à expansão de seu escopo e de seu campo de atuação e a avaliação da necessidade de normatização que regulamente, mais especificamente, o tema da segurança cibernética no Brasil.

Uma pesquisa realizada *pela PwC Digital Trust Insights* revelou que 83% das organizações brasileiras preveem um aumento nos gastos cibernéticos em 2022, em comparação com 69% no mundo, e que em

---

[490] HUREL, Louis Marie. Cibersegurança no Brasil: uma análise da estratégia nacional. *Instituto Iguarapé*, Rio de Janeiro, 2021. Disponível em: https://igarape.org.br/wp-content/uploads/2021/04/AE-54_Seguranca-cibernetica-no-Brasil.pdf. Acesso em: 16 fev. 2022, p. 12.

2020 esses índices eram de, respectivamente, 55% e 57%. Isso se dá em decorrência do elevado número de ataques no período da pandemia.[491]

A previsão é que, com o número de ataques cibernéticos não dando trégua, mais de 50% das empresas brasileiras busquem ajuda de especialistas para segurança cibernética. Um serviço que deverá totalizar aproximadamente US$ 1 bilhão, no Brasil, em 2022.[492]

Mais recentemente, em fevereiro de 2022, Marcos Pontes (Ministro da Ciência, Tecnologia e Inovações) anunciou que o Governo está trabalhando em um programa de Segurança Cibernética, que será executado pela Associação para Promoção da Excelência do *Software* Brasileiro (*Softex*) e contará com o apoio de um fundo de investimentos com o objetivo de capacitar profissionais, fomentar a competitividade, a inovação e a eficiência do setor produtivo brasileiro, além de apoiar uma interação e conexão maior entre os seus atores.

Consoante às informações divulgadas pelo ministro, a execução do cronograma de atividades do programa se dividirá em três etapas, que consistirão, primeiramente, no mapeamento e na seleção de 100 soluções para pré-acelerar uma chamada pública para, a seguir, partir para a avaliação dos projetos e seleção de cinquenta deles para investimento. Finalmente, na última fase, 25 *startups* serão conectadas às empresas-âncora e terão suas soluções testadas e chanceladas, recebendo, para tanto, uma segunda rodada de investimentos.[493]

Recentemente, em agosto de 2022, o Tribunal de Contas da União (TCU) divulgou o resultado de um acompanhamento realizado,[494] sob a relatoria do ministro Vital do Rêgo, com o escopo de avaliar o nível de maturidade das organizações federais brasileiras no que se refere à implementação dos controles críticos de segurança da informação e de segurança cibernética.

---

[491] PWC. *Global Digital Trust Insights Survey 2022*. Disponível em: https://www.pwc.com.br/pt/estudos/servicos/consultoria-negocios/2021/global-digital-trust-insights-survey- 2022.html. Acesso em: 08 mar. 2022

[492] ITFORUM. *IDC:* mercado brasileiro de TICs crescerá descolado no PIB em 2022. Notícia publicada em 08 fev. 2022. Disponível em: https://itforum.com.br/noticias/vendas-globais-de-servidores-enterprise-caem-em- 2021/. Acesso em: 08 mar. 2022.

[493] BRASIL. Ministério da Ciência, Tecnologia e Inovações. *Marcos Pontes apresenta programa de segurança cibernética em live sobre transformação digital*. Disponível em: https://www.gov.br/mcti/pt-br/acompanhe-o-mcti/noticias/2022/02/marcos-pontes-apresenta-programa-de-seguranca-cibernetica-em-live-sobre-transformacao-digital. Acesso em: 25 fev. 2022.

[494] BRASIL. Tribunal de Contas da União – TCU. *Acórdão 1768/2022 – Plenário*. Processo TC 036.301/2021-3. Ministro Relator: Vital do Rêgo. Sessão realizada em 03 de agosto de 2022. Disponível em: https://pesquisa.apps.tcu.gov.br/#/resultado/todas-bases/036.301%252F2021- 3?ts=1662986679500&pb=processo. Acesso em: 10 set. 2022.

O diagnóstico apresentado demonstrou que os entes federais não estão tratando adequadamente os ativos não autorizados e constatou que aproximadamente 88% das organizações possuem algum inventário a esse respeito, porém, menos da metade, ou seja, 44% se preocupa em realizar alguma espécie de tratamento com relação a ativos não autorizados a fim de corrigi-los ou até mesmo removê-los, se for o caso. Nesse aspecto, o ministro relator alerta para o fato de que "a presença de ativos não autorizados é um risco em potencial, pois invasores podem se valer da presença desse tipo de *hardware/software* para perpetrar ataques, ampliando-se o universo de possíveis riscos aos quais permanece exposta a organização".[495]

O relatório detectou, ainda, diversas deficiências nos processos de gestão e correção das vulnerabilidades encontradas, um controle considerado crítico, considerando que um elevado índice de ataques cibernéticos parte de pesquisas realizadas justamente no que se refere às vulnerabilidades de sistemas passíveis de ser exploradas.

Foi identificado que mais de 70% das organizações faz uso da gestão automatizada de correções de sistemas operacionais (esse é um ponto positivo), todavia o processo de gestão de resposta a incidentes é deficiente, e menos da metade das instituições fiscalizadas (47,5%) demonstrou a adoção de um processo eficiente e adequado para receber notificações de incidentes, além da conscientização e do treinamento de pessoal, que se mostrou deveras deficiente.[496]

Com base nesse relatório, o Tribunal de Contas da União elaborou e publicou a cartilha intitulada "Cinco controles de segurança cibernética para ontem", onde chama a atenção para a urgência e a importância do tema.[497]

Por meio desse material de conscientização, o TCU alerta para a premente necessidade de implantação e monitoramento de 5 (cinco) controles específicos: inventário e controle de ativos corporativos; inventário e controle de ativos de *software*; gestão contínua de vulnerabilidades; conscientização sobre segurança e treinamento de competências e gestão de respostas a incidentes. A partir desses controles, foram apresentadas algumas sugestões de boas práticas de medidas

---

[495] *Idem.*
[496] *Idem.*
[497] BRASIL. Tribunal de Contas da União – TCU. *5 Controles de segurança cibernética para ontem.* Cartilha, manual ou tutorial. Publicado em 16 de agosto de 2022. Disponível em https://portal.tcu.gov.br/5- controles-de-seguranca-cibernetica.htm. Acesso em: 12 set. 2022.

de segurança, que foram categorizadas em básicas, intermediárias e avançadas.[498]

Os desafios (como é possível ver) ainda são muitos, mas a realidade atual nos mostra que esse é um caminho sem volta, e, portanto, o foco na segurança cibernética deve ser total, global e prioritário.

---

[498] *Idem.*

CAPÍTULO 6

A GOVERNANÇA CIBERNÉTICA E A IMPORTÂNCIA DA ATUAÇÃO DOS TRIBUNAIS DE CONTAS PARA A EFICIÊNCIA DA CIBERSEGURANÇA

Realizadas as considerações e devidas análises a respeito da era da informação, e seus reflexos, bem como sobre as *smart cities* e a transformação digital que vem revolucionando a gestão das cidades em decorrência do desenvolvimento de tecnologias emergentes, com vistas a otimizar a oferta de serviços à sociedade, é preciso voltar o olhar para um grande problema atual, decorrente dos avanços tecnológicos: a deficiência na entrega de segurança cibernética e a importância de uma ação urgente e global que busque, ao menos, reduzir essa questão diante das ameaças de descontinuidade da prestação estatal de direitos e garantias fundamentais nas cidades digitais.

É possível identificar, diante de tudo o que já foi apresentado até aqui, o surgimento de um novo direito universal voltado para esta sociedade hiperconectada, interligada, dependente de dados e de informações e que se encontra à mercê das vulnerabilidades ainda existentes no mundo virtual, que, por sua vez, decorrem da baixa cultura e do parco conhecimento mundial a respeito da proteção cibernética.

O mundo é digital, a sociedade é digital, e, portanto, as pessoas de hoje são – e necessitam ser – digitais. E neste contexto surge um direito universal dessa nova pessoa, que será analisado no início deste capítulo para, logo em seguida, possibilitar a apresentação da segurança cibernética como uma política pública que requer atenção prementemente especial.

Mais do que isso, impende reconhecer a segurança cibernética como um direito fundamental cujo reconhecimento normativo deve se verificar com urgência, posto que a segurança cibernética é essencial para a garantia de outros direitos fundamentais nas cidades digitais, entre eles o direito à proteção dos dados pessoais (reconhecido pela Emenda Constitucional nº 115/22) como corolário da proteção à privacidade e à intimidade e, consequentemente, à dignidade da pessoa humana.

Nesses termos é que se busca identificar os maiores desafios para o seu estabelecimento efetivo, chamando a atenção para a importância de uma atuação conjunta dos diversos setores da sociedade, com a utilização dos melhores talentos humanos, capazes de combinar as tecnologias mais inovadoras para ajudar as organizações a construir confiança com seus *stakeholders* e produzir resultados sustentáveis a partir da implementação de políticas de segurança cibernética.

Assim é que Beth Noveck defende, em sua obra *Solving Public Problems*, o treinamento de uma nova geração de líderes e solucionadores de problemas (os *solvers*), uma espécie de repensar o papel do servidor público e de suas habilidades, possibilitando acompanhar as mudanças tecnológicas e, com esse fim, financiar treinamentos e capacitações na busca por um governo mais eficaz.

Todavia, a autora mencionada explica que, para que essas habilidades possam ser desenvolvidas adequadamente, é preciso mais do que simples treinamentos; necessário se faz mudar a forma com que esses treinamentos e capacitações são realizados. Não basta apresentar conteúdos! É preciso apresentar as habilidades essenciais para a resolução de problemas públicos, desde a mais tenra idade, independentemente de onde exercerão, futuramente, seus trabalhos – seja no setor público, seja no privado.

Nessa linha de raciocínio, insta que o treinamento para resolução de problemas públicos deva começar pela definição do problema. Isso porque, muitas vezes, alunos são preparados para resolver problemas pré-estruturados e já definidos, e o que se busca na atualidade é o desenvolvimento da habilidade para, primeiro, enxergar o problema e, só em seguida, encontrar a solução:

> *At the University of Toronto the Reach Alliance is an honors capstone where students from medical engineering, public policy, management and biology form teams to address complex development challenges. Their work centers around conducting the research needed to define real-world problems. To date, ninety-three students have conducted eighteen case studies in fifteen countries.*[499]

---

[499] NOVECK, 2019, p. 80-98: "Na Universidade de Toronto, a *Reach Alliance* é um ponto alto de honra onde estudantes de engenharia médica, políticas públicas, gestão e biologia

Afirma, também, que pesquisas empíricas demonstram que apenas aprender a resolver problemas bem estruturados deixa os graduandos mal equipados para lidar com problemas abertos e reais. Lado outro, verdadeiros inovadores precisam aprender o ofício epistêmico de como definir um problema, seu contexto histórico e social, além de suas causas fundamentais.

E ela questiona:

> *How are we training those who govern? How are we teaching the leaders of tomorrow to be problem solvers instead of mere bureaucrats? How are we engaging more Young people in doing stuff that matters? How are we creating equitable educational opportunities by imbuing every student with the ability to improve one's own community and imparting domain expertise and problem-solving methods to help them become truly powerful?*[500]

Portanto, é preciso mudar a maneira como as crianças e os adolescentes são educados. É preciso desenvolver essa habilidade na busca por assegurar que mais jovens possam vir a ter oportunidades de trabalhar em desafios do mundo real e, desse modo, possibilitar o surgimento de uma geração de solucionadores de problemas que, com treinamento e capacitações adequados, com certeza impactarão consideravelmente toda a sociedade mundial.

Ademais, Hoffmann-Riem nos alerta para algo que precisa ser considerado como prioridade: "Um desafio é garantir a boa governança já durante o desenvolvimento de sistemas algoritmos – *Governance of Algorithms* – e também durante sua aplicação – *Governance by Algorithms*".[501] Assevera, ainda, o supramencionado autor, que uma das tarefas do Estado consiste na elaboração ou modificação de leis que possibilitem e estimulem a boa governança digital.[502]

---

formam equipes para enfrentar desafios complexos de desenvolvimento. Seu trabalho gira em torno da realização da pesquisa necessária para definir problemas do mundo real. Até o momento, noventa e três alunos realizaram dezoito estudos de caso em quinze países." (Tradução livre).

[500] NOVECK, 2019, p. 80-98: "Como estamos treinando aqueles que governam? Como estamos ensinando os líderes de amanhã a serem solucionadores de problemas em vez de meros burocratas? Como estamos engajando mais jovens em fazer coisas que importam? Como estamos criando oportunidades educacionais equitativas, imbuindo cada aluno com a capacidade de melhorar sua própria comunidade e transmitindo conhecimentos de domínio e métodos de resolução de problemas para ajudá-los a se tornarem verdadeiramente poderosos?" (Tradução livre).

[501] HOFFMANN-RIEM, 2022, p. 158.

[502] *Ibid.*

Nesta mesma senda, aponta-se ainda a possibilidade da construção da política pública de segurança cibernética a partir de auditorias coordenadas, conforme as normas da INTOSAI, que, no caso do Brasil, devem ser lideradas pelo TCU (Tribunal de Contas da União), a fim de realizar, ao lado da própria sociedade e demais órgãos responsáveis, a avaliação e o monitoramento necessários para a realização das melhorias adequadas, em prol de uma segurança cibernética que seja, de fato, resiliente, com objetivo de resguardar de forma eficiente a prestação de direitos e garantias fundamentais nas cidades digitais. Esse é o escopo do presente capítulo.

6.1 O direito universal da pessoa digital

Os fatos demonstram que a sociedade, nesta longa trajetória de transformações e revoluções, vem enfrentando um momento de mudanças rápidas e, talvez por isso, muitas vezes imperceptíveis.

A tecnologia entrou nas casas (literalmente) e passou a fazer parte da rotina diária. Tudo, hoje, é conectado – dos relógios de pulso, aos carros e cidades. Tudo pode ser controlado e monitorado à distância. O tempo e o espaço foram ressignificados diante da quebra de barreiras proporcionada pela internet. Obviamente que tudo isso traz inúmeras vantagens, e já discorreu-se sobre muitas delas neste estudo; lado outro, contudo, também já se alertou para os riscos provenientes dessa veloz e ampla mudança sociocultural global.

Neste contexto, não é difícil constatar a necessidade, urgente, do estabelecimento de regras, padrões, normas que direcionem os novos relacionamentos sociais, a fim de auxiliar na mitigação desses riscos e na garantia da eficácia e da eficiência dos direitos da pessoa humana. Um cenário que nos parece imensamente familiar se trouxermos à tona a tradicional (e tão atual) teoria tridimensional do direito, formulada originalmente pelo jusfilósofo Miguel Reale.

Conforme os doutos ensinamentos de Miguel Reale, o direito possui uma estrutura social axiológica e normativa, ou seja, ele decorre de três elementos que se inter-relacionam: o fato, o valor atribuído a este fato e a norma, que surge para regulamentar este fato com base no valor a ele aferido. Essa é a base da teoria tridimensional do Direito.

Na concepção de Reale, é preciso compreender que existe uma interdependência e uma correlação necessárias entre o fato, o valor e a norma que compõem a estrutura social, mas também axiológico-normativa, do Direito. E sob essa ótica, "fato, valor e norma são dimensões essenciais do direito, o qual é, desse modo, insuscetível de ser partido em fatias, sob pena de comprometer-se a natureza especificamente jurídica da pesquisa".[503] Nesses termos, nas palavras do próprio Miguel Reale:

> A jurisprudência ou ciência do direito é dialética e concretamente normativa, assim como o jurista como tal, só pode pensar sub *specie* regulativa, subordinando fatos e valorações à medida integrante que se contém nas regras de direito. Cada norma jurídica, considerada em si mesma, constitui uma integração racional de fatos e valores, tal como se aperfeiçoa graças à mediação do poder, o qual lhe assegura vigência nas conjunturas espácio-temporais. Quando o poder social ou o poder estatal, em virtude de seu ato decisório, aperfeiçoa o nascimento de uma norma costumeira ou legal, uma certa ordem de valores resulta consagrada, tornando-se obrigatória: a norma não é, assim, um "objeto ideal", mas uma realidade cultural, inseparável das circunstâncias de fato e do complexo de estimativas que condicionam o seu surgir e o seu desenvolvimento, a sua vigência e, à luz desta, a sua eficácia.[504]

Para o jurista, portanto, o direito possui esses três elementos formadores (fato, valor e norma), que se correlacionam de maneira indissociável, unitária e concreta, de modo que, por fato tem-se "o conjunto de circunstâncias que rodeiam o ser humano".[505] E com relação aos valores, consistem em uma análise particular dos fatos, externada por meio de uma reação de aprovação ou desaprovação influenciada pela cultura da época e do local, como bem ensina Tércio Sampaio Ferraz Júnior.[506] Dessa forma, há uma espécie de atitude valorativa em toda análise e conjecturas realizadas pela pessoa na sociedade, por meio da qual ela pode, ainda que subjetivamente, constatar que um fato é bom ou ruim, está certo ou errado, justo ou injusto etc.

O valor, que norteia todos os demais valores, no âmbito jurídico, encontra suas bases na dignidade da pessoa humana; dentre suas características tem-se a "referibilidade", que consiste na constatação de que os valores "são enquanto devem ser", de forma que servem como um parâmetro, possuindo uma ideia de norte, de orientação, que permite que os homens tenham um direcionamento para seu modo de agir.

---

[503] REALE, Miguel. *O direito como experiência*. 2. ed. São Paulo: Ed. Saraiva, 1992, p. 59.
[504] Ibid., p. 61.
[505] REALE, Miguel. *Filosofia do direito*. São Paulo: Ed. Saraiva, 2000. 19. ed. p. 553.
[506] FERRAZ JÚNIOR, Tércio Sampaio. *Introdução ao estudo do direito*: técnica, decisão, dominação. São Paulo: Ed. Atlas, 2019.p. 65.

Para Celso Lafer, "os valores referem-se à realidade, mas a ela não se reduzem, pois para Miguel Reale, têm um significado que aponta para uma direção de *dever-ser* das condutas humanas".[507]

Segundo Miguel Reale, os valores obrigam porque representam o homem como uma espécie de sua autoconsciência espiritual. Dessa forma, ainda que esses valores possam sofrer diversas mudanças no decurso do tempo, sempre terão, como fundamento, essa autoconsciência referencial da dignidade da pessoa humana.

Complementando os pressupostos da teoria tridimensionalista, chegou-se à norma, ou seja, à medida que liga os fatos ao valor, integrando-os, e a esse processo Miguel Reale chama de "nomogênese".[508] Isso porque, é importante reiterar, a norma não surge como consequência direta dos fatos, necessitando da observância bem como da devida valoração desses mesmos fatos.

Impende salientar, contudo, fazendo uso das palavras de Tércio Ferraz Júnior, que a "estrutura é dinâmica, toda positivação desencadeia, a partir dela, novas opções normativas (novas unidades integradas) e, por conseguinte, novos conflitos, donde um processo contínuo de positivações".[509]

Trazendo a teoria para esta tese, tem-se que a evolução tecnológica trouxe imensos avanços e proporcionou uma série de facilidades e benefícios que tornam a vida cotidiana mais fluida e eficiente. Isso é fato!

Lado outro, contudo, não possuímos uma estrutura suficiente para proteger, eficientemente, este espaço que interliga a todos em um mundo completamente digital. Ainda não é possível compreender bem este mundo, além de não conseguir construir um ambiente cibernético dotado de uma segurança razoável, que possa resguardar a confiança e afastar os riscos cada vez mais potentes e abrangentes.

Diante deste cenário, indivíduos inescrupulosos e mal-intencionados vêm fazendo uso das vulnerabilidades encontradas para cometer delitos, invadindo sistemas com diversas finalidades: lucro (cobrando para devolução dos dados tratados pela empresa), política ou, até mesmo, competitividade empresarial, com o intuito de manchar a reputação do concorrente. O fato é que os ataques cibernéticos vêm

---

[507] LAFER, Celso. *A legitimidade na correlação direito e poder:* uma leitura do tema inspirado no tridimensionalismo jurídico de Miguel Reale. São Paulo: Ed. Revista do Advogado, 2000. n. 61. p. 35-40. p. 39

[508] REALE, 1992, p. 192.

[509] FERRAZ JÚNIOR, Tércio Sampaio. Miguel Reale: o filósofo da teoria tridimensional do direito. *Revista brasileira de filosofia*, v. 59, n. 235, p. 39-52, 2010, p. 44.

crescendo exponencialmente (e se tornando cada vez mais ousados e técnicos), demonstrando quão necessária é a devida regulamentação de um procedimento de segurança que se demonstre realmente resiliente e resistente, enfim, forte o suficiente para assegurar a proteção dos direitos básicos de toda pessoa.

Por meio desta breve exposição já é possível constatar a presença de dois elementos constantes da Teoria Tridimensionalista do direito: fato e valor.

Percebem-se os resultados decorrentes da evolução tecnológica, dentre eles, os riscos cibernéticos, que vêm se avolumando em todo o mundo e, com base no momento atual, emite- se o juízo de valor: os riscos são gigantescos, comprometem a reputação institucional e são passíveis de gerar custos imensuráveis – e isso não é bom. Como se não fosse suficiente, impossibilita o livre e adequado exercício dos direitos fundamentais da pessoa humana, pois inferem medo, que, por sua vez, paralisa, limita a liberdade de opinião, de transmissão e da busca pelo conhecimento. Limita e prejudica o direito de privacidade diante da necessidade cada vez maior de controle e informações (até mesmo para garantir melhor segurança) e, obviamente, prejudica o direito de proteção de dados, o mais recente direito fundamental, reconhecido no texto constitucional brasileiro por meio da Emenda Constitucional nº 115, de 2022.

Diante da existência dos fatos e da valoração dos mesmos, é possível identificar a ausência do terceiro elemento: a norma. Não se tem, no momento, uma norma capaz de regulamentar a questão apresentada de maneira eficiente.

Uma norma que venha a assegurar adequadamente os direitos desse novo cidadão, que exsurge neste mundo globalmente hiperconectado: o cidadão digital. Uma pessoa que, em tese, sabe fazer o uso adequado da tecnologia ao seu dispor, para resolver problemas cotidianos, aumentar sua produtividade, acessar informações e estabelecer contatos com pessoas de diferentes nacionalidades e regiões do mundo.

Daniel Solove descreve bem essa "nova pessoa":

> Estamos no meio de uma revolução da informação e apenas começando a entender suas implicações. Nas últimas décadas testemunhamos uma transformação dramática na maneira como fazemos compras, fazemos transações bancárias e cuidar de nossos negócios diários – mudanças que resultaram em uma proliferação sem precedentes de registros e dados. Pequenos detalhes que foram uma vez capturados em memórias obscuras ou pedaços de papel desbotados são agora preservados para

sempre nas mentes digitais dos computadores, em vastos bancos de dados com campos férteis de dados pessoais. Nossas carteiras estão cheias de cartões, cartões telefônicos, cartões de compradores frequentes e cartões de crédito – todos que podem ser usados para registrar onde estamos e o que fazemos. Todo dia, grande fluxo de informações em cérebros elétricos para serem peneirados, classificados, reorganizados e combinados de centenas de maneiras diferentes. A tecnologia digital permite a preservação das minúcias do nosso dia a dia, idas e vindas de nossos gostos e desgostos, de quem somos e o que nós possuímos. É cada vez mais possível criar uma colagem eletrônica que cobre grande parte da vida de uma pessoa – uma vida capturada em registros, uma pessoa digital nas redes coletivas de computadores do mundo.[510]

É preciso, e necessário, estabelecer uma norma que regulamente o uso das tecnologias digitais, possibilitando que a sociedade extraia seus benefícios sem prejudicar o exercício dos seus direitos, principalmente os direitos humanos fundamentais, resguardando o direito universal do cidadão digital. Mas em que consistiria esse direito?

Neste contexto importa destacar, primeiramente, que por cidadania digital se compreende o uso da tecnologia de forma responsável e adequada, considerando a ética e a segurança no mundo cibernético, conforme informação divulgada no *site* do Centro Sebrae de Referência em Educação Empreendedora (CER/SEBRAE).[511]

O cidadão digital é a pessoa digital interagindo, na sociedade, com ética, respeito e responsabilidade. Esse cidadão tem direitos e deveres que não só devem ser amplamente reconhecidos, como necessitam ser expressados formalmente.

Tendo evidenciado os fatos, bem como a análise axiológica dos mesmos, resta, como ensina a teoria de Miguel Reale, a devida regulamentação no tocante aos direitos e garantias deste novo mundo cibernético.

Essa regulamentação, entretanto, não poderá ser dar em um aspecto meramente individual, tampouco setorial ou, mesmo, nacional, frente ao amplo alcance dos relacionamentos cibernéticos. Impende que se estabeleça uma normatização universal, que preveja a necessidade de uma observância compartilhada das normas estabelecidas em todo o mundo.

---

[510] SOLOVE, Daniel. *The digital person:* technology and privacy in the information age. NYU Press: 2004, p.1.
[511] CER. *Cidadania digital:* porque essa competência é essencial na educação contemporânea. Disponível em: https://cer.sebrae.com.br/blog/cidadania-digital-porque-essa-competencia-e-essencial-na-educacao- contemporanea/. Acesso em: 18 mar. 2022.

Beth Noveck, em artigo intitulado *"Crowdlaw*: inteligência coletiva e processos legislativos",[512] cita uma publicação de Susan Crawford na Wired Magazine, onde são questionados os benefícios de um acordo entabulado entre Toronto e o *Sidewalk Labs* (um subproduto do Google) para os cidadãos locais, por meio do qual a empresa deve coletar dados sobre tudo, "desde o uso da água local, qualidade do ar, até os movimentos humanos". No entanto, a população deverá ter pouco acesso ao aprendizado que essa coleta irá gerar para o Google, que, por sua vez poderá, depois, revender para outras cidades do mundo todas as informações extraídas em decorrência desse tratamento, inclusive para a própria cidade de Toronto.[513]

Com base no trecho supracitado, Noveck menciona a problemática vivenciada por diversas cidades (em todo mundo) com relação à forma de regulamentar essas novas tecnologias, quanto à forma de se posicionar diante das grandes empresas que as criaram. Como firmar esses acordos? Tem-se conhecimento suficiente para tirar os benefícios necessários para a sociedade e, ao mesmo tempo, proteger os cidadãos dos riscos porventura provenientes, muitos dos quais sequer se sabe da existência? São muitas as questões envolvidas não apenas no campo sócio-tecnológico como, ainda, no aspecto regulatório, político, moral, ético e legal.

Nesse sentido, a autora explica que essa demanda governamental por legislar e regulamentar uma grande quantidade de questões tem se tornado mais difícil e urgente, por força da evolução dessas novas tecnologias. Como consequência, surge a necessidade de aumentar a qualidade do processo de elaboração das leis fazendo uso de mais inteligência coletiva, de *expertise* e do conhecimento das mais diversas fontes, na busca por assegurar mais legitimidade.[514]

Diante dessa constatação, Noveck apresenta-nos a ideia do *Crowdlaw*, uma iniciativa que, em suas próprias palavras, "agrega conhecimento cognitivo e perspectivas éticas diversas ao processo de deliberação e tomada de decisão que envolve o processo legislativo e pode permitir, com isso, o aprimoramento da qualidade e da efetividade dos resultados".[515]

---

[512] NOVECK, 2019, p. 80-98.
[513] CRAWFORD, Susan Beware of Google's Intentions. *Wired*. 2018. Disponível em: https://www.wired.com/story/sidewalk-labs-toronto-google-risks/. Acesso em: 19 mar. 2022.
[514] NOVECK, 2019, p. 80-98.
[515] *Ibid.*, p. 80-98.

Tudo isso considerando a necessidade de maior engajamento do cidadão, o que requer, para a eficácia do programa, melhor delimitação acerca da participação social, com regras claras e específicas.

Noveck assegura que "a questão central é saber se as mudanças resultantes aprimoram ou degradam a efetividade dos processos legislativos, entendendo efetividade, aqui, como a habilidade desses processos de oferecerem uma solução para um problema dado".[516] Pouco mais à frente, Beth Noveck ainda assevera:

> No que tange à questão da regulação de novas tecnologias (apesar de as mesmas preocupações aplicarem-se a outros temas, como o aquecimento global ou a segurança nuclear), servidores públicos geralmente tem que lidar com o conhecido "dilema do bonde" (Cassani Davis, 2015). Existem crenças generalizadas de que os sistemas de inteligência artificial – como os veículos autônomos ou robôs – cometem menos erros do que os seres humanos ou que a manipulação genética irá curar várias doenças. Entretanto, há pouquíssimo consenso em torno das implicações éticas ou legais dessas práticas que nos remetem a inúmeros problemas de segurança e riscos ainda não antecipados.
> As incertezas incluem determinações sobre quando é o momento certo para testar tais tecnologias. Qual seria um nível aceitável de risco? Como podemos pesar e avaliar, precisamente, os diferentes benefícios ou malefícios morais?[517]

Dando sequência ao raciocínio, a autora ratifica a necessidade de práticas regulatórias que possam proteger os cidadãos, práticas que denomina de "regulação antecipatória", que consiste, conforme seus ensinamentos, em um diálogo mais aberto e transparente entre todos os agentes envolvidos, a fim de que seja estabelecida uma regulamentação de fato adequada (nem tão pesada e nem tão leve), que não seja *top-down*, mas flexível em observância à dinamicidade que rege as relações que envolvem tecnologia da informação e comunicação.

Para que isso seja possível, necessário se faz uma maior proximidade e interatividade entre os agentes, de forma a produzir conhecimento mais profundo sobre os problemas a serem tratados.

Nisto consiste o *crowdlaw*, em uma nova forma de construção de processos colaborativos para a elaboração de leis e políticas públicas que impulsionam o uso das novas tecnologias. Como exemplo, a autora

---

[516] *Ibid.*, p. 80-98.
[517] *Ibid.*, p. 80-98.

cita o caso de uma plataforma experimental de *e-consulta* pública que foi utilizada em Taiwan:

> A plataforma experimental de e-consulta vTaiwan, criada e liderada pela CTO taiwanesa Audrey Tang, permite que o público em geral participe de um processo contínuo de identificação de problemas. (...)
> Os participantes compõem, de modo colaborativo, um glossário online aberto para garantir que os termos sejam definidos e compreendidos por todos. Eles detalham as definições do problema e, se a definição do problema for acordada pelos participantes, eles prosseguem com uma sessão de "descoberta". Eles usam esse encontro para descobrir as questões que todos consideram importantes. Somente após esse processo, cada grupo auto selecionado parte para a discussão de soluções. O método vTaiwan utiliza o Pol.is, um *software* de aprendizado de máquina que classifica e agrupa as respostas em categorias para uma revisão e discussão mais eficiente. Isso permite a formação de grupos de trabalho – não apenas a mera atenção à ideia mais popular – que podem transformar os achados acerca de um problema em recomendações de políticas públicas entregues à administração. Em mais de 80% dos casos, as questões definidas publicamente levaram à ação do governo, em grande parte porque o processo envolve servidores públicos, legisladores, cidadãos e partes interessadas na conversa desde o início. Como explicam os criadores, o processo que perseguem é projetado pra levar à "coerência" e não ao consenso.[518]

Mais à frente, cita, ainda a título exemplificativo, o *Erasmus Dashboard*, um programa experimental da União Europeia, sem fins lucrativos, que "escuta" opiniões expressas no *Twitter*, *Facebook* e demais mídias sociais, a fim de identificar o que a juventude está comentando a respeito da aprendizagem de programas de mobilidade, com o objetivo de fornecer *inputs* que possam trazer maior elucidação para os responsáveis pelas políticas públicas e demais partes interessadas.

No entanto, alerta para o outro lado da moeda (sempre existente), que são os riscos do mau uso dessas ferramentas. É preciso não descurar dessa questão.

Como boas práticas, Beth Noveck cita, entre outras coisas, a criação do Marco Civil da Internet, no Brasil – uma legislação que passou por um processo interativo prévio, por meio do qual o Ministério da Justiça publicou um rascunho da lei em um *site* e permitiu que cidadãos e organizações, além de empresas e partidos políticos, pudessem ler

---

[518] NOVECK, 2019, p. 80-98.

e enviar suas contribuições. O projeto de lei surgiu após três fases de redação colaborativa e mais de 800 contribuições.[519]

Ao final do artigo, a autora chama a atenção para o fato de que uma democracia de fato colaborativa não deve se restringir às eleições, porque o simples ato de votar, periodicamente, não é suficiente para estreitar os laços do cidadão com o poder público, conferindo responsabilização e legitimidade democráticas, de fato.

Por isso ela defende a ideia de que práticas como a *crowdlaw* permitem um desempenho mais ativo do cidadão na máquina governamental e, por outro lado, auxiliam na formulação de políticas públicas mais eficazes e eficientes, fazendo o bom uso das tecnologias de comunicação e informação.

No mesmo sentido manifestam-se Thami Piaia e Jacson Cervi, segundo os quais uma forma de incentivar instrumentos de participação e controle sociais é o fomento de políticas públicas de participação local, como plebiscitos, audiências públicas, consulta popular, entre outras, que poderão assegurar maior legitimidade às decisões tomadas pelo Governo, restaurando a credibilidade da sociedade.[520]

É possível verificar a importância de uma estratégia compartilhada nesse aspecto, e considerando os problemas atuais, decorrentes da ainda ineficiente segurança cibernética, bem como o alcance e os impactos que os diversos crimes nesta área vêm causando, impende analisar a necessidade de uma normatização que regulamente o uso das tecnologias e a implementação de uma segurança cibernética em nível global, de forma cooperada e compartilhada, em uma soma de esforços em prol do bem comum, funcionando como verdadeiro corolário do direito universal da pessoa digital.

Isso possibilitará que o cidadão moderno faça o bom uso das tecnologias sem abrir mão de direitos humanos fundamentais, como a privacidade, a intimidade e a proteção de dados, com a certeza de que pode contar com uma segurança suficiente para a proteção adequada desses direitos.

Necessário se faz reiterar, neste ponto, que uma norma que garanta uma segurança cibernética mais eficiente e eficaz precisa ser construída de maneira compartilhada e cooperada, passível

---

[519] NOVECK, 2019, p. 80-98.
[520] PIAIA, Thami Covatti; CERVI, Jacson Roberto. A influência da *path dependence* no processo de construção das políticas de desenvolvimento sustentável no Brasil. *Revista Libertas*. Direito UFOP, Ouro Preto. v. 3, n. 2, pp. 71-92, fev./mar. 2018, p. 89.

de ser aplicada em todo o ambiente cibernético, o que requer uma ressignificação da soberania e da competência no cibermundo.

Analisando o direito ao desenvolvimento como um direito humano, Lauro Ishikawa conclui seu raciocínio com um pensamento que é perfeitamente aplicável a toda essa problemática que envolve o desenvolvimento de uma segurança cibernética eficiente e eficaz, de modo a assegurar os direitos do cidadão digital:

> À toda evidência, o desenvolvimento humano considera o homem na sua integralidade e o convívio social não prescinde da observância de seus direitos essenciais, no reconhecimento de sua dignidade plena. A cooperação internacional organizada de forma estratégica, levando-se em consideração a promoção dos direitos civis, políticos, sociais, econômicos e culturais, assim conectados e, portanto, sem fragmentação, sob pena de mitigação, traduz o desafio da efetivação do direito ao desenvolvimento, tornando-se lugar comum também nos debates acadêmicos nas mais diversas áreas do conhecimento, em especial, na doutrina religiosa cristã. O esforço na construção de uma aliança global para o desenvolvimento sustentável, retrata a dificuldade do cumprimento dos compromissos assumidos pelos Estados-nações, reforçando a ideia de tratar-se de um soft law, cuja ausência de sanção, entretanto, não pode significar autorização para mitigar ou violar direitos humanos.[521]

Desse modo, cumpre abrir um breve parêntese para trazer à baila a temática do modelo duplo controle jurisdicional, que envolve o controle da constitucionalidade e também o controle da convencionalidade.

No controle de constitucionalidade compete ao magistrado, no exercício de sua função jurisdicional, analisar a compatibilidade da norma (a ser aplicada) à Constituição da República, que é, reconhecidamente, pressuposto de validade para as demais leis.

Por sua vez, o controle da convencionalidade consiste em aferir se a norma é compatível com os tratados e as convenções internacionais que foram devidamente ratificadas pelo Brasil.

Consoante ensinamento de Luiz Flávio Gomes, trata-se de um controle de compatibilidade vertical:

> (...) toda lei ordinária, doravante, para ser válida, deve (então) contar com dupla compatibilidade vertical material, ou seja, deve ser

---

[521] ISHIKAWA, Lauro. Direito ao desenvolvimento. In: *Enciclopédia Jurídica da PUC/SP*. Tomo: Direitos Humanos. 1. ed. mar. 2022. Disponível em: https://enciclopediajuridica.pucsp.br/tomo/12. Acesso em: 05 maio 2022, p. 18.

compatível com a Constituição brasileira bem como com os tratados de direitos humanos em vigor no país. Se a lei (de baixo) entrar em conflito (isto é: se for antagônica) com qualquer norma de valor superior (Constituição ou tratados) ela não vale (não conta com eficácia prática). A norma superior irradia uma espécie de "eficácia paralisante" da norma inferior (como diria o ministro Gilmar Mendes). Duplo controle de verticalidade: do ponto de vista jurídico a consequência natural do que acaba de ser exposto é que devemos distinguir com toda clareza o controle de constitucionalidade do controle de convencionalidade das leis. No primeiro é analisada a compatibilidade do texto legal com a Constituição. No segundo o que se valora é a compatibilidade do texto legal com os tratados de direitos humanos. Todas as vezes que a lei atritar com os tratados mais favoráveis ou com a Constituição, ela não vale.[522]

O controle de convencionalidade ganhou expressão internacional após julgamento, realizado pelo Conselho Constitucional da França, que culminou na Decisão 74-54 DC/75, acerca de uma lei referente a uma questão envolvendo interrupção voluntária da gestação frente ao direito à vida do feto. Ao realizar a análise do caso, o Conselho francês reconheceu existir dois modos de controle normativo: o controle da constitucionalidade e o controle da convencionalidade.

Considerando, em primeiro lugar, que nos termos do artigo 55 da Constituição: "Os tratados ou acordos regularmente ratificados ou aprovados têm, desde sua publicação, uma autoridade superior àquela das leis, sob condição, para cada acordo ou tratado, de serem aplicados pela outra parte" (...) Considerando, com efeito, que as decisões tomadas em aplicação do artigo 61 da Constituição revestem um caráter absoluto e definitivo, tal como resulta do artigo 62, que obsta a promulgação e a vigência de toda disposição declarada inconstitucional; que, ao contrário, a superioridade dos tratados sobre as leis, cujo princípio está estatuído no artigo 55 já citado, apresenta um caráter ao mesmo tempo relativo e contingente, tendo em vista, por um lado, que ela é limitada ao campo de aplicação do tratado e, por outro lado, que ela é subordinada a uma condição de reciprocidade cuja realização pode variar conforme o comportamento do ou dos Estados signatários do tratado e o momento em que deve ser apreciado o respeito dessa condição; (...) Considerando que assim o controle do respeito ao princípio enunciado no artigo 55 da Constituição não poderia ser exercido no contexto do exame previsto

---

[522] GOMES, Luiz Flávio. *Controle de legalidade, de convencionalidade e de constitucionalidade.* Disponível em: http://www.lfg.com.br. Acesso em: 05 maio 2022.

no artigo 61, em razão da diferença de natureza desses dois controles.[523] (Tradução livre)

A expressão "controle de convencionalidade" usou a mesma lógica da nomenclatura "controle de constitucionalidade", onde esta toma por base o texto constitucional, e aquela considera os acordos, tratados internacionais e convenções, no caso da Corte Francesa, em especial, a Convenção Europeia de Direitos do Homem.

De acordo com Valério Mazzuoli, consiste na "compatibilização da produção normativa doméstica com os tratados de direitos humanos ratificados pelo governo e em vigor no país".[524]

A questão que surge a respeito dessa espécie de controle consiste na competência para essa decisão ou, como afirmou Carl Schmitt, "quem é o guardião dos tratados e convenções de direitos humanos?", que adaptando à problemática discutida nesta tese, permitiria-nos questionar: quem é o guardião e o responsável por garantir a segurança no mundo cibernético?

No tocante, ainda, ao controle de convencionalidade, importa esclarecer que no entendimento doutrinário a prevalência do poder jurisdicional na defesa dessas normas internacionais de direitos humanos configura não uma exclusividade, mas uma espécie de protagonismo, como bem explicam Denisson Chaves e Monica Sousa[525] tomando por base que, para o direito internacional, os direitos humanos

---

[523] "Considérant, en premier lieu, qu'aux termes de l'article 55 de la Constitution: "Les traités ou accords régulièrement ratifiés ou approuvés ont, dès leur publication, une autorité supérieure à celle des lois, sous réserve, pour chaque accord ou traité, de son application par l'autre partie"; (...) Considérant, en effet, que les décisions prises en application de l'article 61 de la Constitution revêtent un caractère absolu et définitif, ainsi qu'il résulte de l'article 62 qui fait obstacle à la promulgation et à la mise en application de toute disposition déclarée inconstitutionnelle ; qu'au contraire, la supériorité des traités sur les lois, dont le principe est posé à l'article 55 précité, présente un caractère à la fois relatif et contingent, tenant, d'une part, à ce qu'elle est limitée au champ d'application du traité et, d'autre part, à ce qu'elle est subordonnée à une condition de réciprocité dont la réalisation peut varier selon le comportement du ou des Etats signataires du traité et le moment où doit s'apprécier le respect de cette condition; (...) Considérant qu'ainsi le contrôle du respect du principe énoncé à l'article 55 de la Constitution ne saurait s'exercer dans le cadre de l'examen prévu à l'article 61, en raison de la différence de nature de ces deux contrôles (...)". FRANÇA. Conselho Constitucional. Decisão nº 74-54 DC, de 15 de janeiro de 1975. Disponível em: https://www.conseil-constitutionnel.fr/decision/1975/7454DC.htm. Acesso em: 08 jul. 2022.

[524] MAZZUOLI, Valério de Oliveira. O controle jurisdicional da convencionalidade das leis. São Paulo: Revista dos Tribunais, 2013, p. 5.

[525] CHAVES, Denisson; SOUSA, Mônica Teresa Costa. O controle de convencionalidade e a autoanálise do poder judiciário brasileiro. Revista da Faculdade de Direito – UFPR. Curitiba. v. 61, n. 1. jan/abr. 2016, p. 87-113.

devem ser analisados, sempre, mediante uma ação conjunta entre Poderes e instituições, não competindo falar em atos isolados nesse sentido.

Ademais, prosseguem os autores ressaltando que na maioria dos países os Poderes Legislativo e Executivo atuam conjuntamente no processo de incorporação dos tratados, convenções e acordos internacionais, no ordenamento jurídico pátrio, tal como se dá no Brasil; contudo, como bem alerta Valério Mazzuoli, este último caso se trata do exercício das suas competências originárias, e não de um controle propriamente falando.[526]

Para a Corte Interamericana de Direitos Humanos, a atividade dos tribunais internacionais configura legítima a aplicação do controle de convencionalidade.[527] A questão com relação à competência, todavia, permanece no que se refere ao controle de convencionalidade a ser exercido pelos juízes e tribunais nacionais (jurisdição interna), frente ao princípio da soberania do Estado, o que vem sendo, de certa forma, mitigado em decorrência do necessário cumprimento da obrigação constitucional, que impele o judiciário a realizar essa espécie de controle.

Nesse sentido, Valério Mazzuoli destaca que se o Poder Judiciário de um país se omitir ou se negar a realizar o controle de convencionalidade, estará se abstendo de exercer a própria justiça constitucional e, aduz ainda, que apesar da expressão "controle de constitucionalidade" ter surgido na Europa, seu conceito se difundiu e amadureceu na América, passando a compor um rol de mecanismos de defesa quanto aos direitos e garantias do homem: o Sistema Interamericano de Proteção aos Direitos Humanos.[528]

Configura, desse modo, o controle de convencionalidade, um mecanismo reconhecidamente eficiente para a proteção e efetivação dos direitos humanos, que surge como uma espécie de dever/poder de aplicabilidade desses direitos no âmbito de cada Estado. E é nesta toada,

---

[526] MAZZUOLI, 2013, p. 34.

[527] "De manera semejante a la descrita en párrafo anterior, existe un 'control de convencionalidad' depositado en tribunales internacionales – o supranacionales – creados por convenciones de los derechos humanos interpretar y aplicar los tratados de esta materia y pronunciarse sobre hechos supuestamente violatorios de las obligaciones estipuladas en esos convenios, que generan responsabilidad internacional para el Estado que ratificó la convención o adhirió a ella". CORTE INTERAMERICANA DE DIREITOS HUMANOS. Caso Acevedo Buendía e outros vs. Peru. Voto fundamentado do juiz Sergio García Ramirez, de 24.11.2006. Disponível em: https://www.cnj.jus.br/wp-content/uploads/2016/04/d48d60862a92e17629044146a3442656.pdf. Acesso em: 08 jul. 2022.

[528] MAZZUOLI, op. cit.

reconhecendo a necessidade de se analisar a perspectiva da defesa do ser humano e seus direitos, diante do alcance global dos efeitos, decorrentes dos negócios entabulados no mundo cibernético, que o controle de convencionalidade alcança papel de destaque na busca por uma regulamentação eficiente e eficaz do direito e da segurança cibernéticos.

Afinal, como bem alerta Ana Beatriz Dias, o direito constitucional e o direito internacional devem atuar em sintonia para a proteção dos direitos humanos e, por esse motivo, não é mais possível a atuação sem interlocução, razão pela qual o controle de convencionalidade se mostra como importante instrumento de harmonização da esfera interna com o sistema internacional.[529]

No que concerne, especificamente, à segurança cibernética, é necessário reforçar a ideia de que se trata da proteção realizada em um ambiente digital (chamado de ciberespaço) e que está direcionada a mitigar ameaças e resguardar valores perpetrados neste novo e diferenciado ambiente globalmente compartilhado.

Nesse sentido, Jorge Gouveia chama a atenção para o fato de que deve ter, como ponto de partida, essa nova realidade vislumbrada no ciberespaço, onde os relacionamentos travados por organizações e por indivíduos se tornam mais próximos, ao mesmo tempo em que os conflitos adquirem novas perspectivas e, desse modo, requerem a regulamentação de um Direito do Ciberespaço que, segundo o autor, consiste em um subsistema jurídico, que engloba as dimensões pública e privada, com o escopo de regular não só o uso dessas novas tecnologias como, também, os diversos desafios que delas surgem, bem como todas as atividades que se dão nesse novo ambiente, na defesa das pessoas e instituições.[530]

Paralelamente, complementando o raciocínio já exposto, é necessário investir em um forte trabalho de conscientização individual na busca pelo fortalecimento e amadurecimento da cultura digital para todos, de maneira inclusiva e universal. Não adianta legislar sem conscientizar, principalmente na era da informação.

---

[529] DIAS, Ana Beatriz. Controle de convencionalidade. Da compatibilidade do direito doméstico com os tratados internacionais de direitos humanos. *In:* Defensoria Pública Geral do Estado do Rio de Janeiro – DPGE, 2018. p. 40-50. p. 50. Disponível em:http://cejur.rj.def.br/uploads/arquivos/b2009a1a72a742d48483fc2f80e3a585.pdf. Acesso em: 20 mar. 2022.

[530] GOUVEIA, Jorge Barcelar. Direito do ciberespaço e segurança cibernética. *Revista Jurídica Portucalense.* nº 29. Universidade Portucalense: Porto, p. 59-77, 2021. Disponível em: https://revistas.rcaap.pt/juridica/article/view/24897. Acesso em: 14 abr. 2022, p. 63.

É preciso alertar a sociedade para o fato de que ter muita informação não significa ser bem informado. O problema, hoje, não reside na falta de informação, mas na falta de sabedoria para lidar com as muitas e diversas informações que nos chegam às mãos; a falta de maturidade para uma análise crítica, segura e coerente a respeito delas, de modo a utilizá-las adequadamente.

É preciso educar para que o novo cidadão saiba realizar o diagnóstico correto, filtrando devidamente as informações que lhes chegam às mãos e, com base nisso, possa construir um conhecimento adequado, que lhe permita uma tomada de decisão assertiva e auxilie não apenas a ele, como a todos, na sua vida social cotidiana.

Nesse aspecto, relatório divulgado pela OCDE (*Education at a Glance*)[531] analisou o investimento em educação nos seus países membros e em mais dez países parceiros, entre eles o Brasil, e divulgou que os países da OCDE investem, em média, US$10.500 por aluno em nível básico e fundamental, e US$17.100 em nível superior. Na análise do relatório consta a seguinte informação:

> O gasto anual por aluno em instituições de ensino do ensino fundamental ao ensino superior fornece uma avaliação do investimento feito em cada aluno. Em 2018, o gasto médio anual por aluno do ensino fundamental ao ensino superior nos países da OCDE como um todo foi de quase US$ 11.700. Mas essa média esconde uma ampla gama de gastos nos países da OCDE e parceiros. O gasto anual por aluno nesses níveis variou de cerca de US$ 3.100 na Colômbia a cerca de US$ 18.000 na Noruega e nos Estados Unidos e a mais de US$ 24.900 em Luxemburgo. Os impulsionadores das despesas por aluno variam de país para país e por nível de ensino: os países com as maiores despesas por aluno matriculado no ensino primário ao ensino superior (por exemplo, Luxemburgo e Estados Unidos) também estão entre aqueles que tendem a pagar seus professores no ensino fundamental e médio. Em contraste, a Colômbia tem uma das maiores proporções de alunos por corpo docente, o que tende a reduzir os custos.[532]

O relatório divulgado pela OCDE constatou que o Brasil é um dos países que mais investe em educação tomando por base,

---

[531] OCDE. *Education at a Glance 2018*. Disponível em: https://www.oecd.org/education/education-at-a-glance/. Acesso em: 21 mar. 2022.
[532] OCDE. *Visão geral da educação 2021:* Indicadores da OCDE. Disponível em: https://www.oecd-ilibrary.org/sites/b35a14e5-en/1/3/4/2/index.html?itemId=/content/publication/b35a14e5-en&_csp_=9689b83a12cab1f95b32a46f4225d1a5&itemIGO=oecd&itemContentType=book. Acesso em: 21 mar. 2022.

proporcionalmente, o PIB. Todavia, é o que menos gasta com alunos da rede pública por ano.

Conforme o relatório publicado, os países que possuem maior gasto anual por aluno, no ensino básico, são Luxemburgo, Áustria, Bélgica, Noruega, Estados Unidos, Coréia do Sul, Suécia, Canadá, França e Holanda.

De acordo com as informações, o Brasil investiu aproximadamente 5,6% do PIB (Produto Interno Bruto) na área educacional, ficando atrás de países como Suécia, Bélgica, Finlândia e Noruega. Todavia, o valor investido por aluno está bem aquém da média dos demais países da OCDE. Enquanto o investimento médio desses países, por aluno do ensino básico, é de US$9.300 anuais, o Brasil investe apenas US$3.866. Menos da metade! No ensino superior a diferença diminui um pouco, posto que nos demais países da OCDE o investimento é de US$16.100, enquanto o Brasil investe aproximadamente US$14.202.

Considerando apenas os países da América Latina, Chile e Argentina, por exemplo, investem mais, por aluno, do que o Brasil.

O relatório traz, ainda, uma constatação importante: consoante análise dos dados coletados, o Brasil não investe pouco em educação, se for escrutada a proporção dos investimentos com relação ao Produto Interno Bruto (PIB) brasileiro. O problema, conforme análise realizada, não está no total do investimento, mas na qualidade e na execução dos gastos voltados para a área de educação. Isso porque, apesar da forte pressão social para aumentar os gastos em educação, evidências demonstram que a baixa qualidade (consoante informações contidas no relatório) não se deve à insuficiência de recursos, e ainda importa considerar que, consoante já estabelecido em literatura sobre o tema, as políticas baseadas apenas na ampliação de insumos educacionais têm se mostrado ineficazes.[533]

Tais informações demonstram a necessidade de investir em políticas públicas voltadas para a educação e que demonstrem maior eficácia e maior comprometimento. No tocante aos resultados almejados, principalmente com relação à qualidade do ensino e à educação digital, a necessidade de investimento se mostra ainda maior e mais urgente – diante de todos os fatos já apresentados.

---

[533] OLIVEIRA, Kelly. Educação – Brasil gasta 6% do PIB em educação, mas desempenho escolar é ruim. *Agência Brasil*. Disponível em: https://agenciabrasil.ebc.com.br/educacao/noticia/2018-07/brasil-gasta-6-do- pib-em-educacao-mas-desempenho-escolar-e-ruim. Acesso em: 22 mar. 2022.

O relatório da OCDE constatou, também, que o Japão é o país com nível educacional mais uniforme, com pouco mais de 9% de variação de desempenho entre os alunos de diferentes classes econômicas e pouquíssimo índice de evasão escolar: 96,7% dos jovens japoneses concluem o ensino médio, uma taxa consideravelmente alta se formos levar em consideração que a média dos países da OCDE é de 76% e, no Brasil, não ultrapassa os míseros 46%.

Entre as explicações apresentadas para o bom resultado japonês está a distribuição de professores, com elevada capacitação para diversas áreas do país, equilibrando as regiões urbanas e rurais. Os professores japoneses não são contratados por escolas, mas por províncias, podendo ser realocados a cada três anos. Algo similar ao sistema de concursos e processos seletivos que existe no Brasil, porém, com uma diferença importante: no Japão as províncias analisam as demandas de cada escola para escolher os profissionais que melhor se adequam às suas necessidades (isso não acontece no Brasil), e as realocações vão diminuindo conforme o profissional vai adquirindo mais experiência e vivenciando diferentes perfis sociais.

A respeito do investimento, o Japão aplica 3,3% do seu PIB em educação e gasta US$8,7 por aluno, aproximadamente; todavia, as escolas possuem construções simples, com uma infraestrutura enxuta. Os materiais escolares são impressos em papel simples, e a limpeza da escola é da responsabilidade dos próprios professores e alunos. Tudo isso possibilita salários mais altos para os professores.

Importa ainda salientar que os professores japoneses possuem maior autonomia com relação aos planos de ensino e são incentivados a compartilhar experiências com os colegas. Além disso, o foco do ensino se baseia na resolução de problemas, não se restringindo a apresentação de conteúdos fechados e específicos para cada disciplina, como se dá na abordagem tradicional presente no Ocidente.[534]

Diante dessas informações é possível constatar que a cooperação e a participação de todos (cidadãos, empresas, Administração Pública, demais instituições, posto que é necessário *compliance* não só das instituições públicas, como também das instituições privadas) em nível transnacional e com um sólido investimento na educação digital,

---

[534] BASSO, Murilo. Educação. Como o Japão conseguiu dar educação de qualidade a ricos e pobres. *Gazeta do Povo*. Disponível em: https://www.gazetadopovo.com.br/educacao/como-o-japao-conseguiu-dar-educacao-de-qualidade-a-ricos-e-pobres-5gpf9jejr8vevt1cbf31h80nf/. Acesso em: 22 mar. 2022.

de forma a fomentar um raciocínio crítico no que concerne a todas as informações disponíveis na internet, favorece a elaboração de normas que assegurem o bom uso das tecnologias de informação e comunicação, em observância aos direitos desta nova pessoa, que clama por dignidade em um novo, amplo e integrado mundo – o mundo cibernético.

Riscos sempre existirão, mas é possível mitigá-los e, o mais importante, preparar para preveni-los adequadamente. Desse modo é que se estará mais próximo da observância efetiva de um direito universal da pessoa digital.

6.2 A segurança cibernética como política pública – desafios para sua efetividade

O que está compreendido no conceito de políticas públicas? É possível conceituá-las como políticas sociais?

Proveniente do latim *politiké*, a palavra "política" encontra as seguintes definições:

> po·lí·ti·ca – *sf*
> 1 Arte ou ciência de governar.
> 2 Arte ou ciência da organização, direção e administração de nações ou Estados (...).
> 3 Aplicação dessa arte nos negócios internos da nação (política interna) ou nos negócios externos (política externa (...).
> (...)
> 4 Arte ou vocação de guiar ou influenciar o modo de governo pela organização de um partido, pela influência da opinião pública, pela aliciação de eleitores etc;[535]

Na concepção de Nicola Abbagnano, por sua vez, a palavra "política" significa:

> (gr. Πολιτική; lat. *Política*; in. *Politics*; fr. *Politique*; AL. *Politik*; it. *Politica*). Com esse nome foram designadas várias coisas, mais precisamente: 1ª a doutrina do direito e da moral; 2ª a teoria do Estado; 3ª a arte ou a ciência do governo; 4ª o estudo dos comportamentos intersubjetivos.

---

[535] MICHAELIS. Dicionário Brasileiro da Língua Portuguesa. *Política*. Disponível em: https://michaelis.uol.com.br/moderno-portugues/busca/portugues-brasileiro/politica. Acesso em: 08 jul. 2022.

1ª O primeiro conceito foi exposto em Ética, de Aristóteles. A investigação em torno do que deve ser o bem e o bem supremo, segundo Aristóteles, parece pertencer à ciência mais importante e mais arquitetônica: *"Essa ciência parecer ser a política. Com efeito, ela determina quais são as ciências necessárias nas cidades, quais as que cada cidadão deve aprender, e até que ponto"*.(Et. Nic. I, 2, 1094 a 26).

(...)

2ª O segundo significado do termo foi exposto em *Política* de Aristóteles: *"Está claro que existe uma ciência à qual cabe indagar qual deve ser a melhor constituição: qual a mais apta a satisfazer nossos ideais sempre que não haja impedimentos externos; e qual a que se adapta às diversas condições em que possa ser posta em prática. Como é quase impossível que muitas pessoas possam realizar a melhor forma de governo, o bom legislador e o bom político devem saber qual é a melhor forma de governo em sentido absoluto e qual é a melhor forma de governo em determinadas condições"* (*Pol.*, IV, 1, 1288 b 21). Nesse sentido, segundo Aristóteles, a Política tem duas funções: 1ª descrever a forma de Estado ideal; 2ª determinar a forma do melhor Estado possível em relação a determinadas circunstâncias. (...)[536]

O dicionário etimológico *online* ensina, ainda, que a palavra *politikos* significa "cívico", e o termo é proveniente da palavra *polites*, que traz o sentido de cidadão: em uma "sociedade como a grega, em que a vida pública interessava a todos os cidadãos, os *politikos* eram aqueles que se dedicavam ao governo da polis ("a cidade" ou "o Estado"), colocando o bem comum acima de seus interesses individuais".[537]

Percebe-se, pelo exposto, que não existe um uso uníssono para a palavra política, razão pela qual defini-la se torna uma tarefa um tanto quanto complexa. Em se tratando de "políticas públicas" a situação, obviamente, permanece.

Segundo Stella Theodolou, para falar de políticas públicas importa analisar alguns elementos comuns que se encontram presentes em seu conceito:

a) As *políticas públicas* devem distinguir entre o que o governo pretende fazer e o que ele realmente faz, visto que a omissão do governo é tão importante quanto a sua ação;

---

[536] ABBAGNANO, Nicola. *Dicionário de filosofia*.Tradução: Alfredo Bosi. 2. ed. São Paulo: Martins Fontes, 1998, p. 773-774.
[537] DICIONÁRIO ETIMOLÓGICO. *Político*. Disponível em: https://www.dicionarioetimologico.com.br/politico/. Acesso em: 23 jan. 2022.

b) No plano ideal, *políticas públicas* envolvem todos os níveis de governo não se restringindo ao que a doutrina chama de *"atores formais"*.

c) Trata-se de um tema que *"invade a ação governamental"*, não se limitando à legislação, a ordens executivas, a regras ou regulação e, tampouco, a instrumentos formais de agir do poder público;

d) Envolvem um *curso de ação intencional*, com fins específicos;

e) Envolvem, também, um processo em desenvolvimento, visto que compreendem, ainda, ações subsequentes de implementação, apoio e avaliação.[538]

Por esse motivo, políticas públicas são, para a autora supramencionada, decisões que "se constroem a partir do signo da multiplicidade, e hão de ser entendidas numa perspectiva de continuidade, de projeção para o futuro, de resultados almejados, e de obrigações que se tenha, por instrumentais ao alcance desses mesmos efeitos".[539]

Pode-se afirmar que se trata de uma área cujo objetivo maior consiste em provocar a atuação do Governo, no sentido de mudanças e ajustes a serem realizados na sociedade, em prol de uma observância efetiva dos direitos fundamentais dos cidadãos.

Todavia, Thomas Dye há muito já afirmava que políticas públicas são "tudo aquilo que os governos escolhem fazer ou deixar de fazer", e corroborando a ideia de que a omissão deliberada do governo também configura uma política pública, encontra-se Heidemann.[540]

É nesse sentido que o Referencial de Controle de Políticas Públicas publicado pelo Tribunal de Contas da União declara:

> Considerando o mandato e as competências dos órgãos de controle externo no Brasil, para fins do presente Referencial de Controle de Políticas Públicas, são consideradas políticas públicas o conjunto de intervenções e diretrizes emanadas de atores governamentais, que visam tratar, ou não, problemas públicos e que requerem, utilizam ou afetam recursos públicos. Dentro desse contexto são consideradas políticas públicas não apenas aquelas explícitas em atos normativos, como por exemplo as constantes dos programas e planos governamentais (plurianuais,

---

[538] THEODOLOU, Stella Z. How public policy is made. *In*: THEODOLOU, Stella Z; CHAN, Mathew. *A public policy*: the essential readings. Upper Saddle River. New Jersey: Prentice Hall, 2005, p. 86-97. p. 88.

[539] *Ibid.*, p. 88.

[540] DYE, Thomas R. Understanding public police. New Jersey: Prentice Hall, p. 11-30. Tradução: Francisco G. Heidemann. *In*: HEIDEMANN, Francisco Gabriel; SALM, José Francisco (orgs.). *Políticas públicas e desenvolvimento* – bases epistemológicas e modelos de análise. 3. ed. Brasília. Editora Universidade de Brasília, 2014.

nacionais, setoriais, regionais, organizacionais), mas, também, outras ações concretas e diretrizes, emanadas de atores políticos/governamentais, mesmo que não regulamentadas em ato normativo, que orientam a ação, ou inação, estatal e da sociedade quanto ao tratamento de problemas públicos.[541]

Nesses termos, tendo em conta que compete ao Estado o dever de operacionalizar os meios adequados para atingir os objetivos fundamentais, que se encontram arrolados no artigo 3º da Constituição da República (quais sejam, a construção de uma sociedade justa e solidária, a garantia do desenvolvimento nacional, a erradicação da pobreza e da marginalização e a redução das desigualdades sociais e regionais, além da promoção do bem de todos, sem preconceito de origem, raça, sexo, cor, idade e quaisquer outras formas de discriminação),[542] as políticas públicas configuram diretrizes (ou ações) sistematizadas na busca por esses objetivos.

Consistem em ações práticas realizadas pela Administração Pública, cuja finalidade reside na mudança ou no aprimoramento da realidade social.

Sua origem se deu no período pós-guerra, quando alguns precursores das teorias comportamentais começaram a demonstrar preocupação com os processos decisórios que direcionavam as ações do governo e levou alguns estudiosos a desenvolver a tese do que ficou conhecido por "incrementalismo", segundo o qual as escolhas públicas se baseiam em pequenos ciclos de decisão, com ajuste periódico e contínuo.[543]

Na década seguinte (1972), Cohen, March e Olsen publicaram o artigo *"A Garbage can modelo organizational choice"*, que apresentava a ideia de três fatores que, necessariamente, deveriam estar em harmonia para direcionar as ações da administração pública: a visão do problema, a estratégia de ação a ser adotada e as condições políticas.

Considerando, pois, a palavra "política" como sendo a arte de governar ou de solucionar os conflitos que surgem em determinado grupo social, e "pública" como tudo o que pertence à coletividade, pode-se inferir que por "política pública" se considera toda ação praticada pela administração pública, que tem o objetivo de atender às necessidades

---

[541] BRASIL. Tribunal de Contas da União. *Referencial de controle de políticas públicas*. Disponível em: https://portal.tcu.gov.br/data/files/EF/22/A4/9A/235EC710D79E7EB7F18818A8/1_Referencial_controlepoliticaspublicas.pdf. Acesso em: 28 jan. 2022. p. 14

[542] BRASIL. *Constituição da República Federativa do Brasil de 1988*, 1998, Art. 3º.

[543] BRASIL. Tribunal de Contas da União. *Referencial de controle de políticas públicas*. 2022.

sociais e, para tanto, requer a instituição de valores, o estabelecimento de processos e de metas bem como de monitoramento e avaliações.

Destarte, toda política pública observa um ciclo cujo início se dá com a constatação de um problema social prático, avança para a construção política da necessidade de resolver esse problema, além da análise dos envolvidos e principais interessados para, finalmente, identificar as soluções possíveis e, após a devida implementação, monitorar e avaliar constantemente, a fim de realizar as correções necessárias para se alcançar o fim almejado.

Klaus Frey categoriza essas fases do processo de elaboração em fase da percepção e definição do problema, fase da *"agenda-setting"*, fase de elaboração de programas e de decisão, fase de implementação e fase de avaliação e correção.[544]

De toda forma, para a elaboração de uma política pública, seja ela qual for, mister se faz passar, primeiramente, pela identificação do problema para, em seguida, analisar as possíveis soluções, quando o assunto será incluído na agenda pública.

Após essas etapas, segue-se a elaboração de programas, onde se dá a escolha da melhor alternativa de ação e se determinam as diretrizes da política a ser criada. Em seguida segue a implementação da política, propriamente falando, por meio de ações práticas, na busca pelos resultados almejados e estabelecidos previamente; por fim, insta proceder a avaliação, momento importante onde os resultados são analisados para verificar se os objetivos foram alcançados ou se existe a necessidade de uma readequação.

Em apertada síntese é possível dizer que o ciclo das políticas públicas envolve decisão, proposição, implementação, execução e avaliação.

Diante do exposto é possível afirmar, com clareza, que políticas públicas e políticas sociais não são expressões sinônimas. Na realidade, as políticas sociais são espécies de políticas públicas. Mas, e a segurança cibernética pode ser considerada uma política pública?

O manual da Escola Superior de Guerra define segurança como "a sensação de garantia necessária e indispensável a uma sociedade e a cada um de seus integrantes, contra ameaças de qualquer natureza".[545]

---

[544] FREY, Klaus. *Políticas públicas:* um debate conceitual e reflexões referentes à prática da análise de políticas públicas no Brasil. Brasília, DF: IPEA, 2000.

[545] ESCOLA SUPERIOR DE GUERRA. *Fundamentos da escola superior de guerra.* v. I – Elementos Fundamentais. Rio de Janeiro, 2009, p. 66.

As políticas de segurança cibernética têm sido implementadas pelas organizações, públicas e privadas, com o escopo de proteção do ambiente digital e das informações nele dispostas, considerando o elevado índice e a constante evolução dos ataques cibernéticos atualmente. No entanto, tais ações ainda têm se mostrado deveras incipientes, desconexas e incapazes de assegurar um padrão de confiabilidade compatível com as necessidades brasileiras.

Por conseguinte, em termos de Brasil, no que se refere à segurança cibernética, a responsabilidade compete ao Gabinete de Segurança Institucional (em se tratando de nível de decisão política) e ao Ministério da Defesa (responsável pela Defesa cibernética propriamente falando, em nível de decisão estratégica).

O Brasil conta ainda com o CTIR.gov (Centro de Tratamento de Incidentes de Segurança em redes de Computadores da Administração Pública Federal), que está subordinado ao Departamento de Segurança de Informação e Comunicações do Gabinete de Segurança Institucional da Presidência da República, que presta serviços como notificação de incidentes, análise e suporte às respostas aos incidentes, distribuição de alertas e recomendações e demais cooperações nesse sentido.

Ao seu lado, o CERT.br (Centro de Estudos, Resposta e Tratamento de Incidentes de Segurança), mantido pelo Comitê Gestor da Internet no Brasil (NIC.br) é o responsável pelos projetos que buscam analisar as principais tendências de ataques com vistas a compreender mais adequadamente as características do espaço cibernético brasileiro.

A segurança cibernética deve ser considerada uma função estratégica de Estado, indispensável para a manutenção das principais infraestruturas socioeconômicas do país, como por exemplo a saúde, a energia, o transporte, o comércio, os meios de telecomunicação e de informação, além da própria defesa nacional e diversas outras, que possibilitam o livre exercício dos direitos fundamentais da pessoa humana.

Nesse sentido, cumpre reconhecer a necessária e urgente definição de estratégias e políticas públicas em prol da organização de uma estrutura regulatória, com foco na segurança e na defesa do ciberespaço, envolvendo todos os setores da sociedade, além da própria administração pública e dos cidadãos em geral, em um verdadeiro esforço conjunto e compartilhado, em busca de uma internet mais segura e confiável.

As vulnerabilidades ainda são muitas, dentre elas cita-se a deficiência de ações efetivas de governança cibernética não só nas instituições privadas, como também nos próprios órgãos públicos, a inexistência de programas de capacitação e conscientização, com o agravante de um parco investimento nesta área.

Um plano nacional que delimite o alcance, as metas e as responsabilidades de uma política pública voltada para o desenvolvimento e o amadurecimento de uma segurança cibernética forte e resiliente é crucial e urgente.

Importa recordar que a sociedade se encontra em uma era denominada era da informação, onde o poder é mensurado com base na quantidade de informações detidas. Interessante citar, nesse aspecto, as considerações apresentadas por Eduardo Vianna em sua tese, segundo as quais, nesta "guerra da informação" os esforços estão concentrados na busca por consolidar o Poder Informacional Nacional, que se constitui em um amplo espectro de capacidades governamentais, civis e militares. E nesse novo contexto estratégico, o inimigo pode não ser exatamente um Estado organizado, "mas qualquer outro ator não estatal, um grupo terrorista ou uma organização criminosa".[546]

A informação é, assim, estrategicamente manipulada em prol de interesses de determinados grupos que almejam deter esse poder informacional.

No mesmo sentido, doutrinadores têm salientado para o fato de que as ações cibernéticas têm sido praticadas com múltiplos propósitos: tanto servem para consolidar uma superioridade relativa sobre outros Estados, a fim de desafiar e equilibrar a balança de poder, como configuram oportunidades de causar grandes prejuízos aos seus oponentes a custos relativamente baixos.[547]

A concepção e a execução de uma Política Nacional de cibersegurança vão auxiliar, decisivamente, no enfrentamento do desafio que os constantes e cada vez mais sofisticados ataques cibernéticos apresentam.

Conforme orientações da OCDE (Organização para a Cooperação e Desenvolvimento Econômico), no intuito de colaborar com a definição de políticas do Poder Público, a regulação, nesses casos, configura um dos três principais instrumentos de poder formal do Estado (ao lado da tributação e dos gastos); é desenvolvida, continuamente, como uma

---

[546] VIANNA, Eduardo Wallier. *Segurança da informação digital:* proposta de modelo para a ciber proteção nacional. Tese. (Doutorado em Ciência da Informação). Universidade de Brasília – UnB. Brasília, 2019, p. 186.

[547] MOYA, Santiago Aguayo. *A evolução da política pública de segurança cibern*ética do Chile e a *inclusão da defesa nacional na cooperação regional no ciberespaço.* Projeto de Pesquisa de Dissertação (Mestrado em Ciências Militares). Instituto Meira Mattos da Escola de Comando e Estado-Maior do Exército. Rio de Janeiro: 2020, p. 38.

medida de resposta a um risco percebido; é de extrema importância para a formação do bem-estar das economias e da sociedade e, ainda, é imprescindível para uma regulamentação clara nos diversos níveis da Administração Pública, de modo simultâneo.[548]

Um desafio que pertence a todos e precisa ser enfrentado de forma compartilhada, global e com extrema agilidade diante do seu amplo e veloz potencial destrutivo.

Eduardo Vianna apresenta, no que se refere à concepção da Política de Proteção cibernética, alguns requisitos e desafios se sobressaem:

> a) prover alinhamento normativo, estratégico e operacional no setor cibernético; b) equilibrar segurança nacional e privacidade pessoal; c) instituir fontes de custeio e investimento próprios para a Ciber Proteção; d) estruturar o CICC e a ENCP; e) alinhar-se com as macroestratégias do Estado brasileiro;[549]

Beth Noveck, em sua obra *Solving Public Problems*, elenca, por sua vez, um conjunto de habilidades necessárias para solucionar problemas públicos mediante mudanças mensuráveis e que podem ser aplicadas para fins de elaboração de políticas públicas voltadas para uma melhor segurança do ambiente cibernético.

Entre as habilidades citadas por Noveck, encontra-se: a definição do problema, o pensamento analítico de dados (na busca por compreender a amplitude e a natureza do problema apresentado), o *design* centrado no ser humano (mediante intervenções em parceria com aqueles a quem estão tentando ajudar, de forma a aprofundar a sua compreensão do problema através da realização de consultas a pessoas diretamente afetadas por ele), a inteligência coletiva (com a adoção de formas de trabalho mais participativas e democráticas), a revisão rápida de evidências (aproveitando as novas tecnologias para buscar ideias melhores que se encontrem disponíveis, além dos melhores profissionais com a experiência necessária para certificar o que já funciona), parcerias poderosas (buscando uma multidisciplinaridade que torne mais eficaz a implementação das mudanças necessárias) e, por fim, a mensuração do que funciona (através de técnicas experimentais e de

---

[548] OCDE. *Políticas para a transformação digital:* recomendações para uma abordagem integral do governo. Disponível em: https://www.oecd-ilibrary.org/sites/9a112bbe- pt/index.html?itemId=/content/component/9a112bbe-pt. Acesso em: 31 mar. 2022.
[549] VIANNA, 2019, p. 257.

colaboração com vistas a avaliar se podem manter o processo como está ou alterá-lo).⁵⁵⁰

Interessante reconhecer, ainda, com base nas palavras de Rittel e Webber, que os problemas sociais nunca são resolvidos; não importa o sucesso da intervenção realizada, sempre há e haverá mais a ser realizado diante da complexidade e da dinamicidade das questões sociais. Desse modo, é preciso cautela com expedientes políticos que buscam resolução de problemas, em vez da ideia (reconhecidamente mais complexa) de que problemas só podem ser enfrentados.⁵⁵¹

É importante considerar a complexidade social, cuja dinamicidade requer reconhecer que não há como afirmar que problemas sociais podem ser resolvidos; no máximo, eles podem ser enfrentados e temporariamente satisfeitos.

Nesse sentido, Beth Noveck leva a refletir diante do fato de que os termos "solução de problemas" e "soluções" devem ser utilizados com certo ceticismo frente à certeza de que, em se tratando de problemas políticos, tudo o que fizermos nunca será suficiente diante da dinamicidade da vida social. Os resultados alcançados serão, sempre, parciais, contudo, não se pode deixar de buscar, de falar, de exigir, de fazer mais do que simplesmente reclamar, de engajar, porque é esse tipo de atitude que fortalece a vida democrática, uma cooperação forte, que a autora denomina de "democracia colaborativa". Uma democracia que, conforme suas próprias palavras, vai além dos meros diálogos, tirando o proveito necessário das tecnologias para permitir que as pessoas possam fazer mais do que falar, possam tomar decisões e agir juntas, ainda que à distância.⁵⁵²

Com base nesse raciocínio, Noveck apresenta um processo ágil de solução de problemas, que é dividido em quatro estágios sequenciais e interativos: definição do problema, identificação e *design* da solução, implementação e avaliação e evolução. Tais estágios não são (e nem devem ser) rígidos, e nem todos os métodos são obrigatórios em todas as etapas. É necessário observar a flexibilidade concernente à própria dinamicidade social.

---

⁵⁵⁰ NOVECK, Beth Simone. *Solving public problems:* a practical guide to fix our government and change our world. Yale University Press, 2021.
⁵⁵¹ RITTEL, Horst W; WEBBER, Melvin. M. Dilemmas in a General Theory of Planning. *Policy sciences* 4, n. 2, p. 155-169, 1973. Disponível em: https://link.springer.com/article/10.1007/BF01405730. Acesso em: 22 mar. 2022. p. 160
⁵⁵² NOVECK, 2021.

No tocante ao primeiro estágio, é preciso não pular etapas; e por mais tentador que seja ir direto para a solução, é necessário buscar, primeiramente, definir o problema. Nesse aspecto, a definição de um problema *online* pode ser uma excelente oportunidade democrática, que possibilita a participação social através de conhecimentos e informações e, desse modo, aumenta a probabilidade de encontrar uma solução mais eficiente.

Realizada a primeira etapa de desenvolvimento compartilhado do problema, mister se faz dar seguimento através da concepção de soluções viáveis e, portanto, eficazes. E, mais uma vez, fazer uso da inteligência coletiva da população que é a diretamente atingida pelo problema tem demonstrado ser o método mais eficiente, democrática e, portanto, legítimo.

Após encontrar a solução através desse processo colaborativo, resta fazer com que a sociedade adote a solução apontada, o que requer persuasão a fim de concretizar a proposta apresentada.

Simon Willis alerta, nesse ponto, para o fato de que "falha em planejar a implementação de uma política ou serviço produzirá nada mais do que pilotos e eventos pontuais". Segundo eles, isso configurará "uma forma de exibicionismo que não leva em conta a sustentabilidade e não causa impacto na vida das pessoais reais".[553]

De acordo com Fukuyama, as escolas de políticas públicas, onde se presume que a implementação é ensinada, "treinam os alunos para se tornarem analistas de políticas competentes, mas sem nenhuma compreensão de como implementar essas políticas no mundo real".[554]

Na obra *Solving Public Problems*, Beth Noveck ensina a fazer uso do *GovLab Public Problem-Solving Canvas*, que utiliza uma planilha interativa e colaborativa editável, disponível na internet (https://solvingpublicproblems.org) e que auxilia na busca por estabelecer um projeto de interesse público através dos quatro estágios ou etapas mencionados acima.

Na definição do problema é preciso levantar questionamentos que busquem identificar as necessidades reais da sociedade, quais são

---

[553] WILLIS, Simon. Managing Innovation Teams in Complex Environments. *Medium*, January 8, 2019. Disponível em: https://medium.com/@simon_30495/managing-innovation-teams-in-complex-environments-b3b32049c58b. Acesso em: 22 mar. 2022.

[554] FUKUYAMA, Francis. What's wrong with public policy education. *The American Interest*. August 1, 2018. Disponível em: https://www.the-american-interest.com/2018/08/01/whats-wrong-with-public-policy-education/. Acesso em: 22 mar. 2022.

as causas, quem é impactado (identificar as pessoas) e que dados eu tenho (gerar evidências).

A próxima etapa consiste na identificação de soluções, onde se busca encontrar quem pode propor as soluções, como é possível descobrir o que mais existe por aí, como resolver o problema e quem pode apoiar ou se opor.

Em seguida, na terceira etapa, mister se faz projetar para implementar, onde é necessário responder às seguintes questões: Como funcionará a solução? Qual é a teoria da mudança? Com quem posso fazer parceria? Quem deve fazer o que (definir papéis)? Por que fazer isso agora? Que recursos são necessários? E qual é a estrutura de custos?

Por fim, a última fase é a da avaliação e evolução, onde se faz necessário observar que espécie de testes podem ser aplicados, quais são as métricas passíveis de ser utilizadas, quais os riscos existentes (ou seja, como pode dar errado?), como a adoção das técnicas será promovida (*marketing*) e quem poderá avaliar o que está funcionando.[555]

Neste ponto importa considerar que a omissão na implementação de uma política pública também precisa ser objeto de análise e avaliação. E, como exemplo, cita-se, novamente, a Convenção sobre o Cibercrime de Budapeste, celebrada em 23 de novembro de 2001, com o objetivo de favorecer a cooperação internacional no combate ao cibercrime.[556]

A Convenção de Budapeste vem sendo utilizada como instrumento de direcionamento para legislações locais por cerca de 160 países, mas apenas agora, após o transcurso de vinte anos da celebração da citada Convenção, e em meio a uma pandemia sanitária, é que o Brasil aderiu, formalmente, à mesma, através da publicação do Decreto Legislativo nº 37/21.[557]

Importa ressaltar que o Governo Federal brasileiro apresentou, em dezembro de 2010, um plano que pudesse apresentar "as aspirações do povo para a sociedade brasileira, no ano de comemoração do Bicentenário de nossa Independência".[558] Foram vinte anos de omissão

---

[555] NOVECK, 2021.
[556] UNIÃO EUROPEIA. *Convenção sobre o cibercrime*. Disponível em: https://rm.coe.int/16802fa428. Acesso em: 31 mar. 2022.
[557] BRASIL. Câmara dos Deputados. *Decreto Legislativo nº 37*, de 2021. Disponível em: https://www2.camara.leg.br/legin/fed/decleg/2021/decretolegislativo-37-16-dezembro-2021-792105-publicacaooriginal-164114-pl.html. Acesso em: 31 mar. 2022
[558] BRASIL 2022. *Secretaria de assuntos estratégicos*. Brasília: Presidência da República, Secretaria de Assuntos Estratégicos – SAE, 2010. Disponível em: https://archivo.cepal.org/pdfs/GuiaProspectiva/PlanoBrasil2022_web.pdf. Acesso em: 22 mar. 2022, p. 7.

por parte do Poder Público. De que forma essa omissão reflete na implementação da política pública de segurança cibernética? Qual o impacto desta demora na garantia dos direitos dos cidadãos digitais?

Diante do contexto apresentado, importa reiterar, aqui, um trecho do Referencial de Controle de Políticas Públicas publicado pelo Tribunal de Contas da União:

> Dentro desse contexto são consideradas políticas públicas não apenas aquelas explícitas em atos normativos, como por exemplo as constantes dos programas e planos governamentais (plurianuais, nacionais, setoriais, regionais, organizacionais), mas, também, outras ações concretas e diretrizes, emanadas de atores políticos/governamentais, mesmo que não regulamentadas em ato normativo, que orientam a ação, ou inação, estatal e da sociedade quanto ao tratamento de problemas públicos.[559]

No que se refere às atitudes comissivas, o plano denominado "Brasil 2022 – Trabalhos Preparatórios" apresenta na Meta 3, especificamente ao tratar da Segurança Institucional, o escopo de "estabelecer no País um sistema de segurança e defesa cibernética, envolvendo, também, os sistemas de informação ligados às infraestruturas críticas", onde são apresentadas como ações previstas:

> - implantar um órgão de referência em segurança de sistemas de informação e comunicação e das infraestruturas críticas da informação; integrar esforços e estabelecer prioridades por intermédio de Comitê Gestor dos Sistemas de Tecnologia da Informação e Comunicação.
> - conceber um modelo institucional de proteção contra ataques cibernéticos e criar o respectivo marco legal;
> - desenvolver programa nacional interdisciplinar de pesquisa em segurança de sistemas de informação, envolvendo recrutamento e capacitação de recursos humanos; e
> - estabelecer programas de cooperação entre governo, sociedade civil e comunidade técnica internacional.[560]

No que concerne aos parâmetros políticos, o Guia de Referência para a Segurança das Infraestruturas Críticas da Informação estabelece que três são os fatores a serem considerados quando da formulação de estratégias que busquem atender aos requisitos mínimos para

---

[559] BRASIL. Tribunal de Contas da União. *Referencial de controle de políticas públicas*. 2022.
[560] BRASIL 2022, 2010.

essa espécie de segurança de infraestruturas críticas: a segurança propriamente falando, a resiliência e a capacitação.

Além disso, é importante ressaltar que, consoante o disposto no mencionado Guia de Referência, por resiliência se compreende: o que possibilita trabalhar de maneira independente e interdependente, assegurando a continuidade dos objetivos de negócio mesmo quando da interrupção de eventos como desastres naturais, acidentes industriais e atos terroristas, além de melhorar as parcerias com serviços de gestão de emergência em prol de assegurar a assistência necessária para as comunidades.[561]

A palavra "resiliência" deriva do latim *resilio* ou *resilire*, que significa saltar para trás ou voltar saltando ("re" indica retrocesso e "*silio*" significa saltar, pular).[562] Mas a palavra começou a ser utilizada no sentido atual pela Psicologia para identificar a capacidade de recuperação por abalos sofridos, ou a capacidade de se abalar e retomar o estado original, anterior ao abalo, adaptando o sentido dado pela Física, segundo a qual "a capacidade do material estrutural suportar um impacto sem ficar deformado permanentemente depende de sua resiliência".[563]

Em igual teor, a ISO/IEC 22301 estabelece que continuidade de negócio consiste na capacidade de qualquer organização, na sequência de um incidente disruptivo, continuar a fornecer produtos ou serviços em níveis aceitáveis predefinidos. Nesse sentido, o desafio não se restringe apenas ao mero preparo de um plano de emergência ou à adoção prévia de estratégias de gestão de catástrofes, mas exige uma postura proativa, estabelecida mediante processos contínuos, que possam garantir a sustentabilidade das atividades essenciais da organização.[564]

Reitera, por sua importância, que a segurança cibernética impacta a oferta e manutenção de infraestruturas essenciais para o adequado exercício dos direitos básicos fundamentais da pessoa humana. Um

---

[561] BRASIL. *Departamento de Segurança da Informação e Comunicações. Guia de Referência para a Segurança das Infraestruturas críticas da informação*. Brasília: GSIPR/SE/DSIC, 2010. Disponível em: https://livroaberto.ibict.br/handle/1/607. Acesso em: 22 mar. 2022.

[562] SARAIVA, Francisco Rodrigues dos Santos. *Novíssimo dicionário latino-português*. 11. ed. Rio de Janeiro: Livraria Garnier, 2000.

[563] BEER Ferdinand P; JOHNSTON JUNIOR, E. Russel. *Resistência dos materiais*. Tradução: P. P. Castilho. (Original publicado em 1981). São Paulo: McGraw-Hill. 1989, p. 522.

[564] INTERNATIONAL ORGANIZATION FOR STANDARDIZATION. *ISO 22301:2012*. Disponível em: https://www.iso.org/obp/ui/#iso:std:iso:22301:ed-1:v2:en. Acesso em: 22 de mar. 2022.

ataque cibernético pode impossibilitar acesso a serviços de saúde, de comunicação e de transporte, colapsar toda a ordem político-social de determinada região.

De acordo com Jorge Fernandes,[565] existe uma verdadeira dependência social com relação a um conjunto específico de áreas prioritárias que formam a infraestrutura nacional: comunicações (telefonia, serviços postais e de radiodifusão), transportes (aquaviário, aéreo e terrestre), energia, água, finanças. E essas infraestruturas estão, por sua vez, cada vez mais dependentes das tecnologias e, consequentemente, cada vez mais vulneráveis aos ataques cibernéticos.

Um ataque cibernético coordenado a todas essas estruturas ao mesmo tempo poderá gerar um caos mundial!

Por conseguinte, reconhecendo sua relevância social e buscando fortalecer a cultura de segurança da informação e das comunicações, dentre elas a segurança cibernética, as organizações devem estabelecer, além do necessário investimento em ferramentas de defesa, suas ações com foco em três níveis específicos: a sensibilização e/ou conscientização social, o treinamento (capacitação) e a educação.

Reitera, também, que a cooperação internacional mediante troca de experiências e o compartilhamento de boas práticas é essencial em se tratando da busca por uma segurança cibernética robusta e consistente, que exige ainda a participação dos cidadãos, bem como das empresas, organizações do terceiro setor, universidades, aliadas ao poder público – uma comunhão de esforços coopera para a eficiência dos resultados esperados.

Por fim, necessário se faz estabelecer um sistema de governança, bem como uma rede global de educação com foco, especificamente, na cibersegurança e suas especificidades.

6.3 A governança da segurança cibernética, os Direitos Humanos e a necessidade de uma rede global de *cyber* educação e *cyber* segurança

O cenário atual é claro: todos estão imersos em um ambiente digital compartilhado – ou talvez a melhor expressão para o momento seja hiperconectado, globalmente hiperconectado. Um mundo com

---

[565] FERNANDES, Jorge Henrique Cabral. *Segurança e defesa cibernéticas para reduzir vulnerabilidades nas infraestruturas críticas nacionais (Relatório* técnico). Núcleo de Estudos Prospectivos do Exército Brasileiro. Brasil: Exército Brasileiro, 2012, p. 21.

ricos e pesados investimentos em prol da evolução tecnológica, do aprendizado das máquinas, da internet das coisas (IoT), das *smartcities*, mas que ainda não conseguiu desenvolver um planejamento similar de investimento em favor da segurança no espaço cibernético, o que tem propiciado um ambiente fértil e próspero para o aproveitamento de cibercriminosos que colocam em risco a eficiência das estruturas digitais governamentais e privadas responsáveis por efetivar a prestação de direitos humanos e garantias fundamentais de forma adequada.

A dinamicidade e a velocidade com que as mudanças ocorrem no espaço cibernético também configuram importantes desafios a serem observados. Neste contexto é que se fala de um sistema de Governança estruturado, com objetivo do fortalecimento de uma cultura de segurança cibernética, além da premente e necessária ação estratégica com uma visão sistêmica, globalizada, considerando todas as dimensões possíveis para o caso.[566]

Não é necessário muito esforço para reconhecer que os riscos inerentes ao desordenado ambiente cibernético são consideravelmente maiores para o cidadão comum, pequenas empresas, concessionárias de serviços públicos, estruturas públicas de dados. O risco em análise tem alcance mundial, o que denota inúmeras possibilidades reais de danos, que podem atingir os pilares da segurança da informação (confidencialidade, integridade e autenticidade dos dados) e fragilizar sistemas tão importantes para a vida em sociedade, como os sistemas de educação, de saúde e de justiça, por exemplo, atingindo diretamente os direitos humanos e a dignidade da pessoa humana.

Marta Pinheiro atesta, a esse respeito, que:

> (...) por desconhecimento das potencialidades e da apropriação possível dessas tecnologias, há ainda muita vulnerabilidade dos satélites, da segurança cibernética, e possíveis falhas de energia. A mesma infraestrutura que "carrega a informação para dar suporte à economia, à inovação e à atividade militar" é a encarregada de levar as comunicações usadas para organizar os grupos terroristas e suas atividades. O mesmo sistema de informação que apoia a educação "pode ser utilizado pelos cartéis de droga". Proteger as diferentes redes de computadores é proteger privacidades, já que as guerras do mundo pós-moderno podem ser

---

[566] BRUXELAS. *Comunicação da Comissão ao Conselho, ao Parlamento Europeu e ao Comitê Econômico e Social Europeu. Governança e Desenvolvimento.* COM (2003). Disponível em: http://eur-lex.europa.eu/legal-content/PT/TXT/PDF/?uri=CELEX:52003DC0615&from=PT. Acesso em: 22 mar. 2022.

estabelecidas pura e simplesmente pelo ataque aos sistemas de informações vitais ao funcionamento do Estado e da sociedade, já altamente impregnados e dependentes das novas tecnologias de Informação.

O equilíbrio a ser alcançado localiza-se em não permitir a intrusão e, ao mesmo tempo, não permitir a interrupção do nosso desenvolvimento inativo. (sic)[567]

De igual modo, insta salientar que se trata de uma situação ainda nova e que não está restrita, meramente, a relacionamentos entre nações.

No ambiente cibernético não há fronteiras, e isso, por si só, fragiliza o controle e as estratégias a serem tomadas, razão pela qual o desafio deve ser não só estratégico, mas também de ordem tática e operacional.

É imprescindível compartilhar informações com relação à proteção, à confidencialidade, à segurança, com o escopo de contextualizar e harmonizar as ações que, necessariamente, devem se apresentar em âmbito universalizado. Para tanto, é preciso pensar em uma Governança voltada para a Segurança Cibernética especificamente, com uma visão integrada, compartilhada e coordenada, envolvendo o poder público, as forças armadas, as entidades de terceiro setor, as empresas e demais instituições, a academia e todos os cidadãos.

Não se pode esquecer, ainda, que as maiores vulnerabilidades ainda são detectadas na ponta, no indivíduo, nos colaboradores, na ausência de cultura digital, e, lado outro, sob um aspecto privado, empresas com uma forte estratégia de segurança possuem maior vantagem competitiva no mercado em que atuam.

Pelo exposto, pode-se afirmar que por uma boa governança da segurança cibernética se compreende a forma por meio da qual uma instituição dirige e controla os atos praticados neste novo espaço organizacional, além de detalhar sua estrutura de responsabilização e fornecer o monitoramento necessário para garantir que os riscos serão devidamente mitigados enquanto todos os controles estabelecidos forem observados e mantidos.

Mediante a implementação de um sistema de governança cibernética com foco na segurança é possível se antecipar e, desse modo, minimizar os impactos decorrentes dos muitos riscos tecnológicos, além de auxiliar na rapidez das respostas, o que, por si só, reduz consideravelmente os custos, como já demonstrado anteriormente.

---

[567] PINHEIRO, Marta Macedo Kerr. Estado Informacional implicações para as políticas de informação e de inteligência no limiar do século XXI. 2012. *Varia História*, Belo Horizonte, v. 28, n. 47, p. 61-77, jan./jun. 2012. p. 75-76.

Atualmente as pessoas estão totalmente dependentes da tecnologia, o que as torna imensamente vulneráveis. Considerando que essa dependência tecnológica não é apenas individual, mas universal, é preciso considerar o tamanho da vulnerabilidade diante de, por exemplo, uma queda acidental ou captura intencional dos sistemas de transmissão de sinais que alimentam hospitais, bancos, escolas etc. É fato que, no tocante à cibersegurança, essas vulnerabilidades podem causar situações inusitadas em diversos lugares ao mesmo tempo – um risco que necessita ser tratado.

As perguntas que devem ser respondidas, neste ponto, são: as pessoas estão preparadas para isso? Como responder a essas situações? Quais os prejuízos decorrentes e qual o número de pessoas (físicas e jurídicas) que poderiam ser prejudicadas? Qual o impacto disso na economia global?

Por meio de uma governança da segurança cibernética forte e eficiente é possível planejar, executar, controlar e monitorar as atividades relacionadas à tecnologia de comunicação e informação nas instituições, com critérios objetivos e mensuráveis, possibilitando se antecipar aos riscos e adotar uma postura proativa.

Todavia, diante da importância e da especificidade do caso, é imperioso que essa governança considere a necessidade de compartilhamento de ideias e ações. Os sistemas de segurança cibernética, por mais modernos que sejam, atuando de forma isolada têm baixa eficácia e não cumprem a própria função social. Todos precisam estar envolvidos e em um contexto internacional, transfronteiriço, global.

Neste aspecto, Gláucio Silveira e Argentino Bueno afirmam que no contexto da segurança cibernética é imprescindível que o foco da preocupação esteja concentrado no indivíduo e na sociedade, seja em nível nacional, estadual, regional ou internacional. Segundo os autores, essa necessidade decorre do fato de que o espaço cibernético criou uma espécie de universo paralelo onde todos esses níveis coexistem. Todavia, não se pode afirmar que o espaço cibernético configura um bem global, tendo em vista que partes dele se encontram sob controle soberano, razão pela qual, neste mundo globalizado, o ambiente cibernético se torna objeto de "referência multinível", necessitando ser protegido em todos os seus subníveis.[568]

---

[568] SILVEIRA, Gláucio da Rocha; BUENO, Argentino José Braga. Uma cultura de segurança cibernética global e multinível. *Interação – Revista de ensino, pesquisa e extensão*. v. 19. n. 1. Edição Especial ILA, p. 115-122. 2017. Disponível em: https://periodicos.unis.edu.br/index.php/interacao/article/view/121. Acesso em: 16 mar. 2022. p. 117.

Os autores mencionados nos alertam, ainda, para o fato de que algumas agendas e ameaças, no que se refere à segurança, são mais importantes do que outras; neste aspecto, a agenda de ameaça no painel da ONU a respeito dos perigos, desafios e mudanças, com certeza, é a mais importante delas sob o aspecto internacional.

Todavia, não se pode esquecer que as ameaças virtuais não se restringem ao terrorismo cibernético e possuem uma dinamicidade capaz de afetar diversos aspectos da vida em sociedade e gerar um imenso transtorno social, razão pela qual é preciso considerar, sempre, que "ameaças cibernéticas estão diretamente associadas à segurança humana, nacional, internacional e, portanto, global, podendo facilmente ser convertidas em outro tipo de ameaça, como as de natureza econômica, alimentar, saúde, meio ambiente (...)".[569]

É perceptível a especificidade da segurança cibernética. A diversidade dos agentes envolvidos, a amplitude do alcance, a ausência de uma linha tradicional de ataque ou de atuação exigem que as políticas e demais ferramentas e estratégias de defesa sejam constantemente ajustadas.

A eficácia e a eficiência de um programa de governança requerem o compromisso de todos os usuários no tocante à observância das normas e procedimentos, entre eles: o desenvolvimento de políticas em prol da segurança; a definição de papéis e responsabilidades bem estabelecidos e compreendidos por todos os colaboradores; o desenvolvimento de um modelo baseado em padrões e medidas, bem como sua implementação em tempo hábil, seguida de um monitoramento adequado, com ferramentas capazes de detectar e garantir as correções necessárias; por fim, a vigilância e o treinamento referentes a uma cultura de proteção e de segurança cibernética.

Nesses termos, a governança da segurança cibernética envolve não somente a elaboração de políticas de tecnologia da informação claras e objetivas, como também treinamento e conscientização pessoal, monitoramento e resposta a incidentes, gerenciamento de vulnerabilidades, avaliações de risco, prevenção e gerenciamento de ameaças internas.

Eduardo Vianna salienta a respeito do que ele chama de "pontos-chave" para otimização da proteção cibernética no Brasil: propostas centradas na segurança das infraestruturas críticas, na necessidade de compartilhamento de informações de segurança cibernética e no trabalho em conjunto das equipes de tratamento de incidentes, além

---

[569] *Ibid.*, p. 117-118.

do papel do Estado como uma espécie de incentivador, promovendo atividades de proteção através de políticas e ações integradoras – neste ponto, é preciso salientar que a necessidade de redução da burocracia estatal e a questão orçamentária se caracterizam como elementos de relevada importância.[570]

Algumas crenças errôneas também precisam ser combatidas, tal como a de que o usuário é o elo mais frágil da relação, já que, bem treinado e capacitado, ele pode funcionar como uma primeira linha de defesa extremamente eficiente.

Outros mitos que colocam em risco a segurança se referem à crença (de algumas pessoas ou organizações) de não possuir nada de valor, já que, sejam quais forem os dados tratados, o maior custo envolvido se refere, na maior parte das vezes, à reputação organizacional e aos custos decorrentes da paralisação das operações por longos períodos, em decorrência de incidentes de violação ou vazamento.

É preciso se antecipar aos riscos, perceber as vulnerabilidades e desenvolver um ambiente de proteção saudável, que não esteja fundado em bases frágeis como medo, insegurança ou dúvida, mas na consciência do valor dos dados e da sua importância.

Além disso, mister se faz estar consciente a respeito da importância da visibilidade da rede, já que sem ela não há como avaliar ameaças de ataques.

Em Portugal, o Centro Nacional de Cibersegurança expressa que a segurança e a defesa no ciberespaço requerem cooperação e colaboração entre aliados e parceiros (nacionais ou internacionais), com fins de promover uma abordagem em rede.[571]

No aspecto regulamentar, é preciso considerar os padrões estabelecidos pela ISO/IEC 27001, que apresenta os requisitos essenciais para um sistema de segurança da informação e determina como avaliá-los, como projetar e implementar um tratamento desses riscos e, ainda, como adotar um processo amplo de gerenciamento, que atenda às necessidades da instituição em ampla escala e de maneira contínua, entre outras coisas.

A implementação do sistema de gestão de segurança da informação (SGSI) ISO 27001 compreende sete etapas (ou categorias), que consistem na compreensão do contexto da organização (identificando suas principais necessidades e, dessa forma, estabelecendo suas

---

[570] VIANNA, 2019, p. 222.
[571] PORTUGAL. *Centro Nacional de Cibersegurança*. s. d.

políticas e objetivos internos), no comprometimento da liderança, além da definição dos papéis e responsabilidades dos colaboradores, no planejamento das ações a serem tomadas, no apoio que se configura na oferta de recursos necessários, além da comunicação e informação documentadas, na avaliação dos riscos (mediante o monitoramento, medição e avaliação crítica), nos controles operacionais (a fim de controlar, eliminar ou mitigar os riscos), na análise de eficácia (por meio de uma auditoria interna) e, finalmente, na melhoria que busca identificar a não conformidade a fim de realizar as ações corretivas que se mostrarem necessárias.

Um dos pontos que demanda maior atenção no que se refere à segurança digital e cibernética consiste no controle de acesso. As melhores práticas recomendam a limitação do acesso dos colaboradores apenas ao que for extremamente necessário para o cumprimento de suas funções; no entanto, é preciso estar atento para que, em havendo transferência, promoção ou desligamento do colaborador, o acesso até então existente seja cancelado ou modificado rapidamente, conforme a necessidade. Esse controle é essencial, e muitos problemas de vazamento de informações decorrem de falhas nesta área.

Como parte da família ISO, a ISO/IEC 27002/2013[572] fornece parâmetros para a gestão de riscos em todo o processo de identificação e avaliação dos mesmos, com o intuito de reduzi-los a um mínimo considerado aceitável, além de orientar na implementação de mecanismos para a manutenção desse nível. Conforme previsto na normatização, riscos de segurança da informação se referem a eventos que ameaçam seus fundamentos: a integridade, a disponibilidade, a confidencialidade e a autenticidade, além da conformidade e irretratabilidade dessas informações. Com base na avaliação dos riscos é possível identificar os controles de segurança que devem ser adotados.

Neste diapasão, a segunda edição da ISO/IEC 27003/2020 apresenta padrões para a implementação de um sistema de Gestão de riscos com recomendações importantes nesse aspecto, e a ISO/IEC 27005/2019[573] busca o monitoramento e a melhoria contínuos do sistema

---

[572] TARGET. *Normas técnicas*. NBRISO/IEC27002 *de 11/2013*. Disponível em: https://www.target.com.br/produtos/normas-tecnicas/36572/nbriso-iec27002-tecnologia-da-informacao-tecnicas-de-seguranca-codigo-de-pratica-para-controles-de-seguranca-da-informacao. Acesso em: 31 mar. 2022.

[573] TARGET. *Normas técnicas*. NBRISO/IEC27005 *de 10/2019*. Disponível em: https://www.target.com.br/produtos/normas-tecnicas/40712/nbriso-iec27005-tecnologia-da-informacao- tecnicas-de-seguranca-gestao-de-riscos-de-seguranca-da-informacao. Acesso em: 31 mar. 2022

de controles adotados (em conformidade com as demais normas ISO) e dispõe, para tanto, que os investimentos para implementar os controles de segurança precisam estar adequados aos potenciais danos decorrentes de falhas na segurança da informação, danos esses que precisam ser identificados por meio de um processo frequente e contínuo de análise e avaliação dos riscos, onde será possível identificar as ameaças e vulnerabilidades, estimar a probabilidade da ocorrência dos riscos e seu potencial impacto nos negócios.

Como resultado, é possível traçar uma linha de ação observando as prioridades necessárias na implementação dos controles, conforme previsto na ISO/IEC 27002/2013.

Mais especificamente, a ISO/IEC 27032/2015 apresenta as diretrizes necessárias para o aprimoramento da segurança cibernética e suas ramificações (segurança de informação, segurança de rede, segurança da internet e proteção da infraestrutura crítica de informação).[574] O uso de processos padronizados por meio das normas da família ISO/IEC 27000 permite ter uma visão clara da instituição bem como dos riscos a que se encontra exposta, auxiliando na tomada mais precisa das decisões acerca dos controles que devem ser utilizados, com vistas à redução desses riscos organizacionais referentes à segurança da informação e comunicação.

No que se refere à avaliação de riscos propriamente falando, a ISO 31010/2021 atualizou a versão de 2012 ampliando o leque de aplicações e elencando 42 técnicas para identificar, compreender e avaliar quaisquer

---

[574] TARGET. *NBR ISO/IEC 27032:* as diretrizes para segurança cibernética: "Esta norma fornece: uma visão geral de segurança cibernética; uma explicação da relação entre segurança cibernética e outros tipos de segurança; uma definição de parte interessada e descrição de seus papéis na segurança cibernética; orientação para abordar as questões comuns de segurança cibernética; e uma estrutura para capacitar as partes interessadas a colaborar na resolução de questões de segurança cibernética.
(...) a primeira área de foco desta norma é a segurança do espaço cibernético ou as questões de segurança cibernética que se concentram em preencher as lacunas nos diferentes domínios de segurança do espaço cibernético. Em particular, esta norma oferece diretriz técnica para tratar os riscos de segurança cibernética comuns, incluindo: ataques de engenharia social; *hacking*; a proliferação de *softwares* mal intencionados (*malware*); *software* espião (*spyware*); e outros *softwares* potencialmente indesejados. (...) A estrutura inclui: elementos chave para estabelecimento de confiança; processos necessários para colaboração, intercâmbio e compartilhamento de informações; assim como os requisitos técnicos para integração de sistemas e interoperabilidade entre diferentes partes interessadas. Dado o escopo desta norma, os controles previstos são necessariamente de alto nível. Diretrizes e padrões detalhados de especificação técnica aplicáveis para cada área são referenciados por esta norma para orientação posterior". Disponível em: https://www.target.com.br/produtos/materias-tecnicas/2015/07/01/3708/nbr-iso-iec-27032-as-diretrizes-para-seguranca-cibernetica. Acesso em: 31 mar. 2022.

tipos de riscos. Ela veio complementar a ISO 31000 (que apresenta as diretrizes para a gestão de risco) a fim de orientar todo o processo de avaliação de riscos, desde a definição de seu escopo principal até a parte final, de comunicação dos resultados, possibilitando uma tomada de decisões fundamentada em evidências e, desse modo, mais assertiva.

Paralelamente, o COBIT 2019 define uma estrutura para a governança e o gerenciamento de tecnologia de informação e comunicação em todo o processo organizacional. Ele se baseia em seis princípios de um sistema de governança: prover valor para os interessados, promover uma abordagem holística, adotar um sistema de governança dinâmico, compreender a governança como distinta do gerenciamento, adaptar-se às necessidades da instituição e implementar um sistema de governança de ponta a ponta.

Para Silveira e Bueno:

> Acredita-se, então, que o passo dado pelo ISACA pode ser considerado o primeiro passo em nível de desenvolvimento de uma cultura de cooperação e segurança em múltiplos níveis. Essa cultura seria informada por todos os níveis através de uma abordagem *top-down/bottom-up* sem a imposição de regras, regulamentos ou políticas de um nível em outra. Em um nível subnacional, os atores não estatais, como bancos, empresas de transporte, comunicação etc. teriam mais facilidade em obter colaboração do que os próprios Governos. Portanto, existe a necessidade da criação de uma rede global, que iria, principalmente, lidar com preocupações de segurança cibernética comercial de entidades privadas.[575]

A eficácia e a eficiência da segurança cibernética dependem de muitos fatores, como o amadurecimento da cultura nesse sentido e o compartilhamento de boas práticas, na procura por estabelecer uma rede entre os diversos atores envolvidos, com padrões e técnicas, testados e aprovados, em uma verdadeira cooperação universal entre as organizações internacionais como a União Europeia, a ONU, OEA, OLACEFs e outras, através de um diálogo interativo e integrado.

A segurança cibernética é um direito fundamental do cidadão, da pessoa digital, extremamente essencial para resguardar outros direitos fundamentais, como a eficaz proteção dos dados pessoais e a garantia de preservação da dignidade da pessoa humana por meio do resguardo de sua intimidade e sua privacidade. E, mais do que um direito fundamental da pessoa (necessitando do devido reconhecimento

---

[575] SILVEIRA; BUENO, 2017, p. 120.

no texto constitucional), a segurança cibernética é um direito humano de alcance transfronteiriço, universal e que, portanto, necessita de uma regulamentação global para que, desse modo, possa ter a resiliência e a força esperadas.

Como bem ensina Beth Noveck em diversos trechos já citados neste capítulo, diante de fatos sociais que desafiam diversos setores da sociedade globalizada, as soluções precisam, necessariamente, ser constituídas de uma forma cooperada e compartilhada.

6.4 A atuação dos Tribunais de Contas do Brasil na implementação da política nacional de segurança pública cibernética

Conforme já expressado, é premente a necessidade de se estabelecer políticas e programas com o escopo de criar e manter uma segurança cibernética forte, que permita aos cidadãos digitais fazer o bom uso das tecnologias de comunicação e informação disponíveis, sem colocar em risco os seus direitos mais preciosos.

A mera implementação de uma política de cibersegurança, contudo, não é suficiente para assegurar a confiança social e, tampouco, a segurança, de fato, necessária.

Impende que essas políticas, respeitando seu ciclo natural, sejam devidamente monitoradas e avaliadas no intuito de identificar, a tempo oportuno, as melhorias que necessitarem ser realizadas, garantindo, dessa forma, a observância dos direitos da pessoa.

Neste tópico, volta-se o foco para as políticas direcionadas à segurança da informação e cibernéticas do país. Para tanto, como *benchmarking*, traçou-se uma breve análise a respeito da Política de Segurança Cibernética do Chile.

6.4.1 Os Tribunais de Contas – natureza e funções

Reconhecendo a importância do monitoramento e da avaliação das políticas voltadas para a segurança da informação e para a segurança cibernética, torna-se necessário analisar o importante papel das Cortes de Contas, não só no Brasil como na União Europeia, na busca por assegurar o efetivo cumprimento dos direitos humanos e fundamentais da pessoa humana – agora, cada vez mais digital.

O artigo 71 da Constituição da República brasileira declara que "O controle externo, a cargo do Congresso Nacional, será exercido com o auxílio do Tribunal de Contas da União (...)".⁵⁷⁶ Nesse sentido, percebe-se que a titularidade do exercício do controle externo pertence ao Congresso Nacional (no âmbito federal) e, também, por constatação lógico simétrica, às Assembleias Legislativas (no âmbito estadual) e às Câmaras Municipais (no âmbito municipal). Todavia, o texto não encerra aí; ele continua dizendo que essa competência contará com um auxílio técnico e essencial dos Tribunais de Contas.

Apesar da nomenclatura "Tribunais", tais órgãos não compõem a estrutura do Poder Judiciário e, também, não se encontram subordinados ao Poder Legislativo. Trata-se de órgãos autônomos e independentes.

Os Tribunais de Contas, no Brasil, possuem uma personalidade jurídica própria. Eles possuem capacidade judiciária e, portanto, podem atuar judicialmente (seja no polo ativo, seja no passivo), todavia, sua natureza é constitucionalmente administrativa, com competências e atribuições próprias, autônomas e independentes e, até mesmo por força das suas funções, não integram a estrutura de quaisquer dos Poderes, apesar de reconhecidamente gozarem de estreita ligação com o Poder Legislativo, ao qual cumprem o papel constitucional de auxiliar na fiscalização.

Importa citar, todavia, o posicionamento do professor Ives Gandra, segundo o qual os Tribunais de Contas deveriam integrar o Poder Judiciário no que ele denomina como "tríplice função judicante": administração da justiça em duplo grau de jurisdição, proteção aos temas constitucionais e à ordem jurídica promovida por quaisquer interessados e, por fim, a atuação dos Tribunais de Contas com direito de executar suas decisões, agindo, dessa forma, como um poder responsabilizador de fato.

Na concepção de Ives Gandra, "esta terceira vertente do Poder Judiciário reduziria sensivelmente a absoluta irresponsabilidade que o atual sistema propicia, obrigando as autoridades à profunda reflexão na prática de todos os seus atos".⁵⁷⁷

Apesar da não aceitação desse posicionamento pela doutrina majoritária brasileira, é certo que a Constituição da República de 1988

---

⁵⁷⁶ BRASIL. *Constituição da República Federativa do Brasil de 1988*, 1988,

⁵⁷⁷ MARTINS, Ives Gandra da Silva. Tribunal de Contas é órgão auxiliar do controle externo do Poder Legislativo e não, institucionalmente, órgão equiparado ao regime dos tribunais – reflexões sobre sua disciplina jurídica – opinião legal. Doutrina. *Revista do TCU*. n. 111. 2008. p. 55-64. Disponível em: https://revista.tcu.gov.br/ojs/index.php/RTCU/issue/view/22. Acesso em: 22 de jun. 2022, p. 54.

reconheceu poderes maiores aos Tribunais de Contas brasileiros. Algo essencial, considerando as próprias palavras do professor Ives Gandra, segundo o qual os Tribunais de Contas funcionam como grandes protetores da sociedade contra os "trens da alegria", que consistem nos inúmeros desperdícios e privilégios que, sem a devida fiscalização, aumentariam de forma preocupante.

Nesse sentido é que Ives Gandra assevera que a democracia brasileira depende da atuação dos Tribunais de Contas.[578]

O Brasil possui, atualmente, 32 (trinta e dois) Tribunais de Contas: o Tribunal de Contas da União, 26 (vinte e seis) Tribunais de Contas Estaduais, 1 (um) Tribunal de Contas Distrital, 03 (três) Tribunais de Contas dos Municípios (Bahia, Goiás e Pará – que configuram órgãos estaduais competentes para o exercício do controle sobre todas as contas municipais) e 02 Tribunais de Contas Municipais (São Paulo e Rio de Janeiro – com jurisdição sobre as contas dos municípios ao qual pertencem).

Necessário se faz ressaltar, a fim de conhecer melhor a estrutura desses Tribunais, que a Constituição da República brasileira de 1988 proibiu, no artigo 31, §4º, a criação de novos Tribunais Municipais, de modo que os únicos que se encontram devidamente recepcionados são os Tribunais de Contas dos municípios de São Paulo e do Rio de Janeiro.

No tocante aos demais órgãos que são denominados Tribunais de Contas dos Municípios – quais sejam, os da Bahia, de Goiás e do Pará –, na realidade configuram Tribunais de Contas Estaduais, responsáveis pela análise das contas de todos os municípios pertencentes a esses Estados.

É importante, também, ressaltar a inexistência de qualquer espécie de hierarquia com relação ao Tribunal de Contas da União e os Tribunais de Contas Estaduais e Municipais. Cada um deles atua como instância máxima.

Em uma breve análise histórica, o controle das finanças públicas remonta à Antiguidade Clássica na Grécia Antiga, onde já foram vistos registros nesse sentido, como acentua Mário Pacini, segundo o qual já se elegia, anualmente, tesoureiros da deusa Atenas (chamados de hellenotomiai) perante os quais deveriam ser justificados os atos de gestão e a prestação de contas, que, por sua vez, era assegurada por

---

[578] MARTINS, Ives Gandra da Silva. *Roteiro para uma Constituição*. Rio de Janeiro: Ed. Forense, 1987.

gravação em pedra, a fim de possibilitar o exame perene por parte dos cidadãos.[579]

O Brasil tem registros de controle de finanças públicas em 1680, referentes às Juntas das Fazendas das Capitanias e da Fazenda do Rio de Janeiro, jurisdicionadas a Portugal. No entanto, foi preciso quase um século de debates para a criação de um órgão com autonomia e independência para análise das contas públicas, tendo em vista que alguns estudiosos defendiam a ideia de que as contas deveriam ser apreciadas pelas mesmas pessoas que a realizavam. Apenas após a queda do Império e das Reformas Político-Administrativas é que tal realidade se mostrou viável e passou a ser considerada.[580]

O primeiro Tribunal de Contas, contudo, foi criado apenas em 1890 por iniciativa daquele que, à época, era o responsável pela pasta da Fazenda: o Ministro Rui Barbosa. Assim, com a publicação do Decreto nº 966-A, de 07 de novembro de 1890, foi criado o Tribunal de Contas da União.

Na exposição de motivos do decreto supramencionado, Rui Barbosa apresenta cerca de quatorze constituições em que se percebe a presença de um Tribunal de Contas e destaca dois modelos, o francês e o italiano, asseverando que o primeiro "se limita a impedir que as despesas sejam ordenadas, ou pagas, além das faculdades do orçamento", enquanto que, no segundo, a ação dos Tribunais se mostrava mais arrojada: "antecipam-se ao abuso, atalhando em sua origem os atos do poder executivo, suscetíveis de gerar despesas ilegais".[581]

Rui Barbosa buscou limitar a necessidade de ação dos Tribunais de Contas ao estrito interesse público, demonstrando sua preocupação com a moralidade da administração pública, e encerrou sua Exposição de Motivos, após intensas reflexões, da seguinte forma:

> Entre nós há, na atual organização do Thesouro, elementos, que se poderão e deverão destacar para o serviço da nova instituição, reduzindo assim o desembolso, a que ela nos obrigará. Qualquer que o dispêndio

---

[579] PACINI, Mário. Aspectos históricos do desenvolvimento e aperfeiçoamento do controle externo das finanças públicas. *Revista do Tribunal de Contas do Rio de* Janeiro, ano 7, n. 12, nov. 1981, p. 1-280, p. 02.

[580] BARRETO, Neila; PERARO, Maria Adenir; ROCHA, Maria Aparecida Borges Barros. *Cinquenta + 10 anos de história do Tribunal de Contas do Estado de Mato Grosso*. Cuiabá: Carlini & Caniato Editorial, p. 96.

[581] BARBOSA, Rui. Exposição de Motivos de Rui Barbosa sobre a Criação do TCU. *Revista do TCU*. Disponível em: http://revista.tcu.gov.br/ojs/index.php/RTCU/article/view/1113/1171. Acesso em: 13 jun. 2018.

seja, porém, há de representar sempre uma economia enorme, incomensurável para o contribuinte; contanto que a escolha do pessoal inaugurador não sofra a invasão do nepotismo; que ela fique absolutamente entregue à responsabilidade de um ministro consciencioso, inflexível, imbuído no sentimento da importância desta criação; que aos seus primeiros passos presida a direção de chefes escolhidos com a maior severidade, capazes de impor-se ao país pelo valor nacional dos seus nomes e de fundar a primeira tradição do Tribunal sobre arestos de inexpugnável solidez.[582]

Foi a Constituição de 1988, é necessário frisar, que trouxe o fortalecimento dos Tribunais de Contas, ao expressar, no §3º do artigo 73, que os Ministros do Tribunal de Contas da União possuirão as mesmas garantias, prerrogativas, impedimentos, vencimentos e vantagens dos Ministros do Superior Tribunal de Justiça.

No que concerne às suas funções (e salienta-se desde já que, por força do princípio da simetria, tudo o que a Constituição determina para os Tribunais de Contas da União se aplica aos Tribunais de Contas Estaduais e Municipais), a Constituição da República brasileira determina que a finalidade essencial desses Tribunais consiste no julgamento das contas dos administradores públicos e demais responsáveis pela receita, pelo patrimônio e pelos valores públicos, de maneira a reconhecer que eles fiscalizam os órgãos dos Poderes Legislativo, Executivo e Judiciário, bem como das entidades da administração indireta, paraestatais e qualquer outra pessoa física ou jurídica, pública ou privada que faça uso, arrecadação, gerenciamento ou qualquer outra forma de administração de dinheiro, bens e valores públicos. As competências dos Tribunais de Contas, portanto, envolvem as funções fiscalizadora, judicante, sancionadora, consultiva, informativa, corretiva, normativa e de ouvidoria.

Como função fiscalizadora, compreende-se a de inspecionar e auditar órgãos e entes da administração pública (direta e indireta) com o fim de averiguar a legalidade, a aplicação das transferências de recursos entre os órgãos, o endividamento público, o cumprimento da Lei de Responsabilidade Fiscal, as licitações e outros atos administrativos nesse sentido, seja por iniciativa própria, seja por requerimento do Poder Legislativo.

---

[582] *Ibid.*

Em sua função judicante (que não deve ser confundida com a função jurisdicional), compete aos Tribunais de Contas realizar o julgamento das contas dos administradores e demais responsáveis pelo dinheiro, bens e valores públicos, analisando sua validade, regularidade formal e material, verificando, ainda, o atendimento aos fins públicos previstos em lei.

Importante salientar que pelo importante papel que essas Cortes de Contas realizam no Estado Democrático de Direito, e pela tecnicidade característica de suas decisões, estas só podem ser revistas pelo Poder Judiciário quando comprovada ilegalidade.

No tocante à sua função sancionadora, imprescindível para a eficácia de suas decisões, posto que o sistema de controle restaria sem qualquer força diante da inexistência de um elemento impositivo que buscasse coibir possíveis irregularidades e, ainda, ressarcir o erário, quando comprovado prejuízo ao patrimônio público, compete aos Tribunais de Contas estabelecer sanções como multas, declaração de idoneidade, afastamento de dirigentes e outras mais.

Dando continuidade à análise das funções competentes aos Tribunais de Contas, Hélio Mileski entende que, mesmo sem qualquer previsão constitucional, o exercício da função consultiva desses consiste em uma de suas mais relevantes contribuições, tendo em vista que, por meio dessa função, o Tribunal esclarece dúvidas a respeito de normas e procedimentos relativos ao exercício de sua fiscalização. Essa prerrogativa encontra embasamento na Lei Orgânica do TCU e nas Leis Orgânicas dos demais Tribunais de Contas Estaduais e Municipais.[583]

A função informativa, por sua vez, é exercida através do envio de informações ao Poder Legislativo, no tocante às fiscalizações realizadas, ao envio de alertas, especificados pela Lei de Responsabilidade Fiscal e, também, na atualização de dados constantes nas páginas da internet destes órgãos, com relação à atuação dos Tribunais, para fins de favorecer e auxiliar o exercício do Controle Social.

Quanto à função corretiva, esta se encontra disposta expressamente no artigo 71, incisos IX e X da Constituição Federal, segundo o qual compete aos Tribunais de Contas determinar prazo para que os jurisdicionados adotem as providências necessárias para o exato cumprimento da lei e, nas hipóteses de não atendimento, executar o

---

[583] MILESKI, Hélio Saul. *O controle da gestão pública*. São Paulo: Editora Revista dos Tribunais, 2003, p. 323.

ato impugnado, comunicando sua decisão à Câmara dos Deputados e ao Senado Federal.[584]

Nesse sentido, diante de irregularidade ou ilegalidades nos atos de gestão, compete aos Tribunais de Contas estabelecer prazo para cumprimento da lei, podendo determinar até mesmo a sustação do ato impugnado. Tais decisões possuem força de título executivo, contudo, a execução não compete aos Tribunais, mas às entidades públicas beneficiárias, através de suas procuradorias ou advocacias.

A função normativa dos Tribunais de Contas refere-se ao poder regulamentar que é atribuído pela Lei Orgânica e permite deliberações, instruções e atos normativos de sua competência, além da organização de processos e todos os demais atos consistentes à sua administração.

Por meio da função de ouvidoria, os Tribunais de Contas estão incumbidos de receber denúncias e representações quanto a irregularidades e/ou ilegalidades por parte dos responsáveis pelo exercício do controle interno, das autoridades e demais cidadãos. Essa função está vinculada à defesa dos interesses coletivos e favorece o exercício do controle social. Sua previsão legal encontra-se expressa no §2º do artigo 74 da Constituição da República brasileira de 1988.

Por fim, no que se trata do exercício das funções que competem aos Tribunais de Contas brasileiros, tem-se a função pedagógica. Por meio de um corpo técnico composto por servidores públicos qualificados, essas Cortes de Contas passaram a desenvolver encontros, seminários, programas de orientação e cursos específicos para cada área de conhecimento, a fim de promover a formação e o aprimoramento de seu quadro funcional.

Na busca por consolidar a explanação acerca da natureza jurídica e das funções inerentes aos Tribunais de Contas, salienta-se o disposto no artigo 70 da Constituição da República, segundo o qual compete a esses Tribunais efetivar a fiscalização, restringindo-se, contudo, aos critérios da legalidade, legitimidade e economicidade.

No exercício de suas funções, portanto, compete aos Tribunais de Contas orientar, fiscalizar e monitorar a Política Nacional de Segurança da Informação brasileira e, consequentemente, a Política Nacional de Segurança Cibernética, reconhecendo sua importância na garantia dos direitos de liberdade, de privacidade, de proteção de dados, enfim, os direitos que asseguram o livre desenvolvimento da personalidade

---

[584] BRASIL. *Constituição da República Federativa do Brasil de 1988*, Art. 71. 1988.

humana e a garantia de sua dignidade. Afinal, não há que se falar em proteção a direitos, hodiernamente, na era da economia movida a dados, sem falar em uma segurança cibernética robusta, que requer fiscalização e monitoramento intensivos.

6.4.2 A Política Nacional de Segurança Cibernética do Chile

Em 2015 o Chile estabeleceu objetivos de linha de ação e medidas concretas através da Agenda Digital 2020; dois anos após, em 2017, publicou sua Política Nacional de Segurança Cibernética, contendo as diretrizes, durante o período compreendido entre o ano de 2017 a 2022, na busca por um espaço cibernético democrático, seguro e resiliente, que promova a segurança dos usuários e das organizações públicas e privadas e garanta a confiabilidade necessária por meio de uma gestão de riscos eficiente e eficaz.

Três anos depois, em 2018, o Chile publicou a Política Nacional de Defesa Cibernética e, desde então, a Defesa Nacional passou a complementar a Segurança Cibernética na proteção da infraestrutura de informações e, consequentemente, dos direitos humanos.

Michelle Bachelet, presidente do Chile à época, informou que a política chilena foi construída a partir de um intenso debate público-privado que se deu durante meses de audiência pública e contou com a contribuição de representantes de serviço público, organizações corporativas, sociedade civil, além de acadêmicos e especialistas nacionais e internacionais.[585]

Ainda no tocante à segurança cibernética, a Política Nacional chilena expressa a responsabilidade das Forças Armadas no que diz respeito à cooperação e à assistência militar no âmbito internacional.

O documento inicia-se com uma contextualização demonstrando a extrema necessidade da segurança cibernética, passando a elencar, na sequência, seus princípios basilares, com ênfase no respeito aos tratados internacionais assinados pelo País.

De acordo com a política mencionada, algumas mudanças institucionais deveriam ser realizadas, tais como a distribuição de papéis entre os agentes de defesa, por exemplo, discriminando suas responsabilidades.

---

[585] CHILE. Ministerio del Interior y Seguridad Pública. Comité Interministerial sobre Ciberseguridad. *Política Nacional de Ciberseguridad.* 2017-2022. Disponível em: https://biblioteca.digital.gob.cl/handle/123456789/738. Acesso em: 31 mar. 2022.

Além da Política, foi publicado também o Guia de Defesa Cibernética elaborado pelo Conselho de Defesa Interamericana, que fornece um conjunto de princípios com vistas ao planejamento, implementação e desenvolvimento de capacidades de defesa cibernética, mediante orientações da OEA, na busca por facilitar a comunicação e a colaboração, nesse sentido, entre as Forças Armadas e de Segurança, em todo o Ocidente.

O Chile possui, ainda, outras regulamentações no tocante à cibersegurança, entre elas, o Decreto Supremo nº 533, de abril de 2015 (cria a Comissão Interministerial sobre cibersegurança), a Portaria nº 02, de outubro de 2015 (dá ordens para iniciar o processo de elaboração de uma Política de defesa em matéria de ciberespaço) e a Instrução Presidencial nº 01, de abril de 2017 (aprova e orienta a implementação da Política Nacional de Cibersegurança).

Os objetivos da Política Chilena para o ano de 2022 consistem em estabelecer uma identificação de gestão de riscos, além de estabelecer a proteção de toda a infraestrutura da informação, devidamente identificada e hierarquizada.

Consistem, ainda, como objetivos da Política de Cibersegurança Chilena: contar com uma equipe de resposta a incidentes de segurança cibernética, implementar mecanismos padronizados de reporte, gestão e recuperação de incidentes, bem como exigir padrões mínimos de medidas de segurança cibernética, que contemplem a confidencialidade, a integridade e a disponibilidade das informações e sistemas operacionais, considerando os riscos e ameaças de maneira proporcional ao tamanho, maturidade e nível de criticidade da informação tratada pela instituição.

A Política de Ciberdefesa, por sua vez, é decorrente da Política de Cibersegurança, com a qual compõe parte de todo o sistema chileno de políticas nacionais, complementando-a nos aspectos diretamente relacionados à defesa da soberania do País por meio das redes digitais, bem como das infraestruturas críticas da informação, tendo por base o Direito Internacional.

Estruturalmente dividida em 06 capítulos, a Política de Cibersegurança chilena traz, no capítulo 1, uma breve introdução a respeito das tecnologias da informação e comunicação no Chile e na América Latina, tanto nas atividades privadas, como no setor público, fazendo menção aos ataques e incidentes ocorridos e, ainda, à crescente vulnerabilidade e dependência que o uso dessas ferramentas tecnológicas vem proporcionando, com o intento de justificar a necessidade de uma

Política de Estado para fazer frente a essas novas ameaças e aos riscos insurgentes.

O capítulo 2 da Política de Cibersegurança do Chile traz um rol sucinto das ameaças cibernéticas até então existentes, considerando sua periodicidade, sofisticação e impacto, vislumbrando uma projeção de aumento para o futuro. Esse segundo capítulo ainda faz menção ao caráter global e transfronteiriço do ciberespaço, que justifica a necessidade de:

> *Un instrumento normativo de política pública para la planificación y empleo de la Defensa Nacional en materia de ciberdefensa, que asegure el cumplimiento del mandato constitucional de protección de la seguridad exterior del país, en este ámbito.*[586]

No capítulo seguinte são encontrados os princípios que regem a cibersegurança no País, onde se menciona a necessidade da cooperação internacional e do respeito aos tratados assim estabelecidos.

O capítulo 4 trata, especificamente, da Política de Defesa Nacional e sua aplicação no ciberespaço, onde é destacada a necessidade de extrema atenção no tocante aos danos que, no ambiente cibernético, podem ser comparados aos decorrentes de um ataque armado, razão pela qual se compreende que, com base no artigo 51 da Carta das Nações Unidas, o Estado chileno poderá fazer uso dos meios que entender necessários para responder a esses ataques.

O quarto capítulo traz ainda as medidas que devem ser tomadas para fins de cooperação internacional, confiança e transparência entre os Estados, além de prever o estabelecimento de programas de formação e capacitação necessários para o desenvolvimento e a manutenção de capacidades essenciais para a autodefesa do País.

O capítulo 5, por sua vez, prevê o desenvolvimento de um plano para a implementação da política e um período de revisão de quatro anos (ou quando outras circunstâncias assim justificarem), a ser coordenado pelo subsecretário de Defesa.

Por fim, o último capítulo traz uma espécie de glossário contendo a definição dos termos básicos para a compreensão e implementação adequada, e devidamente padronizada, da referida Política.[587]

---

[586] CHILE, 2017-2022.
[587] HORZELLA, Barbara C. Política Nacional de Ciberdefensa – revisión contrastada con la Guía de Ciberdefensa de la JID. *Biblioteca del Congreso Nacional de Chile – BCN.* mar. 2021. Disponível em: https://obtienearchivo.bcn.cl/obtienearchivo?id=repositorio/

Importa conhecer melhor esse instrumento, que pode ser fonte de inspiração para a construção de uma Política Nacional de Segurança Cibernética brasileira mais resiliente, como se tem buscado.

6.4.3 A Política Nacional de Segurança Cibernética do Brasil

Mediante a compreensão do exposto, cumpre partir, neste momento, para uma análise acurada, especificamente, a respeito da necessidade de avaliação do cenário nacional atual da segurança cibernética por parte dos Tribunais de Contas brasileiros.

Em agosto de 2018 foi aprovada a Política Nacional de Segurança da Informação (PNSI) brasileira, mediante a publicação do Decreto nº 9.637 (alterado, em março de 2021, pelo Decreto nº 10.641), que abrange a segurança cibernética, a defesa cibernética, a segurança física e a proteção dos dados organizacionais contra vazamentos.

A PNSI foi implementada através da Estratégia Nacional de Segurança da Informação e dos planos nacionais, e suas ações possuem o escopo de proteger a disponibilidade, a integridade, a confidencialidade e a autenticidade da informação.

Ademais, diante do cenário atual, vivenciado no mundo atual, e em cumprimento ao disposto na PNSI em fevereiro de 2020, o Decreto nº 10.222 aprovou a E-ciber (Estratégia Nacional de Segurança Cibernética), eleita como o primeiro módulo da estratégia de segurança da informação brasileira.

Não basta, contudo, publicar e implementar isoladamente, no âmbito do Governo Federal, estratégias de segurança da informação e cibernéticas. Por óbvio que esses são passos importantes, mas não são suficientes para garantir a resiliência da segurança cibernética. É preciso mais.

A República Federativa do Brasil, formada pela união indissolúvel dos Estados e Municípios e do Distrito Federal, constitui-se em Estado Democrático de Direito de dimensões continentais e com relevantes desigualdades regionais. O Brasil não é um país uniforme em matéria de disponibilidade de acesso à internet, qualidade de redes, qualidade de capital humano etc. – e tudo isso deveria ser levado em conta pelos formuladores dessa política nacional de segurança cibernética.

A Constituição de 1988, no artigo 23, define as competências

10221/31943/1/Informe_BCN__Politica_Nacion al_de_Ciberdefensa.pdf. Acesso em: 31 mar. 2022.

comuns da União, dos Estados, do Distrito Federal e dos Municípios. Salta aos olhos a norma do inciso XII, qual seja, estabelecer e implantar política de educação para a segurança do trânsito, pelo que, devido a gravidade do tema segurança cibernética, entendo que o constituinte derivado deveria estabelecer uma norma prevendo que "estabelecer e implantar política de educação para segurança cibernética" deve ser um procedimento tratado como competência constitucional comum da União, dos Estados, do Distrito Federal e dos Municípios.

Por outro lado, reza a Constituição Federal de 1988 que a segurança pública é dever do Estado, direito e responsabilidade de toda a sociedade com objetivo de preservar a ordem pública, a incolumidade física e patrimonial das pessoas. Essa regra geral, disposta no *caput* do art. 144, também pode ser aplicada à segurança cibernética.

No entanto, ao passo que a segurança pública ordinária, em regra, é de competência das instituições policiais, na forma da norma constitucional, tais instituições de polícia não possuem *expertise*, nem capital humano ou capacidade operacional para assumir a prestação de um serviço adequado de segurança pública cibernética. No direito comparado, essa responsabilidade recai sobre agências governamentais especializadas, criadas especialmente para essa finalidade, como já abordado alhures.

Ontologicamente, a qualidade das políticas públicas está vinculada não apenas à sua implementação, como, principalmente, à sua avaliação e monitoramento, com o intuito de certificar sua eficácia de modo a evitar ou impedir a continuidade de políticas que se mostrem insatisfatórias ou deficientes no tocante à satisfação dos direitos fundamentais.

O caso em estudo aponta a necessidade da implementação de uma política de segurança cibernética mundial. Trata-se de um relevante desafio, que demandará esforço e envolvimento de diversas instituições, públicas e privadas, para tornar esse projeto uma realidade fática de cunho eficaz, requerendo uma avaliação do cenário do local ou região.

As políticas publicadas são necessárias, mas impende que seja traçado um programa que observe não somente a implementação, como também, e principalmente, avaliação e monitoramentos periódicos, a fim de averiguar a eficácia das ações praticadas e a necessidade, ou não, de sua correção.

Esse controle pode ser realizado, no Brasil, pelos Tribunais de Contas, sob a liderança do TCU, e no cenário internacional, pelas EFS lideradas pela INTOSAI.

No que se refere, especificamente, ao território nacional, os Tribunais de Contas possuem ferramentas, competências pedagógicas, normativas e fiscalizatórias suficientes para induzir todo e qualquer gestor a implementar políticas públicas que efetivem direitos fundamentais, entre elas, a Política Nacional de Segurança da Informação, e, mais ainda, uma política específica de segurança cibernética, extremamente necessária (como já mencionado) para garantir a observância da proteção de dados e dos direitos dela decorrentes, quais sejam: a proteção da privacidade e da intimidade e a garantia da dignidade da pessoa humana.

Nesse sentido, em 2020 o TCU realizou, sob a relatoria do Min. Vital Rêgo, um levantamento com o escopo de conhecer a macroestrutura de governança e gestão da segurança da informação, no contexto da Administração Pública Federal, onde se buscou identificar as legislações, políticas e demais regulamentações, bem como os agentes, seus papéis e responsabilidades no que concerne a essa área.

Como resultado, o TCU constatou que, apesar da evolução existente nos últimos anos, a segurança da informação e a segurança cibernética brasileira não se encontram plenamente adequadas, identificando, inclusive, que em 2019 o Gabinete de Segurança Institucional da Presidência da República brasileira (GSI/PR), após uma triagem de 25 mil notificações, registrou a ocorrência de quase 11 mil incidentes de segurança da informação nas redes do Governo.[588]

Conforme declaração expressa pelo Min. Vital, "com a evolução tecnológica e o aumento da digitalização dos serviços públicos, as vulnerabilidades e as falhas de segurança da informação em sistemas relevantes podem afetar significativamente o Estado e os cidadãos".[589]

A notícia faz referência aos ataques sofridos pelo STJ, Ministério da Saúde, Conselho Nacional de Justiça e Governo do Distrito Federal, dentre muitos outros, que se deram nestes últimos anos.

O Brasil ainda não possui uma Política Nacional de Segurança Cibernética devidamente regulamentada. Em novembro de 2021, o

---

[588] BRASIL. Tribunal de Contas da União. *Avaliação do TCU aponta que ataques cibernéticos merecem atenção governamental*: "Relativamente aos riscos e vulnerabilidades, o cenário encontrado merece atenção, especialmente quanto *à* real capacidade da administração para responder e tratar incidentes de segurança da informação e ataques cibernéticos, por parte de cada *órgão* individualmente e da rede de tratamento e resposta a incidentes em redes computacionais." 15 dez. 2020. Disponível em: https://portal.tcu.gov.br/imprensa/noticias/avaliacao-do-tcu-aponta-que-ataques-ciberneticos-merecem-atencao-governamental.htm. Acesso em: 23 mar. 2022.

[589] *Ibid.*

Diretor do Departamento de Segurança da Informação do Gabinete de Segurança Institucional da Presidência da República, Cel. Marcelo Paiva Fontenele, declarou que a minuta da Política já foi concluída e submetida à apreciação da Subchefia de Assuntos Jurídicos da Casa Civil, de onde seguirá os trâmites normais até chegar à Presidência, para ser (ou não) apresentada como proposta ao Poder Legislativo.

Conforme declarou o Cel. Fontenele, a Política vem sendo discutida desde 2016 e originou, inicialmente, o Decreto nº 9.637/18, que instituiu a Política Nacional de Segurança da Informação (PNSI). No entanto, ainda há a necessidade da Política Nacional de Segurança Cibernética, que possui um escopo mais amplo, alcançado toda a sociedade, demais entes federativos, além do setor empresarial.

A publicação e devida implementação da Política Nacional de Segurança Cibernética brasileira são extremamente necessárias e requerem uma atuação próxima e contínua por parte dos órgãos de controle, a fim de assegurar sua plena eficácia.

O TCU já identificou que falhas na gestão da segurança da informação, bem como a implementação insuficiente de controles de segurança cibernética, têm gerado uma exposição perigosamente crescente das organizações públicas a riscos cada vez maiores, conforme descrito no Acórdão 4.035/2020-TCU-Plenário,[590] que deu origem, por sua vez, à Estratégia de fiscalização, com vistas a orientar o TCU no processo de acompanhamento da gestão nesta área e, ainda, no Acórdão 1.784/2021, de 28 de julho de 2021, que originou a cartilha de controles e boas práticas em segurança cibernética, já citada neste estudo.[591]

A Estratégia, publicada em setembro de 2021, apresenta um rol de ações e iniciativas na busca por auxiliar e melhorar essa área que demanda especial atenção em todo o mundo; menciona ainda a necessidade de um acompanhamento ágil de controles críticos de SegCiber, além da pretensão de fomentar uma cultura de segurança da informação em todos os órgãos e entidades da Administração Pública federal, bem como de contribuir para a manutenção de processos bem definidos de governança e gestão de segurança da informação

---

[590] BRASIL. Tribunal de Contas da União. *TC 001.873/2020-2*; Rel. Min. Vital do Rêgo. Disponível em: https://portal.tcu.gov.br/data/files/99/64/46/8E/7298871003178887E18818A8/relatorio_anual_atividades_TC U_2020.pdf. Acesso em: 22 de mar. 2022.

[591] BRASIL. Tribunal de Contas da União. *Acórdão 1784/2021*. Plenário. Rel. Vital do Rêgo. Processo nº 035.093/2020-0. Data da sessão: 28/07/2021. Disponível em: https://pesquisa.apps.tcu.gov.br/#/documento/acordao-completo/3509320200.PROC/%2520/DTRELEVANCIA%-2520desc%252C%2520NUMACORDAOINT%2520desc/0/%2520. Acesso em: 08 jul. 2022.

e cibernética, na busca por mitigar os riscos e possíveis impactos decorrentes dos ataques cibernéticos.[592]

A Estratégia de fiscalização da SegInfo/SegCiber do TCU se baseia em 4 eixos fundamentais (ou linhas de ação), que consistem em, primeiramente, mapear a situação, os atores envolvidos, as estruturas, normas, riscos e ações, para em seguida realizar o diagnóstico necessário, depois, induzir a adoção de boas práticas e o cumprimento de normas, e finalmente realizar o acompanhamento das ações praticadas.[593]

Na busca pelo cumprimento do disposto na Estratégia publicada, o TCU já concluiu algumas etapas, como o levantamento de riscos em sistemas informacionais (TC 031.436/2019-6, que resultou no Acórdão 1.889/2020-TCU-Plenário, de relatoria do Min. Aroldo Cedraz)[594] e o levantamento de governança e gestão de SegInfo e SegCiber (TC 035.863/2019-6), ambos no âmbito da Administração Pública Federal.

Ainda no tocante ao primeiro eixo da Estratégia de Fiscalização (mapeamento), estão previstos o levantamento de infraestruturas críticas nacionais (tais como os setores de telecomunicações, transportes, energia, água e financeiro), devido ao potencial efeito danoso em caso de essas infraestruturas sofrerem alguma espécie de ataque cibernético em um *benchmarking* internacional.

Dessa forma, o levantamento das infraestruturas críticas elaborado pelo TCU terá a finalidade de avaliar o grau de exposição e vulnerabilidade dessas infraestruturas e ficará, conforme o disposto na Estratégia de Fiscalização, sob a responsabilidade da Secretaria de Controle Externo da Defesa Nacional e da Segurança Pública – Secex-Defesa, com a participação da Sefti.

No tocante ao *benchmarking* internacional, este busca identificar as boas práticas, comparando as cinco dimensões do GCI (aspectos legais, técnicos, organizacionais, construção de capacidade e cooperação) às avaliações do Paraguai, México e Uruguai, a fim de possibilitar que o Brasil supere esses países no *ranking* GCI.

---

[592] BRASIL. Tribunal de Contas da União. *Estratégia de Fiscalização do TCU em Segurança da Informação e Segurança Cibernética 2020-2023*. 02 set. 2021. Disponível em: https://portal.tcu.gov.br/estrategia-de-fiscalizacao-do-tcu-em-seguranca-da-informacao-e-seguranca-cibernetica-2020-2023.htm. Acesso em: 23 mar. 2022.

[593] *Ibid.*, p. 9.

[594] BRASIL. Tribunal de Contas da União. *Tecnologia da Informação – Levantamento de sistemas críticos*. Disponível em: https://portal.tcu.gov.br/data/files/03/A5/18/96/BDFA67106D09B-867F18818A8/Tecnologia_informacao_lev antamento_sistemas_criticos.pdf. Acesso em: 23 mar. 2022.

Na segunda linha de ação, ou seja, quando do diagnóstico da situação, a Estratégia prevê auditorias sobre a LGPD e sobre *backups*, além do acompanhamento de controles críticos de segurança cibernética, auditoria sobre identidade digital e assinatura digital e auditoria no processo de resposta a incidentes cibernéticos.

O terceiro eixo que compõe a estratégia de fiscalização do TCU se refere à indução da adoção de boas práticas e do cumprimento de normas, onde são previstas parcerias (com a Escola Nacional de Defesa Cibernética e o Instituto Serzedello Corrêa) para realizar eventos e cursos para os órgãos de controle e gestores, capacitações dos auditores dos Tribunais de Contas Estaduais, além da elaboração contínua de conteúdos orientativos a respeito do tema.

Por fim, como última linha de ação, a estratégia prevê o acompanhamento das ações por meio do cálculo do iSegInfo (dervidado do IGG 2021), da elaboração de uma matriz de risco de segurança da informação e cibernética, do acompanhamento bianual da evolução do índice de segurança da informação (iSegInfo), do acompanhamento contínuo da evolução do cenário da segurança da informação e cibernética e da contínua capacitação dos auditores do TCU nestas áreas.

As auditorias se realizarão por meio de uma abordagem conhecida como autoavaliação dos controles internos, ou *Control Self-Assessment* (CSA), onde um questionário é disponibilizado para que os gestores possam responder (anexando as evidências) e, dessa forma, refletir a respeito da situação existente no que se refere aos controles e medidas de segurança necessários.[595]

Em havendo necessidade, os auditores poderão, inclusive, solicitar uma complementação das respostas, juntamente com as evidências que as corroboram.

Realizada a submissão do questionário na plataforma, os gestores recebem, automaticamente, o *feedback*, que possibilita um melhor planejamento e uma evolução maior dos controles.

O próximo passo consiste no acompanhamento, que deverá se realizar em sete ciclos, onde serão avaliadas 153 medidas de segurança que constam nos 18 controles críticos de segurança cibernética previstos na versão 08 do *framework* do *Center for Internet Securit*.[596]

---

[595] BRASIL. Tribunal de Contas da União. *Fiscalização de tecnologia da informação*. Disponível em: https://portal.tcu.gov.br/fiscalizacao-de-tecnologia-da-informacao/atuacao/fiscalizacoes/. Acesso em: 23 de mar. 2022.
[596] CENTER FOR INTERNET SECURITY. *CIS Critical Security Controls Version 8*. Disponível em: https://www.cisecurity.org/controls/v8. Acesso em: 23 mar. 2022.

Além disso, a fiscalização prevê a construção de um painel com vistas a visualizar o panorama geral das organizações realizadas, correlacionando-as com resultados obtidos em outras avaliações realizadas pelo TCU, a fim de fomentar maior conscientização dos gestores das áreas da segurança da informação a respeito dos riscos existentes.

Diante dessas constatações, a auditoria realizada pelo TCU sob a relatoria do Min. Vital do Rêgo (visando avaliar se os procedimentos de *backup* e *restore* das organizações que compõem a Administração Pública Federal são adequados e suficientes) foi executada mediante uma parceria entre a Secretaria de Fiscalização de Tecnologia da Informação e 12 unidades técnicas da Segecex e apontou diversas falhas na gestão de riscos dos projetos referentes à digitalização dos serviços públicos. Como resposta, o Governo Federal informou que irá revisitar os planos de transformação digital.

No acórdão 1784/21, o TCU informou, quanto à auditoria supramencionada, que:

> Ao não realizar de maneira mais apropriada a gestão dos riscos existente, a transformação digital pode implicar sujeição a vários eventos de risco, como a inefetividade da própria transformação, a ocorrência de problemas de funcionamento no serviço transformado ou mesmo uma maior exposição às consequências de ataques cibernéticos.[597]

Diante do cenário mundial atual e da dinamicidade que envolve as relações tecnológicas, é possível constatar que ainda há muito a ser realizado no Brasil. Considera de grande valor o esforço efetuado pelo TCU na realização dos trabalhos analisados anteriormente, no entanto defende se essas ações do controle externo, que são extremamente estratégicas para a soberania da República Federativa do Brasil, deveriam englobar toda a Administração Pública Nacional. O enfrentamento do problema da insegurança cibernética exige ações conjuntas que considerem todo o cenário nacional. É necessário diagnosticar o nível de maturidade da segurança cibernética da administração pública dos Estados, do Distrito Federal e dos Municípios. Isso também vale para a administração indireta nas três esferas de Governo.

---

[597] BRASIL. Tribunal de Contas da União. *Acórdão 1784/2021*. Plenário. Rel. Vital do Rêgo. Processo nº 035.093/2020-0. Data da sessão: 28/07/2021. Disponível em: https://pesquisa.apps.tcu.gov.br/#/documento/acordao-completo/3509320200.PROC/%2520/DTRELEVANCIA%-2520desc%252C%2520NUMACORDAOINT%2520desc/0/%2520. Acesso em: 08 jul. 2022.

No âmbito da União, atitudes estão sendo tomadas para fomentar uma cultura de segurança e proteção de dados. Porém fomentar soluções apenas no âmbito do Governo Federal não resolve o problema. Os Estados, o Distrito Federal e os Municípios possuem vulnerabilidades na área da cibersegurança que, necessariamente, precisam ser diagnosticadas.

Neste ponto passa-se a demonstrar a importância da atuação conjunta dos Tribunais de Contas na avaliação das políticas públicas, em busca de assegurar o efetivo cumprimento dos direitos fundamentais e humanos da pessoa digital.

6.4.4 A atuação dos Tribunais de Contas no Brasil e as auditorias coordenadas ou cooperativas

O princípio republicano informa que todo agente público que tenha, por competência legal, de cuidar de tudo que é de todos e de decidir em nome de todos tem responsabilidade jurídica pessoal e, portanto, deve estar comprometido em buscar decisões adequadas e praticar uma gestão eficiente dos recursos públicos disponíveis, devendo respeitar e cumprir os princípios constitucionais e as determinações legais, sem olvidar da prestação de contas a ser efetuada perante os Tribunais de Contas, órgãos técnicos do Controle Externo cujas atribuições estão postas no arcabouço jurídico nacional a partir da Constituição Federal de 1988.

Reiterando a importância da atuação dos Tribunais de Contas no Brasil, mediante o exercício de suas funções (principalmente a pedagógica e a fiscalizatória) na garantia pela implementação eficaz das políticas públicas, o Referencial de Controle, publicado pelo Tribunal de Contas da União, vaticina que a avaliação dessas "associa-se à ideia de acompanhamento de desempenho, mensuração de resultados e aferição de impactos".[598]

Nesta senda, além de provocar a inclusão de determinados problemas diagnosticados na agenda política, o Tribunal de Contas exerce a auditoria de conformidade (mediante atuação sancionatória), além de buscar a eficiência da gestão mediante a auditoria operacional (conhecida também por governamental, ou auditoria de resultados).

A auditoria operacional se expressa pela avaliação do cumprimento dos programas e ações de governo, além do desempenho de seus

---

[598] BRASIL. Tribunal de Contas da União. *Referencial de Controle de Políticas Públicas*. 2022.

órgãos e entidades quanto às metas e prioridades entabuladas, sem olvidar da análise do uso e da alocação dos recursos públicos. Seu foco reside na fiscalização do gasto público sob a ótica da economicidade, eficiência, eficácia e efetividade, na busca por encontrar os pontos-chave essenciais para aprimorar a gestão pública.

Nesse sentido se manifesta Arlindo Carvalho Rocha:

> O conceito que mais se aproxima do que deva ser uma auditoria operacional, dentro do enfoque do Controle Externo, entretanto, é aquele que concebe a Auditoria Operacional como uma avaliação da eficácia de uma entidade em cumprir seus objetivos, programas e metas, e da legalidade, economicidade e eficiência na administração de seus recursos. (...) Preliminarmente, cabe ressaltar que a auditoria operacional é uma evolução natural da auditoria tradicional, que deixou de ser especificamente contábil para tornar-se abrangente, acrescentando à verificação da legalidade e correção dos registros contábeis, a determinação da economicidade e eficácia das entidades.[599]

O citado Referencial de Controle das Políticas Públicas menciona, ainda, o Guia de Avaliação de Políticas Públicas (GUID 9020) da INTOSAI (*International Organization of Supreme Audit Institutions*), que traça algumas diretrizes a fim de orientar as Entidades Fiscalizadoras Superiores (EFS) na análise, avaliação e controle das políticas públicas no cenário internacional:

> (...) enquanto o centro da auditoria operacional é a avaliação da economicidade, da eficiência ou da efetividade, o centro da avaliação de políticas públicas é a avaliação do impacto global de uma política, de curto e longo prazo (o qual geralmente requer considerar outras políticas que têm efeito no mesmo campo), e a avaliação da sua utilidade. Ou seja, a avaliação seria uma atividade ampla que abarcaria a auditoria operacional.[600]

Desse modo, as orientações contidas no GUID 9020 referenciam que a avaliação pode fazer uso das ferramentas, dos métodos e até mesmo dos resultados da auditoria operacional, contudo seu objetivo

---

[599] ROCHA, Arlindo Carvalho. *Função da auditoria operacional na avaliação e no controle de entidades governamentais*. Disponível em: http://www.betatreinamento.com.br/visita/Função%20da%20Audit%20Op.htm. Acesso em: 25 jan. 2022.

[600] INTOSAI. *Evaluation of Public Policies – GUID 9020*. Disponível em: https://www.issai.org/wp-content/uploads/2019/08/GUID-9020-Evaluation-of-Public-Policies.pdf. Acesso em: 30 mar. 2022.

consiste em avaliar a relevância (adequação dos objetivos da política às necessidades sociais que se propõe a enfrentar) e a utilidade (análise dos resultados e dos impactos) da política pública.

Assim, seguindo a linha das boas práticas internacionais, as avaliações das políticas públicas exigem a sua execução de maneira permanente e, ainda, incorporada ao ciclo de políticas públicas, que compreende o planejamento, a execução e os controles orçamentário e financeiro.

O referencial do TCU nos chama a atenção, ainda, para o fato de que as decisões políticas não são isentas de pressões e interesses. Segundo o documento citado, a diferença entre uma decisão legítima e uma "pouco republicana" está centrada no seu grau de conformidade com os critérios sociais, legais e morais de uma sociedade democrática. Nesse sentido, importa avaliar se aqueles que sofrem os reflexos da política percebem os problemas e concordam com as soluções apresentadas, e, após isso, garantir a conformidade com "os marcos do Estado de Direito" para, finalmente, avaliar a moralidade desses atos considerando os valores democráticos e a necessidade de assegurar a impessoalidade, a publicidade e a eficiência dos mesmos.[601]

Importante salientar, também, as auditorias coordenadas principalmente no contexto da segurança cibernética (devido à amplitude de seu alcance), que, segundo o Tribunal de Contas da União, tem sua relevância no reconhecimento de que:

> A cooperação entre o Tribunal de Contas da União (TCU) e as entidades de controle externo nacionais e internacionais na realização de auditorias coordenadas revela grande potencial de sinergia quanto à troca de informações e adoção de abordagem sistêmica sobre um tema de interesse comum. A necessidade de encontrar soluções comuns para problemas de escala regional, nacional ou internacional é um dos fatores que justifica o desejo dessas entidades em fomentar trabalhos em regime de cooperação. Com enfoque no planejamento integrado, trabalhos dessa natureza combinam diversas auditorias, sobre o mesmo tema, executadas simultaneamente por diferentes entidades fiscalizadoras.[602]

Conforme as informações oferecidas pelo TCU, em nível internacional o desenvolvimento da atuação conjunta pelos Tribunais de

---

[601] BRASIL. Tribunal de Contas da União. Referencial de Controle de Políticas Públicas. 2022.
[602] BRASIL. Tribunal de Contas da União. *Orientações sobre auditorias coordenadas*. Disponível em: https://portal.tcu.gov.br/orientacoes-sobre-auditorias-coordenadas.htm. Acesso em: 30 de mar. 2022.

Contas teve grande parcela de influência por parte da INTOSAI (Organização Internacional das Entidades Fiscalizadoras Superiores/ONU), que, por meio da "Iniciativa de Desenvolvimento da Intosai" (IDI), apoiou a realização de auditorias coordenadas, além da Organização Latino-Americana e do Caribe de Entidades Fiscalizadoras Superiores (OLACEFS), que desde 2011 incluiu as auditorias coordenadas em seu plano estratégico.[603]

O guia orientativo sobre auditorias coordenadas publicado pelo TCU explicita, também, que essas auditorias cooperativas possibilitam uma atuação abrangente, em nível nacional ou internacional. Um trabalho que favorece o intercâmbio de conhecimentos e de experiências entre as entidades fiscalizadoras, além de disseminar boas práticas que podem proporcionar o aperfeiçoamento das competências dos auditores. O guia expressa ainda que as auditorias cooperativas podem ser realizadas de forma conjunta, paralela ou coordenada.[604]

É importante ressaltar a diferença entre as três espécies de auditorias cooperativas, por sua importância diante do tema aqui estudado.

Enquanto nas auditorias conjuntas as principais decisões são devidamente compartilhadas, e todo trabalho é conduzido por uma única equipe, nas auditorias paralelas, cada instituição conduz sua própria auditoria (no seu país ou no seu Estado), observando suas próprias competências legais.

As auditorias coordenadas, por sua vez, são um misto das auditorias conjunta e paralela. Elas possuem, via de regra, um núcleo comum de questões a serem analisadas (que pode ser ampliado mediante interesse de cada instituição), e as fiscalizações se dão simultaneamente.

Para melhor compreensão, fazendo uso das explicações contidas do Guia de Orientações publicado pelo TCU,[605] passa-se a diferenciá-las de acordo com os seus atributos necessários, a começar pela equipe de auditoria.

A auditoria conjunta possui uma única equipe, que, contudo, é formada por membros de diversas instituições. Nas auditorias paralela e coordenada, por sua vez, cada instituição designa a sua própria equipe de auditores.

O comitê da auditoria conjunta é o comitê de direção, enquanto nas auditorias paralela e coordenada é designado um comitê de

---
[603] Ibid.
[604] BRASIL. Tribunal de Contas da União. *Orientações sobre auditorias coordenadas*. s.d.
[605] Ibid.

coordenação, ou, então, é escolhida uma Entidade Fiscalizadora Superior (EFS) para realizar a coordenação dos trabalhos.

Os objetivos, na auditoria conjunta, são idênticos, diferentemente do que se dá nas auditorias paralela e coordenada, cujos objetivos são apenas similares.

No que se refere à modalidade de trabalho, todas as auditorias cooperativas (conjunta, paralela e coordenada) realizam auditorias de conformidade, operacional ou financeira, a depender da situação.

A principal diferença entre elas está, de fato, no objetivo, nas questões de auditoria e no método utilizado. As auditorias conjuntas possuem escopo idêntico para todas as instituições auditadas e uma única matriz de planejamento. Nas auditorias paralelas, por sua vez, o escopo fica a cargo de cada instituição, que escolherá de forma independente, sempre respeitando o tema selecionado; por fim, nas auditorias coordenadas há um núcleo comum e harmonizado de questões, mas cada instituição pode acrescentar, a esse núcleo, outras questões que demandam seu interesse (como já mencionado acima).

Quanto ao cronograma, as auditorias conjuntas fazem uso de um cronograma único, enquanto a paralela e a coordenada utilizam um cronograma simultâneo.

Por fim, no tocante ao relatório apresentado, as auditorias conjuntas apresentam um relatório único; nas auditorias paralelas, cada instituição apresenta seu próprio relatório, enquanto nas auditorias coordenadas, além de cada instituição apresentar seu próprio relatório, é possível, ainda, apresentar um relatório consolidado.

A importância do relatório consolidado reside no fato de ele servir como incentivo para os governos nacionais adotarem as medidas preventivas e corretivas necessárias, além de oferecer uma visão mais abrangente da situação, possibilitando uma ação conjunta dos países envolvidos. Serve, ainda, como forma de informar as organizações internacionais, aumentar a conscientização pública e, também, favorecer o intercâmbio de ideias e conhecimento, possibilitando a troca de melhores práticas e experiências além da cooperação entre as Entidades Fiscalizadoras Superiores.

O guia publicado pelo TCU informa, ainda, que os diferentes tipos de auditorias cooperativas têm sido utilizados pelas instituições de controle externo para tratar de questões transnacionais como as que envolvem a tecnologia de informação, por exemplo.

Neste diapasão, o Comitê de Criação de Capacidades da Organização Latino-Americana e do Caribe de Entidades Fiscalizadoras

Superiores (OLACEFS), integrado, atualmente, por 14 Entidades Fiscalizadoras Superiores e presidido pelo TCU (desde 2016), na busca por fortalecer as capacidades dessas entidades fiscalizadoras (EFS), elaborou algumas estratégias a serem aplicadas nas auditorias coordenadas e publicou o Manual de Auditorias Coordenadas, contendo orientações e boas práticas sobre o tema.

Na apresentação do manual supramencionado, o presidente do Comitê referido, Ministro Augusto Nardes, explicou que:

> Uma auditoria coordenada oferece as condições necessárias para analisar diferentes perspectivas sobre um determinado tema e, ao mesmo tempo, apresenta um panorama de como é tratado esse assunto no nível nacional ou regional. Desta maneira, a auditoria, como estratégia de capacitação, permite o nivelamento do conhecimento sobre o tema e os métodos que serão utilizados, reforça o paradigma contemporâneo de auditoria governamental e difunde, de modo eficaz, as normas internacionais e melhores práticas em cada EFS e entre seus auditores.[606]

A atuação do Tribunal de Contas da União, mediante seus levantamentos técnicos, orientações e fiscalizações, demonstra importância ímpar e deveras relevante para os fins de assegurar a eficiência e o eficaz cumprimento, na busca por uma segurança cibernética mais forte e resiliente.

Todavia, faz-se necessária a realização de uma auditoria coordenada, liderada pelo TCU, incluindo todos os demais Tribunais de Contas subnacionais, com o objetivo de diagnosticar e consolidar a problemática da insegurança cibernética existente nos Estados, no Distrito Federal e nos Municípios, por meio de um trabalho coordenado, no exercício do controle externo, promovendo a redução do distanciamento técnico entre os Tribunais de Contas brasileiros.

Além disso, essas ações integrativas do controle externo podem considerar, em seu escopo de atuação, a abertura de espaço para um diálogo com a sociedade civil organizada, através da transparência de seus atos e da divulgação de informações claras e precisas, que são as bases adequadas para atuação do controle social.

---

[606] ORGANIZAÇÃO LATINO-AMERICANA E DO CARIBE DE ENTIDADES FISCALIZADORAS SUPERIORES. *Manual de auditorias coordenadas da Olacefs*. Brasília: Tribunal de Contas da União (TCU), 2020. Disponível em: https://www.olacefs.com/wp-content/uploads/2021/04/05.2_Manual-de-Auditorias-Coordenadas-da-Olacefs_2020.pdf. Acesso em: 30 mar. 2022.

Já na esfera do poder político de decisão e de escolha do Poder Executivo, as auditorias coordenadas podem ser utilizadas como instrumentos balizadores para a elaboração e efetivação de políticas públicas mais precisas, que culminarão, obviamente, no aprimoramento dos serviços que serão prestados, em especial, na escolha do melhor modelo de planejamento, execução e amadurecimento das políticas de segurança cibernética nacional.

Inquestionável, portanto, a importância do trabalho realizado pelos Tribunais de Contas nacionais na fiscalização e no monitoramento das políticas de segurança cibernética, tendo em vista desempenharem precioso papel na promoção da ordem republicana, não só fiscalizando a aplicação dos recursos públicos provenientes das pessoas em segurança cibernética, mas destacadamente assegurando o livre exercício de direitos fundamentais no mundo digital.

Isso porque incumbe aos Tribunais de Contas não só avaliar a conformidade das políticas e dos programas sociais com as determinações legais, como, ainda, apontar o caminho para que se aprimorem os resultados dessas ações, com objetivo de assegurar o bem-estar social e a devida observância dos direitos fundamentais do cidadão.

A efetivação das políticas públicas consiste, desse modo, em uma das funções sociais dos Tribunais de Contas passível de ser realizada por meio das competências que lhes foram atribuídas pela Constituição e nas demais normas do arcabouço jurídico nacional.

Não se pode olvidar que os Tribunais de Contas possuem acesso privilegiado a uma gama de informações, que lhes possibilitam verificar de maneira mais eficaz, com maior assertividade, as necessidades de interesse da coletividade.

Insta ainda salientar que as decisões emitidas pelos Tribunais de Contas na fiscalização do cumprimento das políticas públicas não configuram meras recomendações, possuindo natureza verdadeiramente impositiva, como reconhece expressamente o Superior Tribunal de Justiça. Para tanto, o enunciado contido no Acórdão nº 73, de 2014, do TCU, deixa claro que até pode, o gestor público, atender à recomendação por meios diferentes dos recomendados, desde que demonstre ter atingido os mesmos objetivos ou, então, que não pode cumprir a recomendação por circunstâncias específicas, devidamente motivadas; todavia a regra é a implementação da recomendação, razão pela qual deve ser monitorada.[607]

---

[607] BRASIL, Superior Tribunal de Justiça. *Acórdão nº 73/2014*. Rel. Augusto Sherman. Enunciado. Disponível em: https://contas.tcu.gov.br. Acesso em: 04 jul. 2018.

Não é demais recordar que a principal função do controle externo realizado pelos Tribunais de Contas reside em assegurar que a administração pública priorize, sempre, os interesses da coletividade e, consequentemente, o bom governo.

6.4.5 A avaliação das políticas públicas pelas Instituições Superiores de Controle da União Europeia

No que concerne à avaliação das políticas públicas no território internacional, em 2018 um inquérito das Instituições Superiores de Controle (ISC) da União Europeia divulgou que cerca de metade dessas instituições nunca tinha auditado o domínio da cibersegurança.

Considerando a importância do Regulamento Geral da União Europeia, em vigor desde maio de 2018, essa informação, por si só, já seria deveras preocupante. Todavia, logo após a constatação, as ISC intensificaram seus trabalhos nesse sentido, realizando auditorias na proteção de dados, no grau de preparo dos sistemas frente à possibilidade de ciberataques, além da proteção dos sistemas de serviços públicos essenciais.[608]

Com relação ao tipo de auditoria realizada pelos ISC europeus, a maior parte optou por auditorias de resultado sobre os temas. Apenas a Polônia e a Hungria fizeram uso de auditorias de conformidade, e o Tribunal de Contas Europeu efetuou uma análise das políticas. O relatório informa, ainda, na página 41, que os temas abordados nas auditorias foram diversificados, conforme a necessidade maior de cada região, sendo que algumas ISC auditaram domínios bem específicos de interesse público, como foi o caso, por exemplo, da ISC dos países baixos, que auditou a cibersegurança das suas proteções marítimas e dos sistemas de gestão de água (extremamente vitais para o país), enquanto as ISC da Irlanda e da Hungria trataram de questões como a execução da estratégia nacional de cibersegurança e a proteção de dados pessoais. Todas as instituições de controle, contudo, se dedicaram à análise de questões que poderiam trazer um forte impacto negativo para os serviços ou infraestruturas essenciais da coletividade:

---

[608] UNIÃO EUROPEIA. Comite de Contacto das Instituições Superiores de Controle da União Europeia. *A cibersegurança na UE e nos seus Estados Membros – Relatórios de auditoria publicados entre 2014 e 2020.* Disponível em: https://www.tcontas.pt/pt- pt/MenuSecundario/ Noticias/Documents/CC_Compendium_Cybersecurity_PT.pdfl. Acesso em: 23 mar. 2020.

As ISC estónia e lituana reconheceram a importância estratégica dos recursos de dados nacionais enquanto elementos cruciais da segurança nacional e da proteção da integridade nacional contra ciberataques externos. A ISC dinamarquesa dedicou especificamente uma auditoria à avaliação da segurança de quatro organismos públicos contra ataques de ransomware. As ISC neerlandesa, polaca e portuguesa auditaram a eficácia de diferentes sistemas informáticos que apoiam os controlos nas fronteiras (respetivamente no aeroporto de Schiphol; no Alto-Comando dos Guardas de Fronteira e no Ministério dos Assuntos Internos e da Administração na Polónia; nas fronteiras portuguesas), abordando assim também a segurança no interior da EU.[609]

As instituições superiores de controle concentraram-se nos riscos ao realizar as auditorias, entre eles, riscos de ameaças a direitos individuais dos cidadãos europeus em virtude de uso indevido de dados pessoais; riscos de as instituições não conseguirem prestar um serviço público importante ou de apresentarem um desempenho limitado, com consequências graves para a segurança pública em geral, o bem-estar e a economia dos Estados-Membros, além dos riscos para a cibersegurança na União Europeia:

> A cibersegurança continua a ser uma competência dos Estados-Membros. No entanto, uma vez que a legislação da UE se tornou mais abrangente e mais específica ao longo do tempo, a maior parte das instituições e dos organismos auditados pelas ISC já contribuem para concretizar os objetivos estratégicos de cibersegurança da UE, ainda que em diferentes medidas. Por exemplo, o *Office of the Comptroller and Auditor General* da Irlanda auditou a aplicação da Diretiva Segurança das Redes e da Informação da UE, que visa melhorar a resiliência de redes e sistemas de informação essenciais, e prestou aconselhamento nesse sentido. De igual forma, a auditoria da ISC húngara abordou a vertente da conformidade com as diretivas da UE em vigor.[610]

As auditorias tinham a finalidade de aumentar a ciber-resiliência das entidades auditadas e reduzir a cibercriminalidade, contribuir para o cumprimento dos principais objetivos da estratégia da União Europeia para a cibersegurança, mediante o desenvolvimento de

---

[609] Ibid., p. 42.
[610] UNIÃO EUROPEIA. Comite de Contacto das Instituições Superiores de Controle da União Europeia. *A cibersegurança na UE e nos seus Estados Membros – Relatórios de auditoria publicados entre 2014 e 2020*, 2020, p. 42.

políticas de ciberdefesa e o reforço das competências, além da melhoria do desenvolvimento das tecnologias de informação e comunicação.

No que concerne aos resultados das auditorias, destaca-se, a título exemplificativo, citados no rodapé, os da Dinamarca, Estônia, Letônia e Lituânia.[611]

---

[611] *Ibid.*, p. 48: A **ISC da Dinamarca**, *Rigsrevisionen*, verificou se determinadas instituições públicas essenciais dispunham de uma proteção satisfatória contra o *ransomware*. As instituições públicas são alvos frequentes de ciberataques, e o *ransomware* é atualmente uma das maiores ameaças à cibersegurança. A auditoria incidiu sobre a Autoridade dos Dados de Saúde, o Ministério dos Negócios Estrangeiros, a *Banedanmark* (rede ferroviária) e a Agência de Gestão de Emergências da Dinamarca. Estas quatro instituições foram selecionadas por serem responsáveis pela prestação de serviços essenciais na saúde, nos negócios estrangeiros, nos transportes e na preparação para emergências, domínios em que a garantia de acesso aos dados pode ter uma importância crítica. A auditoria concluiu que as quatro instituições não dispunham de uma proteção satisfatória contra o *ransomware*. Os trabalhos de auditoria demonstraram que as quatro instituições não tinham aplicado vários controlos de segurança comuns destinados a atenuar os ataques. A auditoria concluiu que era importante estas instituições ponderarem a aplicação de controlos de segurança virados para o futuro, a fim de aumentar a sua resiliência a ataques de *ransomware*.
A **ISC da Estónia**, *Riigikontroll*, reconheceu que a preservação da independência nacional exige não apenas a defesa física do território, mas também a proteção dos ativos digitais de importância primordial para o Estado. Os ativos digitais que mais necessitam de proteção são os dados relativos aos cidadãos, ao território e à legislação. No entanto, é necessário proteger também os dados referentes à propriedade, aos bens imóveis e aos direitos das pessoas residentes na Estónia. A ISC da Estónia analisou a possibilidade de ciberameaças em caso de agravamento dos problemas de segurança. Estes cenários de risco, conjugados com um aumento do número de incidentes relacionados com a segurança da informação, nomeadamente ciberataques e fugas de dados, poderão comprometer os dados e as bases de dados mais importantes para o Estado. Por conseguinte, a auditoria analisou a forma como o Estado determinava quais os dados e as bases de dados que considerava cruciais para garantir a segurança nacional. A auditoria concluiu que, apesar da aplicação do ISKE63, um sistema de segurança de base em três níveis que é obrigatório nos organismos públicos, existiam deficiências significativas na garantia da segurança da informação em várias bases de dados cruciais.
A **ISC da Letónia**, *Valsts Kontrole*, concluiu uma auditoria de resultados relativa à eficiência das infraestruturas públicas das tecnologias da informação e comunicação (TIC). A auditoria tinha como objetivo verificar se a administração pública possuía uma abordagem unificada para uma gestão eficiente das infraestruturas das TIC e se as instituições tinham avaliado os benefícios da centralização. A auditoria concluiu que, devido à relutância das autoridades em gerir centralmente as infraestruturas das TIC, tinham sido criadas várias salas de servidores, que aumentaram significativamente os custos de manutenção. Existiam ameaças de segurança na maior parte das salas de servidores, já que os centros de dados não estavam suficientemente protegidos contra o acesso físico e os riscos ambientais. Além disso, não tinha sido introduzida nas instituições qualquer prática de avaliação regular da opção mais económica entre assegurar internamente a manutenção das infraestruturas das TIC, cooperar com outra instituição ou subcontratar a manutenção das TIC. A auditoria recomendou um sistema de acompanhamento regular que permitisse avaliar toda a administração pública com um sistema único.
A **ISC da Lituânia**, *Valstybės kontrolė*, reconheceu a importância dos recursos eletrônicos de informação de importância crítica do Estado, nomeadamente na gestão das finanças públicas, na administração fiscal e nos cuidados de saúde. A perda de informações de importância crítica e a indisponibilidade dos sistemas de informação correspondentes podem ter consequências graves para a segurança pública, o bem-estar e a economia.

O relatório informa, ainda, que o Tribunal de Contas Europeu realizou uma análise acerca do panorama da política de cibersegurança da União Europeia, destacando os principais desafios para sua execução eficaz, identificando diversas lacunas na legislação europeia a respeito de cibersegurança, bem como diferenças na transposição da legislação da UE pelos Estados-Membros. A análise do Tribunal de Contas Europeu chamou a atenção, ainda, para a falta de dados confiáveis acerca dos incidentes cibernéticos na União Europeia e, também, para a ausência de uma visão de conjunto das despesas da UE e de seus Estados-Membros no que se refere à cibersegurança.

6.4.6 A relação entre a atuação das EFS e dos Tribunais de Contas, a Agenda 2030 e a segurança cibernética

O novo Código de Boas Práticas em Governança Pública, publicado recentemente, mencionando outro grande referencial publicado pela OCDE, em 2017, faz-nos recordar que "a atuação pública deslegitimada tende a gerar políticas e regras com um custo maior de implementação, afetando a confiança do cidadão na instituição e alimentando o ciclo vicioso de desconfiança recíproca que, por sua vez, fomenta a burocracia e a desconformidade". E o referencial citado ressalta, também, que para se evitar um cenário de manutenção de estruturas organizacionais dispendiosas, mas pouco responsivas, pouco transparentes (e, consequentemente, ineficientes), é indispensável aprimorar o sistema de governança no intuito de identificar as necessidades dos cidadãos e, com isso, aumentar os resultados almejados.[612]

Ademais, continua o documento supramencionado, "não basta elaborar um plano de gestão de riscos se este não é monitorado ou não contempla a visão e responsabilização de atores relevantes". É imprescindível que o planejamento estratégico promova mudanças na cultura da organização e mantenha revisões e atualizações periódicas.[613]

---

[612] A auditoria tinha como objetivo avaliar a gestão (controlo geral) e a maturidade dos recursos de informação de importância crítica do Estado. Identificou problemas sistêmicos na elaboração e na execução da política relativa aos recursos de informação do Estado, bem como no mecanismo de gestão desses recursos. A auditoria concluiu que o baixo nível de maturidade dos recursos de informação de importância crítica do Estado refletia insuficiências na elaboração e na execução da política relativa aos recursos de informação do Estado, que tornavam esses recursos mais vulneráveis. Para aumentar a segurança dos recursos de informação do Estado, era necessário melhorar o mecanismo de gestão.

[612] BRASIL, Rede Governança. *Código de boas práticas em governança pública*. Brasília/DF: Editora Mente Aberta, 2021, p. 20.

[613] *Ibid.*, p. 21.

Neste ponto, impende salientar que a Assembleia Geral das Nações Unidas já reconhece, há algum tempo, a importância da atuação das EFS (Entidades Fiscalizadoras Superiores), também conhecidas como ISC (Instituições Superiores de Controle), em prol da eficiência e da efetividade, bem como da transparência dos atos praticados pela administração pública.

As resoluções A/RES/66/209, de 2011, e A/RES/69/228, de 2014, expressam a importância desses órgãos como instrumentos promotores do desenvolvimento nacional, através de uma governança responsável, e reiteram a necessidade de independência das EFS com relação aos órgãos por elas auditados; de igual modo, também reconhecem a importância da liderança por parte da INTOSAI no que se refere à cooperação e ao fortalecimento de todas as instituições fiscalizadoras, mediante a emissão de diretrizes e normas que direcionam seus trabalhos.

Ao promover diversos debates a respeito das questões pertinentes à Agenda 2030 em todos os eventos que participa, a INTOSAI tem demonstrado seu intuito no sentido de priorizar o compromisso com os objetivos de desenvolvimento sustentável (ODS) em seu planejamento estratégico. E nesta senda, tem incentivado não só as auditorias em cada Estado, como ainda auditorias coordenadas, considerando que estas últimas (como já mencionado), além de aumentarem a cooperação entre as Entidades Fiscalizadoras Superiores, também contribuem para uma padronização de monitoramento e favorecem uma espécie de cotejo principalmente quando as auditorias se dão no ambiente regional.

Esse aprofundamento do envolvimento da INTOSAI ocorre em virtude da identificação da importância da atuação das EFS na implantação dos objetivos de desenvolvimento sustentável (ODS), promovendo padrões de governança e fiscalizando as políticas públicas executadas pelo poder público, de modo a possibilitar o aprimoramento das mesmas e o monitoramento no que se refere ao alcance das metas estabelecidas.

O Código de boas práticas em Governança Pública, nesse sentido, ressalta que a transformação digital é uma importante aliada da governança, por fornecer "mais segurança e rastreabilidade às informações",[614] o que favorece a transparência e a prestação de serviços mais ágeis e eficientes, competindo às organizações implementar esse processo de transformação digital sem olvidar de diretrizes importantes como a inclusão social e a integração.

---

[614] BRASIL, Rede Governança. *Código de boas práticas em governança pública*, 2021, p. 30.

De fato, todo avanço tecnológico, como bem visto, tem disponibilizado ferramentas que possibilitam que diversas mudanças disruptivas aconteçam, e, para tanto, é preciso que a Administração Pública esteja adequadamente preparada. Alguns esforços nesse sentido podem ser vistos diante da Estratégia de Governo Digital instituída por meio do Decreto Federal nº 10.332, de 2020, e também do Programa de Gestão Estratégica e Transformação do Estado que foi instituído pelo Decreto Federal nº 10.382 de 2020.

O Código de Boas Práticas em Governança Pública elenca 135 boas práticas, assim consideradas as que tinham indicação teórica, decorrentes de documentos oficiais públicos como leis, guias e jurisprudência, além de modelos já reconhecidos, tais como o COSO e a OCDE, ou outros que fossem provenientes de práticas já adotadas de governança, de maneira a apresentar casos práticos reais.

O Código ressalta que a governança "é sensibilizada por inúmeras temáticas" e destaca, dentre elas: a coordenação, a transparência, o *compliance*, a ética e a integridade, a transformação digital, a equidade, a cultura organizacional humanizada, a *accountability*, a ESG, a participação e a inovação.

Com esse intento, o referido Código apresenta as 135 boas práticas que estão vinculadas a um ou mais resultados esperados, de maneira que sua implementação traga alguma espécie de influência ou benefício sociais. Esses resultados esperados foram inspirados, segundo explicação contida no próprio Código, na lista apresentada no Referencial Básico de Governança Organizacional que foi publicado em 2020, pelo TCU; desse modo, apenas esses resultados foram considerados nesta 1ª edição, além de adaptar outros inspirados nos 17 ODS e em alguns *frameworks* como o já citado COSO.[615]

Dentre as boas práticas apresentadas, apenas com fins ilustrativos, destaca-se algumas:

> Prática 004: "Utilização de ferramentas de compreensão e estudo dos diversos atores que interferem e são afetados pela política, programa ou processo na etapa de identificação de riscos", cujos resultados esperados incluem a garantia da existência de um sistema efetivo de gestão de riscos e, ainda, o uso de informações de qualidade e de mecanismos robustos de apoio às tomadas de decisão.[616]

---

[615] *Ibid.*, p. 34.
[616] BRASIL, Rede Governança. *Código de boas práticas em governança pública*, 2021, p. 38.

Prática 008: "Identificação, avaliação e tratamento de riscos relacionados às entregas da organização à sociedade", que possui, como resultados esperados: assegurar a existência de um sistema efetivo de gestão de riscos, além de se ter clareza sobre quais produtos e serviços prestados aos cidadãos e usuários, mantendo foco nesse propósito.[617]

Prática 026: "Utilização de avaliações 'ex ant' e 'ex post' para aperfeiçoamento das políticas públicas, para alcançar, como resultados esperados, uma melhor avaliação do desempenho e da conformidade da organização e da liderança, além da identificação das atividades de controle interno eficientes e eficazes para mitigar os riscos e, também, o uso de informações de qualidade e de mecanismos robustos para apoiar as tomadas de decisão".[618]

Prática 087: "Avaliação quanto à necessidade de inclusão de objetivos e metas específicas relacionadas à adoção de práticas e políticas afirmativas"; mais à frente, ressalta a necessidade de garantia de acesso "a grupos com um grau maior de vulnerabilidade social".[619] Uma boa prática, que possui como resultado esperado a propagação das desigualdades na implantação das políticas públicas, além da promoção de qualidade e efetividade dos serviços prestados, entre outros mais expressamente especificados.

Crucial descrever aqui também a prática 097 do Código de Boas Práticas mencionado, que se refere a:

> Implementação da governança e cultura humanizada e consciente aliada aos 17 Objetivos de Desenvolvimento Sustentável do Pacto Global da ONU e aos fatores ESG, entre os gestores da organização, no sentido de explorar os diversos cenários (político, social, econômico, tecnológico, ambiental) para avaliar a implementação das políticas públicas, direcionar ações corretivas e, sobretudo, priorizar as ações preventivas.[620]

Neste diapasão, por sua grande relevância e ainda pelo impacto que pode causar nas infraestruturas essenciais da sociedade mundial e, consequentemente, na observância dos direitos humanos e dos direitos

---

[617] *Ibid.*, p. 40.
[618] *Ibid.*, p. 50.
[619] *Ibid.*, p. 91.
[620] *Ibid.*, p. 101.

fundamentais (mormente no que se refere ao favorecimento de uma vida digna para todos), é que se entende que a segurança cibernética deveria ser considerada, especificamente, como um dos Objetivos de Desenvolvimento Sustentável (ODS) da Agenda 2030 da ONU.

A importância da Agenda 2030 reside no alerta com relação à urgência de determinadas questões de relevância social, ambiental e econômica contempladas em seus objetivos. Além do que, como já mencionado, a Agenda 2030 funciona como instrumento importante para o sistema de governança dos Estados, razões pelas quais, mais uma vez se entende (e defende) que a segurança cibernética deveria passar a integrar os ODS.

Ademais, como organismo integrante da ONU e instrumento que congrega diversos grupos de trabalho (dentre eles, a Olacefs), a INTOSAI pode liderar uma auditoria coordenada, de nível internacional, como já ocorreu na América Latina, a fim de avaliar o nível de segurança cibernética nas instituições prestadoras de serviços públicos de grande infraestrutura, de modo a assegurar os direitos humanos do cidadão.

Com relação ao Brasil, no que se refere às auditorias coordenadas, diante do dilema da segurança cibernética, que possui urgência fática, entende-se que nada obsta que o TCU lidere esse processo, como já ocorreu em outras ocasiões, a exemplo de 2014, quando 30 Tribunais de Contas brasileiros realizaram auditoria coordenada para avaliar se a gestão da atenção básica (nas esferas federal, estadual e municipal) proporcionava qualidade nos serviços prestados.

Nesse sentido, uma auditoria coordenada liderada pelo TCU, com a participação dos demais Tribunais de Contas subnacionais do Brasil, poderá auxiliar no desenvolvimento de uma Política Nacional de Segurança Cibernética que envolva, de fato, os três níveis de governo da federação, União, Estados, Distrito Federal e Municípios, contemplando as necessidades e particularidade de todos.

Internacionalmente, sugere-se que as Entidades Superiores de Fiscalização (EFS) devem efetivamente fazer uso das normas da INTOSAI referentes às auditorias coordenadas, com o objetivo de diagnosticar os diversos níveis e, consequentemente, a implementação de regras pertinentes à proteção dos dados pessoais.

Todo o exposto demonstra, dessa forma, a importância da atuação das Entidades Superiores de Fiscalização, que abrangem as Auditorias em alguns países e Tribunais de Contas em outros, como verdadeiros instrumentos do bom governo na promoção e efetivação de direitos humanos, não olvidando sua função pedagógica, mediante a devida orientação dos seus jurisdicionados, a fim de cooperar, efetivamente, com a propagação, a conscientização e o amadurecimento de uma cultura de proteção de dados e de uma educação digital mais robusta, tão necessários para o desenvolvimento de um programa de segurança cibernética eficiente e eficaz.

6.5 Inovações legislativas e operacionais necessárias

Em vista de tudo o que já foi considerado, resta admitir a premente necessidade de adoção de novas regulamentações normativas de cunho legislativo e de novas práticas operacionais, todas essenciais para a materialização de uma política eficiente de segurança cibernética.

Nesses termos, concluímos o presente estudo apresentando algumas propostas de encaminhamentos neste sentido, reconhecendo que não basta analisar os fatos e apontar os problemas – importa, também, sugerir soluções.

Dentre os encaminhamentos mencionados, inicia-se com uma proposta de Emenda Constitucional que, tal qual se deu com o direito à proteção de dados, venha reconhecer de forma expressa, no texto da Constituição brasileira, o direito à segurança cibernética, elevando-o expressamente ao *status* de direito fundamental.

Em seguida, entende-se ser de extrema necessidade também o estabelecimento do Estatuto Nacional de Segurança Cibernética – um documento na forma de lei Ordinária Nacional que deverá criar a estrutura organizacional das agências de segurança cibernética, definir competências, estabelecer padrões de conduta dos agentes, estabelecer ações educativas em todo o território nacional, uniformizar as estratégias adotadas, fomentar a participação da sociedade no processo de construção e reestruturação das políticas de cibersegurança.

Ao lado de tudo isso, mister se faz, também, na busca por uma segurança cibernética mais eficaz, a criação de uma Agência Nacional de Segurança Cibernética, com natureza jurídica de autarquia especial e, portanto, dotada de autonomia administrativa, orçamentária e financeira, com o escopo de desenvolver o programa nacional de segurança cibernética e auxiliar na fiscalização e no controle de suas metas.

A lei nacional de segurança cibernética determinará ainda, quando for o caso, a estruturação de agências regionais e locais responsáveis por esse tipo de segurança, determinando competências e diretrizes gerais, com o objetivo de promover o desenvolvimento da cibersegurança no Brasil.

Nesses termos, Eduardo Vianna, com base em pesquisas realizadas para sua tese de doutorado, explica que independentemente da estrutura (conselho ou agência), os integrantes da entidade autônoma de proteção cibernética nacional devem possuir uma formação técnico-científica, além de serem provenientes de setores nacionais diversos. O autor também salienta a importância de uma ação normativa e fiscalizadora que alcance não apenas o setor privado, como também todos os níveis da administração pública e todos os poderes estatais.[621]

A segurança cibernética, portanto, requer formação especializada, capacitação, treinamento entre outras coisas mais. Com base nesse raciocínio é que Eduardo Vianna sugere que a Entidade Nacional de Ciber Proteção seja conduzida de maneira autônoma e centralizada, composta por *multistakeholders* e, ainda, que seja "naturalmente, descolada das feições e das instabilidades político-governamentais".

No que concerne às missões da ENCP, Vianna considera importante destacar: o acolhimento das demandas da sociedade e as macroestratégias do Estado brasileiro; o desenvolvimento da governança do espaço cibernético nacional, cooperando com os países aliados para a Ciber Proteção Global; a articulação com os três poderes da União, tanto no nível estratégico, quanto no operacional; a consolidação como ponto focal das políticas setoriais governamentais referentes ao setor cibernético; a edição de decretos regulamentadores da Política Nacional de Ciber proteção; a condução de atividades sistemáticas de revisão do arcabouço regulatório referente ao tema da segurança cibernética; a promoção de ações técnico-científicas e a estruturação da consciência situacional do ciberespaço de interesse nacional.[622]

Importa, ainda, destacar as considerações do autor mencionado no sentido de que, por seu inédito potencial no trato das informações, o espaço cibernético configura importante ferramenta de transformação para um Estado-Nação, razão pela qual insta ser protegido com ações típicas de segurança e medidas de defesa cibernética de modo a estabelecer um "macroambiente ou Ecossistema de Ciber Proteção".[623]

Por fim, faz-se necessária a adoção de medidas urgentes de resiliência cibernéticas, seja através de Decretos, seja mediante Medidas Provisórias, em busca de mitigar os gravíssimos danos que os ataques cibernéticos já estão a causar, mormente na continuidade da prestação e da observância dos direitos humanos.

---

[621] VIANNA, 2019, p. 223.
[622] *Ibid.*, p. 254.
[623] VIANNA, 2019, p. 227.

CONSIDERAÇÕES FINAIS

Esta pesquisa teve início com o escopo de ressaltar e reconhecer que, se por um lado as tecnologias de comunicação e informação são de extrema importância para o exercício dos direitos fundamentais, por outro, toda essa importância acaba por perder qualquer sentido diante da ausência de ferramentas e atitudes que permitam garantir maior segurança nos relacionamentos, entabulados neste novo ambiente que vem evoluindo a cada dia mais: o ambiente cibernético.

Por isso, segurança no ambiente digital, no cenário nacional, depende da cooperação entre os diversos setores da sociedade, sendo que no setor público tal liderança compete ao Órgão Técnico do Controle Externo, que tem o dever constitucional de diagnosticar, fomentar a implantação, capacitar servidores, fiscalizar e avaliar os resultados das políticas públicas de proteção de dados e segurança digital.

Nesse sentido, com o intuito de demonstrar que a efetividade do direito fundamental à segurança cibernética é uma necessidade atual e imprescindível para resguardar a incolumidade dos demais direitos fundamentais, que sustentam toda a vida em sociedade e resguardam a dignidade da pessoa humana nas cidades digitais, esta tese, como já explanado na introdução, foi estrategicamente dividida em seis capítulos, onde iniciamos contextualizando a situação atual, de modo a apresentar as principais características e os efeitos decorrentes da sociedade da informação. Uma sociedade que, apesar de imersa em informações, não pode ser considerada, necessariamente, uma sociedade bem informada.

A informação, antes, regalo de poucos, hoje se encontra ao alcance da maioria das pessoas, de modo que, nesta sociedade atual, especialistas deram lugar aos "sábios da internet", e certezas científicas começaram a ser contestadas, derrubadas, reformuladas e, às vezes, até mesmo resgatadas, para depois voltarem a ser contestadas, em um processo que gera mais desconfiança e incertezas do que segurança.

A informação passou a ser arma de negociação; quem a detém em maior número possui maiores vantagens e pode tomar melhores decisões sobre o seu próprio apetite de risco e o de seus oponentes, em um jogo de poder e manipulação, razão pela qual a sociedade da informação também é conhecida como uma "sociedade de riscos".

Essa nova configuração social possibilitou, ainda, o surgimento de uma nova casta: a dos desconectados ou excluídos sociais – um verdadeiro paradoxo diante de um mundo globalizado e hiperconectado.

Com os avanços tecnológicos, outros desafios surgem a todo instante, tais como, por exemplo, as criptomoedas, que apesar da criptografia utilizada, não estão isentas dos perigos decorrentes de ataques *hackers*, sem falar no metaverso, que vem sendo considerado "a maior aposta da história", com a incrível proposta de um universo totalmente virtual, possibilitando a interação entre seres humanos e *bots*.

Quando o assunto é desafio, é preciso reconhecer, também, que toda essa guerra por informações proporcionou o surgimento de instrumentos e técnicas cada vez mais sofisticados, entre eles, a possibilidade de decodificação das informações neurais, que poderão aumentar os sentidos humanos e modificar a memória do indivíduo, gerando uma série de preocupações éticas no tocante aos limites dessas intervenções com relação ao controle do cérebro humano, culminando no desenvolvimento do "neurodireito".

Perceptível que a tecnologia pode trazer inúmeros benefícios, e que o seu bom uso pode aprimorar as políticas públicas, facilitando sua implantação, seu monitoramento e sua avaliação, tornando-as mais eficientes e eficazes, contribuindo, assim, para o fortalecimento dos direitos da pessoa e do Estado Democrático de Direito, posto já restar comprovado que o uso adequado da tecnologia aproxima as pessoas, reduz custos, agiliza processos e proporciona economia de tempo, de pessoal e de recursos.

Um bom exemplo de como a tecnologia pode ser favorável ao desenvolvimento da pessoa humana são as cidades digitais, tema analisado no terceiro capítulo desta tese. Cidades que, conectadas às melhores tecnologias, tornam-se aptas a oferecer para o cidadão um trânsito mais fluido, hospitais e escolas mais adequados às necessidades sociais, menos filas nos departamentos públicos, enfim, facilidades que todos esperam e almejam. Facilidades que observam, prestigiam e resguardam a dignidade da pessoa.

No entanto, para que essas cidades possam oferecer os benefícios esperados, é preciso conhecer o que cada cidadão busca obter, o que cada cidadão deseja e, nesse sentido, necessário se faz conhecer melhor as pessoas. Para conhecê-las é preciso obter informações a respeito dos seus interesses, suas opções, escolhas, enfim, é preciso coletar o maior número de dados a seu respeito.

Quanto mais dados forem coletados, maior será a precisão do conhecimento e, consequentemente, da oferta. E aqui se encontra um dos pontos cruciais da questão: o tratamento de dados mal utilizado pode fugir da finalidade pretendida e invadir a privacidade e a liberdade, causando mais danos do que benefícios. Esses são os dois lados da moeda!

Por isso, a legislação brasileira, seguindo os passos de outras legislações internacionais, reconheceu a proteção de dados como um direito fundamental através da publicação da Emenda Constitucional nº 115 de 2022.

Um começo, talvez um pouco tímido, mas que configura um importante passo. E essa é a razão pela qual se optou, no segundo capítulo, um pouco antes de tratar do tema das cidades digitais, por trabalhar a temática dos direitos fundamentais, buscando analisar sua evolução, diferenciá-los, adequadamente, dos direitos humanos e classificá-los de maneira a demonstrar a importância do reconhecimento da segurança cibernética como um direito fundamental, nos mesmos moldes do direito fundamental à proteção de dados.

O mundo cibernético aproximou as pessoas e as instituições e possibilitou uma amplitude de novos relacionamentos, que trouxeram, por consequência, novos conflitos, além de abrir espaço para vulnerabilidades até então inexistentes. Essa nova situação jurídico-social precisa ser regulamentada por meio de regras que considerem todas as suas possíveis nuances.

Nesses termos, o capítulo quatro foi reservado para tratar, exclusivamente, do direito fundamental à segurança cibernética, buscando compreender o alcance de sua definição e sua relação com a educação digital e a proteção de dados, além da importância do *compliance*.

Na sequência, foi realizada, no quinto capítulo, uma breve análise acerca do panorama atual da cibersegurança no mundo, inclusive no Brasil, onde *se constatou a inexistência de uma política nacional de segurança cibernética* com capacidade para avaliar os riscos inerentes ao ambiente digital globalizado, exigindo investimento em treinamento do capital humano, em ferramentas de prevenção, detecção, repressão e resiliência.

Não é demais recordar que muitos dos ataques cibernéticos possuem, como alvo principal, os dados pessoais (base da informação) que estão à disposição de órgãos estatais ou de empresas prestadoras de serviços de interesse da população. E, nesse sentido, uma política pública de segurança cibernética é o instrumento público devido pelo Estado aos cidadãos, para ao menos buscar reduzir a quantidade e a potencialidade dos danos causados por esses ataques.

É preciso ação e ação rápida, urgente! *É necessário reconhecer que o direito fundamental à segurança cibernética é um dever do Estado,* diante da sua importância não só na garantia da regular e adequada manutenção de toda a infraestrutura social e política, como ainda em relação à questão da soberania nacional no espaço cibernético.

Nesse sentido, a política nacional de segurança cibernética deve investir seriamente na educação digital, na conscientização social acerca dos riscos inerentes ao mundo digital e em investimentos em pesquisa, principalmente na área da física quântica.

Deste modo, *não restam dúvidas de que a segurança cibernética constitui um direito fundamental do homem digital,* no entanto, a doutrina alerta para o fato de que em determinadas circunstâncias será necessário ponderar direitos fundamentais em pretensa (ou até mesmo real) "colisão", tal como se dá, por exemplo, quando se instalam câmeras de monitoramento nas residências, mitigando o direito à privacidade em proveito do direito de segurança. E necessário se faz, aqui, reiterar, e mesmo destacar, a importância de considerar os valores decorrentes da dignidade da pessoa humana nestes exercícios de ponderação.

O exercício de uma governança específica voltada para a segurança cibernética e a aplicação de mecanismos de controle e monitoramento transparentes mostram-se imprescindíveis, e neste ponto a atuação dos Tribunais de Contas, como pressuposto para a efetividade dessa governança, denota-se de extrema relevância, razão pela qual este tema foi abordado no sexto e último capítulo desta tese, como reconhecimento da necessidade de organizar, planejar, analisar, monitorar, avaliar e, se necessário, corrigir para se obter um resultado eficaz.

Nesse aspecto importa considerar a estrutura normativa construída em Portugal, tais como o Regime Jurídico da Segurança do Ciberespaço (Lei nº 46/2018) e, mais recentemente, a Carta de Direitos Humanos na Era digital, um documento precursor (que trata dos direitos, das liberdades e garantias da pessoa digital) e de extrema relevância na busca mundial por uma segurança cibernética resiliente. Sem dúvidas, um exemplo para países como o Brasil, que ainda estão iniciando sua jornada nesta busca.

É necessário implantar, no arcabouço jurídico pátrio, novas legislações e normatizações que estejam alinhadas às melhores práticas normativas do direito comparado, sempre levando em conta as particularidades nacionais. E, dando sequência ao raciocínio, mister se faz reconhecer que implementar sistemas de Governança que observem as regras e os princípios norteadores da segurança cibernética é condição *sine qua non* para que se tenha um meio ambiente saudável e equilibrado nas cidades digitais.

Com esse fim, impende ao Estado e às corporações privadas conhecer melhor quem é este cidadão digital que irrompe nesta sociedade repleta de informações e riscos e que demanda tanta atenção no tocante à segurança e à proteção dos seus direitos mais valiosos. Para isso, é necessário olhar para o passado, especificamente no tocante a regras consagradas, em especial a Teoria Tridimensionalista, que se fez conhecida no mundo jurídico por meio da doutrina de Miguel Reale.

Com base na teoria de Miguel Reale, uma análise desses fatos nos leva a emitir juízos de valor: as tecnologias são boas, se bem aproveitadas, e podem nos trazer inúmeros benefícios. Mas a velocidade com que elas surgiram (e surgem) torna todos suscetíveis aos diversos riscos – e isso não é bom.

Neste exercício de aplicabilidade da teoria tridimensionalista é possível constatar a urgente necessidade de normas que venham reconhecer o direito da pessoa digital à segurança cibernética e regulamentar as relações jurídicas no mundo cibernético, possibilitando que o homem digital tenha dignidade e possa usufruir dos inúmeros benefícios que a tecnologia pode trazer, como: maior controle da poluição, gerenciamento adequado do lixo urbano, distribuição inteligente de energia, gestão dos recursos hídricos, controle social da segurança pública por meio de aplicativos, inteligência preditiva para o agronegócio, educação e capacitação à distância com mais qualidade e alcançando um maior número de pessoas entre outros.

A transparência no serviço público também pode ser assegurada pela tecnologia mediante o uso de aplicativos, programas e robôs que possibilitam o controle social via remota, aproximando mais a sociedade da administração pública.

Imperioso se faz recordar, também, que neste mundo globalizado e interconectado qualquer normatização que vise a regulamentar as interações tecnológicas possíveis precisa ser construída sob um olhar também globalizado, exigindo, ainda, a pronta cooperação de todos os setores da sociedade para a criação dessa rede nacional de segurança cibernética.

Já no âmbito jurisdicional, o pensamento não é diferente, razão pela qual se torna necessária a abordagem do duplo controle jurisdicional (constitucionalidade e convencionalidade) frente ao alcance dos efeitos práticos dos relacionamentos exercitados no cibermundo. Isso porque não é suficiente analisar a compatibilidade da norma à Constituição do País; insta, ainda, inquirir sua conformidade com os tratados internacionais ratificados e vigentes, já que, em se tratando de relações cibernéticas, é preciso sempre olhar para o mundo.

Essa é a razão pela qual se entende (e defende) que a segurança cibernética deve ser considerada um direito fundamental (que ainda impende de reconhecimento) e também humano a ser protegido na seara internacional e transfronteiriça, como são os seus efeitos.

Nesses termos, é possível constatar claramente a necessidade urgente de se criar, aplicar e amadurecer uma Política Nacional de Segurança Cibernética centrada no cidadão digital e que, para sua maior eficiência e eficácia, envolva toda a sociedade, os órgãos públicos, as empresas, organizações do terceiro setor, universidades etc., em um verdadeiro esforço cooperado e compartilhado, em prol de um objetivo comum: uma segurança cibernética verdadeiramente robusta e resiliente, apta por, se não evitar, ao menos antecipar-se aos ataques cibernéticos ou detectá-los tempestivamente, reduzindo seus efeitos danosos, protegendo os direitos básicos da pessoa digital e, principalmente, assegurando seu bem-estar social e sua dignidade.

Nesta luta pela conquista da soberania no espaço cibernético – onde os ataques em busca de dados pessoais podem atingir (e atingem) a vida privada das pessoas e, em um aspecto maior, como consequência, toda uma sociedade, impactando a economia local, regional e internacional –, estabelecer e aplicar políticas públicas de segurança cibernética é imperiosamente urgente e necessário.

No entanto, frente à realidade atual, torna-se facilmente perceptível que não basta criar a política pública. Os riscos são reais. Riscos que afetam, inclusive, todo o sistema de justiça processual diante da possibilidade de invasões (como já aconteceu) nos sistemas dos órgãos de justiça, visando excluir, mascarar, enfim, manipular provas processuais, gerando uma insegurança jurídica perigosa e de difícil remediação.

A efetividade da Política criada precisa ser também real, forte e atuante o suficiente frente ao reconhecimento das necessidades demonstradas. Neste aspecto, toda omissão também precisa ser considerada e pontualmente relevada.

Para combater, ou reduzir, os riscos decorrentes das diversas ameaças cibernéticas, o mundo busca uma segurança pública cibernética que demonstre resiliência. Em meio ao caos do espaço cibernético é preciso uma segurança com capacidade de se reinventar e se aprimorar o tempo todo, suportando os impactos possíveis sem esmorecer. Difícil? Sim, mas possível, se contarmos com a atuação compartilhada e cooperada e, mais do que isso, com um forte acompanhamento, monitoramento e orientação de entidades especiais de fiscalização e controle do ciberespaço.

É imperioso manter o monitoramento e a avaliação frequentes das políticas implantadas nesta área, mormente a política de segurança cibernética, de modo a identificar, com a antecedência necessária, quaisquer vulnerabilidades ou desvios de rota existentes, a tempo de corrigi-los com êxito. O tempo já demonstrou ser crucial no que se refere a esses ataques. Quanto menor for o tempo de descoberta, menor será a probabilidade do dano.

Neste passo, sugere-se que no âmbito internacional sejam desenvolvidas auditorias coordenadas, lideradas pela INTOSAI, com a participação de entidades superiores de controle, a fim de avaliar o ambiente de segurança cibernética dos principais eixos continentais, elaborando normativos e propondo soluções a serem implantadas pelos países membros, na defesa da segurança cibernética como um direito humano.

No que se refere ao Brasil, entende-se que, no âmbito legislativo, urge a aprovação de uma Emenda Constitucional que reconheça, expressamente, a segurança cibernética como um direito fundamental, com alterações pontuais nos artigos 5º e 144 da Constituição da República brasileira, bem como a produção de norma jurídica que estabeleça as regras gerais desta política pública. E, por conseguinte, o estabelecimento de uma Política Nacional de Segurança Cibernética (desenvolvida não apenas no âmbito da União, como também dos Estados, do Distrito Federal e dos Municípios) que inclua a criação de uma Agência Nacional de Segurança Cibernética nos moldes da Agência da União Europeia para a Cibersegurança.

No plano tático, a implementação de uma Governança compartilhada e proativa entre todas as instituições, organizações do terceiro setor, empresas, universidades e cidadãos, com uma visão sistêmica, globalizada, transparente (a fim de garantir a confiança social) e responsável, observando os padrões estabelecidos mundialmente e considerando as boas práticas internacionais, também precisa ser urgentemente considerada e exercitada.

Finalmente, em se tratando de efetividade do direito de segurança cibernética, não basta mudar a lei, investir fortemente em educação e conscientização e implementar políticas públicas. Necessário se faz monitorar essas políticas avaliando-as, fiscalizando-as, orientando todos os agentes envolvidos na sua aplicabilidade e corrigindo o que se mostrar necessário, na busca por sua real eficácia na proteção dos direitos fundamentais da pessoa digital.

É preciso que reste estabelecida uma matriz de riscos que demande uma avaliação pontual e proativa. E esse papel é e deve ser exercido pelas unidades de controle interno de cada poder ou órgão, na forma da CF/88.

De forma complementar, auditorias coordenadas, lideradas pelo Tribunal de Contas da União e exercitadas conjuntamente pelos Tribunais subnacionais, com a necessária participação dos órgãos de controle interno, mostram-se imprescindíveis para diagnosticar e parametrizar os diversos estágios de desenvolvimento da governança cibernética e apurar as boas práticas existentes no âmbito dos órgãos da União, dos Estados, do Distrito Federal e dos Municípios.

Por todo o exposto, necessário se faz reiterar que a segurança cibernética é um direito fundamental e insta ser, assim, reconhecida formalmente, tendo em vista constituir um elemento-chave para o fortalecimento do Estado Democrático de Direito.

Lado outro, através da implementação de uma política adequada de segurança cibernética, o Estado poderá cumprir a sua função social de exercer a liderança dos sistemas de governança do ciberespaço com uma prestação de serviços muito mais dinâmica e sem burocracias no meio digital.

Em resumo, ficou constatado que na sociedade digital não basta proteger os dados pessoais, é preciso mais do que isso – o ambiente digital precisa ser efetivamente governado, para que os relacionamentos interpessoais e os direitos fundamentais prestados pelo Estado, com auxílio dos avanços da tecnologia, possam se desenvolver com segurança e, portanto, com confiança e efetividade.

Nesse sentido, ferramentas são necessárias para a conformidade deste ambiente digital seguro, tais como a inclusão digital por meio de uma educação digital e a promoção de uma cultura neste sentido (inclusive de proteção de dados), além de uma proteção de dados mais efetiva no setor público, sem falar da Política de Segurança cibernética visando a prevenção e detecção de vulnerabilidades, a repressão de cibercrimes e que seja, de fato, um sistema de governança resiliente, *tendo em vista que a segurança cibernética é um direito fundamental de todos e, por conseguinte, um dever do Estado Democrático de Direito brasileiro.*

REFERÊNCIAS

ABBAGNANO, Nicola. *Dicionário de filosofia*. Tradução: Alfredo Bosi. 2. ed. São Paulo: Martins Fontes, 1998.

ABDALA, Lucas Novelino *et al*. Como as cidades inteligentes contribuem para o desenvolvimento de cidades sustentáveis? Uma revisão sistemática de literatura. *Int. J. Knowl. Eng. Manag*, v. 3, n. 5, p. 98-120, 2014.

ACCENTURE. *Nono estudo anual sobre o custo do crime cibernético*. Relatório da pesquisa. 06 mar. 2019. Disponível em: https://www.accenture.com/br- pt/insights/security/cost-cybercrime-study. Acesso em: 23 dez. 2021.

ACCENTURE. *Technology Vision 2014*: building cities for the digital citizen. Disponível em: https://www.accenture.com/t20151013T010156_w_/us- en/_acnmedia/Accenture/Conversion-Assets/DotCom/Documents/Global/PDF/Dualpub_1/AccentureTechnology-Vision-2014- Building-Cities-for-the-Digital-Citizen.pdf#zoom=50. Acesso em: 05 jan. 2022.

AGYEMAN, Julian; MCLAREN, Duncan. *Sharing cities:* a case for truly smart and sustainable cities. 1. ed. The MIT Press, 2015.

ALEXY, Robert. Colisão de direitos fundamentais e realização de direitos fundamentais no estado de direito democrático – Direitos fundamentais no Estado Constitucional Democrático. *Revista de Direito Administrativo*. Rio de Janeiro, v. 217, p. 67-79. jul/set. 1999. Disponível em: https://doi.org/10.12660/rda.v217.1999.47413. Acesso em: 15 dez. 2021.

ALEXY, Robert. *Teoria dos direitos fundamentais*. Tradução Virgílio Afonso da Silva. São Paulo: Malheiros, 2015.

ALMEIDA JÚNIOR, Oswaldo Francisco de. Mediação da informação e múltiplas linguagens. *Tendências da Pesquisa Brasileira em Ciência da Informação*, Brasília, v. 2, n. 1, p. 89- 103, jan./dez. 2009. Disponível em: http://inseer.ibict.br/ancib/index.php/tpbci/article/view/17/39. Acesso em: 20 nov. 2021.

ANATEL. *Carta aberta* às autoridades municipais brasileiras. Disponível em: https://sistemas.anatel.gov.br/anexar- api/publico/anexos/download/da327f137039c7c312b74d89fb3d7470. Acesso em: 27 abr. 2022.

ANATEL. *Informe nº 17/2021/ORCN/SOR*. Disponível em: https://sei.anatel.gov.br/sei/modulos/pesquisa/md_pesq_documento_consulta_externa.php?eE P-wqk1skrd8hSlk5 Z3rN4EVg9uLJqrLYJw_9INcO4BTPDwfHhw- ercsLKxgrJC4iSjPPBs0I3IjPhNm1_ceHs-diHAHdwFdApyh52_njWrO0ltkqriLhm9dWqCyM 9hb#:~:text=Em%20junho%20de%20 2020%20a,410%20MHz%20a%207125%20MHz. Acesso em: 27 abr. 2022.

ANDORNO, Roberto; IENCA, Marcello. Towards new human rights in the age of neuroscience and neurotechnology. *BMC. Life Sciences, Society and Policy*, 2017. Disponível em: https://doi.org/10.1186/s40504-017-0050-1. Acesso em: 28 dez. 2021.

ANNAN, Kofi. Discurso proferido na abertura da 2ª Cúpula Mundial sobre a sociedade da informação. *Nosso São Paulo*. 2005. Disponível em: https://www.nossosaopaulo.com.br/Reg_SP/Barra_Escolha/ONU_SociedadeDaInformacao.htm. Acesso em: 15 nov. 2021.

APOLITICAL. *Europa cria força-tarefa de segurança cibernética de US$ 1,9 bilhão.* Disponível em: https://apolitical.co/solution-articles/pt/governos-ensino-superior-parceiro-incentivo-ciberseguranca. Acesso em: 05 mar. 2022.

ARABI, Abhner Youssif Mota. Jurisdição constitucional e direitos fundamentais: substratos materiais à legitimidade da atuação do Supremo Tribunal Federal. *In*: RODRIGUES, Décio; SANTOS JUNIOR, Walter Godoy dos (coord). *Jurisprudência do STF comentada.* São Paulo: Escola Paulista da Magistratura, 2021.

ASCENSÃO, José de Oliveira. *Direito da internet e sociedade da informação.* Rio de Janeiro: Forense, 2002.

ASHBY, William Ross. *Uma introdução* à *cibernética.* São Paulo: Ed. Perspectiva, 1970.

ASSIS, Marcos. *Compliance:* como implementar. São Paulo: Trevisan Editora, 2018.

BANCO CENTRAL DO BRASIL. *Diretrizes gerais de uma moeda digital para o Brasil.* Disponível em: https://www.bcb.gov.br/detalhenoticia/17398/nota. Acesso em: 22 dez. 2021.

BANCO INTERAMERICANO DE DESENVOLVIMENTO (BID) e OEA. *Cibersegurança–* riscos, avanços e o caminho a seguir na América Latina e Caribe. Disponível em: https://publications.iadb.org/publications/portuguese/document/Relatorio-de-Ciberseguranca-2020-riscos-avancos-e-o-caminho-a-seguir-na-America-Latina-e-Caribe.pdf. Acesso em: 09 fev. 2022.

BANCO INTERAMERICANO DE DESENVOLVIMENTO e ORGANIZAÇÃO DOS ESTADOS AMERICANOS. *Relatório de cibersegurança 2020:* riscos, avanços e o caminho a seguir na América Latina e Caribe. A abordagem abrangente da UE para o enfrentamento das ameaças do ciberespaço. Disponível em: https://publications.iadb.org/pt/relatorio-de-ciberseguranca-2020-riscos-avancos-e-o- caminho-seguir-na-america-latina-e-caribe. Acesso em: 09 fev. 2022.

BARBOSA, Rui. Exposição de Motivos de Rui Barbosa sobre a Criação do TCU. *Revista do TCU.* Disponível em: http://revista.tcu.gov.br/ojs/index.php/RTCU/article/view/1113/1171. Acesso em: 13 jun. 2018.

BARBOSA, Wilmar do Valle. Tempos pós-modernos. *In*: LYOTARD, J-F. *O pós-moderno.* Rio de Janeiro: J. Olympio, 1986. p. VII-XVIII.

BARCELLOS, Ana Paula de. *A eficácia jurídica dos princípios constitucionais.* 3. ed. São Paulo: Ed. Renovar, 2011.

BARREIRA FILHO, Edenilo Baltazar; SAMPAIO, José Levi Furtado. Sustentabilidade Ambiental: discutindo o lugar. *Mercator*, Fortaleza, v. 3, n. 6, nov. 2008. p. 89-94. Disponível em: http://www.mercator.ufc.br/mercator/article/view/129. Acesso em: 08 jul. 2022.

BARRETO, Neila; PERARO, Maria Adenir; ROCHA, Maria Aparecida Borges Barros. *Cinquenta + 10 anos de história do Tribunal de Contas do Estado de Mato Grosso.* Cuiabá: Carlini & Caniato Editorial.

BASSO, Murilo. Educação. Como o Japão conseguiu dar educação de qualidade a ricos e pobres. *Gazeta do Povo.* Disponível em: https://www.gazetadopovo.com.br/educacao/como-o-japao-conseguiu-dar-educacao-de-qualidade-a-ricos-e-pobres-5gpf9jejr8vevt1cbf31h80nf/. Acesso em: 22 mar. 2022.

BAUMAN, Zygmunt. *Globalização*: as consequências humanas. Tradução Marcus Penchel. Rio de Janeiro: Jorge Zahar Ed., 1999.

BAYO, Jaime Gutiérrez. *Estudios de casos internacionales de ciudades inteligentes.* Espanha: Santander, 2016. Disponível em: https://publications.iadb.org/publications/spanish/document/Estudios-de-casosinternacionales-de-ciudades-inteligentes-Santander-Espa%C3%B1a.pdf. Acesso em: 13 jan. 2022.

BBC News. *Ariana Grande sings in Fortnite's metaverse.* Disponível em: https://www.bbc.com/news/av/technology-58146042. Acesso em: 26 dez. 2021

BECK, Ulrich. *La Sociedade del Riesgo Global.* Madrid: Editora Siglo Veintiuno, 2002.

BECK, Ulrich. *Sociedade de risco:* rumo a uma outra modernidade. 2. ed. Tradução Sebastião Nascimento. São Paulo: Ed. 34, 2011.

BEER Ferdinand P; JOHNSTON JUNIOR, E. Russel. *Resistência dos materiais.* Tradução P. P. Castilho. (Original publicado em 1981). São Paulo: McGraw-Hill. 1989.

BENNETT, Colin; RAAB, Charles. *The governance of privacy:* policy instruments in global perspective. Cambridge: The MIT Press, 2006.

BIGOLIN, Giovani. A reserva do possível como limite à eficácia e efetividade dos direitos sociais. *Revista Doutrina – TRF4.* Publicado em 23 ago. 2004. Disponível em: https://revistadoutrina.trf4.jus.br/index.htm?https://revistadoutrina.trf4.jus.br/artigos/edicao001/giovani_bigolin.htm. Acesso em: 08 jul. 2022.

BOBBIO, Norberto. *A era dos direitos.* Tradução Carlos Coutinho. Rio de Janeiro: Campos, 1992.

BOLLIER, D. *How smart growth can stop sprawl:* a fledgling citizen movement expands. Washington: Essential Books, 1998.

BONAVIDES, Paulo. *Curso de direito constitucional.* 19. ed. São Paulo: Malheiros, 2006.

BRASIL. Associação Brasileira de Normas Técnicas – ABNT. *ISO 27032.* 2012. Disponível em: https://www.target.com.br/produtos/normas-tecnicas/43726/nbriso-iec27032-tecnologia-da-informacao-tecnicas-de-seguranca-diretrizes-para-seguranca-cibernetica. Acesso em: 09 fev. 2022.

BRASIL. Associação Brasileira de Normas Técnicas. Tecnologia da informação – Técnicas de segurança – *Código de prática para a gestão da segurança da informação.* ABNT NBR ISO/IEC 27002. Rio de Janeiro. 2005.

BRASIL. Câmara dos Deputados. *Decreto Legislativo nº 37 de 2021.* Disponível em: https://www2.camara.leg.br/legin/fed/decleg/2021/decretolegislativo-37-16-dezembro-2021-792105-publicacaooriginal-164114-pl.html. Acesso em: 31 mar. 2022.

BRASIL. Câmara dos Deputados. Centro de Estudos e Debates Estratégicos – Consultoria Legislativa. *In: Cidades inteligentes:* uma abordagem humana e sustentável. Relatores: FRANCISCO JR. (coord.) *et. al.* 1. ed. Brasília: Câmara dos Deputados, Edições Câmara, 2021. Disponível em: https://bd.camara.leg.br/bd/handle/bdcamara/40194. Acesso em: 08 jul. 2022.

BRASIL. *Carta brasileira para cidades inteligentes.* Disponível em: https://www.gov.br/mdr/pt-br/assuntos/desenvolvimento-urbano/carta-brasileira-para-cidades-inteligentes. Acesso em: 07 jan. 2022.

BRASIL. Câmara dos Deputados. *Projeto de Lei nº 4513/2020.* Disponível em: https://www.camara.leg.br/proposicoesWeb/fichadetramitacao?idProposicao=2262422. Acesso em: 25 fev. 2022.

BRASIL. Câmara dos Deputados. *Projeto de Lei nº 976/2021*. Disponível em: https://www.camara.leg.br/proposicoesWeb/prop_mostrarintegra?codteor=1977843. Acesso em: 02 maio. 2022.

BRASIL. *Constituição da República Federativa do Brasil de 1988*. Disponível em: http://www.planalto.gov.br/ccivil_03/constituicao/constituicao.htm. Acesso em: 26 abr. 2022.

BRASIL. *Convenção Americana sobre Direitos Humanos*. Disponível em: http://www.planalto.gov.br/ccivil_03/decreto/d0678.htm. Acesso em: 26 abr. 2022.

BRASIL. *Declarar operações com criptoativos*. Disponível em: https://www.gov.br/pt- br/servicos/declarar-operacoes-com-criptoativos. Acesso em: 22 dez. 2021.

BRASIL. *Decreto nº 9.573*, de 22 de novembro de 2018. Disponível em: http://www.planalto.gov.br/ccivil_03/_ato2015-2018/2018/decreto/D9573.htm. Acesso em: 01 abr. 2022.

BRASIL. *Decreto nº 10.222*, de 05 de fevereiro de 2020 – aprova a Estratégia Nacional de Segurança Cibernética. Disponível em: https://presrepublica.jusbrasil.com.br/legislacao/828477223/decreto-10222-20. Acesso em: 08 jul. 2022.

BRASIL. *Decreto nº 10.474*, de 26 de agosto de 2020. Disponível em: https://www.in.gov.br/en/web/dou/-/decreto-n-10.474-de-26-de-agosto-de-2020-274389226. Acesso em: 02 abr. 2022.

BRASIL. Estratégia de Segurança da Informação e Comunicações e de Segurança Cibernética da Administração Pública Federal. Gabinete de Segurança Institucional, *Departamento de Segurança da Informação e Comunicações*. mar. 2015. Disponível em: http://dsic.planalto.gov.br/documentos/publicacoes/4_Estrategia_de_SIC.pdf. Acesso em: 22 jan. 2016.

BRASIL. Gabinete de Segurança Institucional. *Glossário de segurança da informação*. Disponível em: https://www.gov.br/gsi/pt-br/assuntos/dsi/glossario-de-seguranca-da-informacao-1. Acesso em: 09 fev. 2022.

BRASIL. Institucional. Departamento de Segurança da Informação e Comunicações. *Guia de referência para a segurança das infraestruturas críticas da informação.* Brasília: GSIPR/SE/DSIC, 2010. Disponível em: https://livroaberto.ibict.br/handle/1/607. Acesso em: 22 mar. 2022.

BRASIL. *Lei nº 10.257*, de 10 de julho de 2001. Estatuto da Cidade. Disponível em: http://www.planalto.gov.br/ccivil_03/leis/leis_2001/l10257.htm. Acesso em: 27 jun. 2022.

BRASIL. *Lei nº 12.527*, de 2011. Lei de Acesso à Informação (LAI). Disponível em: http://www.planalto.gov.br/ccivil_03/_ato2011-2014/2011/lei/l12527.htm. Acesso em: 30 nov. 2021.

BRASIL. *Lei nº 13.709*, de 14 de agosto de 2018. Lei Geral de Proteção de Dados Pessoais (LGPD). Disponível em: http://www.planalto.gov.br/ccivil_03/_ato2015- 2018/2018/lei/l13709.htm. Acesso em: 16 fev. 2022.

BRASIL. *Lei nº 14.129*, de 29 de março de 2021. Disponível em: http://www.planalto.gov.br/ccivil_03/_ato2019-2022/2021/lei/l14129.htm. Acesso em: 27 de jun. 2022.

BRASIL. *Medida Provisória nº 1.124*, de 13 de junho de 2022. Disponível em: https://www.in.gov.br/en/web/dou/-/medida-provisoria-n-1.124-de-13-de-junho-de-2022- 407804608. Acesso em: 13 jun. 2022.

BRASIL. Ministério da Ciência e Tecnologia. Academia Brasileira de Ciências. *In: Ciência, tecnologia e inovação:* desafio para a sociedade brasileira – Livro verde. SILVA, Cylon Gonçalves da; MELO, Lúcia Carvalho Pinto de. (coords). Brasília: Ministério da Ciência e Tecnologia/Academia Brasileira de Ciências, 2001.

BRASIL. Ministério da Ciência, Tecnologia e Inovações. *Laboratório Nacional de Computação Científica (LNCC)*. Disponível em: https://www.gov.br/lncc/pt-br. Acesso em: 28 fev. 2022.

BRASIL. Ministério da Ciência, Tecnologia e Inovações. *Marcos Pontes apresenta Programa de Segurança Cibernética em live sobre transformação digital*. Disponível em: https://www.gov. br/mcti/pt-br/acompanhe-o-mcti/noticias/2022/02/marcos-pontes-apresenta-programa-de-seguranca-cibernetica-em-live-sobre-transformacao-digital. Acesso em: 25 fev. 2022.

BRASIL. *Nota Técnica da Sociedade Civil para a CPI de Crimes Cibernéticos*. Disponível em: https://cpiciber.codingrights.org/seguranca-cibernetica/. Acesso em: 09 fev. 2022.

BRASIL. *Portaria nº 357*, de 17 de agosto de 2011. Disponível em: https://pesquisa.in.gov. br/imprensa/jsp/visualiza/index.jsp?jornal=1&pagina=76&data=22/08/ 2011. Aecsso em: 23 jun. 2022.

BRASIL. *Planet smart city*. Disponível em: https://www.planetsmartcity.com. br/?utm_medium=ppc&keyword=Institucional&utm_campaign=Search%20 Institucional%20%5BBR%5D&utm_term=planet%20smart%20city%20 laguna&utm_source=adwords&hsa_acc=8209606839&hsa_cam=13322032308&hsa_ grp=121810466046&hsa_ad=524905992210&hsa_src=g&hsa_tgt=kwd- -1185462696220&hsa_kw=planet%20smart%20city%20laguna&hsa_mt=p&hsa_ net=adwords&hsa_ver=3&gclid=Cj0KCQjw8amWBhCYARIsADqZJoWWChIrDhLXb TJIoW8obclzvCBpb_qhYr0lDN95iqfLDBze7lB_hS4aAqUKEALw_wcB. Acesso em: 10 jan. 2022.

BRASIL. Receita Federal. *Imposto sobre a Renda da Pessoa Física (IRPF)*. Perguntas e Respostas. Pergunta nº 447. Disponível em: https://www.gov.br/receitafederal/pt-br/ acesso- a-informacao/perguntas-frequentes/declaracoes/dirpf/pr-irpf-2017.pdf. Acesso em: 22 dez. 2021.

BRASIL, Rede Governança. *Código de boas práticas em governança pública*. Brasília-DF: Editora Mente Aberta, 2021.

BRASIL, Superior Tribunal de Justiça (STJ). *Acórdão nº 73/2014*. Rel. Augusto Sherman. Enunciado. Disponível em: https://contas.tcu.gov.br. Acesso em: 04 jul. 2018.

BRASIL. Supremo Tribunal Federal. *ADPF nº 45/DF*. Rel. Min. Celso Bandeira de Mello. Disponível em: https://stf.jusbrasil.com.br/jurisprudencia/14800508/medida-cautelar-em- arguicao-de-descumprimento-de-preceito-fundamental-adpf-45-df-stf. Acesso em: 03 jan. 2022.

BRASIL. Supremo Tribunal Federal. *ARE nº 745745/AgR/MG*. Rel. Min. Celso de Mello. 2014. Disponível em: https://redir.stf.jus.br/paginadorpub/paginador. jsp?docTP=TP&docID=7516923. Acesso em: 02 jan. 2022.

BRASIL. Supremo Tribunal Federal. *HC nº 70.389-SP*. Relator Ministro Celso de Mello, publicado no DJ em 23.06 1994. Disponível em: https://redir.stf.jus.br/paginadorpub/ paginador.jsp?docTP=AC&docID=72400. Acesso em: 02 jan. 2022.

BRASIL. Supremo Tribunal Federal. *Pleno. MS nº 22164/SP*. Rel. Min. Celso de Mello. Diário da Justiça. Seção I, 17-11-1995, p. 39.206. Disponível em: https://stf.jusbrasil.com. br/jurisprudencia/14703003/mandado-de-seguranca-ms-22164-sp/inteiro-teor-103095299. Acesso em: 10 dez. 2021.

BRASIL. Supremo Tribunal Federal. *RE nº 407.688-8/SP*. Tribunal Pleno. Rel. Min. Cezar Peluso – DJU 1 de 13.10.2006. Disponível em: https://www.anoreg.org.br/site/ imported_8341/. Acesso em: 08 jul. 2022.

BRASIL. Supremo Tribunal Federal. *Súmula vinculante nº 57*. Aprovada em 15/04/2020. Disponível em: https://jurisprudencia.stf.jus.br/pages/search/seq-sumula816/false. Acesso em: 23 agosto 2022.

BRASIL. Tribunal de Contas da União. *Acórdão 2032/2021 – Plenário*. Min. Rel. Raimundo Carreiro. Processo nº 000.350/2021-4. Data da Sessão: 25/08/2021. Tipo de Processo: Desestatização (DES). Número da Ata: 34/2021-Plenário. Disponível em: https://pesquisa. apps.tcu.gov.br/#/documento/acordao-completo/Ac%25C3%25B3rd%25C3%25A3o%25 202.032%252F2021%2520%25E2%2580%2593%2520Plen%25C3%25A1rio/%2520/DTRE LEVANCIA%2520desc%252C%2520NUMACORDAOINT%2520desc/1/%2520. Acesso em: 26 abr. 2022.

BRASIL. Tribunal de Contas da União. *Acórdão 1784/2021*. Plenário. Rel. Vital do Rêgo. Processo nº 035.093/2020-0. Data da sessão: 28/07/2021. Disponível em: https://pesquisa. apps.tcu.gov.br/#/documento/acordao-completo/3509320200.PROC/%2520/DTRELEV ANCIA%2520desc%252C%2520NUMACORDAOINT%2520desc/0/%2520. Acesso em: 08 jul. 2022.

BRASIL. Tribunal de Contas da União. *Avaliação do TCU aponta que ataques cibernéticos merecem atenção governamental*. 15 dez. 2020. Disponível em: https://portal.tcu.gov.br/ imprensa/noticias/avaliacao-do-tcu-aponta-que-ataques-ciberneticos-merecem-atencao-governamental.htm. Acesso em: 23 mar. 2022.

BRASIL. Tribunal de Contas da União. *Estratégia de Fiscalização do TCU em Segurança da Informação e Segurança Cibernética 2020-2023*. 02 set. 2021. Disponível em: https://portal. tcu.gov.br/estrategia-de-fiscalizacao-do-tcu-em-seguranca-da-informacao-e-seguranca-cibernetica-2020-2023.htm. Acesso em: 23 mar. 2022.

BRASIL. Tribunal de Contas da União. *Fiscalização de tecnologia da informação*. Disponível em: https://portal.tcu.gov.br/fiscalizacao-de-tecnologia-da-informacao/atuacao/ fiscalizacoes/. Acesso em: 23 de mar. 2022.

BRASIL. Tribunal de Contas da União. *Leilão da tecnologia 5G deverá garantir internet de qualidade para todas as escolas públicas*. Disponível em: https://portal.tcu.gov.br/imprensa/ noticias/leilao-da-tecnologia-5g-devera-garantir-internet-de-qualidade-para-todas-as-escolas-publicas.htm. Acesso em: 27 abr. 2022.

BRASIL. Tribunal de Contas da União. *Painel sobre leilão de 5G reúne agentes públicos e setor de telecomunicações*. Disponível em: https://portal.tcu.gov.br/imprensa/noticias/ painel-sobre-leilao-de-5g-reune-agentes-publicos-e-setor-de-telecomunicacoes.htm. Acesso em: 27 abr. 2022.

BRASIL. Tribunal de Contas da União. *Orientações sobre auditorias coordenadas*. Disponível em: https://portal.tcu.gov.br/orientacoes-sobre-auditorias-coordenadas.htm. Acesso em: 30 de mar. 2022.

BRASIL. Tribunal de Contas da União. *Referencial de controle de políticas públicas*. Disponível em: https://portal.tcu.gov.br/data/files/EF/22/A4/9A/235EC710D79E7EB7F 18818A8/1_Referenci al_controle_politicas_publicas.pdf. p. 14. Acesso em: 28 jan. 2022.

BRASIL. Tribunal de Contas da União. *TC 001.873/2020-2*; Rel. Min. Vital do Rêgo. Disponível em: https://portal.tcu.gov.br/data/files/99/64/46/8E/7298871003178887E1881 8A8/relatorio_anual_atividades_TCU_2020.pdf. Acesso em: 22 de mar. 2022.

BRASIL. Tribunal de Contas da União – TCU. *TC 036.301/2021-3*. Rel. Min. Vital do Rêgo. Acórdão 1768/2022 – Plenário. Sessão realizada em 03 de agosto de 2022. Disponível em https://pesquisa.apps.tcu.gov.br/#/resultado/todas-bases/036.301%252F2021-3?ts=16629 86679500&pb=processo. Acesso em: 10 set. 2022.

BRASIL. Tribunal de Contas da União. *Tecnologia da Informação – Levantamento de sistemas críticos*. Disponível em: https://portal.tcu.gov.br/data/files/03/A5/18/96/ BDFA67106D09B867F18818A8/Tecnologia_informacao_levantamento_sistemas_criticos. pdf. Acesso em: 23 mar. 2022.

BRASIL PAÍS DIGITAL. *São José dos Campos é certificada como a primeira cidade inteligente do Brasil*. Disponível em: https://brasilpaisdigital.com.br/sao-jose-dos-campos-e- certificada-como-a-primeira-cidade-inteligente-do-brasil/. Acesso em: 28 jun. 2022.

BRASIL 2022. Secretaria de Assuntos Estratégicos. Brasília: Presidência da República, Secretaria de Assuntos Estratégicos (SAE), 2010. Disponível em: https://archivo.cepal.org/ pdfs/GuiaProspectiva/PlanoBrasil2022_web.pdf. Acesso em: 22 mar. 2022.

BRITO, Amanda de; CASTRO, Maria Carolina de. China e Segurança Cibernética. *Rede CTIDC*. Disponível em: https://redectidc.com.br/assets/files/China-eSegurancaCibernetica. pdf. Acesso em: 04 mar. 2022.

BRUXELAS. *Comunicação da Comissão ao Conselho, ao Parlamento Europeu e ao Comitê Econômico e Social Europeu. Governança e Desenvolvimento*. COM (2003). Disponível em: http://eur-lex.europa.eu/legal-content/PT/TXT/PDF/?uri=CELEX:52003DC0615&from= PT. Acesso em: 22 mar. 2022.

CAMURÇA, Lia Carolina Vasconcelos. *Sociedade de vigilância, direito à privacidade e proteção de dados pessoais*: uma análise sobre a influência de técnicas de publicidade comportamental na Internet no consumidor-usuário. Dissertação (Mestrado em Direito). Universidade Federal do Ceará. Fortaleza, 2020.

CANALTECH. *China oficializa novas diretrizes de dados para "manter a segurança nacional"*. Notícia publicada em 01 set. 2021. Disponível em: https://canaltech.com.br/seguranca/ china-oficializa-novas-diretrizes-de-dados-para-manter-a- seguranca-nacional-194574/. Acesso em: 04 mar. 2022.

CANALTECH. *Cientistas do DARPA estão criando implantes cerebrais para restaurar memórias*. Notícia publicada em maio 2016. Disponível em: https://canaltech.com.br/ciencia/ cientistas-do-darpa-estao-criando-implantes-cerebrais-para- restaurar-memorias-66385/. Acesso em: 28 dez. 2021.

CANOTILHO, José Joaquim Gomes. *Direito constitucional e teoria da Constituição*. 7. ed. Coimbra: Almeida, 2003.

CAPDEVILA, Ignasi; ZARLENGA, Matías. Smart city or smart citizens? The Barcelona case. *Journal of Strategy and Management*, 8(3), p. 266-282. Retrieved july 1, 2016. Disponível em: https://www.researchgate.net/publication/277180909_Smart_City_or_smart_citizens_ The_Barcelona_case. Acesso em: 02 ago. 2021.

CARAGLIU, Andrea; DEL BO, Chiara; NIJKAMP, Peter. Smart cities in Europe. *3rd Central European Conference on Regional Science*, Košice, 49-59. Retrieved july 1, 2009. Disponível em: http://www.um.pro.br/lab7/_conteudo/CARAGLIU2009.pdf. Acesso em: 15 fev. 2022.

CASTELLS, Manuel. *A sociedade em rede*. Tradução de Roneide Venâncio Majer; Atualização de Jussara Simões (A era da informação: economia, sociedade e cultura). V. 1. 6. ed. São Paulo: Paz e Terra, 2013.

CASTELLS, Manuel. Fluxos, redes e identidades: Uma teoria crítica da sociedade informal. *In: Novas perspectivas críticas em educação*. Porto Alegre: Artes Médicas. 1996, p. 22-25.

CASTELLS, Manuel. *La galaxia internet*. Colômbia: Plaza y Janes Editores, 2001.

CASTELVECCHI, Davide. A corrida para salvar a internet de *hackers* quânticos. *Revista Nature Online*, 08 fev. 2022. Disponível em: https://www.nature.com/articles/d41586-022-00339-5. Acesso em: 01 mar. 2022.

CASTILHO, Ricardo. *Direitos humanos*. 6. ed. São Paulo: Saraiva Educação, 2018.

CASTRO, Mariane Silva. *O estatuto da cidade frente ao novo paradigma das "smart cities"*. Dissertação de Mestrado Científico. Mestrado em Ciências Jurídico-Políticas. Lisboa, 2019.

CASTRONOVA, Edward. *Synthetic Worlds*. Chicago: The University of Chicago Press, 2005.

CENTER FOR INTERNET SECURITY. *CIS Critical Security Controls Version 8*. Disponível em: https://www.cisecurity.org/controls/v8. Acesso em: 23 mar. 2022.

CER. *Cidadania digital:* porque essa competência é essencial na educação contemporânea. Disponível em: https://cer.sebrae.com.br/blog/cidadania-digital-porque-essa-competencia-e- essencial-na-educacao-contemporanea/. Acesso em: 18 mar. 2022.

CHAUI, Marilena. *Convite* à *filosofia*. 11. ed. São Paulo: Ática. 1999.

CHAVES, Denisson; SOUSA, Mônica Teresa Costa. O controle de convencionalidade e a autoanálise do poder judiciário brasileiro. *Revista da Faculdade de Direito – UFPR*. Curitiba. v. 61, n. 1. jan/abr. 2016, p. 87-113.

CHILE. Ministerio del Interior y Seguridad Pública. Comité Interministerial sobre Ciberseguridad. *Política Nacional de Ciberseguridad*. 2017-2022. Disponível em: https://biblioteca.digital.gob.cl/handle/123456789/738. Acesso em: 31 mar. 2022.

CIPOLI, Pedro. *O que é computação quântica?* Canaltech. 01 jun. 2012. Disponível em: https://canaltech.com.br/hardware/O-que-e-computacao-quantica/. Acesso em: 28 fev. 2022.

CISO ADVISOR. *Com só 4 anos em operação, agência de cibersegurança dos EUA enfrenta crise*. Notícia publicada em 31 mar 2021. Disponível em: https://www.cisoadvisor.com.br/com-so-4-anos-em-operacao-agencia-de-ciberseguranca-dos- eua-enfrenta-sua-pior-crise/. Acesso em: 05 mar. 2022.

CNN. *Americanas perde mais de R$2 bilhões em valor de mercado com sites fora do ar*. Disponível em: https://www.cnnbrasil.com.br/business/americanas-perde-mais-de-r-2-bilhoes-em-valor-de-mercado-com-sites-fora-do-ar/. Acesso em: 24 fev. 2022.

CNN. *Ataque cibernético fechou todas as fábricas da Toyota no Japão por um dia*. Reportagem publicada em 01 mar. 2022. Disponível em: https://www.cnnbrasil.com.br/business/ataque-cibernetico-fechou-todas-as-fabricas-da-toyota-no-japao-por-um-dia/. Acesso em: 02 mar. 2022.

CNN. *Hackers atacam plataforma e roubam mais de U$600 milhões em criptomoedas*. Reportagem publicada em ago. 2021. Disponível em: https://www.cnnbrasil.com.br/business/hackers-atacam-plataforma-e-roubam-mais-de-us-600- milhoes-em-criptomoedas/. Acesso em: 20 dez. 2021.

COHEN, Body. The 3 Generations of Smart Cities: inside the development of the technology driven city. *Fast. Company*. Disponível em: https://www.fastcompany.com/3047795/the-3-generations-of-smart-cities. Acesso em: 14 jun. 2022.

COMITÊ GESTOR DA INTERNET (CGI.BR). *Resolução 2009/003*. Disponível em: https://www.cgi.br/resolucoes/documento/2009/003/. Acesso em: 31 mar. 2022.

CONNECTED SMART CITIES. *Ranking Connected Smart Cities 2021 aponta Rio de Janeiro em 7º lugar entre as cidades mais inteligentes do país e 1º em Tecnologia e Inovação.* Set. 2021. Disponível em: https://evento.connectedsmartcities.com.br/releases/ranking-connected-smart-cities-2021-aponta-rio-de-janeiro-em-7o-lugar-entre-as-cidades-mais-inteligentes-do-pais-e-1o-em-tecnologia-e-inovacao/ Acesso em: 10 jan. 2022

CONSELHO EUROPEU. *Declaração do alto representante Josep Borrell, em nome da UE:* resposta da União Europeia para promover a segurança e a estabilidade internacionais no ciberespaço. Publicada em 30 jul. 2020. Disponível em: https://www.consilium.europa.eu/pt/press/press-releases/2020/07/30/declaration-by-the-high-representative-josep-borrell-on-behalf-of-the-eu-european-union-response-to-promote-international-security-and-stability-in-cyberspace/. Acesso em 07 jul. 2022.

CONSEIL DE L'EUROPE *Corte europeia dos direitos do homem.* Disponível em: https://www.echr.coe.int/documents/convention_por.pdf. Acesso em: 04 jan. 2022.

CONVERGÊNCIA DIGITAL. *ANPD não tem poder de polícia para investigar vazamentos.* Notícia divulgada no dia 23/02/2021 por Luís Osvlado Grossman. Disponível em: https://www.convergenciadigital.com.br/Seguranca/ANPD-nao-tem-poder-de-policia-para-investigar-vazamentos-56185.html?UserActiveTemplate=mobile%2Csite. Acesso em: 21 jun. 2022.

COUNCIL OF EUROPE. *The modernised Convention 108:* novelties in a nutshell. Disponível em: https://rm.coe.int/16808accf8. Acesso em: 02 abr. 2022.

COUTINHO, Clara; LISBÔA, Eliana. Sociedade da informação, do conhecimento e da aprendizagem: desafios para educação no século XXI. *Revista de Educação*, v. XVIII, n. 1, p. 5-22, 2011.

CORREA, Luiz Felipe de Seixas. O sistema internacional dos direitos humanos e o Brasil. *In:* Superior Tribunal de Justiça e Secretaria de Estado dos Direitos Humanos (org.). *A proteção internacional dos direitos humanos e o Brasil.* Coletânea de Palestras. Brasília: Superior Tribunal de Justiça, 2000.

CORSINI, Filippo; RIZZI, Francesco; FREY, Marco. Analysing smart-ness in European cities: a factor analysis based on resource efficiency, transportation and ICT. *International Journal of Global Environmental Issues*, v. 15, n. 3, p. 235-254, 2016.

CORTE INTERAMERICANA DE DIREITOS HUMANOS. *Caso Gomes Lund e outros.* 24 nov. 2010. Disponível em: https://corteidh.or.cr/docs/casos/articulos/seriec_219_por.pdf. Acesso em: 04 jan. 2022.

CORTE INTERAMERICANA DE DIREITOS HUMANOS. *Caso Acevedo Buendía e outros vs. Peru.* Voto fundamentado do juiz Sergio García Ramirez, de 24.11.2006. Disponível em: https://www.cnj.jus.br/wp-content/uploads/2016/04/d48d60862a92e17629044146a3442656.pdf. Acesso em: 08 jul. 2022.

COUTO E SILVA, Almiro do. O princípio da segurança jurídica (proteção à confiança) no direito público brasileiro e o direito da administração pública de anular seus próprios atos administrativos: o prazo decadencial do art. 54 da lei do processo administrativo da União (Lei nº 9784/99). *In: Conceitos fundamentais do direito no estado constitucional.* São Paulo: Ed. Malheiros, 2015. p. 47.

CRYPTOID. *Angela Amin acredita que só a educação digital pode melhorar a segurança cibernética.* 06 dez. 2021. Disponível em: https://cryptoid.com.br/banco-de-noticias/angela-amin-acredita-que-so-a-educacao-digital-pode-melhorar-a-seguranca-cibernetica/. Acesso em: 25 fev. 2022.

CUNHA, Maria Alexandra et al. *Smart cities*: transformação digital em cidades. São Paulo: Programa Gestão Pública e Cidadania – PGPC, 2016.

CUNHA JÚNIOR, Dirley da. *Curso de direito constitucional*. 6. ed. Salvador: JusPODIVM, 2012.

CRAWFORD, Susan. *Beware of Google's Intentions. Wired*. 2018. Disponível em: https://www.wired.com/story/sidewalk-labs-toronto-google-risks/. Acesso em: 19 mar. 2022.

CRUZ, Paulo Márcio; FERRER, Gabriel Real. Direito, sustentabilidade e a premissa tecnológica como ampliação de seus fundamentos. *Revista da Faculdade de Direito da UFRGS*, n. 34, p. 276-307, ago. 2016.

DAMASCO, Ronan. Computação quântica. *Revista LIFT papers (Revista do laboratório de inovações financeiras e tecnológicas)*. 2. ed. v. 2. n. 2, p. 374-382, maio de 2020. Disponível em: https://revista.liftlab.com.br/lift/article/view/45/37. Acesso em: 28 fev. 2022.

DAVENPORT, Thomas Hayes; PRUSAK, Laurence. *Conhecimento empresarial:* como as organizações gerenciam o seu capital intelectual. 6. ed. Rio de Janeiro: Campus, 1998.

DECENTRALAND DAO. *What is the Decentraland DAO?* Disponível em: https://dao.decentraland.org/en/. Acesso em: 31 maio 2022.

DEPARTMENT OF SPANISH AND PORTUGUESE STUDIES EUA. *University of Washington*. Gencyber. Summer Camp in Portuguese – Cybersecurity Concepts for High School Students. Disponível em: https://depts.washington.edu/gencyber/. Acesso em: 08 mar. 2022.

DEUTSCHE WELLE. *Entra em vigor na Rússia lei de "internet soberana"* (trad.). Notícia publicada em 01 nov. 2019. Disponível em: https://www.dw.com/pt-br/entra-em-vigor-na- r%C3%BAssia-lei-de-internet-soberana/a-51087206. Acesso em: 05 mar. 2022.

DEUTSCHE WELLE. *Putin assina lei que intensifica censura na Rússia*. Notícia publicada em 04 mar. 2022. Disponível em: https://www.dw.com/pt-br/putin-assina-lei-que-intensifica-censura-na-r%C3%BAssia/a-61024034. Acesso em: 05 mar. 2022.

DEUTSCHE WELLE. *Reino Unido quer centro de defesa cibernética em* África. Disponível em: https://www.dw.com/pt-002/reino-unido-quer-centro-de-defesa-cibern%C3%A9tica-em-%C3%A1frica/a-57507363. Acesso em: 05 mar. 2022.

DI PIETRO, Maria Sylvia Zanella. Princípios do processo administrativo no novo Código de Processo Civil. *Revista Consultor Jurídico*, 29 out. 2015. Disponível em: http://www.conjur.com.br/2015-out-29/interesse-publico-principios-processo-administrativo.cpc. Acesso em: 03 jan. 2022.

DIAS, Ana Beatriz. Controle de Convencionalidade. Da compatibilidade do direito doméstico com os tratados internacionais de direitos humanos. *In:* Defensoria Pública Geral do Estado do Rio de Janeiro – DPGE, 2018. p. 40-50. p. 50. Disponível em: http://cejur.rj.def.br/uploads/arquivos/b2009a1a72a742d48483fc2f80e3a585.pdf. Acesso em: 20 mar. 2022.

DIAS, Felipe da Veiga; REIS, Jorge Renato dos. Os direitos de personalidade e a hermenêutica constitucional: uma abordagem (a partir do giro linguístico ontológico) acerca dos limites comunicativos na sociedade da informação. *Revista Eletrônica Direito e Política*. Programa de Pós Graduação *Stricto Sensu* em Ciência Jurídica da UNIVALI, Itajaí, v. 7, n. 2, p. 1491-1521. 2º quadrimestre de 2012. p. 1498. Disponível em: www.univali.br/direitoepolitica. Acesso em: 03 mar. 2022.

DIAS, Jossiani Augusta Honório; BERNARDINELI, Muriana Carrilho. Da almejada boa governança e o vilipêndio aos direitos fundamentais em decorrência da corrupção. *In: O bom governo e o combate* à *corrupção:* seminários de Salamanca. ALENCAR, Alisson Carvalho de (Org.); ISHIKAWA, Lauro e MATSUSHITA, Thiago Lopes (Coord.). São Paulo: Ed. Liquet, 2020, p. 131-148.

DICIONÁRIO ETIMOLÓGICO. *Informação.* Disponível em: https://www.dicionarioetimologico.com.br/informacao/. Acesso em: 18 nov. 2021.

DICIONÁRIO ETIMOLÓGICO. *Político.* Disponível em: https://www.dicionarioetimologico.com.br/politico/. Acesso em: 23 jan. 2022.

DICIONÁRIO ONLINE. *Cibernética.* Disponível em: https://www.dicio.com.br/cibernetica/. Acesso em: 12 fev. 2022.

DICIONÁRIO ONLINE. *Fundamental.* Disponível em: https://www.dicio.com.br/fundamental/. Acesso em: 15 dez. 2021.

DICIONÁRIO ONLINE. *Segurança.* Disponível em: https://www.dicio.com.br/seguranca/. Acesso em: 26 abr. 2022.

DONEDA, Danilo. *Da privacidade* à *proteção de dados pessoais.* Rio de Janeiro: Renovar, 2006.

DORAN, George T. There's a S.M.A.R.T. Way to Write Management's Goals and Objectives. *Management Review,* v. 70, Issue 11, p. 35-36, nov. 1981.

DIREITO NEWS. *Hacker invade sistema da Justiça Federal e muda sentença em processo que havia sido condenado.* Notícia divulgada em 11 abr. 2022. Disponível em: https://www.direitonews.com.br/2022/04/hacker-invade-justica-muda-sentenca-processo.html. Acesso em: 13 abr. 2022.

DOSHI, Rush; BRUYÈRE, Emily de La *et al. China como uma "grande potência cibernética":* as duas vozes de Pequim no setor de telecomunicações. Abr. 2021. Disponível em: https://www.brookings.edu/research/china-as-a-cyber-great-power-beijings-two-voices-in-telecommunications/. Acesso em: 04 mar. 2022.

DROZDOVA, Ekaterina A. Civil Liberties and Security in Cyberspace. Tradução: Liberdades Civis e Segurança no Ciberespaço. *Liberdades Civis e Segurança no Ciberespaço – Resumo de Políticas.* Stanford-CA: CISAC. p. 9, ago 2000. Disponível em: https://cisac.fsi.stanford.edu/publications/civil_liberties_and_security_in_cyberspace. Acesso em: 01 mar. 2022.

DUARTE, Newton. *Sociedade do conhecimento ou sociedade das ilusões:* quatro ensaios críticos-dialéticos em filosofia da educação. (Coleção polêmicas do nosso tempo, 86). Campinas: Autores Associados, 2008.

DYE, Thomas R. Understanding public police. New Jersey: Prentice Hall, p. 11-30. Tradução de Francisco G. Heidemann. *In:* HEIDEMANN, Francisco Gabriel; SALM, José Francisco (orgs.). *Políticas públicas e desenvolvimento.* Bases epistemológicas e modelos de análise. 3. ed. Brasília: Editora Universidade de Brasília, 2014.

ECONOMIA UOL. *Mídia e marketing.* Marcas farão comerciais dentro de sonhos? Isso será realidade em 3 anos. Reportagem publicada em 29 Dez. 2021. Disponível em: https://economia.uol.com.br/noticias/redacao/2021/12/29/marcas-farao-comerciais-dentro-de-sonhos-isso-sera-realidade-em-3-anos.htm. Acesso em: 29 dez. 2021.

ELLIOT, Jennifer; JENKINSON, Nigel. *O risco cibernético é a nova ameaça à estabilidade financeira.* FMI – International Monetary Fund. Artigo publicado em 07 dez. 2020. Disponível em: https://www.imf.org/pt/News/Articles/2020/12/07/blog-cyber-risk-is-the-new-threat-to-financial-stability. Acesso em: 13 mar. 2022.

EUROPEAN UNION AGENCY FOR CYBERSECURITY. *Cenário de ameaças*. 2021. Disponível em: https://www.enisa.europa.eu/publications/enisa-threat-landscape-2021. Acesso em: 15 fev. 2022.

EUROPEAN UNION AGENCY FOR CYBERSECURITY. *Padrões de segurança cibernética 5G*. 16 mar. 2022. Disponível em: https://www.enisa.europa.eu/publications/5g-cybersecurity-standards. Acesso em: 28 abr. 2022.

ESCOLA SUPERIOR DE GUERRA. *Fundamentos da Escola Superior de Guerra*. v. I – Elementos Fundamentais. Rio de Janeiro, 2009.

ESPANHA. ONU. *Ciberseguridad / derechos humanos*. Notícia veiculada em 20 jul. 2021. Disponível em: https://www.dsn.gob.es/es/actualidad/seguridad-nacional-ultima-hora/onu-%E2%80%93-ciberseguridad-derechos-humanos. Acesso em: 09 mar. 2022.

ESPANHA. Tribunal Constitucional da Espanha. *Jurisprudência*. Disponível em: https://www.tribunalconstitucional.es/en/jurisprudencia/Paginas/Sentencias.aspx. Acesso em: 04 jan. 2022.

ESTADOS UNIDOS DA AMÉRICA. CISA – Cybersecurity & Infrastructure Security Agency. *Diretivas de Segurança Cibernética*. Disponível em: https://www.cisa.gov/directives. Acesso em: 05 mar. 2022.

ESTADOS UNIDOS DA AMÉRICA. *CISA, FBI, NSA, and International Partners Issue Advisory to Mitigate Apache Log4J Vulnerabilities*. 22 dez. 2021. Disponível em: https://www.nsa.gov/Press-Room/Press-Releases-Statements/Press-Release-View/Article/2881834/cisa-fbi-nsa-and-international-partners-issue-advisory-to-mitigate-apache-log4j/. Acesso em: 08 mar. 2022.

ESTADOS UNIDOS DA AMÉRICA. *Federal Trade Commission – protecting America's consumers*. Disponível em: https://www.ftc.gov/. Acesso em: 08 mar. 2022.

ESTADOS UNIDOS DA AMÉRICA. Homeland Security. *Ações do DHS: segurança cibernética*. Disponível em: https://www.dhs.gov/publication/dhs-actions-cybersecurity. Acesso em: 07 mar. 2022.

ESTADOS UNIDOS DA AMÉRICA. Homeland Security. *Cybersecurity*. Disponível em: https://www.dhs.gov/topics/cybersecurity. Acesso em: 07 mar. 2022.

ESTADOS UNIDOS DA AMÉRICA. National Security Agency/Central Security Service (NSA). *Signals Intelligence. Collecting and Analyzing our Adversaries Moves*. Disponível em: https://www.nsa.gov/Signals-Intelligence/. Acesso em: 08 mar. 2022.

ESTADOS UNIDOS DA AMÉRICA. National Security Agency/Central Security Service (NSA). *NSA stops Certain Section 702 "Upstream" Activities*. Disponível em: https://www.nsa.gov/Press-Room/Press-Releases-Statements/Press-Release-View/Article/1618695/nsa-stops-certain-section-702-upstream-activities/. Acesso em: 08 mar. 2022.

ESTADOS UNIDOS DA AMÉRICA. The White House. *Executive Order on Improving the Nation's Cybersecurity*. Disponível em: https://www.whitehouse.gov/briefing-room/presidential-actions/2021/05/12/executive-order-on-improving-the-nations-cybersecurity/. Acesso em: 08 mar. 2022.

ESTADOS UNIDOS DA AMÉRICA. U.S. Departament of State. *Cyber Security*. Disponível em: https://www.state.gov/cybersecurity/. Acesso em: 07 mar. 2022.

EUROPEAN COMISSION. *Annual report lays out the challenges of protecting fundamental rights in the digital age*. Disponível em: https://ec.europa.eu/commission/presscorner/detail/en/ip_21_6689. Acesso em: 25 fev. 2022.

EUROPEAN COURT OF HUMAN RIGHTS. *Third section*. 14 dez. 2021. Disponível em: https://hudoc.echr.coe.int/eng#{%22documentcollectionid2%22:[%22GRANDCHAMBER %22,%22CHAMBER%22],%22itemid%22:[%22001-212691%22]}. Acesso em: 04 jan. 2021.

EUROPEAN DATA PROTECTION SUPERVISOR. *Cyber Security Strategy of the European Union: an Open, Safe and Secure Cyberspace*. 14 jun. 2013 Disponível em: https://edps.europa.eu/data-protection/our-work/publications/opinions/cyber-security-strategy-european-union-open-safe-and_en. Acesso em: 09 fev. 2022.

EUROPEANS MARTCITIES 4.0. *The smart city model*. 2015. Disponível em: http://www.smart-cities.eu/?cid=2&ver=4. Acesso em: 14 jun. 2022.

FABELA, Sérgio. A vida toda para aprender. *Portal dos psicólogos*, 2005. Disponível em: http://www.psicologia.com.pt/artigos/textos/A0321.pdf. Acesso em: 19 jul. 2015.

FEDERAÇÃO BRASILEIRA DE BANCOS. *Função de compliance*. Disponível em: http://www.febraban.org.br/7rof7swg6qmyvwjcfwf7i0asdf9jyv/sitefebraban/funcoescompliance.pdf. Acesso em: 02 mar. 2022.

FERNANDES, Jorge Henrique Cabral. *Segurança e defesa cibernéticas para reduzir vulnerabilidades nas infraestruturas críticas nacionais* (Relatório Técnico). Núcleo de Estudos Prospectivos do Exército Brasileiro. Brasil: Exército Brasileiro, 2012.

FERNANDEZ, Eusebio. El contractualismo clásico (Siglos XVII y XVIII) y los derechos naturales. *In: Anuario de derechos humanos*. Universidad Computense: Faculdad de Derecho, 1983, p. 59-100, p. 78.

FERRAJOLI, Luigi. *Derechos y garantías:* La ley del más débil. Espanha: Ed. Trotta, 2016.

FERRAJOLI, Luigi. Garantias. Jueces para la democracia. *Revista Dialnet*. n. 38. 2000. p. 39-46. Disponível em: https://dialnet.unirioja.es/ejemplar/17176. Acesso em: 08 jul. 2022.

FERRARI, Vincenzo. Democracia e informação no final do século XX. *In:* GUIMARÃES, César; JUNIOR, Chico (org.). *Informação e democracia*. Rio de Janeiro: Ed. UERJ, 2000.

FERRAZ JÚNIOR, Tércio Sampaio. *Introdução ao estudo do direito:* técnica, decisão, dominação. São Paulo: Ed. Atlas, 2019, p. 65.

FERRAZ JÚNIOR, Tércio Sampaio. Miguel Reale: o filósofo da teoria tridimensional do direito. *Revista Brasileira de Filosofia*, v. 59, n. 235, p. 39-52, 2010. p. 44.

FERREIRA, Heline Sivini. A biossegurança dos organismos transgênicos no direito ambiental brasileiro: uma análise fundamentada na teoria da sociedade de risco. *In:* CANOTILHO, José Joaquim Gomes, LEITE, José Rubens Morato (orgs.). *Direito constitucional ambiental brasileiro*. Organizadores. 6. ed. rev. São Paulo: Saraiva, 2015, p. 291.

FERREIRA, Mariana. *Justiciabilidade do direito ao mínimo existencial:* uma análise comparativa entre Brasil e Argentina. Dissertação (Mestrado em Direito). Faculdade de Direito da Universidade Federal de Juiz de Fora. Juiz de Fora, 2017.

FIORILLO, Celso Antônio Pacheco. *Princípios constitucionais do direito da sociedade da informação:* a tutela jurídica do meio ambiente digital. São Paulo: Saraiva, 2015.

FISHMAN, Andrew. *Futuros espiões:* NSA financia acampamento de férias para jovens que falam português. Agência de Jornalismo Investigativo. Notícia publicada em julho de 2021. Disponível em: https://apublica.org/2021/07/futuros-espioes-nsa-financia-acampamento-de- ferias-para-jovens-que-falam-portugues/. Acesso em: 08 mar. 2022.

FORBES TECH. *Ataques de ransomwares podem provocar fechamento de mais de 30% dos negócios em alguns países.* Reportagem publicada em 13 de julho de 2021. Disponível em: https://forbes.com.br/forbes-tech/2021/07/ataques-de-ransomwares-podem-provocar-fechamento-de-mais-de-30-dos-negocios-em-alguns-paises/. Acesso em: 02 mar. 2022.

FORTES, Vinícius Borges. *Os direitos de privacidade e a proteção de dados pessoais na internet.* Rio de Janeiro: Lumen Juris, 2016.

FORUM ECONOMICO MUNDIAL. *Economia circular nas cidades:* evoluindo o modelo para um futuro urbano sustentável. Fórum Econômico Mundial em colaboração com a PwC, 2018. Disponível em: https://www3.weforum.org/docs/White_paper_Circular_Economy_in_Cities_report_2018.pdf. Acesso em: 08 jul. 2022.

FRANÇA. Conselho Constitucional. *Decisão nº 74-54 DC*, de 15 de janeiro de 1975. Disponível em: https://www.conseil-constitutionnel.fr/decision/1975/7454DC.htm. Acesso em: 08 jul. 2022.

FREY, Klaus. *Políticas públicas:* um debate conceitual e reflexões referentes à prática da análise de políticas públicas no Brasil. Brasília, DF: IPEA, 2000.

FRÜHLINGER, Josh. HIPAA Explicou: definição, conformidade e violações. *CSO United States*. Artigo publicado em 25 jan. 2021. Disponível em: https://www.csoonline.com/article/3602903/hipaa-explained-definition-compliance-and-violations.html#tk.rss_all. Acesso em: 03 mar. 2022.

FUKUYAMA, Francis. What's wrong with public policy education. *The American Interest*. August 1, 2018. Disponível em: https://www.the-american-interest.com/2018/08/01/whats-wrong-with-public-policy-education/. Acesso em: 22 mar. 2022.

GARDNER, Frank. O que é apocalipse quântico e existe razão para preocupação? *BBC News Brasil*. Artigo publicado em 29 jan. 2022. Disponível em: https://www.bbc.com/portuguese/geral-60156277. Acesso em: 01 mar. 2022.

GCHQ. *Novo plano para proteger o Reino Unido de ameaças cibernéticas.* Disponível em: https://www.gchq.gov.uk/news/national-cyber-strategy-2022. Acesso em: 12 mar. 2022.

GIDDENS, Antony. *As consequências da modernidade.* São Paulo: Ed. da UNESP, 1990.

GIFFINGER, Rudolf. et. al. *Smart Cities:* Ranking of European Medium-Sized Cities. Vienna, Austria: Centre of Regional Science (SRF), *Vienna University of Technology*. Retrieved september 25, 2007. Disponível em: https://www.researchgate.net/publication/313716484_City-ranking_of_European_medium-_sized_cities. Acesso em: 26 dez. 2021.

GLOBALFY. *Cibersegurança nos EUA:* entendemos o mercado e as oportunidades do país. Disponível em: https://companycombo.com/faq/cybersecurity-nos-eua-entenda-o-mercado-e-as-oportunidades-do-pais/. Acesso em: 05 mar. 2022.

GOMES, Luiz Flávio. *Controle de legalidade, de convencionalidade e de constitucionalidade.* Disponível em: http://www.lfg.com.br. Acesso em: 05 maio 2022.

GOUVEIA, Jorge Barcelar. Direito do ciberespaço e segurança cibernética. *Revista Jurídica Portucalense*, n. 29. Universidade Portucalense: Porto, p. 59-77, 2021. Disponível em: https://revistas.rcaap.pt/juridica/article/view/24897. Acesso em: 14 abr. 2022.

GRAYSCALE. *The metaverse, web 3.0 virtual cloud economies.* Disponível em: https://grayscale.com/learn/the-metaverse/. Acesso em: 26 dez. 2021.

GUERRA, Sidney Cesar Silva. *O direito à privacidade na internet:* uma discussão da esfera privada no mundo globalizado. Rio de Janeiro: América Jurídica, 2004.

GUERREIRO, Evandro Prestes. *Cidade digital:* infoinclusão social e tecnologia em rede. São Paulo: Editora Senac São Paulo, 2006.

GUEVARA, Álvaro Agudo. Etica em la sociedad de la informacion: reflexiones dese America Latina. *In: Seminário Infoetica.* Rio de Janeiro, 2000.

G1. *NSA teria capacidade de quebrar criptografia usada na web, diz jornal.* Notícia publicada em 05 set. 2013. Disponível em: https://g1.globo.com/tecnologia/noticia/2013/09/nsa-teria-capacidade-de-quebrar-criptografia- usada-na-web-diz-jornal.html. Acesso em: 12 mar. 2022.

G7 News. *Chip cerebral permite que o homem paralisado publique o primeiro tweet de "pensamento direto".* Reportagem publicada em 27 dez. 2021. Disponível em: https://g7.news/tecnologia/2021/12/27/o-chip-cerebral-permite-que-o-homem-paralisado-publique-o-primeiro-tweet-de-pensamento-direto. Acesso em: 29 dez. 2021.

HALL, Robert E. et al. *The vision of a smart city.* Brookhaven National Lab., Upton, NY (US), 2000.

HARGREAVES, Andy. *O ensino na sociedade do conhecimento:* a educação na era da insegurança. Coleção Currículo, Políticas e Práticas. Porto, Portugal: Porto Editora, 2003.

HBOMAX. *Ready player one:* jogador nº 1. Direção: Steven Spielberg. Escrito por Zak Penn e Ernest Cline, baseado no romance homônimo, de 2011 (CLINE, Ernest). Produção de Village Roadshow Pictures. Ohio, Estados Unidos: Warner Bros, 2018. Disponível em: https://www.hbomax.com/br/pt. Acesso em: 20 fev. 2022.

HEYLIGHEN, Francis. Cybernetics and Second-Order Cybernetics. *In:* R. A. Meyers (ed.), *Encyclopedia of physical science & tecnology.* 3. ed. Academica Pres: New York, 2001, p. 1-24, p. 2.

HM GOVERNMENT. *Estratégia Nacional de Segurança Cibernética – 2016-2021.* Disponível em: https://assets.publishing.service.gov.uk/government/uploads/system/uploads/attachment_data/file/643428/Brazilian_Portuguese_translation_-_National_Cyber_Security_Strategy_2016.pdf. Acesso em: 09 fev. 2022.

HOFFMANN-RIEM, Wolfgang. Der grundrechtliche Schutz der Vertraulichkeit und Integrität eigengenutzter informationstechnischer Systeme. Juristen Zeitung 21, 2008, *apud* MENDES, Laura Schertel. *Privacidade, proteção de dados e defesa do consumidor* – linhas gerais de um novo direito fundamental. São Paulo: Saraiva, 2014.

HOFFMANN-RIEM, Wolfgang. *Teoria geral do direito digital.* Transformação digital – desafios para o direito. 2. ed. Rio de Janeiro: Ed. Forense, 2022.

HOLLANDS, Robert. *Will the real smart city please stand up?* City, 12(3), 303-320. Retrieved, 2008. Disponível em: https://www.researchgate.net/publication/248930334_Will_the_Real_Smart_City_Please_Sta nd_Up. Acesso em: 29 jan. 2021.

HOLMES, Stephen; SUSTEIN, Cass R. *The cost of rights.* New York: Norton, 1999.

HOROWITZ, Adam Haar; STICKGOLD, Robert; ZADRA, Antonio. Dentro da sua paisagem de sonho – as técnicas de *hackear* sonhos podem nos ajudar a criar, curar e nos divertir. Eles também podem se tornar ferramentas de manipulação comercial. *AEON.* Publicado em 19 nov. 2021. Disponível em: https://aeon.co/essays/dreams-are-a-precious-resource-dont-let-advertisers-hack-them. Acesso em: 29 dez. 2021.

HORZELLA, Barbara C. Política Nacional de Ciberdefensa – revisión contrastada com la Guía de Ciberdefensa de la JID. *Biblioteca del Congreso Nacional de Chile – BCN*. mar. 2021. Disponível em: https://obtienearchivo.bcn.cl/obtienearchivo?id=repositorio/10221/31943/1/Informe_BCN_P olitica_Nacional_de_Ciberdefensa.pdf. Acesso em: 31 mar. 2022.

HUREL, Louis Marie. Cibersegurança no Brasil: uma análise da estratégia nacional. *Instituto Igarapé*, Rio de Janeiro, 2021. Disponível em: https://igarape.org.br/wp-content/uploads/2021/04/AE-54_Seguranca-cibernetica-no-Brasil.pdf. Acesso em: 16 fev. 2022.

IASIELLO, Emilio. China's Cyber Initiatives Counter International Pressure. Journal of Strategic Security, vol. 10, n. 1, p. 1–16, Mar. 2017. DOI 10.5038/1944-0472.10.1.1548. Disponível em: http://dx.doi.org/10.5038/1944-0472.10.1.1548. Acesso em: 04 mar. 2022.

IBGE. *Cidades e Estados:* Rio de Janeiro. Disponível em: https://www.ibge.gov.br/cidades-e-estados/rj/rio-de-janeiro.html. Acesso em: 11 jan. 2022.

IBGE. *Divisão urbano regional.* Disponível em: https://www.ibge.gov.br/geociencias/cartas-e-mapas/redes-geograficas/15777-divisao-urbano-regional.html?edicao=32556&. Acesso em: 11 jan. 2022.

IBGE. *Produto Interno Bruto dos Municípios.* Disponível em: https://www.ibge.gov.br/estatisticas/economicas/contas-nacionais/9088-produto-interno-bruto-dos-municipios.html?t=pib-por-municipio&c=3550308. Acesso em: 07 jan. 2022.

IBM SECURITY. *How much would a data breach cost your business?* Disponível em: https://www.ibm.com/security/data-breach. Acesso em: 14 fev. 2022.

IDC. *Smart cities benchmark.* International Data Corporation. Portugal, 2015. Disponível em: https://docplayer.com.br/36805174-Smart-cities-benchmark-portugal-2015.html. Acesso em: 08 jul. 2022.

IESE. *IESE Cities in Motion Index - 2020.* Disponível em: https://blog.iese.edu/cities-challenges-and-management/2020/10/27/iese-cities-in-motion-index-2020/. Acesso em: 10 jan. 2022.

ILHARCO, Fernando. *Filosofia da informação:* uma introdução à informação como fundação da acção, da comunicação e da decisão. Lisboa: Universidade Católica, 2003.

INFOMONEY. *Banco do Brasil entra para o metaverso e lança experiência em servidor do GTA.* Disponível em: https://www.infomoney.com.br/mercados/banco-do-brasil-entra-para-o-metaverso-e-lanca-experiencia-em-servidor-do-gta/. Acesso em: 27 dez. 2021.

INFOMONEY. *O que são terrenos no metaverso (e como comprar)?* Disponível em: https://www.infomoney.com.br/guias/terrenos-no-metaverso/#:~:text=Onde%20comprar%20terrenos%20do%20metaverso,de%20NFTS%2C%20como%20o%20OpenSea. Acesso em: 31 maio 2022.

INOVAÇÃO TECNOLÓGICA. *Criptografia baseada no caos pode evitar apocalipse quântico.* Notícia publicada em 11 fev. 2022. Disponível em: www.inovacaotecnologica.com.br/noticias/noticia.php?artigo=criptografia-baseada-caos-evitar-apocalipse-quantico. Acesso em: 08 mar. 2022.

INTERNATIONAL ORGANIZATION FOR STANDARDIZATION. *ISO 22301:2012.* Disponível em: https://www.iso.org/obp/ui/#iso:std:iso:22301:ed-1:v2:en. Acesso em: 22 de mar. 2022.

INTERNATIONAL TELECOMMUNICATION UNION. *Digital inclusion of all*. Disponível em: https://www.itu.int/en/mediacentre/backgrounders/Pages/digital-inclusion-of-all.aspx. Acesso em: 25 fev. 2022.

INTERNATIONAL TELECOMMUNICATION UNION. *Global cybersecurity index*. 2020. Disponível em: https://www.itu.int/dms_pub/itu-d/opb/str/D-STR-GCI.01-2021-PDF-E.pdf. Acesso em: 16 fev. 2022.

INTERNATIONAL TELECOMMUNICATIONS UNION. *Series X:* Data Networks, Open System Communications and Security – Telecommunication Security – Overview of cybersecurity (Recommendation UIT-T X.1205). Telecommunication Standardization Sector of ITU (ITU-T), abril 2008. Disponível em: https://www.itu.int/rec/T-REC-X.1205-200804-I. Acesso em: 09 fev. 2022.

INTERNET WORLD STATS. *Internet Usage Statistics – The Internet Big Picture*. Disponível em: https://www.internetworldstats.com/stats.htm. Acesso em: 28 fev. 2022.

INTOSAI. *Evaluation of public policies – GUID 9020*. Disponível em: https://www.issai.org/wp-content/uploads/2019/08/GUID-9020-Evaluation-of-Public-Policies.pdf. Acesso em: 30 mar. 2022.

IPEA. *Objetivos de desenvolvimento sustentável nº 11*. Disponível em: https://www.ipea.gov.br/ods/ods11.html. Acesso em: 04 abr. 2022.

ISHIKAWA, Lauro. Direito ao desenvolvimento. *In: Enciclopédia Jurídica da PUC/SP*. Tomo: Direitos Humanos. 1. ed. mar. 2022. Disponível em: https://enciclopediajuridica.pucsp.br/tomo/12. Acesso em: 05 maio 2022.

ISHIKAWA, Lauro. *O direito ao desenvolvimento como concretizador do princípio da dignidade da pessoa humana*. Dissertação (Mestrado em Direito). Pontifícia Universidade Católica de São Paulo – PUC/SP, 2008. Disponível em: https://tede2.pucsp.br/bitstream/handle/8165/1/Lauro%20Ishikawa.pdf. Acesso em: 03 maio 2022.

ISTO É DINHEIRO. *Depois de prejuízo de R$3,5 bilhões, site da Americanas volta ao ar*. Reportagem publicada em 23 fev. 2022. Disponível em: https://www.istoedinheiro.com.br/depois-de-prejuizo-de-r35-bilhoes-site-da-americanas-volta-ao-ar/. Acesso em: 02 mar. 2022.

ITFORUM. *IDC:* mercado brasileiro de TICs crescerá descolado no PIB em 2022. Notícia publicada em 08 fev. 2022. Disponível em: https://itforum.com.br/noticias/vendas-globais-de-servidores-enterprise-caem-em-2021/. Acesso em: 08 mar. 2022.

JONES, Dow. China aprova nova segurança cibernética e regras de algoritmo. *Revista Digital Valor*, 04 jan. 2022. Disponível em: https://valor.globo.com/mundo/noticia/2022/01/04/china-aprova-nova-segurana-cibrntica-e-regras-de-algoritmo.ghtml. Acesso em: 04 mar. 2022.

KASPERSKY. *Panorama de ameaças da Kaspersky:* ciberataques crescem 23% no Brasil em 2021. 01 de set. de 2021. Disponível em: https://www.kaspersky.com.br/about/press-releases/2021_panorama-de-ameacas-da-kaspersky-ciberataques-crescem-23-no-brasil-em-2021. Acesso em: 08 jul. 2022.

KINAST, Priscilla. O que é PING e latência? *Oficina da Net*. Disponível em: https://www.oficinadanet.com.br/internet/36379-o-que-e-ping-e-latencia. Acesso em: 08 jul. 2022.

KLINK, Jeroen. *Regionalismo e reestruturação urbana:* uma perspectiva brasileira de governança metropolitana. Porto Alegre, 2009.

KOMNINOS, Nicos. The architecture of intelligent cities: integrating human, collective and artificial intelligence to enhance knowledge and innovation. *The IEEE 2nd IET International Conference on Intelligent Environments*, p. 13-20, Atenas, 2006.

KOTTASOVÁ, Ivana. How Russian threats in the 2000s turned this country into the GO-to experto n cyber defense. *CNN*. Notícia publicada em junho de 2021. Disponível em: https://edition.cnn.com/2021/06/18/tech/estonia-cyber-security-lessons-intl-cmd/index.html. Acesso em: 31 mar. 2022.

KRELL, Andreas J. *Direitos sociais e controle judicial no Brasil e na Alemanha:* os (des) caminhos de um direito constitucional comparado. Porto Alegre: Sergio Antonio Fabris Editor, 2002.

KURZ, Robert. A ignorância na sociedade do conhecimento. *Folha de São Paulo*, São Paulo, 13 jan. 2002. Caderno Mais. Disponível em: http://www.ofaj.com.br/textos_conteudo.php?cod=26 Acesso em: 25 nov. 2021.

LAFER, Celso. *A legitimidade na correlação direito e poder:* uma leitura do tema inspirado no tridimensionalismo jurídico de Miguel Reale. São Paulo: Ed. Revisa do Advogado, 2000. n. 61. p. 35-40. p. 39.

LAZAROIU, George Cristian; ROSCIA, Mariacristina. Definition methodology for the smart cities model Energy, *Elsevier*, v. 47, n. 1, p. 326-332, 2012.

LE COADIC, Yves-François. *A ciência da informação*. Brasília: Briquet de Lemos/Livros, 1996.

LEE, Jung Hoon; HANCOCK, Marguerite Gong e CHIH HU, Mei. Towards a framework for Smart Cities: A Comparison of Seoul, San Francisco & Amsterdam. *Revista Science Direct*. v. 89, novembro de 2014. p. 80-99. Disponível em: https://www.sciencedirect.com/science/article/abs/pii/S0040162513002187?via%3Dihub. Acesso em: 08 jul. 2022.

LEITE, Ana Marta Xavier Ferreira. A problemática da cibersegurança e os seus desafios. *Revista Direito, Segurança e Democracia da Faculdade de Direito da Universidade Nova de Lisboa*. Centro de Investigação e Desenvolvimento sobre Direito e Sociedade (CEDIS), n. 49, p. 1-22, set/2016.

LEITE, Carlos. AWAD, Juliana Di Cesare Marques. *Cidades sustentáveis, cidades inteligentes*: desenvolvimento sustentável num planeta urbano. Porto Alegre: Ed. Bookman, 2012.

LEMOS, André. Cibercidades. *In*: LEMOS, André; PALACIOS, Marcos (org.) *Janelas do ciberespaço:* comunicação e cibercultura. Porto Alegre: Sulina, 2001.

LEMOS, André. Cidades inteligentes. GVexecutivo, v. 12, n. 2, p. 46-49, 2013.

LEMOS, André. *Cidade digital portais, inclusão e redes no Brasil*. EDUFBA: Salvador, 2007.

LÉVY, Pierre. *O que é o virtual*. Tradução de Paulo Neves. São Paulo: Editora 34, 1996.

LÉVY, Pierre. *Ciberdemocracia*. Tradução: Alexandre Emílio. Lisboa: Instituto Piaget, 2002.

LIJING, Zhang; YANRONG, Pang; JIANHUA, Huang. The Development Strategy for the Tourism in Hebei under the Background of Smart City Based on Data Mining. *7th international conference on intelligent computation technology and automation*. Anais, 1, 2014, p. 991 - 994.

LYOTARD, Jean-François. *O pós-moderno*. Rio de Janeiro: J. Olympio, 1986.

MACHADO, Leia. Segurança no metaverso: Como proteger os avatares? *Security Report.* Notícia publicada em 17 mar. 2022. Disponível em: https://www.securityreport.com.br/destaques/seguranca-no-metaverso-como-proteger-os- avatares/#.YqHiGnbMKUk. Acesso em: 06 jun. 2022.

MACIEL, Moises. *Os Tribunais de Contas e a nova Lei de Proteção de Dados Pessoais:* uma análise acerca da função dos Tribunais de Contas e sua relação com a proteção de dados. Belo Horizonte: Ed. Forum, 2021.

MAFFINI, Rafael da Cás. *Princípio da proteção substancial da confiança no direito administrativo brasileiro.* 2005. Tese (Doutorado em Direito) – Faculdade de Direito, Universidade do Rio Grande do Sul. Disponível em: HTTP://www.lume.ufrgs.br/bitstream/handle/10183/5220/000512451.pdf?sequence=1. Acesso em: 03 jan. 2022.

MANDARINO, Raphael. *Um estudo sobre a segurança e a defesa do espaço cibernético brasileiro.* 2009. Monografia (Especialização em Ciência da Computação). Universidade de Brasília (UnB). Departamento de Ciência da Computação (DCE): Brasília. Jun. 2009.

MANSELL, Robin e TREMBLAY, Gaëtan. *UNESCO – Organização das Nações Unidas para a Educação, a Ciência e a Cultura.* Cúpula Mundial da Sociedade da Informação – Transformando objetivos em ação. Renovando a visão das sociedades do conhecimento para a paz e o desenvolvimento sustentável. São Paulo: Comitê Gestor da Internet, 2015.

MARMELSTEIN, George. *Curso de direitos fundamentais.* São Paulo: Altas, 2008.

MARTÍNEZ, Gregorio Peces-Barba. *Curso de derechos fundamentales:* teoria general. Madrid: Universidad Carlos III, 1999.

MARTINS, Ives Gandra da Silva. Tribunal de Contas é órgão auxiliar do controle externo do Poder Legislativo e não, institucionalmente, órgão equiparado ao regime dos tribunais – reflexões sobre sua disciplina jurídica – opinião legal. Doutrina. *Revista do TCU,* n. 111. 2008. p. 55-64. Disponível em: https://revista.tcu.gov.br/ojs/index.php/RTCU/issue/view/22. Acesso em: 22 de jun. 2022.

MARTINS, Ives Gandra da Silva. *Roteiro para uma Constituição.* Rio de Janeiro: Ed. Forense, 1987.

MATHIAS, Marcio José Barcellos. *Distinção conceitual entre direitos humanos, direitos fundamentais e direitos sociais.* Disponível em: http://www.advogado.adv.br/artigos/2006/marciojosebarcellosmathias/distincao.htmel. Acesso em: 24 dez. 2021.

MATOS, David. *Como a computação quântica vai revolucionar a inteligência artificial, machine learning, e big data.* 2021. Disponível em: https://www.cienciaedados.com/como-a-computacao-quantica-vai-revolucionar-a-inteligencia-artificial-machine-learning-e-big-data/. Acesso em: 28 fev. 2022.

MAZZUOLI, Valério de Oliveira. *O controle jurisdicional da convencionalidade das leis.* 2. ed. São Paulo: Editora Revista dos Tribunais, 2011.

MÉNARD, Alexandre; OSTOJIC, Ivan; VOLZ Daniel. Um plano de jogo para computação quântica. *Revista McKinsey Digital.* Mckinsey Global Institute. 06 fev. 2020. Disponível em: https://www.mckinsey.com/business-functions/mckinsey-digital/cur-insigths/a-game-plan-for-quantum-computing. Acesso em: 01 mar. 2022.

MENDES, Gilmar Ferreira. Limitações dos direitos fundamentais. *In:* MENDES, Gilmar Ferreira; BRANCO, Paulo Gustavo Gonet. *Curso de direito constitucional.* 12. ed. rev. e atual. São Paulo: Saraiva, 2017.

METAVERSE ROADMAP. *Glossary.* Disponível em: https://metaverseroadmap.org/inputs4.html#glossary. Acesso em: 06 jun. 2022.

MICHAELIS. Dicionário Brasileiro da Língua Portuguesa. *Política.* Disponível em: https://michaelis.uol.com.br/moderno-portugues/busca/portugues-brasileiro/politica. Acesso em: 08 jul. 2022.

MILESKI, Hélio Saul. *O controle da gestão pública.* São Paulo: Editora Revista dos Tribunais, 2003.

MOYA, Santiago Aguayo. *A evolução da política pública de segurança cibernética do Chile e a inclusão da defesa nacional na cooperação regional no ciberespaço.* Projeto de Pesquisa de Dissertação de Mestrado em Ciências Militares. Instituto Meira Mattos da Escola de Comando e Estado-Maior do Exército. Rio de Janeiro: 2020.

MORAES, Alexandre de. *Direito constitucional.* 33. ed. São Paulo. Atlas, 2017.

MORAES, Alexandre de. *Direitos humanos fundamentais.* Coleção Temas Jurídicos. 6. ed. São Paulo: Atlas, 2005.

MOREIRA, Édisom de Souza. *Os neurônios, as sinapses, o impulso nervoso e os mecanismos morfo-funcionais de transmissão dos sinais neurais no sistema nervoso.* v. 2. Volta Redonda: UniFOA, 2017.

MÜLLER, Friedrich. *Métodos de trabalho do direito constitucional.* 2. ed. São Paulo: Max Limonad, 2000.

MUNIZ, Regina Maria Fonseca. *O direito à educação.* São Paulo: Ed. Renovar, 2002.

MUSTERD, Sako, OSTENDORF, Wim. Creative Cultural Knowledge Cities: Perspectives and Planning Strategies. *Built Environment*, 30(3). Retrieved july 1, p. 189-193, 2004. Disponível em: http://dare.uva.nl/record/1/291149. Acesso em: 20 fev. 2022.

NAÇÕES UNIDAS BRASIL. *2,9 bilhões de pessoas nunca acessaram a internet.* Disponível em: https://brasil.un.org/pt-br/161450-29-bilhoes-de-pessoas-nunca-acessaram-internet. Acesso em: 28 fev. 2022.

NEPP-DH. *Declaração de direitos do bom povo da Virgínia.* 1776. Disponível em: http://www.nepp-dh.ufrj.br/anterior_sociedade_nacoes6.html. Acesso em: 03 jan. 2022.

NEVES, Marcelo. *A constitucionalização simbólica.* 2. ed. São Paulo: Martins Fontes, 2007.

NICOLELIS, Miguel. *Muito além do nosso eu:* a nova neurociência que une cérebros e máquinas – e como mudar nossas vidas. Tradução do autor. Revisão: Gisela Laporta Nicolelis. São Paulo: Companhia das Letras, 2011.

NOVECK, Beth Simone. Crowdlaw: Collective Intelligence and Lawmaking (Inteligência coletiva e processos legislativos). Tradução: Christiana Freitas, Samuel Barros e Sivaldo Pereira da Silva. *Revista Esferas.* UnB. Brasília, n. 14. p. 80-98. 2019. Disponível em: https://portalrevistas.ucb.br/index.php/esf/article/view/10887/6338. Acesso em: 18 mar. 2022.

NOVECK, Beth Simone. *Solving public problems:* a practical guide to fix our government and change our world. Yale University Press, 2021.

NOVELINO, Marcelo. *Direito constitucional.* 11. ed. rev. atual. e ampl. Salvador: JusPodivm, 2016.

NUNES, Paulo Viegas. A definição de uma estratégia nacional de cibersegurança. *Revista nação e defesa – cibersegurança.* Idn (Instituto da Defesa Nacional), n. 133, p. 113-127, 2012.

OCDE. *Education at a Glance 2018.* Disponível em: https://www.oecd.org/education/education-at-a-glance/. Acesso em: 21 mar. 2022.

OCDE. *Políticas para a transformação digital:* recomendações para uma abordagem integral do governo. Disponível em: https://www.oecd-ilibrary.org/sites/9a112bbe- pt/index.html?itemId=/content/component/9a112bbe-pt. Acesso em: 31 mar. 2022.

OCDE. *Visão geral da educação 2021:* Indicadores da OCDE. Disponível em: https://www.oecd-ilibrary.org/sites/b35a14e5-en/1/3/4/2/index.html?itemId=/content/publication/b35a14e5-en&_csp_=9689b83a12cab1f95b32a46f4225d1a5&itemIGO=oecd&itemContentType=book. Acesso em: 21 mar. 2022.

OCDE. *Working Party on Urban Policy.* 2019. Disponível em: www.one.oecd.org/document/CFE/RDPC/URB(2019)1/REV1/en/pdf. Acesso em: 10 jan. 2022.

OLIVEIRA, Ana Carolina Miranda de. O princípio da proteção da confiança no Direito Brasileiro. *In:* DE PRETTO, Renato Siqueira; KIM, Richard Pae; TERAOKA, Thiago Massao Cortizo (coord.). *Interpretação constitucional no Brasil.* São Paulo: Escola Paulista da Magistratura, 2017. Disponível em: https://api.tjsp.jus.br/Handlers/Handler/FileFetch.ashx?codigo=101908. Acesso em: 03 jan. 2022, p. 185

OLIVEIRA, José Sebastião de; MENOIA, Regina Cristina da Silva. Aspectos dos Direitos da Personalidade como Direito Constitucional e Civil. *Revista Jurídica Cesumar – Mestrado*, v. 9, n. 2, p. 505-525, jul./dez.2009.

OLIVEIRA, José Sebastião de; SANTOS, Diego Prezzi. Dignidade, direitos fundamentais e direitos da personalidade: uma perspectiva garantista para a democracia substancial. *Revista Jurídica Unicuritiba*. Curitiba, v. 02, n. 59, p. 343-358, abr./jun., 2020

OLIVEIRA, Kelly. Educação: Brasil gasta 6% do PIB em educação, mas desempenho escolar é ruim. *Agência Brasil.* Disponível em: https://agenciabrasil.ebc.com.br/educacao/noticia/2018-07/brasil-gasta-6-do-pib-em- educacao-mas-desempenho-escolar-e-ruim. Acesso em: 22 mar. 2022.

OLIVEIRA, Klycia Fontenele. *Da sociedade da informação* à *sociedade do conhecimento:* reflexões sobre os processos comunicativos. Disponível em: https://www.faculdadescearenses.edu.br/revista2/edicoes/vol3-1-2012/artigo6.pdf. Acesso em: 10 nov. 2021.

ORGANIZAÇÃO DOS ESTADOS AMERICANOS. *Convenção Interamericana de Direitos Humanos.* Disponível em: https://www.cidh.oas.org/basicos/portugues/c.convencao_americana.htm. Acesso em: 04 jan. 2022.

ORGANIZAÇÃO LATINO-AMERICANA E DO CARIBE DE ENTIDADES FISCALIZADORAS SUPERIORES. *Manual de auditorias coordenadas da Olacefs.* Brasília: Tribunal de Contas da União (TCU), 2020. Disponível em: https://www.olacefs.com/wp-content/uploads/2021/04/05.2_Manual-de-Auditorias- Coordenadas-da-Olacefs_2020.pdf. Acesso em: 30 mar. 2022.

ORGANIZAÇÃO DAS NAÇÕES UNIDAS. *Declaração Universal dos Direitos Humanos.* 1948. Disponível em: https://declaracao1948.com.br/declaracao-universal/declaracao-direitos- humanos/?gclid=Cj0KCQjw8amWBhCYARIsADqZJoXhnqBDs5bc2xmw3OugGDD52-0bx-dufFHM-FSvbGo1JHV7RAFBuU8aAt-CEALw_wcB. Acesso em: 15 dez. 2021.

ONU. *Nova Agenda Urbana 2017.* 2017. Disponível em: www.habitat3.org/wp- content/uploads/NUA-Portuguese-Brazil.pdf. Acesso em: 10 jan. 2022.

ORGANIZAÇÃO DOS ESTADOS AMERICANOS. *Liberdade de expressão e internet.* Comissão Interamericana de Direitos Humanos. 2013. Disponível em: https://www.oas.org/pt/cidh/expressao/showarticle.asp?artID=849&lID=4. Acesso em: 31 mar. 2022.

ORGANIZAÇIÓN DE LOS ESTADOS AMERICANOS. *Caso n. 12.524.* Disponível em: http://www.cidh.org/demandas/12.524Esp.pdf. Acesso em: 04 jan. 2022.

ORGANIZACIÓN DE LOS ESTADOS AMERICANOS – COMISIÓN INTERAMERICANA DE DERECHOS HUMANOS. *Demanda ante la Corte Interamericana de Derechos Humanos en el caso de Eduardo Kimel.* Disponível em: http://cidh.oas.org/demandas/12.450%20 Eduardo%20Kimel%20Argentina%2010%20abril%202007%20ESP.pdf. Acesso em: 04 jan. 2022.

ORTIZ, Rocío Rueda. Cibercultura: metáforas, practicas sociales y colectivos em red. *Nómadas*, nº 28, abril, Bogotá: Universidade Central, 2008, p. 8-20. Disponível em: http://nomadas.ucentral.edu.co/index.php/inicio/21-ciberculturas-metaforas-practicas-sociales-y-colectivos-en-red-nomadas-28/255-cibercultura-metaforas-practicas-sociales-y-colectivos-en-red. Acesso em: 15 nov. 2021.

ORWEL, George. *1984*. E-book Kindle, não paginado, posição 482-495. 1984. Disponível em: https://ler.amazon.com.br/?asin=B08SP8WRBK. Acesso em: 28 dez. 2021.

PACINI, Mário. Aspectos históricos do desenvolvimento e aperfeiçoamento do controle externo das finanças públicas. *Revista do Tribunal de Contas do Rio de Janeiro*, ano 7, n. 12, nov. 1981, p. 1-280.

PANGARO, Paul. *Cybernetics:* a definition. 1991. Disponível em: https://www.pangaro.com/person/publications.html. Acesso em: 08 fev. 2022.

PANDEY, Abhishek; RAMESH, Vamanan. Quantum computing for big data analysis. *Indian Journal of Science*, v. 14, n. 43, p. 98-104, 2015, p. 103.

PAPA, Rocco, GALDERISI, Adriana; GARGIULO, Carmela. Towards an urban planners' perspective on Smart City. *TeMa, Journal of Land Use, Mobility and Environment*, 6(1). Retrieved july 1, p. 5-18, apr. 2013. Disponível em: https://www.researchgate.net/publication/236595219_Towards_an_urban_planners'_perspective_on_Smart_City. Acesso em: 08 fev. 2022.

PASK, G. *An approach to cybernetics.* Londres: Hutchinson, 1961.

PECES-BARBA, Gregório Martinez. *Lecciones de derechos fundamentales.* Madri, IDHBC: Dykinson, 2005.

PECES-BARBA, Gregório Martinez; FERNANDEZ, Eusebio Garcia. Tránsito a la Modernidad y Derechos Fundamentales. In: *História de los derechos fundamentales*. Ansuátegui Roig, Francisco Javier; Rodríguez Uribes, José Manuel (coords.). Madri, IDHBC: Dykinson, 2003. p. 15-263.

PEDRA, Adriano Sant'ana. *Teoria da mutação constitucional:* limites e possibilidades das mudanças informais da Constituição a partir da teoria da concretização. Orientador: André Ramos Tavares. 2009. Tese (Doutorado em Direito). Pontifícia Universidade Católica de São Paulo, São Paulo, 2009. Disponível em: https://tede2.pucsp.br/handle/handle/8668. Acesso em: 03 maio 2022.

PEQUENINO, Karla. Não se nasce digital. Especialistas europeus pedem mais investimento na educação digital. Ímpar. Notícia publicada em 30 set. 2020. Disponível em: https://www.publico.pt/2020/09/30/impar/noticia/nao-nasce-digital-especialistas-europeus-pedem-investimento-educacao-digital-1933229. Acesso em: 05 mar. 2022.

PIAIA, Thami Covatti; COSTA, Bárbara Silva e WILLERS, Miriane Maria. Quarta revolução industrial e a proteção do indivíduo na sociedade digital: desafios para o direito. *Revista Paradigmam*, Ribeirão Preto-SP. a. XXIV, v. 28, n. 1. p. 122-140, Jan/abr. 2019.

PIAIA, Thami Covatti; RITTER, Letícia Mousquer; SANGOI, Rafael Martins. Internet, liberdade de informação e o caso das *Echo Chambers* ideológicas. *Revista da Faculdade de Direito de Minas – FDSM*, Pouso Alegre. v. 34. n. 2, 2018.

PIAIA, Thami Covatti; CERVI, Jacson Roberto. A influência da *path dependence* no processo de construção das políticas de desenvolvimento sustentável no Brasil. *Revista Libertas*. Direito UFOP, Ouro Preto, v. 3, n. 2, p. 71-92, fev./mar. 2018.

PILATI, José Isaac. Planejamento urbano: o povo constitucional e a tarefa teórica de resgate do coletivo. *Revista Sequência*, n. 54. p. 107-122, jul. 2007. p. 117.

PINHEIRO, Marta Macedo Kerr. Estado Informacional implicações para as políticas de informação e de inteligência no limiar do século XXI. 2012. *Varia História*, Belo Horizonte, v. 28, n. 47, p. 61-77, jan./jun. 2012.

PIOVESAN, Flávia. A proteção dos direitos humanos no sistema constitucional brasileiro. *Revista de Direito Constitucional e Internacional*: RDCI. v. 11. n. 45. p. 216-236, out/dez., 2003.

POPKIN, Gabriel. Satélite quântico da China atinge "ação assustadora" a distância recorde. Resultado abre caminho para comunicações quânticas à prova de hack. *Revista Science*. Notícia publicada em 15 de jun. 2017. Disponível em: https://www.science.org/content/article/china-s-quantum-satellite-achieves-spooky-action- record-distance. Acesso em: 01 mar. 2022.

PORTEOUS, Chris. *O crime cibernético pode custar ao mundo US$10,5 trilhões anualmente até 2025*. Não deixe sua empresa se tornar vítima de ataques violentos. Artigo publicado em 24 fev. 2021. Disponível em: https://www.entrepreneur.com/article/364015. Acesso em: 23 dez. 2021.

PORTUGAL. Câmara Municipal de Lisboa. *Economia de Lisboa em números 2020*. Disponível em: https://www.lisboa.pt/fileadmin/atualidade/publicacoes_periodicas/economia/economia_lisbo a_em_numeros_2020.pdf. Acesso em: 07 jan. 2022.

PORTUGAL. *Carta portuguesa de direitos humanos na era digital*. Lei nº 27 de 17 de maio de 2021. Disponível em: https://files.dre.pt/1s/2021/05/09500/0000500010.pdf. Acesso em: 12 mar. 2022.

PORTUGAL. CNCS (Corte Nacional de Cibersegurança). *Estratégia Nacional de Segurança Cibernética – ENSC*. Resolução do Conselho de Ministros n.º 36/2015. Disponível em: https://dre.pt/dre/detalhe/resolucao-conselho-ministros/36-2015-67468089. Acesso em: 09 fev. 2022.

PORTUGAL. *Centro Nacional de Cibersegurança*. Disponível em: https://www.cncs.gov.pt. Acesso em: 22 mar. 2022.

PORTUGAL. *Constituição da República Portuguesa*. Disponível em: https://www.parlamento.pt/Legislacao/Paginas/ConstituicaoRepublicaPortuguesa.aspx#art18. Acesso em: 04 jan. 2022.

PORTUGAL. *Embaixada da República Popular da China*. China pede respeito mútuo no tratamento dos espaços cibernéticos. Notícia divulgada em 10 fev. 2015. Disponível em: https://www.mfa.gov.cn/ce/cept//pot/zt/t1236194.htm. Acesso em: 04 mar. 2022.

PORTUGAL. *National cyber security index*. Disponível em: https://ncsi.ega.ee/country/pt/. Acesso em: 04 mar. 2022.

PORTUGAL. Tribunal Constitucional de Portugal. *Acórdão nº 838/21 da 2ª Secção*. Disponível em: http://w3.tribunalconstitucional.pt/AcordaosV22/. Acesso em: 04 jan. 2022.

PRIVACY TECH. *Chefe da EU anuncia lei de cibersegurança para dispositivos interconectados.* Notícia publicada em 27 set. 2021. Disponível em: https://www.privacytech.com.br/protecao-de-dados/chefe-da-ue-anuncia-lei-de-ciberseguranca-para-dispositivos-interconectados,404059.jhtml. Acesso em: 03 mar. 2022.

PUDDEPHATT, Andrew; KASPAR, Lea. Cybersecurity is the new battleground for human rights. *OpenDemocracy*, 18 novembro 2015. Disponível em: https://www.opendemocracy.net/wfd/andrew-puddephatt-lea-kaspar/cybersecurity-is-new-battleground-for-human-rights. Acesso em: 09 fev. 2022.

PWC. *O abismo digital no Brasil.* Disponível em: https://www.pwc.com.br/pt/estudos/preocupacoes-ceos/mais-temas/2022/o-abismo-digital-no- brasil.html. Acesso em: 18 abr. 2022.

PWC. *Global Digital Trust Insights Survey 2022.* Disponível em: https://www.pwc.com.br/pt/estudos/servicos/consultoria-negocios/2021/global-digital-trust-insights-survey-2022.html. Acesso em: 08 mar. 2022.

PWC. *PwC ajuda a traçar uma estratégia 5G vencedora para a Hungria Auckland Transport.* Disponível em: https://www.pwc.com.br/pt/a-nova-equacao/pwc-ajuda-a-tracar- uma-estrategia-5G-vencedora-para-a-hungria.html. Acesso em: 18 abr. 2022.

PWC. *Relatório Seeing is Believing* – how virtual reality and augmented reality are transforming business and the economy. 2019. Disponível em: https://www.pwc.com/gx/en/technology/publications/assets/how-virtual-reality-and-augmented-reality.pdf. Acesso em: 26 dez. 2021.

RAMOS, Luciano. Entendendo os impactos da LGPD com treinamento e conscientização. *IDC Vendor Spotlight – Patrocinado pela Kaspersky.* jul. 2021. Disponível em: https://go.kaspersky.com/rs/802-IJN-240/images/FINAL_BR21003_IDC%20Brazil%20Vendor%20Spotlight_Entendendo%20os%20impactos%20da%20LGPD_2021Kaspersky.pdf. Acesso em: 24 dez. 2021.

RAWLS, John. *O liberalismo político.* 2. ed. São Paulo: Ática, 2000.

REALE, Miguel. *Filosofia do direito.* 19. ed. São Paulo: Ed. Saraiva, 2000.

REALE, Miguel. *O direito como experiência.* 2. ed. São Paulo: Ed. Saraiva, 1992.

RITTEL, Horst W; WEBBER, Melvin. M. Dilemmas in a General Theory of Planning. *Policy Sciences* 4, n. 2, p. 155-169, 1973. Disponível em: https://link.springer.com/article/10.1007/BF01405730. Acesso em: 22 mar. 2022.

RIOS NETO, José Vieira; GIMENEZ, Edson Josias Cruz. Cidades Inteligentes: sua contribuição para o desenvolvimento urbano sustentável. *VII Seminário de Redes e Sistemas de Telecomunicações (SRST).* Instituto Nacional de Telecomunicações (INATEL). Disponível em: https://goo.gl/PAik9W. Acesso em: 23 jun. 2022.

ROCHA, Arlindo Carvalho. *Função da auditoria operacional na avaliação e no controle de entidades governamentais.* Disponível em: http://www.betatreinamento.com.br/visita/Função%20da%20Audit%20Op.htm. Acesso em: 25 jan. 2022.

RODOTÀ, Stefano. *A vida na sociedade da vigilância:* a privacidade hoje. Tradução de Danilo Doneda e Luciana Cabral Doneda. Rio de Janeiro: Renovar, 2008.

RODRIGUES, Luís Silveira. Os consumidores e a sociedade da informação. *In:* ASCENSÃO, José de Oliveira. (org.). *Direito da sociedade da informação,* v. III. Coimbra: Coimbra, 2002. p. 295-312.

RODRIGUES, Vanessa Sofia Lopes. *A tecnologia blockchain:* criptomoedas e *tokens* de investimento. Desafios jurídico-fiscais. Dissertação (Mestrado em Direito). Faculdade de Direito da Universidade de Coimbra. Coimbra, 2019. Disponível em: https://eg.uc. pt/bitstream/10316/90274/1/Disserta%c3%a7%c3%a3o%20de%20Mestrado%20-%20 Vanessa%20Rodrigues.pdf. Acesso em: 22 dez. 2021.

ROLAND BERGER. *Smart city strategy index:* Vienna and London leading in worldwide ranking. 2019. Disponível em: www.rolandberger.com/en/Publications/Smart-City-Strategy-Index-Vienna-and-London-leading-in-worldwide-ranking. Acesso em: 10 jan. 2022.

ROSA, Angélica Ferreira; NUNES, Thais Zanini de Sá Duarte e ASSUNÇÃO, Nicolle Oliveira. Do direito à privacidade: análise da proteção de dados ante o advento da Lei 13.709/2018. In: *Revista Conhecimento e Diversidade*, v. 13, n. 30. p. 192-205. Mai/ago. 2021. Niterói-RJ.

R7. *Crimes digitais têm forte alta em vários estados:* saiba como prevenir. Notícia publicada em 05 maio 2021. Disponível em: https://noticias.r7.com/tecnologia-e- ciencia/crimes-digitais-tem-forte-alta-em-varios-estados-saiba-como-prevenir-05052021. Acesso em: 13 abr. 2022.

SALAS, Javier. Por que é preciso proibir que manipule nosso cérebro antes que isso seja possível. *Jornal "El País"*. Notícia publicada no caderno "Ciência" em 13 fev. 2020. Disponível em: https://brasil.elpais.com/ciencia/2020-02-13/por-que-e-preciso-proibir-que-manipulem-nosso-cerebro-antes-que-isso-seja-possivel.html. Acesso em: 08 jul. 2022.

SALGADO, Joaquim Carlos. Os direitos fundamentais. *Revista Brasileira Estudos Político*, v. 82, p. 15-69, 1996, p. 15.

SALGADO, Joaquim Carlos. Princípios hermenêuticos dos direitos fundamentais. *Revista da Faculdade de Direito da UFMG:* nova fase, Belo Horizonte, n. 34, p. 245- 266, 2001.

SAMPAIO, José Adércio Leite. *A constituição reinventada pela jurisdição constitucional*. Belo Horizonte: Del Rey, 2002.

SANTOS, Boaventura de Sousa. *A crítica da razão indolente:* contra o desperdício da experiência para um novo senso comum. A ciência, o direito e a política na transição paradigmática, v. 1. 5. ed. São Paulo: Editora Cortez, 2005.

SANTOS, Enoque Ribeiro dos. Internacionalização dos direitos humanos trabalhistas: o advento da dimensão objetiva e subjetiva dos direitos fundamentais. *Revista LTr:* Legislação do Trabalho: São Paulo. São Paulo, v. 72, n.3, p.277-284, mar. 2008.

SARAIVA, Francisco Rodrigues dos Santos. *Novíssimo dicionário latino-português*. 11. ed. Rio de Janeiro: Livraria Garnier, 2000.

SARLET, Ingo Wolfgang. *A eficácia dos direitos fundamentais*. 8. ed. Porto Alegre: Livraria do Advogado, 2007.

SARLET, Ingo Wolfgang. Dignidade da pessoa humana na Jurisprudência do Supremo Tribunal Federal. *Interpretação constitucional no Brasil*. São Paulo: Escola Paulista da Magistratura, p. 55-84, 2017. Disponível em: https://epm.tjsp.jus.br/Publicacoes/ ObrasJuridicas. Acesso em: 03 jan. 2022.

SARMENTO, Daniel. *Direitos fundamentais e relações privadas*. 2. ed. Rio de Janeiro: Editora Lumen Juris, 2006.

SCANDINAVIAN WAY. *Inovação urbana:* Estocolmo é eleita a cidade inteligente de 2019. 2019. Disponível em: https://scandinavianway.com.br/inovacao-urbana-estocolmo-e-eleita-a-cidade-inteligente-de-2019/. Acesso em: 13 jan. 2022.

SCHRECKER, Ellen. The Age of McCarthyism: A Brief History with Documents 76-86 (1994); see also Seth F. Kreimer, Sunlight, Secrets, and Scarlet Letters: The Tension between Privacy and Disclosure in Constitutional Law, 140 U. Pa. L. Rev. 1, 13-71 (1991), *apud* SOLOVE, Daniel. *Nothing to Hide:* The false tradeoff between privacy and security. Yale University Press, 2011, p. 59.

SDM NOTÍCIAS. *Citizenfour 2014.* Filme completo legendado PT sobre Ed. Snowden. 2019. Disponível em: https://www.youtube.com/watch?v=WHsZC6lva7A&t=2795. Acesso em: 11 de mar. 2022.

SECURITY MAGAZINE. *ECSO lança comunidade europeia de CISOs.* Notícia publicada em 22 maio 2021. Disponível em: https://www.securitymagazine.pt/2021/05/22/ecso-lanca-comunidade-europeia-de-cisos/. Acesso em: 05 mar. 2022.

SEN, Amartya. *Desenvolvimento como liberdade.* São Paulo: Companhia das Letras, 2000.

SETZER, Valdemar. W. Dado, informação, conhecimento e competência. *DataGramaZero*, v. 0, n. 0, 1999. Disponível em: http://hdl.handle.net/20.500.11959/brapci/7327. Acesso em: 07 jun. 2022

SHAHBAZ, Adrian; FUNK, Allie Funk. Freedom on the net 2021 – the global drive to control high tech. *Freedom House*. Disponível em: https://freedomhouse.org/report/freedom-net/2021/global-drive-control-big-tech. Acesso em: 05 mar. 2022.

SHANNON, Claude E.; WEAVER, Warren. *The mathematical theory of communication.* Urbana IL: University of Illinois Press, 1949. Disponível em: https://pure.mpg.de/rest/items/item_2383164/component/file_2383163/content. Acesso em: 08 fev. 2022.

SILVA, André Koide da. *Cidades Inteligentes e sua relação com a mobilidade urbana.* Universidade de São Paulo: São Paulo, 2013. Disponível em: https://edisciplinas.usp.br/pluginfile.php/1918002/mod_folder/content/0/Artigo%20%20Mobilidade%20Inteligente.pdf?forcedownload=1. Acesso em: 09 jun. 2022.

SILVA, Carlos Bruno Ferreira da. *Proteção de dados e cooperação transnacional:* teoria e prática na Alemanha, Espanha e Brasil. Belo Horizonte: Arraes Editores, 2014.

SILVA, Heide Miranda da. *Sociedade da Informação.* Disponível em: http://www.profcordella.com.br/unisanta/textos/tgs21_dados_info_conhec.htm. Acesso em: 21 nov. 2021.

SILVA, José Afonso da. *Curso de direito constitucional positivo.* 18. ed. São Paulo: Malheiros Editores, 2000.

SILVA, Leandro Augusto da, PERES, Sarajane Marques e BOSCARIOLI, Clodis. *Introdução à mineração de dados com aplicações em R.* São Paulo: Ed. Gen LTC, 2016.

SILVEIRA, Gláucio da Rocha; BUENO, Argentino José Braga. Uma cultura de segurança cibernética global e multinível. *Interação – Revista de ensino, pesquisa e extensão*, v. 19. n. 1. Edição Especial ILA, p. 115-122. 2017. Disponível em: https://periodicos.unis.edu.br/index.php/interacao/article/view/121. Acesso em: 16 mar. 2022.

SIMÃO, Bárbara; OMS, Juliana e TORRES, Livia. Autoridades de proteção de dados na América Latina: um estudo dos modelos institucionais da Argentina, Colômbia e Uruguai. *IDEC – Instituto Brasileiro de Defesa do Consumidor.* 2019. Disponível em: https://www.legiscompliance.com.br/images/pdf/idec_relatorio_autoridade_protecao_de_dados_na_america_latina.pdf. Acesso em: 02 abr. 2022.

SIQUEIRA, Fernando. Pensando em segurança cibernética para a era 5G. *IBM Comunica.* Disponível em: https://www.ibm.com/blogs/ibm-comunica/seguranca-cibernetica-5g/. Acesso em: 27 abr. 2022.

SMART CITIES COUNCIL. *Gdynia, why quality of life is the main smart city strategy for this Polish city.* Disponível em: https://www.smartcitiescouncil.com/article/gdynia-why-quality-life-main-smart-city-strategy-polish-city. Acesso em: 13 jan. 2022.

SMITH, Zhanna Malekos; LOSTRI, Eugenia. The hidden costs of cybercrime – Report. *Mcafee.* Diretor de Projetos: James A. Lewis. Disponível em: https://www.mcafee.com/enterprise/en-us/assets/reports/rp-hidden-costs-of-cybercrime.pdf. Acesso em: 24 dez. 2021.

SNOWDEN, Edward. *Eterna vigilância:* como montei e desvendei o maior esquema de espionagem do mundo. São Paulo: Ed. Planeta, 2019.

SOLOVE, Daniel. *Nothing to hide:* The false tradeoff between privacy and security. Yale University Press, 2011.

SOLOVE, Daniel. *The digital person:* technology and privacy in the information age. NYU Press: 2004.

SOUZA NETO, Cláudio Pereira de; SARMENTO, Daniel Sarmento. *Direito constitucional:* teoria, história e métodos de trabalho. Belo Horizonte: Fórum, 2012.

STEINMETZ, Wilson. *A fundamentação e o reconhecimento do princípio da proteção à confiança no direito constitucional brasileiro.* Disponível em: http://www.publicadireito.com.br/artigos/?-cod=d72eecc6b1648647. Acesso em: 03 jan. 2022.

STEPHENSON, Neal. *Snow crash.* EUA: Ed. Bantam Books, 1992.

TARGET. *Normas técnicas.* NBRISO/IEC27002 de 11/2013. Disponível em: https://www.target.com.br/produtos/normas-tecnicas/36572/nbriso-iec27002-tecnologia-da-informacao-tecnicas-de-seguranca-codigo-de-pratica-para-controles-de-seguranca-da-informacao. Acesso em: 31 mar. 2022.

TARGET. *Normas Técnicas.* NBRISO/IEC27005 de 10/2019. Disponível em: https://www.target.com.br/produtos/normas-tecnicas/40712/nbriso-iec27005-tecnologia-da-informacao-tecnicas-de-seguranca-gestao-de-riscos-de-seguranca-da-informacao. Acesso em: 31 mar. 2022.

TARGET. *NBR ISO/IEC 27032:* as diretrizes para segurança cibernética. Disponível em: https://www.target.com.br/produtos/materias-tecnicas/2015/07/01/3708/nbr-iso-iec-27032-as-diretrizes-para-seguranca-cibernetica. Acesso em: 31 mar. 2022.

TAVARES, André Ramos. *Curso de direito constitucional.* 19. ed. São Paulo. Saraiva, 2021.

TAKAHASHI, Tadao (org.). *Sociedade da informação no Brasil* – Livro Verde. Brasília: Ministério da Ciência e Tecnologia, 2000.

TECHTARGET. *Computer Weekly.com.* Disponível em: https://www.computerweekly.com/news/1345748/How-to-stop-the-spread-of-the-W32-Conficker-worm. Acesso em: 03 mar. 2022.

THE NEURORIGHTS FOUNDATION. *The challenge:* Advances in Neurotechnology Have Far Outpaced Global, National, and Corporate Governance. Nova York. Disponível em: https://neurorightsfoundation.org/. Acesso em: 27 dez. 2021.

THE WASHINGTON POST. *NSA tracking cellphone locations worldwide* (NSA rastreando localizações de celulares em todo o mundo, mostram documentos de Snowden – tradução livre). 4 dez. 2013. Disponível em: https://www.washingtonpost.com/world/national-security/nsa-tracking-cellphone-locations-worldwide-snowden-documents-show/2013/12/04/5492873a-5cf2-11e3-bc56-c6ca94801fac_story.html. Acesso em: 12 de mar. 2022.

THEODOLOU, Stella Z. How public policy is made. *In:* THEODOLOU, Stella Z; CHAN, Mathew. *A public policy:* the essential readings. Upper Saddle River. New Jersey: Prentice Hall, 2005, p. 86-97.

THE SANDBOX. *Bem vindo ao metaverso.* Disponível em: https://www.sandbox.game/en/. Acesso em: 31 maio 2022.

TOMASEVICIUS FILHO, Eduardo. Em direção a um novo 1984? A tutela da vida privada entre a invasão de privacidade e a privacidade renunciada. *Revista da Faculdade de Direito da Universidade de São Paulo,* São Paulo, v.109, p.129-169, jan/dez. 2014.

TRINDADE, Antônio Augusto Cançado. *Tratado de direito internacional dos direitos humanos.* v.1. Porto Alegre: Sérgio Antonio Fabris, 1997.

UK. *Chanceler do Ducado de Lancaster discursa no Cyber UK.* Notícia publicada em 11 maio 2022. Disponível em: https://www.gov.uk/government/speeches/chancellor-of-the-duchy-of-lancaster-speech-at-cyber-uk. Acesso em: 09 jul. 2022.

UNESCO. *Mil cities:* an intiative on creative learning of media and information literacy in cities. Disponível em: https://en.unesco.org/milcities. Acesso em: 12 jan. 2022.

UNGER, Roberto José Gervásio; FREIRE, Isa Maria Fabiana Araújo. Regimes de informação na sociedade da informação: uma contribuição para a gestão da informação. *RDBCI: Revista Digital de Biblioteconomia e Ciência da Informação,* Campinas - SP. v. 6. n. 1. p. 87-114, 2008. Disponível em: https://periodicos.sbu.unicamp.br/ojs/index.php/rdbci/article/view/2014. Acesso em: 10 nov. 2021.

UNESCO. *Communication and society:* a documentary history of a new world information and communication order seen an evolving and continuous process, 1975 - 1986. Paris, UNESCO, 1987.

UNIÃO EUROPEIA. *Acórdão do Tribunal de Justiça da União Europeia.* 22 out. 2015 – Processo C-264/14 – Skatteverket vs. David Hedqvist. Disponível em: https://eur-lex.europa.eu/legal-content/PT/ALL/?uri=CELEX%3A62014CJ0264. Acesso em: 23 dez. 2021.

UNIÃO EUROPEIA. *A estratégia de segurança cibernética.* Disponível em: https://digital-strategy.ec.europa.eu/en/policies/cybersecurity-strategy. Acesso em: 10 fev. 2022.

UNIÃO EUROPEIA. Carta dos Direitos Fundamentais da União Europeia. 2016/C 202/02. *Jornal Oficial da União Europeia.* Disponível em: https://eur-lex.europa.eu/legal- content/PT/TXT/PDF/?uri=CELEX:12016P/TXT&from=FR. Acesso em: 02 abr. 2022.

UNIÃO EUROPEIA. *Cibersegurança:* como a UE combate as ciberameaças. Disponível em: https://www.consilium.europa.eu/pt/policies/cybersecurity/. Acesso em: 10 fev. 2022.

UNIÃO EUROPEIA. *Convenção sobre o Cibercrime.* Disponível em: https://rm.coe.int/16802fa428. Acesso em: 31 mar. 2022.

UNIÃO EUROPEIA. *Proposta de diretiva relativa a medidas para um elevado nível comum de cibersegurança em toda a União.* Disponível em: https://digital- strategy.ec.europa.eu/en/library/proposal-directive-measures-high-common-level-cybersecurity-across-union. Acesso em: 10 fev. 2022.

UNIÃO EUROPEIA. *Regulamento geral sobre a proteção de dados.* Disponível em: https://gdprinfo.eu/pt-pt/pt-pt-article-25. Acesso em: 26 abr. 2022.

UNIÃO EUROPEIA. *Comissão Europeia.* Disponível em: https://digital-strategy.ec.europa.eu/en/policies/cybersecurity-policies. Acesso em: 10 fev. 2022.

UNIÃO EUROPEIA. Comite de Contacto das Instituições Superiores de Controle da União Europeia. *A cibersegurança na UE e nos seus Estados* Membros – Relatórios de auditoria publicados entre 2014 e 2020. Disponível em: https://www.tcontas.pt/pt- pt/ MenuSecundario/Noticias/Documents/CC_Compendium_Cybersecurity_PT.pdfl. Acesso em: 23 mar. 2020.

UNIÃO EUROPEIA. *O que é Horizonte Europa?* Disponível em: https://ec.europa.eu/info/research-and-innovation/funding/funding-opportunities/funding-programmes-and-open-calls/horizon-europe_en. Acesso em: 10 fev. 2022.

UNIÃO EUROPEIA. Resolução do Parlamento Europeu. *Jornal Oficial da União Europeia*. 25 mar. 2021. Definição da política para a educação digital. Disponível em: https://eur-lex.europa.eu/legal-content/PT/TXT/PDF/?uri=CELEX:52021IP0095&from=EN. Acesso em: 27 abr. 2022.

UNIÃO EUROPEIA. *Lançamento de novas chamadas no valor de 258 milhões de euros para apoiar infraestruturas de conectividade digital*. Disponível em: https://digital- strategy.ec.europa.eu/en/news/launch-new-calls-worth-eu258-million-support-digital-connectivity-infrastructures. Acesso em: 10 fev. 2022.

UNIÃO EUROPEIA. *Projeto de conclusões do Conselho sobre a Estratégia de Cibersegurança da UE para a década digital*. Disponível em: https://data.consilium.europa.eu/doc/document/ST-6722-2021-INIT/pt/pdf. Acesso em: 10 fev. 2022.

EUROPEAN PARLAMENT. *Mapping Smart Cities in the EU*. Disponível em: https://www.europarl.europa.eu/RegData/etudes/etudes/join/2014/507480/IPOLITRE_ET(2014)507480_EN.pdf. Acesso em: 14 jun. 2022.

UNIÃO EUROPEIA. *Nova estratégia da UE para a Cibersegurança*. 16 dez. 2020. Disponível em: https://ec.europa.eu/commission/presscorner/detail/pt/ip_20_2391. Acesso em: 20 dez. 2021.

UNIÃO EUROPEIA. O que é a Bitcoin? *Banco Central Europeu*. Disponível em: https://www.ecb.europa.eu/ecb/educational/explainers/tell-me/html/what-is-bitcoin.pt.html. Acesso em: 20 dez. 2021.

UNIÃO EUROPEIA. *Parlamento Europeu* – Atualidades. Por que razão a cibersegurança é importante para a União Europeia? Publicado em 12 out. 2021. Disponível em: https://www.europarl.europa.eu/news/pt/headlines/society/20211008STO14521/por-que-razao-a-ciberseguranca-e-importante-para-a-ue. Acesso em: 23 dez. 2021.

UNIÃO EUROPEIA. *Políticas de segurança cibernética*. Disponível em: https://digital-strategy.ec.europa.eu/en/policies/cybersecurity-policies. Acesso em: 10 fev. 2022.

UNIÃO EUROPEIA. *Preâmbulo da convenção sobre o cibercrime*. Disponível em: https://rm.coe.int/16802fa428. Acesso em: 31 de mar. 2022.

UNIÃO EUROPEIA. *General Data Protection Regulation (GDPR)*. Disponível em: https://gdpr-info.eu/. Acesso em: 18 jun. 2022.

UNIÃO EUROPEIA. Tribunal de contas europeu. *Relatório especial*. Lançamento da tecnologia 5G na UE: atrasos na implantação das redes e questões de segurança ainda por resolver. 2022. Disponível em: https://www.eca.europa.eu/Lists/ECADocuments/SR22_03/SR_Security-5G- networks_PT.pdf. Acesso em: 19 abr. 2022.

UNIÃO EUROPEIA. *Serviços de publicações da União Europeia*. A educação digital nas escolas da Europa. Disponível em: https://op.europa.eu/pt/publication-detail/-/publication/d7834ad0-ddac-11e9-9c4e-01aa75ed71a1. Acesso em: 05 mar. 2022.

UNIÃO EUROPEIA. *Taxonomia europeia de cibersegurança*. Disponível em: https://ec.europa.eu/jrc/en/science-update/european-cybersecurity-taxonomy. Acesso em: 10 fev. 2022.

UOL. *Ciberataque que sequestra dados atingiu milhares de empresas em 74 países*. Notícia publicada em 12 maio 2017. Disponível em: https://www.uol.com.br/tilt/noticias/redacao/2017/05/12/ciberataque-gigante-afeta-sistema-de-saude-e-empresas-da-europa-e-asia.htm. Acesso em: 03 mar. 2022.

UOL NOTÍCIAS. *Grupo hacker Lulzsec anuncia fim das atividades, após 50 dias de ataques*. Notícia divulgada em 25 jun. 2011. Disponível em: https://tecnologia.uol.com.br/ultimas-noticias/redacao/2011/06/25/grupo-hacker-lulzsec-anuncia-encerramento-das-atividades-apos-50-dias-de-ataques.jhtm. Acesso em: 08 jul. 2022.

UOL. *Supercomputador chinês pode ter alcançado novo marco na computação quântica*. Disponível em: https://www.uol.com.br/tilt/noticias/redacao/2021/07/15/supercomputador-chines-inaugura-novo-marco-na-computacao-quantica.htm. Acesso em: 28 fev. 2022.

URBAN SYSTEMS. *Ranking Geral*. Disponível em: https://app.powerbi.com/view?r=eyJrIjoiMWJjYTgzZGUtNGZkOC00YmM1LTljMDgtODU1ZmQ4NDlmNTRiIiwidCI6IjA0ZTcxZThlLTUwZDMtNDU1ZC04ODAzLWM3ZGI4ODhkNjRiYiJ9&embedImagePlaceholder=true&pageName=ReportSection. Acesso em: 12 jan. 2022.

VALENTIM, Marta Ligia Pomim. Inteligência competitiva em organizações: dado, informação e conhecimento. *DataGramaZero*, v. 3, n. 4, 2002. Disponível em: http://hdl.handle.net/20.500.11959/brapci/3837. Acesso em: 08 jul. 2022.

VENTURA, Layse. Metaverso: O Que é, como funciona, exemplos e muito mais! *Olhar Digital*. Disponível em: https://olhardigital.com.br/2022/03/29/internet-e-redes-sociais/metaverso/. Acesso em: 29 maio 2022.

VIANNA, Eduardo Wallier. *Segurança da informação digital:* proposta de modelo para a ciber proteção nacional. Tese. (Doutorado em Ciência da Informação). Universidade de Brasília – UnB. Brasília, 2019.

VIANNA, Túlio Lima. *Transparência pública, opacidade privada:* o direito como instrumento de limitação do poder na sociedade de controle. Rio de Janeiro: Revan, 2007.

XAVIER, Antonio Carlos dos Santos. *O hipertexto na sociedade da informação:* a constituição do modo de enunciação digital. Tese de Doutorado. Campinas: Unicamp, 2002.

ZUBOFF, Shoshana. Big Other: Surveillance Capitalism and the Prospects of na Information Civilization. *Journal of Information Technology* 30, p. 75–89 2015. Disponível em: https://journals.sagepub.com/doi/pdf/10.1057/jit.2015.5. Acesso em: 13 mar. 2022.

ZUCKERBERG, Marck. Carta do fundador 2021. *CNN Brasil*. Disponível em: https://www.cnnbrasil.com.br/tecnologia/cinco-pontos-de-carta-de-mark-zuckerberg-para-entender-a-meta-novo-facebook/. Acesso em: 26 dez. 2021.

WOETZEL, Jonathan; REMES, Jaana et al. In: Mckinsey Global Institute. *Cidades inteligentes:* soluções digitais para um futuro mais habitável, jun. 2018. Disponível em: https://www.mckinsey.com/business-functions/operations/our-insights/smart-cities-digital-solutions-for-a-more-livable-future. Acesso em: 08 jul. 2022.

WCED. *World Commission on Environment and Development*. Our common future. Oxford: Oxford University Press, 1987.

W. Dai. *"B-money"*. 1998. Disponível em: http://www.weidai.com/bmoney.txt. Acesso em: 22 dez. 2021.

WEFORUM. *Global risks report*. 2020. Disponível em: http://www3.weforum.org/docs/WEF_Global_Risk_Report_2020.pdf . Acesso em: 22 fev. 2022.

WHOW. *Tecnologia*. Santander: uma cidade inteligente no norte da Espanha. Disponível em: https://www.whow.com.br/tecnologia/santander-cidade-inteligente-espanha/. Acesso em: 13 jan. 2022.

WIENER, Norbert. *The human use of humen being*. Tradução de José Paulo Paes. Cibernética e Sociedade: O uso humano de seres humanos. 2. ed. São Paulo: Ed. Cultrix, 1954.

WIENER, Norbert. *Cibernética:* ou controle e comunicação no animal e na máquina. Tradução de Gita K. Ghinzberg. São Paulo: Polígono, 1970.

WILLIS, Simon. Managing Innovation Teams in Complex Environments. *Medium*, January 8, 2019. Disponível em: https://medium.com/@simon_30495/managing-innovation-teams-in-complex-environments-b3b32049c58b. Acesso em: 22 mar. 2022.

WOLFRAM, M. *Deconstructing smart cities:* an intertextual reading of concepts and practices for integrated urban and ICT development. 2012. p. 171-181.

WORLD TRADE CENTER LISBOA. *Smart cities em Portugal:* Lisboa, Almada, Cascais, Aveiro e Vila Nova de Gaia são referências em termos de inteligência urbana e estratégias inteligentes. Publicado em 14 Dez. 2020 em Empreendedorismo & Inovação Lifestyle & cultura. Disponível em: https://businessclub.wtclisboa.com/2020/12/14/smart-cities-em-portugal-lisboa-almada-cascais-aveiro-e-vila-nova-de-gaia-sao-referencias-em-termos-de-inteligencia-urbana-e-estrategias-inteligentes/. Acesso em: 10 jan. 2022.

YUSHKIAVITSHUS, Henrikas. *The new applications of information and communications technologies:* impact of multimedia and information highways on UNESCO's field of competence. INFOLAC, Caracas, v. 9, n. 1, p. 2-6, 1996.

Esta obra foi composta em fonte Palatino Linotype, corpo 10
e impressa em papel Offset 75g (miolo) e Supremo 250g (capa)
pela Gráfica Formato, em Belo Horizonte/MG.